Hans-Joachim König
Michael Riekenberg
Stefan Rinke

Die Eroberung einer neuen Welt

Präkolumbische Kulturen, europäische Eroberung, Kolonialherrschaft in Amerika

Fundus – Quellen für den Geschichtsunterricht

WOCHEN SCHAU GESCHICHTE

Bibliografische Information der Deutschen Bibliothek

Die Deutsche Bibliothek verzeichnet diese Publikation in der Deutschen Nationalbibliografie; detaillierte bibliografische Daten sind im Internet über http://dnb.ddb.de abrufbar.

Umschlaggestaltung unter Verwendung des kolorierten Kupferstichs „Vespucci und Amerika" von Jan van der Straet und Theodore Galle, 1589: Vespucci (links) trifft auf Amerika (rechts), das entsprechend den bis dahin üblichen Erdteilallegorien weiblich dargestellt ist.

Die Reihe „Fundus – Quellen für den Geschichtsunterricht"
wird herausgegeben von
Ulrich Mayer
Hans-Jürgen Pandel
Gerhard Schneider
Bernd Schönemann

in Verbindung mit
Michele Barricelli
Peter Gautschi

www.wochenschau-verlag.de

Umschlaggestaltung: Ohl Design, Wiesbaden,
Gedruckt auf chlorfrei gebleichtem Papier
Gesamtherstellung: Wochenschau Verlag
ISBN 978-3-89974210-7

Inhaltsverzeichnis

Einleitung 5

I. Die vorspanischen Kulturen in Lateinamerika 8
A. Vorbemerkung 8
Anmerkungen 10
B. Die Waldlandindianer 11
1. Vorbemerkung 11
2. Die Gesellschaft und Kultur der Tupinambá 12
3. Zeitgenössische Beschreibungen brasilianischer Waldlandindianer als Anthropophagen 15
4. Die Anthropophagie-Kontroverse 18
Anmerkungen 21
C. Die Azteken 22
1. Vorbemerkung 22
2. Zur Gesellschaft und Kultur der Azteken 24
3. Die Legende von der Wiederkehr des Gottes Quetzalcoátl 37
4. Der Quellenwert überlieferter Berichte 39
5. Die Azteken im Urteil der Geschichtswissenschaft 41
Anmerkungen 42
D. Die Inka 43
1. Vorbemerkung 43
2. Die Gesellschaft und Kultur im Inkareich 44
3. Kontroverse über den Quellenwert 57
Anmerkungen 58
E. Literaturhinweise 58

II. Entdeckung, Eroberung und frühe Kolonisation 60
A. Vorbemerkung 60
B. Der europäische Kontext 62
1. Vorbemerkung 62
2. Westfahrt nach Indien und erste Aufteilung von Interessengebieten 63
Anmerkungen 69
C. Der Beginn der Entdeckungen 70
1. Vorbemerkung 70
2. Die Entdeckung Amerikas und Aufteilung der Aktionsräume im Atlantik und in Amerika 71
Anmerkungen 89
D. Die Entdeckungsauswertung und der Übergang zur Siedlungskolonie 91
1. Vorbemerkung 91
2. Der Übergang zur organisierten Besiedlung 92

E. Die Eroberung des amerikanischen Festlands und die Begegnung mit Großreichen ... 99
1. Vorbemerkung ... 99
2. Die schrittweise Expansion bis zur Eroberung der Großreiche der Azteken und Inka ... 103
Anmerkung ... 138
F. Das Verhalten gegenüber der autochthonen Bevölkerung Amerikas ... 139
1. Vorbemerkung ... 139
2. Die Indiofrage – Sklaven, Menschen, Untertanen? ... 140
Anmerkungen ... 168
G. Politische und wirtschaftliche Grundlagen der Kolonisation ... 169
1. Vorbemerkung ... 169
2. Verwaltungsstrukturen und politische Gliederung ... 169
3. Wirtschaftsstrukturen und Inwertsetzung der Kolonien ... 182
Anmerkungen ... 192
H. Literaturhinweise ... 193

III. Die iberischen Reiche im 17. und 18. Jahrhundert ... 195
A. Vorbemerkung ... 195
B. Das lange 17. Jahrhundert ... 197
1. Vorbemerkung ... 197
2. Krise des 17. Jahrhunderts? Eine Forschungskontroverse ... 198
3. Die Entwicklung der Bevölkerung ... 201
4. Verwaltung und Herrschaft ... 205
5. Wirtschaft ... 208
6. Soziale Ungleichheit ... 217
7. Kirche und Mission ... 226
8. Kulturen und Identitäten ... 235
9. Das umkämpfte Amerika ... 241
Anmerkungen ... 249
C. Reformen und Widerstand: Das 18. Jahrhundert ... 250
1. Vorbemerkung ... 250
2. Bewertungen ... 251
3. Demografischer, wirtschaftlicher und sozialer Wandel ... 253
4. Die Reformbemühungen der Krone ... 261
5. Amerikanische Identitäten ... 268
6. Widerstand ... 274
Anmerkungen ... 281
D. Literaturhinweise ... 282
Zu den Autoren ... 283
Glossar ... 284

Einleitung

Wer nach Lehrmaterial zur Geschichte Lateinamerikas sucht, wird schnell feststellen, dass es nur wenige Materialsammlungen in deutscher Sprache gibt, die geeignet sind, Schülerinnen und Schülern, Studierenden in den unteren Semestern oder ganz allgemein an dieser Region Interessierten ein quellengestütztes Wissen zu vermitteln, mit dem sie die Probleme Lateinamerikas in einer historischen Perspektive einordnen und selbständig erfassen können. Hier möchte der vorliegende Quellenband zur Geschichte Amerikas zwischen 1400 und 1800 Abhilfe schaffen. Zu diesem Zweck werden in diesem Band

- bisher nur verstreut greifbare „Klassiker" von Textquellen der iberischen Entdecker und Eroberer zusammengestellt;
- Bildquellen berücksichtigt, die auch für eine kulturwissenschaftlich orientierte Geschichtsschreibung (Kultur-, Alltags und Geschlechtergeschichte) wichtig sind;
- schließlich auch statistisches Material sowie Karten zum Verständnis der räumlichen Dimension zur Verfügung gestellt.

Über drei Jahrhunderte gehörten die amerikanischen Regionen, in denen zu Beginn des 19. Jahrhunderts mehrere souveräne Staaten entstanden, zu den iberischen Imperien Spaniens und Portugals in Amerika. Aus ehemaligen Kolonien der iberischen Kolonialreiche entwickelten sich souveräne Staaten. Dieser Prozess setzte zwar erst verstärkt seit der Mitte des 18. Jahrhunderts ein, doch zeichneten sich Konturen der späteren Staaten, zumindest was die Raumgliederung angeht, schon früh ab. Seit 1492, als Christoph Kolumbus den vierten Erdteil als eine für die Europäer bis dahin unbekannte Neue Welt entdeckte, prägte die dreihundert Jahre dauernde koloniale Herrschaft von Portugiesen und Spaniern die politischen, sozialen, kulturellen, wirtschaftlichen und demographischen Verhältnisse Amerikas. Sie schuf Strukturen, die nicht nur für die Raumgliederung und damit für die spätere Staatenbildung entscheidend wurden, sondern auch in innergesellschaftlichen Problemen und Herausforderungen der souveränen Staaten fortwirkten.

Einige dieser Probleme und Herausforderungen gehen auf die präkolumbischen Kulturen zurück, denn die Europäer hatten keinen menschenleeren Kontinent vor sich. Nach neueren Schätzungen zählte die präkolumbische Bevölkerung Amerikas zwischen 35 bis 45 Millionen Menschen. Diese zeigten nicht nur keine Übereinstimmung mit den bislang in Europa, Afrika und Asien bekannten Völkern, sondern wiesen auch untereinander gesellschaftliche, kulturelle und sprachliche Verschiedenheiten auf und lebten in geografisch und klimatisch unterschiedlich geprägten Regionen. Die gesellschaftlich-politische Organisation reichte von den halbsesshaften Sammlern und Wildbeutern in den tropischen Regenwaldgebieten über sozial und politisch gegliederte Stammesgesellschaften und Häuptlingstümer oder Kazikenherrschaften mit Dorfansiedlungen auf den Antillen, im Amazonasbecken und an der brasilianischen Küste bis zu den gesellschaftlich und wirtschaftlich komplexen, auf Städte und einen Staatskult gestützten Eroberungsreichen der Azteken in Mexiko und der Inka im Andenraum Südamerikas sowie dem im Aufbau begriffenen Chibcha-Reich im heutigen Kolumbien und dem zerfallenen Reich der Mayavölker in Guatemala und Yucatán (Mexiko). Die vor 1492 autonomen Völker mit eigenen Namen und Sprachen erhielten den Sammelnamen Indios, Indier, weil Kolumbus ihnen diesen Namen in der Meinung gab, auf der Westroute Indien gefunden zu haben. Je nach Zivilisationsform verliefen Eroberung, Zivilisation und Überleben dieser Völker unterschiedlich und führten zu verschiedenartigen Überlagerungsgesellschaften, also Fortleben oder Mestizisierung.

Der erste Teil des Bandes ist deshalb präkolumbischen Kulturen gewidmet. Am Beispiel der Azteken und Inka sowie einer Stammesgesellschaft werden gesellschaftliche Strukturen, wirtschaftliche Inwertsetzung des Raumes und religiöse Vorstellungen dargestellt. Besonderer Wert wird dabei auf die Behandlung der Quellenproblematik gelegt. Es wäre naiv zu glauben, dass die uns vorliegenden Berichte über die vorspanischen Gesellschaften und Kulturen, die fast ausschließlich aus dem 16. oder, wie es in Peru der Fall ist, auch erst dem frühen 17. Jahrhundert stammen, ihren Gegenstand „authentisch" darstellen würden. Vielmehr ist bei der Betrachtung dieser Quellen immer die Frage zu stellen, inwieweit und auf welche Weise europäische Perspektiven in die Darstellung des Themas eingegangen sind.

Der zweite Teil des Bandes zeigt, wie sich die „Entdeckung" Amerikas in den seit dem ausgehenden Mittelalter einsetzenden Prozess der europäischen Expansion einfügt und welche Rolle dabei die beiden iberischen Reiche Portugal und Spanien gespielt haben. Er skizziert die Motive der iberischen überseeischen Expansion, beschreibt die rechtlichen Grundlagen der Kolonialherrschaft und verfolgt die Umsetzung bzw. Durchsetzung dieser Motive bei der Kolonialisierung und der Inwertsetzung der eroberten Gebiete. Dabei gilt den Auswirkungen der Kolonialpolitik hinsichtlich der administrativen Organisation und territorialen Gliederung, die mit der territorialen Eroberung einherging, sowie der innergesellschaftlichen Entwicklung – gerade in Bezug auf das Verhalten gegenüber der autochthonen Bevölkerung – besondere Aufmerksamkeit. Es geht also um die Grundlagen der kolonialen Gesellschaften.

Der dritte Teil befasst sich mit den etablierten Kolonialgesellschaften und ihrem Verhältnis zu den jeweiligen iberischen Mutterländern. Im langen 17. Jahrhundert blieben die überseeischen Gebiete angesichts der europäischen Aktivitäten der Mutterländer weitgehend sich selbst überlassen. In Teilen Amerikas bauten zugleich Niederländer, Engländer oder Franzosen, die mit den Spaniern und Portugiesen rivalisierten, ihren Einfluss aus. Im gleichen Zeitraum vermischte sich, wenngleich es hierbei zu erheblichen regionalen Differenzen kam, die in Amerika lebende Bevölkerung, die von den Indios, Einwanderern aus Europa und aus afrikanischen Sklaven bzw. deren Nachkommen abstammte, in ethnischer sowie biologischer Hinsicht zunehmend. Somit entstanden Gesellschaften, die ihre eigenen Merkmale ausbildeten und sich von den europäischen in kultureller Hinsicht stark unterschieden. Im Verlauf des 18. Jahrhunderts wandelten sich die gegenseitigen Beziehungen und Bindungen zwischen den iberischen Mutterländern und ihren außereuropäischen Regionen in Amerika ganz entscheidend. Besonders ab der zweiten

Hälfte des Jahrhunderts versuchten Spanien und Portugal, mit neuen politischen Konzeptionen und unter dem Einfluss der Aufklärung ihre Kontrolle über die amerikanischen Teile ihrer Imperien wieder zu gewinnen bzw. zu verstärken. Sie führten eine Reihe von Reformmaßnahmen durch, die zunächst einmal die amerikanischen Gebiete vor dem Eindringen anderer europäischer Mächte, besonders England, sichern und dann – unter anderem durch einen stärkeren Warenaustausch – fester an die Mutterländer binden sollten. Durch eine effektivere Verwaltung und höhere Besteuerung, man könnte auch sagen durch stärkere Ausbeutung, sollten sie tatsächlich zu Kolonien gemacht werden. Gerade durch eine Liberalisierung des bisher stark reglementierten Handels setzten die Mutterländer zwar eine wirtschaftliche Entwicklung in Gang, lösten aber durch die steuerlichen und administrativen Maßnahmen auf lokaler oder regionaler Ebene Unruhen und Rebellionen aus, die von unterschiedlichen sozialen und politischen Gruppen getragen wurden. Sie provozierten und stimulierten Protestreaktionen, die sich zum einen gegen die höhere Besteuerung und zum anderen gegen die politische Benachteiligung der Kreolen und die ihnen vorenthaltene politische Mitwirkung richteten und sich langfristig in Bestrebungen nach größerer Autonomie und Selbständigkeit wandelten.

Für ihre Mitarbeit an diesem Band danken wir Frau Marlen Schröder, Universität Leipzig, die vor allem an der Erarbeitung des Kapitels über die „Waldlandindianer" wesentlich beteiligt war, und Frau Julia Vodermeier, Katholische Universität Eichstätt-Ingolstadt, die Korrektur gelesen und die Texte bearbeitet hat.

I. Die vorspanischen Kulturen in Lateinamerika

A. Vorbemerkung

Die spanischen und portugiesischen Eroberer trafen in Amerika auf unterschiedliche Formen sozialer und kultureller Organisation. Die Gesellschaften und Kulturen, die es um 1500 im Gebiet des heutigen Lateinamerika gab, waren nicht einheitlich, sondern vielfältig. Um zumindest eine grobe Ordnung in diese Vielfalt zu bringen, sind verschiedene Unterscheidungen vorgeschlagen worden. Eine ist die Trennung in „Hochkulturen" und „primitive" Kulturen, die auch in anderen Varianten auftaucht wie z.B. „zivilisiert" versus „unzivilisiert". Als Merkmale einer Hochkultur gelten dabei vor allem die Ausbildung einer politischen Hierarchie, ferner die Existenz von Städten bzw. Zeremonialzentren sowie ein marktorientiertes Wirtschaftsgebaren. Die Trennung in Hochkultur und primitive Kultur ist jedoch aus mehreren Gründen problematisch. Ihre Sprache ist wertend, zudem liegt ihr ein bestimmtes Entwicklungsmodell zugrunde. Demnach durchlaufen alle menschlichen Gesellschaften gleiche Entwicklungsstufen, wobei die so genannten primitiven Kulturen ein früheres menschliches Entwicklungsstadium repräsentieren würden, das überwunden werden müsse, um zu „modernen" Formen sozialer und kultureller Organisation zu gelangen. Kritiker verweisen deshalb darauf, dass „primitive" Kulturen nicht einfach existieren, sondern durch unsere Vorstellungen erst erzeugt werden.

Eine andere Unterscheidung ist die in Gesellschaften im Hochland und im Tiefland, die jeweils wiederum in so genannte Kulturareale untergliedert werden können, wobei Gemeinsamkeiten in der Sprache oder in anderen kulturellen Elementen als Kriterien dienen.[1] Im Gebiet des heutigen Lateinamerika gestaltete sich die soziale und kulturelle Ordnung, die sich die Menschen gaben, im Hochland und im Tiefland sehr unterschiedlich. In den waldreichen Tiefländern existierten um 1500 meist so genannte Stammesgesellschaften. Ihre Grundlage waren Jäger- und Sammlertätigkeiten oder das Anlegen von Pflanzungen. Im Innern waren diese Gesellschaften gering differenziert, politische Entscheidungsträger waren so genannte Chiefs und die älteren Männer der Residenzgruppe. In den Hochlandregionen Mexikos und der Anden entwickelten sich dagegen Gesellschaften, die staatlich verfasst waren, eine komplexe soziale Struktur sowie städtische Siedlungsformen aufwiesen und deren Wirtschaft überregionale Verflechtungen kannte.

Ungefähr in Analogie zu diesen Differenzen weist auch die Quellenlage für den Zeitraum um 1500 große Unterschiede auf. Besonders schwierig ist die Quellenlage bezüglich der Waldlandindianer im Tiefland. Fragen wir uns heute, wie diese Menschen zum Zeitpunkt der europäischen Expansion um 1500 lebten, so sind wir ausschließlich auf archäologische Hilfen sowie auf die zeitgenössischen Beschreibungen europäischer Berichterstatter angewiesen. Der Versuch, aus den kulturellen Praktiken heutiger Waldlandindianer Rückschlüsse auf damalige Lebensweisen zu ziehen, wie er sich in der Literatur mitunter findet, ist mehr als problematisch, weil auch die Waldlandgesellschaften nicht einfach statisch und unveränderlich waren. Die wichtigste Quelle sind also die Berichte von Europäern aus der Zeit, die jedoch von zweifelhaftem Wert sind. Denn in deren Beschreibungen vermengten sich Beobachtungen mit Vorurteilen oder Fantasiebildern. Weil es nur sehr wenige Berichte von Europäern über Waldlandindianer aus der Zeit gibt, fällt es zudem schwer, diese Quellen durch Vergleiche untereinander auf ihre Glaubwürdigkeit zu prüfen.

Günstiger gestaltet sich die Quellenlage für die Staatengebilde des Hochlands. Zu nennen sind die der Azteken und der Inka, zwischen denen es mancherlei Gemeinsamkeiten gab. Insbesondere beruhten beide Staatsgebilde auf der kriegerischen Überwältigung anderer Völker und Stämme in den Hochlandregionen, weshalb dem Krieg in beiden Gesellschaften eine hohe Bedeutung zufiel.[2] Für die spanischen Eroberer sollte sich dies als großer Vorteil erweisen, weil sie bei ihrem Vorgehen die Konflikte zwischen den überlagernden und den unterworfenen Gesellschaften, im Fall der Inka auch die bürgerkriegsartigen Auseinandersetzungen im Andenraum, für sich ausnutzen konnten.

Zwischen den Staaten der Azteken und der Inka gab es jedoch auch vielerlei Unterschiede. Diese rührten nicht zuletzt von den unterschiedlichen Formen der Schriftlichkeit her, die in Amerika vor 1500 existierten. Vor 1500 war die Schriftlichkeit auf Mesoamerika beschränkt, wobei auch hier die Schrift nicht in allen Kulturen eine volle Textfähigkeit erlangte. Im Andenraum gab es die *quipu*, die in der Verwaltung des Inkastaates benutzt wurde. Dies waren Knotenschnüre, d.h. in Dezimalstellung angeordnete Knoten, die an Fäden angebracht wurden und die in erster Linie Mengenangaben verzeichneten. Die *quipu* bildeten eine Memoriertechnik und können nicht als Schrift bezeichnet werden.

Vermutlich war das Fehlen von Schriftlichkeit in der vorspanischen Zeit ein wichtiger Grund dafür, dass sich im Andenraum auch nach der europäischen Eroberung der Schriftgebrauch nur zögerlich in indigenen Kreisen durchsetzte. Anders als in Mexiko sind aus dem 16. bzw. frühen 17. Jahrhundert für das Andengebiet nur drei Berichte von indigenen Autoren, in spanischer Sprache geschrieben, bekannt. Auch bleibt bei diesen Texten zu berücksichtigen, dass sich darin bereits eine durch den Akt der Eroberung gebrochene Betrachtung der eigenen Geschichte und Kulturen verbarg: „Nach der Eroberung durch die Europäer ergab sich in Amerika mit Ausnahme von Mesoamerika eine ganz spezielle Quellensituation. Im kolonialen Peru bzw. im Andengebiet unterwarf und eroberte eine schriftführende Gesellschaft andere, nicht-schriftführende Gesellschaften. Die Mehrzahl der schriftlich fixierten Quellen stammt daher von Angehörigen der Erobererkultur. Nur wenige einheimische Autoren stellten die amerikanische Geschichte aus ihrer eigenen Sicht dar und außerdem taten sie dies erst gegen Ende des 16. oder zu Beginn des 17. Jahrhunderts, also geraume Zeit nach der spanischen Konquista (Perus), die 1532 begann. Auch blieb eine Beeinflussung der wenigen indigenen Verfasser durch europäische Interpretationsmodelle [der Welt bzw. der Geschichte] nicht aus. Schließlich schrieben sie ihre Werke vornehmlich in spanischer Sprache und fügten nur gelegentlich Textpassagen in indigenen Idiomen ein. Als Folge [...] liegen uns heute hauptsächlich Quellentexte vor, die die andinen Gesellschaften aus der Perspektive der europäischen Eroberer zeigen."[3]

Etwas anders gestaltet sich die Situation für Mexiko. Im mexikanischen Raum gab es vor 1500 bilderschriftliche Darstellungen, von denen jedoch nur noch sehr wenige Exemplare – in der Literatur schwanken die Angaben zwischen dreizehn und fünfzehn – erhalten sind. Anders als in Peru entstanden dann nach der spanischen Eroberung Mexikos zahlreiche Bilderhandschriften sowie Texte, die zwar in indigener Sprache, jedoch im lateinischen Alphabet abgefasst waren und die von einheimischen Adligen und Informanten geschrieben wurden. Indigene Berichte fanden zudem Eingang in die Schriften europäischer Autoren, insbesondere der Missionare, die im 16. Jahrhundert Aufzeichnungen über die Kultur und Geschichte Mexikos anfertigten. Wie bei den anderen Quellen gilt jedoch auch für diese Texte, dass sie zwar teils als ethnografische Beschreibungen konzipiert waren, wir jedoch in Rechnung stellen müssen, dass sich in ihnen die Präsenz und Übermacht der Spanier in Mexiko und die Errichtung einer kolonialen Situation niedergeschlagen haben. Es wäre deshalb mehr als leichtfertig, die Quellen über die vorspanische Geschichte Amerikas als einfache Tatsachenbeschreibungen oder als authentische Dokumente aztekischer Kultur zu lesen.

Anmerkungen

1 Vgl. Ulrich Köhler, Umweltbedingungen und Synopsis der kulturgeschichtlichen Entwicklung, in: Ulrich Köhler (Hrsg.), Altamerikanistik. Eine Einführung in die Hochkulturen Mittel- und Südamerikas, Berlin 1990, S. 1-28. Kritisiert wird am Konzept des Kulturareals, dass es u.a. unzulässige Vereinheitlichungen der Wirtschaft, Gesellschaft oder Technik der Bevölkerung in einem Gebiet vornimmt.

2 Siehe für die Inka z.B. Kerstin Nowack/Dagmar Schweitzer, Die Inka und der Krieg, Bonn 1991.

3 Iris Gareis, Die Geschichte der Anderen. Zur Ethnohistorie am Beispiel Perus (1532-1700), Berlin 2003, S. 11.

B. Die Waldlandindianer

1. Vorbemerkung

Der Begriff der Waldlandindianer bezieht sich hier auf Siedlungsformen in den Waldländern im östlichen Südamerika, insbesondere im Tal des Amazonasflusses und an der Küste des heutigen Brasilien. Nach 1500 trafen die europäischen Eroberer dort auf „junge" indigene Kulturen, die selbst in Wandel und Veränderung begriffen waren.[1] Diese eigenständige Entwicklung wurde durch die Europäer zerstört; nur in Flucht- und Rückzugsgebieten vermochten abgelegene und isolierte Gruppen ihre hergebrachte Identität zumindest „einigermaßen unversehrt" zu wahren.[2]

Über das Leben indigener Kulturen in den Waldländern vor der europäischen Kolonisierung lassen sich nur Vermutungen anstellen. Anthropologen haben mitunter aus heutigen kulturellen Techniken Rückschlüsse auf frühere Lebens- und Wirtschaftsweisen gezogen. Ein solcher Transfer ist jedoch problematisch, weil er im Grunde voraussetzt, dass die Gesellschaften und Kulturen der Waldlandindianer über lange Zeiträume hinweg keinerlei Veränderung erfahren hätten. Eine wichtige Hilfestellung geben deshalb Reiseberichte der ersten Europäer aus dem 16. Jahrhundert, die in Kontakt mit indigenen Bevölkerungen gekommen waren. Allerdings gibt es nur sehr wenige Berichte aus der Zeit, und der Wahrheitsgehalt dieser Beschreibungen wird in der Literatur kontrovers diskutiert. In diesem Kapitel werden Textauszüge aus zwei dieser Beschreibungen vorgestellt, den Berichten von Hans Staden und von Jean de Léry, die die Tupinambá im brasilianischen Küstenland zum Gegenstand haben.

Die Augenzeugenberichte über die Tupinambá, die im 16. Jahrhundert verfasst wurden, wertete der Tupí-Forscher Alfred Métraux in den 1920er Jahren erstmals kritisch aus. Ein Verfahren ist dabei der Textvergleich, ein anderes die Kontrastierung der frühen Berichte mit heutigen Beobachtungen, um die Plausibilität der Texte zu prüfen. Übereinstimmungen in verschiedenen ethnografischen Details, die die Texte aus dem 16. Jahrhundert aufweisen, gaben Anlass dazu, an ihre ethnografische Authentizität zu glauben. Einige Wissenschaftler werten die Texte deshalb als genaue Beschreibungen zeitgenössischer indigener Kulturen und Lebensformen. Andere dagegen sahen in den übereinstimmenden Beschreibungen kultureller Muster gerade den Beleg dafür, dass die Verfasser nur voneinander abgeschrieben und sich auf diese Weise in ihren Voreingenommenheiten wechselseitig bestärkt hätten. Auf diese Weise sei ein Bild der brasilianischen Waldlandindianer entstanden, das voller Stereotype war. Die Kontroversen darüber, was von den zeitgenössischen Texten zu halten ist, verdeutlichen sich besonders eindringlich anhand der so genannten Anthropophagie-Kontroverse, d.h. der Frage, ob die Tupinambá Menschenfleisch aßen oder nicht. Diese Kontroverse wird hier in Auszügen vorgestellt.

2. Die Gesellschaft und Kultur der Tupinambá

2.1 Was für eine Gestalt die Leute haben (1557)

1557 erschien die „Warhaftig Historia und Beschreibung eyner Landtschafft der Wilden, Nacketen, grimmigen Menschenfresser Leuthen, in der Newen Welt Amaerica gelegen" von Hans Staden. Dabei handelte es sich um einen Erlebnisbericht: Staden, der aus Hessen stammte, war als Söldner in portugiesischen Diensten in Brasilien gewesen und lebte dort im Jahr 1554 mehrere Monate in Gefangenschaft bei den Tupinambá. In seinem Bericht ging Staden auf das Alltagsleben und die kulturelle Praxis der Tupinambá ein. Diese Schilderungen gelten heute als recht genau:

Es sind von Körper und Gestalt schöne Menschen, Frauen und Männer gleicherweise, so wie die Leute hierzulande, nur daß sie von der Sonne gebräunt sind, denn sie gehen alle nackt, jung und alt, und tragen auch gar nichts vor der Scham. Sie entstellen sich aber selbst durch Bemalen. Bärte haben sie nicht, denn sie zupfen das Barthaar mit den Wurzeln aus, so oft es ihnen wächst. [...]

In der Unterlippe haben sie ein großes Loch, und zwar von Jugend auf. Sie stechen den Knaben mit einem spitzen Stück von einem Hirschhorn ein kleines Loch durch die Lippe. Dahinein stecken sie ein Steinchen oder ein Stückchen Holz und schmieren es mit ihren Salben aus. Das kleine Loch bleibt dann offen. Wenn die Knaben heranwachsen und wehrhaft werden, macht man es ihnen größer. Dann steckt der junge Mann einen großen grünen Stein hinein. Das schmale, obere Ende kommt nach innen, also in den Mund, und das dicke hängt heraus. Von dem Gewicht des Steines hängt ihnen die Lippe immer herab. Zu beiden Seiten des Mundes, in den Backen, tragen sie außerdem noch je einen kleinen Stein. Alle Steine schleifen sie länglich und rund.

Karl Fouquet (Hrsg.), Hans Staden. Zwei Reisen nach Brasilien 1548-1555, 5. Aufl. Marburg 1995, S. 122, S. 127-128.

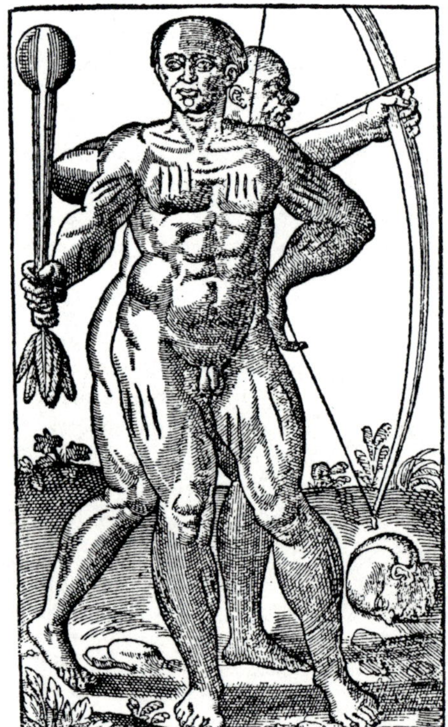

Abb. 1: Tupinambá mit charakteristischen Narben und der Ibira-pema, die auf seine Tätigkeit als Totschläger während der kannibalischen Zeremonie hinweist (Kupferstich von 1586), aus: Jean de Léry, Unter Menschenfressern am Amazonas. Brasilianisches Tagebuch 1556-1558, 2. Aufl., Tübingen 1977, S. 105.

2.2 Das Wohnen (1557)

In seinen Beschreibungen schildert Staden verschiedene Teilbereiche der Alltagswelt der Tupinambá:

Sie errichten ihre Wohnungen gern an Stellen, wo sie Wasser und Holz und ebenso Wild und Fisch in der Nähe haben. Ist eine Gegend erschöpft, so verlegen sie ihren Wohnplatz in eine andere. Wenn sie ihre Hütten bauen wollen, versammelt ein Häuptling eine Gruppe von etwa vierzig Männern und Frauen, soviel er bekommen kann, und das sind gewöhnlich seine Freunde und Verwandten; die errichten eine Hütte, die ungefähr vierzehn Fuß breit und, je nachdem, wie viel Leute es sind, bis zu hundertundfünfzig Fuß lang ist. Solche Hütten sind etwa zwei Klafter hoch und oben rund wie ein Kellergewölbe und werden dick mit Palmblättem bedeckt, damit es nicht hineinregnet. Innen sind sie nicht durch Zwischenwände untergeteilt. Niemand hat ein abgetrenntes Zimmer, jede Partei aber, Mann und Frau, auf einer Längsseite einen Raum von zwölf Fuß Länge. Den entsprechenden Platz auf der anderen Längsseite nimmt eine andere Partei ein. So sind die Hütten voll. Jede Partei hat ihr eigenes Feuer. Der Häuptling der Hütte bekommt seinen Platz in der Mitte. Jede Hütte hat in der Regel drei kleine Pforten, eine an jedem Ende und eine in der Mitte. Die sind so niedrig, daß die Wilden sich beim Ein- und Ausgehen bücken müssen [...].

Sie schlafen in Dingern, Hängematten, die in ihrer Sprache Ini heißen und aus Baumwollgarn gemacht werden. Die binden sie über dem Erdboden an zwei Pfählen fest. Nachts unterhalten sie stets ein Feuer und gehen auch im Dunkeln nicht gern ohne Feuer aus den Hütten, um ihre Notdurft zu verrichten. So sehr fürchten sie sich vor dem Teufel, den sie Anhanga nennen und oft zu sehen glauben.

Karl Fouquet (Hrsg.), Hans Staden. Zwei Reisen nach Brasilien 1548-1555, 5. Auflage Marburg 1995, S. 117-119.

2.3 Jagd und Ernährung (1557)

Wohin sie auch gehen, sei es in den Wald oder zum Wasser, stets haben sie Bogen und Pfeile bei sich. Wenn sie durch das Gehölz gehen, halten sie das Gesicht aufmerksam nach den Bäumen in die Höhe gerichtet. Merken sie hin und wieder etwas von großen Vögeln, Affen oder anderen Tieren, die sich auf den Bäumen aufhalten, so gehen sie hinzu, bemühen sich, es zu schießen, und folgen ihm so lange, bis sie es bekommen. Selten kehrt jemand, der auf die Jagd geht, leer heim.

Ebenso ziehen sie nahe am Meeresstrand den Fischen nach. Sie haben scharfe Augen. Wenn irgendwo ein Fisch an die Oberfläche kommt, schießen sie nach ihm, und nur wenige Schüsse gehen fehl. Sobald ein Fisch getroffen wird, springen sie ins Wasser und schwimmen ihm nach. Manche große Fische gehen auf den Grund, wenn sie den Pfeil in sich fühlen. Denen tauchen sie bis zu etwa sechs Klaftern Tiefe nach und bringen sie herauf. Außerdem haben sie kleine Netze. Das Garn, mit dem sie diese Netze stricken, ziehen sie aus langen spitzen Blättern, die sie Tucum nennen. Wenn sie mit diesen Netzen fischen wollen, kommen mehrere zusammen und stellen sich im Kreise in flachem Wasser so auf, daß jeder einen bestimmten Abschnitt erhält. Dann gehen einige in den Kreis und schlagen ins Wasser. Will ein Fisch daraufhin ins Tiefe flüchten, so kommt er ihnen ins Garn. Wer viele Fische fängt, gibt den anderen, die weniger haben, davon ab. [...] Wenn sie pflanzen wollen, schlagen sie an den dazu ausgewählten Stellen die Bäume nieder und lassen sie etwa drei Monate trocknen. Dann legen sie Feuer daran und verbrennen sie. Darauf pflanzen sie die Stecklinge der Wurzelpflanzen, die sie als Brot verwenden, zwischen die Baumstümpfe. Diese Pflanze heißt Maniok. Es ist ein Busch, der eine Klafter hoch wird und drei Wurzeln bildet. Wenn sie die Wurzeln zubereiten wollen, reißen sie den Busch aus, brechen die Wurzeln und Zweige ab und stecken Stücke der Stämmchen wieder in die Erde. Diese schlagen dann Wurzeln und wachsen in sechs Monaten soweit heran, daß man sie verwenden kann.

Sie verarbeiten den Maniok auf dreierlei Weise. Erstens: Sie zerreiben die Wurzeln auf einem Stein ganz und gar in kleine Krumen und pressen den Saft mit einem Schlauch heraus, der aus den Schalen von Palmzweigen gemacht wird und Tipití heißt. Dadurch wird die Masse, die sie dann durch ein Sieb geben, trocken. Von dem Mehl backen sie dünne Kuchen. Das Gefäß, in dem sie ihr Mehl dörren und backen, wird aus Ton gebrannt und hat die Form einer großen Schüssel.

Zweitens: Sie nehmen die frischen Wurzeln, legen sie ins Wasser, lassen sie darin gären, nehmen sie dann wieder heraus und trocknen sie im Raum über einem Feuer. Diese getrockneten Wurzeln nennen sie Carimã. Sie halten sich lange Zeit. Wenn die Wilden sie dann verwenden wollen, zerstoßen sie sie in einem aus Holz hergestellten Mörser. Das wird dann so weiß wie Weizenmehl. Daraus backen sie Fladen, die Beijú genannt werden.

Karl Fouquet (Hrsg.), Hans Staden. Zwei Reisen nach Brasilien 1548-1555, 5. Auflage Marburg 1995, S. 120-124.

2.4 Die Glaubensvorstellungen (1557)

Die Wilden glauben an ein Ding, das wie ein Kürbis wächst. Es ist so groß wie ein Topf von einem halben Maß und innen hohl. Sie stecken ein Stöckchen hindurch, schneiden ein Loch wie einen Mund hinein und tun kleine Steine hinein, daß es rasselt. Damit rasseln sie, wenn sie singen und tanzen. Sie nennen es Maracá. Jeder Mann hat ein eigenes. [...]

Nun gibt es einige Leute unter ihnen, die sie Pajé nennen. Die werden bei ihnen geachtet, wie man hier die Wahrsager achtet. Sie ziehen einmal im Jahr durch das Land, gehen in alle Hütten und geben an, ein Geist sei bei ihnen gewesen, der weit her aus der Fremde gekommen sei und ihnen die Macht verliehen habe, daß alle Rasseln, die Maracás, von denen sie es wollten, sprechen können und Macht bekommen sollten; wenn sie, die Pajés, darum bäten, so würde es ihnen gewährt werden. Ein jeder wünscht dann, daß seine Rassel Macht bekomme. Sie veranstalten ein großes Fest, trinken, singen und weissagen dabei und üben viele seltsame Gebräuche.

Danach bestimmen die Wahrsager einen Tag. Eine Hütte, in der keine Frauen und Kinder bleiben dürfen, wird geräumt. Die Wahrsager befehlen, daß ein jeder seine Maracá rot bemale, mit Federn schmücke und dahin komme. Dann wolle er den Rasseln die Macht geben, daß sie sprechen können.

Wenn sie in die Hütte kommen, setzen die Wahrsager sich obenan und stecken ihre Maracás neben sich in den Boden. Die anderen stecken ihre dazu, und jeder gibt den Wahrsagern ein Geschenk, Pfeile, Federn oder Samen, die sie an die Ohren hängen, damit seine Maracá ja nicht vergessen werde. Sobald sie alle beieinander sind, nimmt der Wahrsager die Maracá eines jeden besonders und beräuchert sie mit einem Kraut, das sie Pitim nennen. Dann hält er die Rassel dicht vor den Mund, rasselt mit ihr und sagt zu ihr: „Né cora“, nun rede und laß dich hören, wenn du darin bist. Dann spricht er mit hoher Stimme und schnell ein Wort, so daß man nicht gut unterscheiden kann, ob die Rassel oder er es tut. Die Leute glauben, die Rassel tue es, aber der Wahrsager tut es selbst. So macht er es mit allen Rasseln, mit einer nach der anderen, und jeder meint dann, daß seine Rassel große Macht habe. Dann gebieten ihnen die Wahrsager, in den Krieg zu ziehen und Feinde zu fangen, denn die Geister, die in den Maracás seien, gelüste es, Sklavenfleisch zu essen. Danach ziehen sie in den Krieg.

Karl Fouquet (Hrsg.), Hans Staden. Zwei Reisen nach Brasilien 1548-1555, 5. Auflage Marburg 1995, S.132-134.

3. Zeitgenössische Beschreibungen brasilianischer Waldlandindianer als Anthropophagen

3.1 Brief von Amerigo Vespucci (1502)

Der Florentiner Amerigo Vespucchi nahm zwischen 1499 und 1502 an mehreren portugiesischen Expeditionen nach Amerika teil. In einem Brief von 1502 an Lorenzo di Pier Francesco de Medici *schildert er seine Eindrücke von dem Land und den Menschen in Brasilien, in dem er auch die Anthropophagie der Tupí beschrieb. Kein anderer Text über Amerika fand im 16. Jahrhundert in Europa eine derartige Verbreitung wie der Brief Vespucchis:*

Zunächst also zu den Menschen: Wir fanden in jenen Regionen eine so große Menge Menschen, die niemand zählen konnte (wie es in der Apokalypse heißt) – und zwar Menschen, die sanft und umgänglich sind. Alle, beiderlei Geschlechts, laufen nackt umher, ohne irgendeinen Körperteil zu bedecken; und wie sie aus dem Leib der Mutter kommen, so gehen sie bis zu ihrem Tod. Ihre Leiber sind nämlich groß, athletisch, wohl proportioniert und neigen zu rötlicher Färbung. Dies geschieht ihnen – wie ich meine – darum, weil sie, während sie nackt umherlaufen, von der Sonne gerötet werden. Weiters haben sie langes und schwarzes Haar. Sie sind beim Laufen und bei Spielen flink und haben edle und anmutige Gesichtszüge, die sie sich allerdings selbst verunstalten. Denn sie durchbohren sich Wangen und Lippen sowie Nasen und Ohren. Und glaubt nicht, dass diese Löcher klein wären oder dass sie nur eines hätten! Ich sah nämlich einige, die allein schon im Gesicht sieben Löcher hatten, von denen jedes eine Pflaume fassen mochte. Sie verschließen diese Löcher mit blauen, marmornen und kristallenen Steinen sowie besonders schönen aus Alabaster und mit glänzend weißen Knochen und anderen nach ihrer Art kunstvoll gearbeiteten Stücken. Wenn Ihr nun diesen so ungewohnten und monströsen Brauch sehen könntet, nämlich dass ein Mensch allein in seinen Wangen und Lippen sieben Steine trägt, von denen einige eine halbe Handbreit lang sind, so würdet Ihr nicht wenig staunen. Außerdem habe ich oftmals geschätzt, dass sieben solche Steine ein Gewicht von sechzehn Unzen haben. Darüber hinaus tragen sie in jedem Ohr in je drei Löchern noch andere Steine, die an Ringen hängen. Aber dies ist nur der Brauch der Männer. Denn die Frauen durchbohren sich nicht das Gesicht, sondern bloß die Ohren. Es gibt bei ihnen noch einen weiteren recht abartigen Brauch, der alle menschliche Vorstellungskraft übersteigt. Denn da ihre Frauen wollüstig sind, lassen sie das Gemächt ihrer Gatten zu solcher Dicke anschwellen, dass dieses entstellt und abscheulich aussieht; und dies bewirken die Frauen durch einen speziellen Trick und zwar durch den Biss bestimmter giftiger Tiere. Und dadurch verlieren viele Männer dort ihr Gemächt, das ihnen in Ermangelung medizinischer Behandlung verkümmert, und so werden sie zu Eunuchen. Sie haben keine Tuche, weder aus Wolle noch aus Leinen noch aus Baumwolle (weil sie diese auch nicht benötigen), und sie besitzen keine persönlichen Güter, sondern alles gehört der Gemeinschaft. Sie leben ohne König zusammen, ohne Staat, und jeder ist sein eigener Herr. Sie nehmen so viele Frauen, wie sie wollen. Und der Sohn beschläft die Mutter und der Bruder die Schwester und der Cousin die Cousine und jeder Mann jede Frau, die sich ihm bietet. Sie lösen die Ehe, sooft sie wollen, und beachten in diesen Dingen keine Regel. Außerdem haben sie kein Gotteshaus und halten sich an keine Religion. Dennoch sind sie keine Götzendiener. Was kann ich mehr sagen? Sie leben nach der Natur und sind eher als Epikureer denn als Stoiker zu bezeichnen. Es gibt unter ihnen weder Kaufleute noch irgendeinen Handel. Ihre Stämme führen untereinander Krieg ohne Technik, ohne Taktik. Die Ältesten lenken bei ihrer Art Versammlungen die jungen Männer zu dem, was sie selbst beabsichtigen und feuern sie zu Kriegen an, in denen sie einander grausam abschlachten. Und wen sie im Kriege gefangen nehmen, den behalten sie bei sich, freilich nicht um sein Leben zu schonen, sondern um ihn später zum Zwecke der eigenen Ernährung zu töten. Sie pflegen nämlich einander (und besonders die Sieger die Besiegten) aufzuessen, und Menschenfleisch ist bei ihnen eine allgemein übliche Speise. Auch mögt Ihr dieser Nachricht wohl Glauben schenken, denn man hat schon gesehen, dass ein Vater seine Kinder und sein Weib verspeiste; und ich selbst kenne einen Mann, mit dem ich auch gesprochen habe, über den man berichtete, er habe von mehr als dreihundert menschlichen Leibern gegessen. Weiters war ich einmal siebenundzwanzig Tage in einer Stadt, wo ich in den Häusern das Menschenfleisch eingesalzen an den Balken hängen sah, genauso wie man bei uns den Speck aufhängt und das Schweinefleisch.

Robert Wallisch, Der Mundus Novus des Amerigo Vespucci, Wien 2002, S. 19-21.

3.2 Stadens Schilderung der Anthropophagie bei den Tupinambá (1557)

Wenn sie einen Feind heimbringen, so schlagen die Frauen und Jungen ihn zunächst. Dann bekleben sie ihn mit grauen Federn, scheren ihm die Augenbrauen, tanzen um ihn herum und binden ihn gut, daß er ihnen nicht entlaufen kann. Darauf geben sie ihm eine Frau, die ihn versorgt und auch mit ihm zu tun hat. Wenn die ein Kind von ihm bekommt, ziehen sie es auf, bis es groß ist und schlagen es tot und essen es, sofern ihnen das in den Sinn kommt. Dem Gefangenen geben sie gut zu essen. Sie halten ihn so eine Zeitlang und rüsten sich dann zum Fest. Dabei stellen sie viele Gefäße her, in die sie ihre Getränke tun, und brennen auch besondere Gefäße für die Sachen, mit denen sie ihn bemalen und schmücken. Ferner machen sie Federquasten und binden sie an die Keule, mit der sie ihn totschlagen. Auch fertigen sie eine lange Schnur an, Mussurana genannt. Mit dieser Schnur binden sie ihn, bevor sie ihn töten.

Sobald sie nun alle Samen beieinander haben, bestimmen sie die Zeit, zu der der Gefangene sterben soll, und laden die Wilden von anderen Dörfern zum Besuch ein. Dann füllen sie alle Gefäße voll Getränk. Einen oder zwei Tage, ehe die Frauen die Getränke herstellen, führen sie den Gefangenen ein- bis zweimal auf den Platz zwischen den Hütten und tanzen um ihn herum. Sobald alle, die von außerhalb kommen, beieinander sind, heißt der Häuptling der Hütte sie willkommen und sagt: „Nun kommt und helft, euren Feind zu essen." Am Tage, bevor sie anfangen zu trinken, binden sie dem Gefangenen die Mussurana-Schnur um den Hals und bemalen die Ibira-pema, mit der sie ihn totschlagen wollen. [...] Nun machen sie ein Feuer, ungefähr zwei Schritt von dem Sklaven entfernt, so daß er es sehen muß, und eine Frau kommt mit der Keule, der Ibira-pema, herangelaufen, hält die Federquasten in die Höhe, kreischt vor Freude und läuft vor dem Gefangenen vorbei, damit er es sehen soll. Darauf nimmt ein Mann die Keule, stellt sich damit vor den Gefangenen und hält sie ihm vor, so daß er sie ansieht. Inzwischen geht derjenige, der ihn totschlagen will, mit dreizehn oder vierzehn anderen fort, und sie machen ihren Körper mit Asche grau. Wenn er mit seinen Henkersknechten auf den Platz und zu dem Gefangenen zurückkehrt, dann übergibt derjenige, der vor dem Gefangenen steht, ihm die Keule, und der Häuptling der Hütte kommt, nimmt die Keule und steckt sie ihm einmal zwischen die Beine. Das gilt bei ihnen als eine Ehre. Darauf nimmt wieder derjenige, der den Gefangenen erschlagen soll, die Keule und sagt: „Ja, hier bin ich, ich will dich töten, denn deine Leute haben auch viele meiner Freunde getötet und gegessen." Der Gefangene antwortet ihm: „Wenn ich tot bin, so habe ich noch viele Freunde, die mich tüchtig rächen werden." Darauf schlägt er dem Gefangenen hinten auf den Kopf, daß ihm das Hirn herausspritzt, und sofort nehmen die Frauen den Toten, ziehen ihn über das Feuer, kratzen ihm die ganze Haut ab, machen ihn ganz weiß und stopfen ihm den Hintern mit einem Holze zu, damit nichts von ihm abgeht.

Wenn ihm die Haut abgeputzt ist, nimmt ein Mann ihn und schneidet ihm die Beine über den Knien und die Arme am Leibe ab. Dann kommen die vier Frauen, nehmen die vier Stücke, laufen um die Hütten und machen vor Freuden ein großes Geschrei. Danach trennen sie den Rücken mit dem Hintern vom Vorderteil ab. Das teilen sie unter sich. [...] Das alles habe ich gesehen, und ich bin dabei gewesen.

Karl Fouquet (Hrsg.), Hans Staden. Zwei Reisen nach Brasilien 1548-1555, 5. Aufl. Marburg 1995, S.138f.

3.3 Jean de Lérys Beschreibung der Anthropophagie (1578)

Der Genfer Kalvinist Jean de Léry veröffentlichte 1578 seine Geschichte einer Reise in das Land Brasilien, wo er 1558 etwa zwei Monate unter den Tupinambá gelebt hatte:

Nun wollen wir noch sehen, wie die Kriegsgefangenen im Land ihrer Feinde behandelt werden. [...]

Alle umliegenden Dörfer werden zunächst benachrichtigt, an welchem Tag die Hinrichtung des Gefangenen stattfinden wird. Von allen Seiten strömen Männer, Frauen und Kinder herbei. Dann wird während des ganzen Vormittags getanzt und Kaiün getrunken. Der Gefangene weiß ganz genau, daß man sich seinetwegen versammelt und er in wenigen Stunden erschlagen sein wird. Der völlig mit Federn bedeckte Gefangene ist aber keineswegs in trauriger Stimmung. Er springt, trinkt und ist einer der Lustigsten. Hat er während sechs oder sieben Stunden so mit den anderen herumgetobt und gesungen, kommen zwei oder drei der angesehensten Leute, packen ihn und binden ihm mitten um den Leib Baumwollstricke oder Stricke, die aus der Rinde eines von ihnen „Vüire" genannten, dem Hanf ähnlichen Baumes geflochten sind. Wenngleich man ihm die Arme freiläßt, wird er keinen Widerstand leisten. So wird er im Triumph eine Zeitlang durch das Dorf geführt. Man möge aber nicht glauben, daß er deswegen – wie es die Verbrecher bei uns tun – den

Kopf senkt. Keineswegs. Mit unglaublicher Kühnheit und Sicherheit rühmt er sich seiner früher begangenen Heldentaten, und zu denen, die ihn gefesselt haben, sagt er: „Ich bin ein sehr tapferer Mann und habe früher eure Angehörigen genauso gefesselt." Dann wird er immer erregter und wendet sich mit großer Selbstbeherrschung bald nach der einen und dann nach der anderen Seite. Dabei sagt er zu dem einen: „Ich habe deinen Vater verzehrt", zu dem anderen: „Ich habe deine Brüder erschlagen und geröstet." Ferner fügt er hinzu: „Kurz und gut, ich habe so viele Männer, Frauen und auch Kinder von euch Tupinambaults gefangen und gegessen, daß ich die Anzahl gar nicht mehr sagen kann. Fest könnt ihr davon überzeugt sein, daß die Margajas meinen Tod rächen und möglichst viele von euch noch verzehren werden [...]."

(Dann) kommt der Mann, der ihn erschlagen soll, aus einem der Häuser hervor (während des ganzen Tages hat er sich bis dahin nicht blicken lassen). In der Faust hält er einen großen Holzsäbel, der mit prächtigen Federn verziert ist. Der Mann selbst trägt einen Kopfputz und andere Schmuckgegenstände. Er nähert sich dem Gefangenen, den er zumeist etwa wie folgt anspricht: „Gehörst du nicht dem Volk an, das sich die Margajas nennt und das mit uns verfeindet ist? Und hast du nicht unsere Verwandten und Freunde getötet und davon gegessen?" [...] Dann hebt der Mann, der bereitsteht, den Totschlag auszuführen, mit beiden Händen seine Holzkeule und führt mit dem runden Ende einen so kräftigen Schlag auf den Kopf des armen Gefangenen aus wie die Schlächter bei uns mit dem Rindvieh verfahren. [...] Alle Teile des Körpers; und sogar die Eingeweide, werden sorgsam gesäubert und dann sofort auf die Bukans gelegt. Während auf die Art der Wilden alles geröstet wird, versammeln sich die alten Frauen (die, wie ich schon erwähnte, einen erstaunlichen Appetit auf Menschenfleisch haben) in der Nähe der Bukans, um das Fett, das an den Stäben dieser großen und hohen Holzroste herunterfließt, aufzufangen. Sie ermahnen die Männer, dafür zu sorgen, ständig solches Fleisch verfügbar zu haben. Während sie sich die Finger ablecken, sagen sie: „I goton", das heißt: „Es ist gut".

Jean de Léry, Unter Menschenfressern am Amazonas. Brasilianisches Tagebuch 1556-1558, 2. Aufl., Tübingen 1977, S. 262-270.

4. Die Anthropophagie-Kontroverse

Der Vorwurf der Anthropophagie führt bis heute in der Forschung zu kontroversen Diskussionen. Besonders bedeutsam ist in diesem Zusammenhang das Buch von William Arens, „The man-eating myth" (1979), in dem dieser zwar nicht die Existenz des Kannibalismus generell ausschloss, jedoch verneinte, dass es ihn als eine kulturell anerkannte, institutionalisierte Handlung je gegeben habe. Kannibalismus käme nur in extremen Überlebenskrisen oder aber als „antisoziales Verhalten"[3] vor und sei in der Ethnologie als reguläres kulturelles Verhalten nicht nachweisbar. Im Folgenden werden einige Ausschnitte aus neueren deutschen Publikationen zu dieser Kontroverse vorgestellt.

4.1 Erwin Frank (1987)

Frank behandelt in seiner Studie die Anthropophagie nicht als realgeschichtliches Phänomen, sondern als ein Konstrukt der europäischen Geistesgeschichte. Europäer hätten ihre Ängste und Fantasien in das Bild des Kannibalen projiziert und diesen dadurch erst erschaffen:

Der Glaube an die Existenz von Kannibalen und allgemein akzeptierte Vorstellungen darüber, was Kannibalen tun und warum, ist ein europäisches Kulturgut, das sich bis in die Tage Herodots und Strabos zurückverfolgen läßt. Schon damals war es eines der wenigen generellen Charakteristika der Menschenfresser, daß sie am Rande des bekannten Weltkreises lebten (Irland, Schwarzmeer, Indien) und mit der langsamen Ausweitung dieses Kreises in immer entferntere Gegenden rückten. [...] Das „Wissen" um die Existenz von Antropophagen bildete aber immer nur ein Moment in einem umfangreichen Komplex halb mythischen, halb realen geografisch/ethnologischen Wissens der Europäer der Antike und des Mittelalters, insbesondere auch der frühen Eroberer Amerikas. Andere Momente hierin waren die Amazonen, die Sieben Goldenen Städte, die Insel der Seeligen, der Jungbrunnen, Menschen ohne Kopf oder mit Schwänzen, Riesen, Zwerge sowie verschiedenste Ungeheuer.

Die Tatsache, daß all diese mythischen Dinge in den frühen Quellen als in Amerika tatsächlich entdeckt auftauchen, ist ein nur schwer erklärbares Phänomen. Den jeweiligen Autoren schlicht Aufschneiderei vorzuwerfen, ist sicherlich zu einfach. Ich bin geneigt, in dieser verblüffenden Tatsache ein Resultat des sehr schwierigen Versuchs der Zeugen zu sehen, das gänzlich Neue dieser Welt, mit der sie sich plötzlich konfrontiert fanden, in den ihnen ausschließlich zur Verfügung stehenden Termini der alten Welt zu denken. [...] Das präkolumbische europäische Wissen um die Existenz von Kannibalen, die Ausformung des mittelalterlichen Images des Kannibalen in der negativen Variante des ‚wilden Mannes' und dessen frühe und dauerhafte Übertragung auf den neuen Kontinent, schließlich auch noch die Dauerhaftigkeit dieses Images im europäischen Denken bis auf den heutigen Tag, all dies scheint mir die eingangs gestellte Frage ausreichend zu klären, wie die Vielzahl der Kannibalismusanklagen gegen indianische Gruppen des tropischen Tieflands (und anderswo!) verständlich sind, wenn das Ergebnis meiner Arbeit richtig ist, daß mit einiger Wahrscheinlichkeit weder exo- noch endokannibalistisches Fleischessen von einer der Gruppen meines Untersuchungsraumes (möglicherweise aber auch darüber hinaus) jemals praktiziert worden ist. Im Gegenteil scheint es mir heute erklärungsbedürftig, warum zumindest in den Missionsdokumenten Kannibalismusanklagen trotz allem so relativ selten sind!

Erwin Frank, „Y se lo comen." Kritische Studie der Schriftquellen zum Kannibalismus der panosprachigen Indianer Ost-Perus und Brasiliens, Bonn 1987, S.188-197.

4.2 Astrid Wendt (1989)

Astrid Wendt schließt aus dem Textvergleich auf den Wahrheitsgehalt der Anthropophagie-Beschreibungen und wertet die Übereinstimmungen als Beleg für die Authentizität der Texte:

Alle Europäer, die sich im 16. und 17. Jh. an der Ostküste Südamerikas aufhielten, erwähnen die Sitte der Küsten-Tupi, gefangengenommene Feinde im Rahmen eines Zeremoniells zu töten und zu verspeisen. [...] Wesentliche Unterschiede in der Berichterstattung – was den Ablauf des rituellen Geschehens angeht – lassen sich nicht feststellen, Autoren verschiedenster Herkunft und Nationalität stimmen miteinander überein. Sie alle berichten, daß auf Kriegszügen Gefangene gemacht wurden, die anschließend in die Gesellschaft ihrer neuen Herren integriert, gut behandelt und nach zum Teil monate- oder jahrelanger „Gefangenschaft" festlich getötet wurden. Anschließend wurde ihr Leichnam zerteilt, zubereitet und den Teilnehmern des festlichen Mahls zum Verzehr übergeben. Die Wahrnehmung des Kannibalismus bei den europäischen Beobachtern war somit einheitlich. Dies und die Tatsache, daß in den schriftlichen Quellen die Anthropophagie nicht immer zur Diskriminierung der betreffenden Gesellschaft eingesetzt wurde, läßt bei aller gebotenen Vorsicht den Schluß zu, daß die Kernaussagen der Berichte den tatsächlichen Abläufen entsprachen und nicht Produkte einer zielgerichteten Phantasie waren, der es auf die Abwertung der „Wilden" ankam.

Astrid Wendt, Kannibalismus in Brasilien. Eine Analyse europäischer Reiseberichte und Amerika-Darstellungen für die Zeit zwischen 1500 und 1654, Frankfurt/M. 1989, S. 214.

4.3 Annerose Menninger (1995)

Annerose Menninger stellt dagegen im Vergleich der Texte und anhand einer rezeptionsgeschichtlichen Analyse, in der nach wechselseitigen Beeinflussungen in der Literatur gefragt wird, deren Aussagewert in Frage. Zudem analysiert Menninger die kommerziellen Gesichtspunkte der Anthropophagie-Literatur. Diejenigen, die über „Kannibalen" schrieben, taten dies laut Menninger, um die eigenen Fantasien und Sensationsgelüste wie die der Leser zu befriedigen und um auf diese Weise erfolgreich auf dem Buchmarkt zu bestehen:

Auch der Ursprung über die Vorstellung von Kannibalen Brasiliens gibt Anlaß zu Zweifeln, obwohl hier eine vorgebliche Augenzeugensituation bereits die älteste Nachricht begleitet. Vespuccis Beziehung zu Sevilla als Drehscheibe für die spanischen Entdeckungsfahrten und Nachrichten aus der Neuen Welt, seine vor seiner Brasilienfahrt unternommene spanische Expedition an die südamerikanische Nordostküste, seine detaillierten Informationen über den Kannibalismus brasilianischer Indianer, für die man eine sprachliche Kommunikationsfähigkeit und einen langfristigen Aufenthalt unter den Eingeborenen voraussetzen müßte, und vor allem die Entsprechung der meisten dieser Details mit Martyrs Kannibalenvorstellung stellen den Florentiner als Augenzeuge und sein 1502 entstandenes Zeugnis (Bartolozzi-Brief) als glaubwürdige Ursprungsquelle für die brasilianischen Kannibalen in Frage. Die analogen Details zu Martyrs Vorstellung über die Kannibalen der Westindischen Inseln, die selbst allem Anschein nach einer realen Grundlage entbehrt, sprechen für die These, auch den Kannibalismus der brasilianischen Küstenindianer als Mythos zu deuten, der von den Westindischen Inseln über die südamerikanische Nordküste nach Portugiesisch-Amerika gewandert ist.

In eben diesem Kontext erscheinen auch jüngere Augenzeugenberichte, in denen eine Genese über die Kenntnis des brasilianischen Kannibalismus zu beobachten ist, umstritten. In den Zeugnissen von Nóbrega, Staden, Thevet und Léry wird als neues tragendes Element ein subtil beschriebenes Tötungsritual integriert. Dieses Element, ein informativ und geschlossen wirkendes Kulturporträt wie auch ein vorgeblich intensiverer Kulturkontakt der Reisenden mögen ihre Aussagen auf den ersten Blick zwar glaubwürdiger erscheinen lassen. Es ist jedoch nicht zu übersehen, daß das Tötungsritual an sich keine anthropophage Handlung darstellt. [...] Obwohl der Eindruck entsteht, daß Nóbrega, Staden, Thevet und Léry – im Gegensatz zu Martyr und Vespucci – eher die Gelegenheit zu einem engen Kontakt mit der fremden Kultur gehabt haben und insbesondere Stadens und Lérys Kenntnisse der Eingeborenensprache betont werden, berufen sich diese Augenzeugen nach wie vor auf stereotypes Kannibalismusvokabular. Dieses hartnäckige

Festhalten an jenen Details, wie sie schon die umstrittenen Ursprungsquellen zur Beschreibung der Insel- und Festland-Kariben vorgeschlagen haben, stützt die These einer rezeptionsbedingten Tradierung der Vorstellung über die Kannibalen Brasiliens.

Annerose Menninger, Die Macht der Augenzeugen. Neue Welt und Kannibalen-Mythos 1492-1600, Stuttgart 1995, S. 269-272.

4.4 Iris Gareis (2003)

Iris Gareis kritisiert das textkritische Verfahren und das Fehlen ethnologischer Kenntnisse bei Menninger. Diese beschäftige sich nur mit Textvergleichen, nicht aber mit dem kulturellen Status der Anthropophagie selbst:

(Dem Text von) Staden scheint Menninger überhaupt jeden Quellenstatus absprechen zu wollen, da sein Text, wie sie offenbar meint, eher auf das kompilatorische Geschick des Gelehrten Dyander[4] zurückgeht. [...] Methodisch bedenklich ist meiner Ansicht nach die Demontage des Autors Staden, die Menninger von Anbeginn ihres Buches durch den Einsatz eines ironischen Stils betreibt, um ihn so von vornherein als unglaubwürdig zu diskreditieren. In diesem Zusammenhang erweist sich auch ihre gänzliche Unkenntnis ethnologischer und ethnohistorischer Forschungsarbeit als hinderlich. So verkennt sie nämlich vollkommen die in diesen Texten enthaltenen ethnographischen Daten. Beispielsweise erwähnen Staden und Thevet Gebote, die der Töter eines Menschen bei den Tupinamba zu beachten hatte, die Menninger offenbar für unsinnige Behauptungen der beiden Autoren hält. Jedoch verweisen diese Gebote eindeutig auf Initiationsriten. [...]

Iris Gareis, Die Geschichte der Anderen. Zur Ethnohistorie am Beispiel Perus (1532-1700), Berlin 2003, S. 109-110 Anm. 86.

Anmerkungen

1 Wolfgang Lindig/Mark Münzel, Die Indianer. Bd. 2: Mittel- und Südamerika, München 5. Aufl. 1992, S. 241.

2 Ebenda.

3 William Arens, The Man-Eating Myth. Anthropology and Anthropophagy, New York 1979, S. 9.

4 Von dem Marburger Anatomieprofessor Johannes Eichmann, genannt Dryander, stammt in Stadens Werk ein Vorwort mit der Erklärung, die „Wahrhaftig Historia" auf Wunsch von Staden durchgesehen und verbessert zu haben. Wie weit Dryanders Mitarbeit als eine Art Ghost-writer wirklich ging, ist ungeklärt.

C. Die Azteken

1. Vorbemerkung

Unter den vorspanischen Kulturen in Amerika haben die Azteken im Hochland Mexikos in besonderem Maße die Aufmerksamkeit der europäischen Betrachter auf sich gezogen. Bereits die spanischen Eroberer zeigten sich in ihren Briefen und Berichten von der Macht der Azteken, besonders von der Größe und Pracht ihrer Hauptstadt Tenochtitlán, tief beeindruckt. Dabei war sicherlich der Umstand von Bedeutung, dass die Spanier bis dahin in der Karibik auf vorstaatliche, eher einfach strukturierte Gemeinwesen getroffen waren, während sie nunmehr in Mexiko erstmals in Amerika komplexe Formen politischer wie sozialer Organisation vorfanden.

Die Azteken stammten aus dem Norden und gelangten im 12. Jahrhundert im Zuge größerer Wanderungsbewegungen in Mesoamerika ins mittlere Hochland Mexikos. Nach ihrer Überlieferung stammten die Azteken von dem mythischen Ort Aztlan her. Der Name Azteken bedeutet „Die von dem Ort Aztlan Stammenden". Im Verlauf ihrer Wanderung nannten sie sich jedoch auch Mexica, abgeleitet vom Namen der Erdgöttin.[1] Um 1325 siedelten die Azteken, eine bis dahin recht unbedeutende Gruppe von vermutlich kaum mehr als 1.000 Menschen, im Hochtal von Mexiko an einem See. Durch Bündnisse mit anderen Herrschaften sowie mittels ihrer kriegerischen Fähigkeiten bauten die Azteken ihre Macht im Hochtal Mexikos aus, bis sich ihre Herrschaft zum so genannten Aztekenreich verfestigte.

Der Begriff des Aztekenreichs ist ungenau. Zwar dehnte sich die aztekische Herrschaft im frühen 16. Jahrhundert über das gesamte Hochland Mexikos aus. Zudem war ihr Machtbereich durch eine gemeinsame Sprache, das Nahuatl, verbunden. Jedoch bestand kein festgefügter Herrschaftsraum, weil es innerhalb des von den Azteken beherrschten Gebiets mehrere unabhängige Herrschaften gab. Auch existierte kein einheitliches Staatswesen. In der Literatur werden deswegen auch andere Begriffe als der des Reiches benutzt, um das politische Gebilde der Azteken zu bezeichnen. So wird von einem hegemonischen Reich der Azteken gesprochen, in dem es eine zentrale Zone unter unmittelbar aztekischer Verwaltung, eine Zone mit von der aztekischen Vormacht abhängigen Staaten sowie eine Zone, in der mit den Azteken verbündete Stämme lebten, gab.[2] Oder es ist vom aztekischen Städtedreibund oder vom Tributimperium die Rede. Der Begriff des Städtedreibunds bezieht sich darauf, dass zur Hauptstadt Tenochtitlán die Städte Tetzcoco und Tlacopan zuzurechnen waren. Dieser Bund war die Gewähr dafür, das Hochland von Mexiko dauerhaft zu unterwerfen. Die unterworfenen Völker und Städte wurden in die Tributpflicht gezwungen. Das Tributsystem sorgte nicht allein dafür, dass große unproduktive Gruppen in der aztekischen Gesellschaft unterhalten werden konnten, wie die Krieger oder die Priesterkaste. Es bildete zugleich die Grundlage für die Ausbildung differenzierter politischer, sozialer und ökonomischer Institutionen. Für die Spanier war dies nach der Eroberung Mexikos von großem Vorteil, weil sie beim Aufbau des Kolonialsystems voraussetzen konnten, dass die einheimische Bevölkerung die Prinzipien der Staatlichkeit, des Marktes oder des kulturellen Expertentums bereits kannte.

Unser Wissen über die Azteken beruht neben archäologischen Erkenntnissen auf unterschiedlichen Arten von Schriftzeugnissen, die in mehrere Gruppen unterteilt werden können. Die erste umfasst die vorspanischen Schriften, die in einem Bild- und Lautsystem abgefasst und zumeist kalendarisch-religiösen Inhalts waren. Der Inhalt der Bilderschriften wurde durch besondere Erzähler, Experten des Lesens, in einer Art Sprechgesang vorgetragen. Vor 1519 muss es zahlreiche dieser Schriften gegeben haben, da die Chronisten davon sprechen, dass es in Mexiko „Häuser für Bilderbücher“ gab, also Bibliotheken.[3] Aber fast sämtliche dieser Schriften wurden von den Spaniern vorsätzlich zerstört. Die zweite Gruppe bilden die spanischen Quellen selbst, wie z.B. die Briefe, die der spanische Eroberer Hernán Cortés an Karl V. schrieb und von denen die meisten sowohl in Spanien wie in anderen europäischen Sprachen im Verlauf des 16. Jahrhunderts Verbreitung fanden. Die dritte Gruppe bilden Schriften indigener Autoren aus dem 16. Jahrhundert. Diese Texte wurden in lateinischer Schrift und teils in spanischer Sprache, teils in Nahuatl geschrieben. Ihre Verfasser waren vornehme Azteken. Allerdings entstanden diese Schriften, wie auch der berühmte „Codex Florentinus“, aus dem im folgenden verschiedene Textauszüge wiedergegeben werden,[4] vielfach unter Anleitung spanischer Missionare oder aber in Kontakt mit diesen, so dass sie nicht oder nur eingeschränkt als ursprüngliche Darstellungen der aztekischen Kultur gewertet werden können. Vielmehr ist es bei der Interpretation dieser Texte eine lohnende Frage, inwieweit darin die Einflüsse einer spanisch-europäisch geprägten Weltsicht bereits reflektiert sind.

2. Zur Gesellschaft und Kultur der Azteken

2.1 Das Herrschaftsgebiet der Azteken (um 1600)

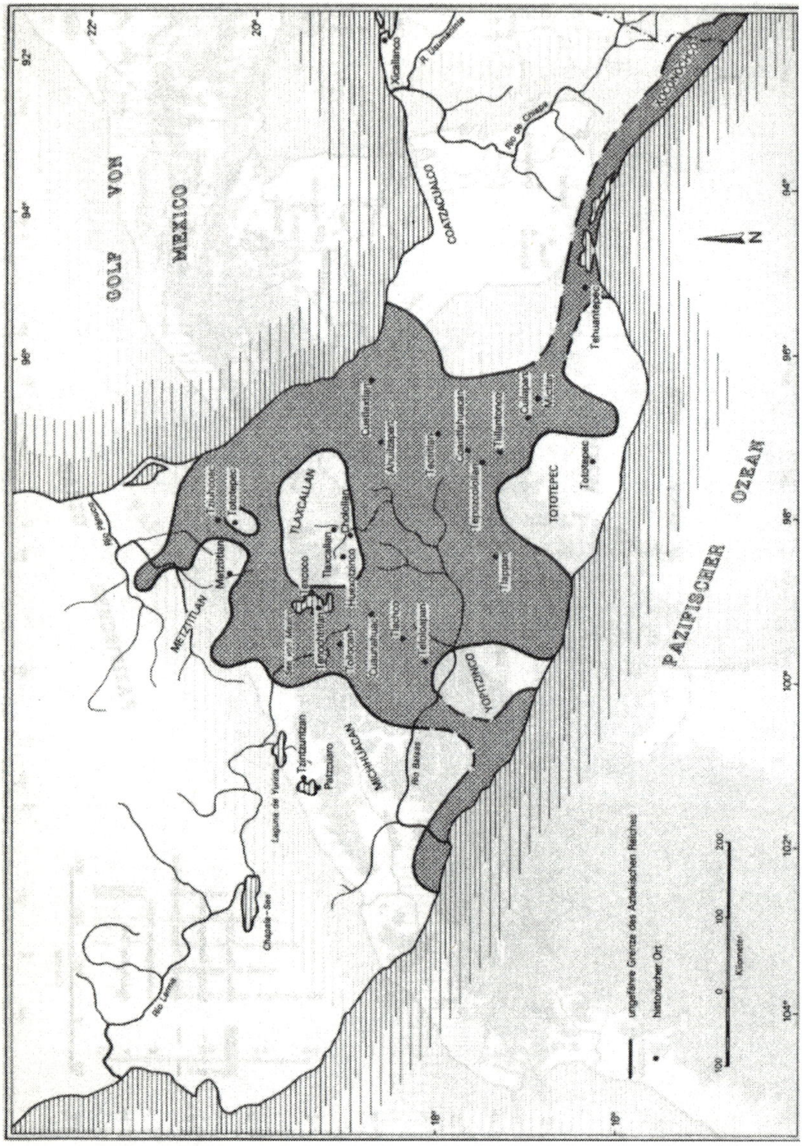

Abb. 2: Das Herrschaftsgebiet der Azteken zu Beginn des 16. Jahrhunderts, aus: Hanns J. Prem, Geschichte Altamerikas, München 1986, Kartenanhang.

2.2 Karte: Golf von Mexiko (links) und die Stadt Tenochtitlán (1524)

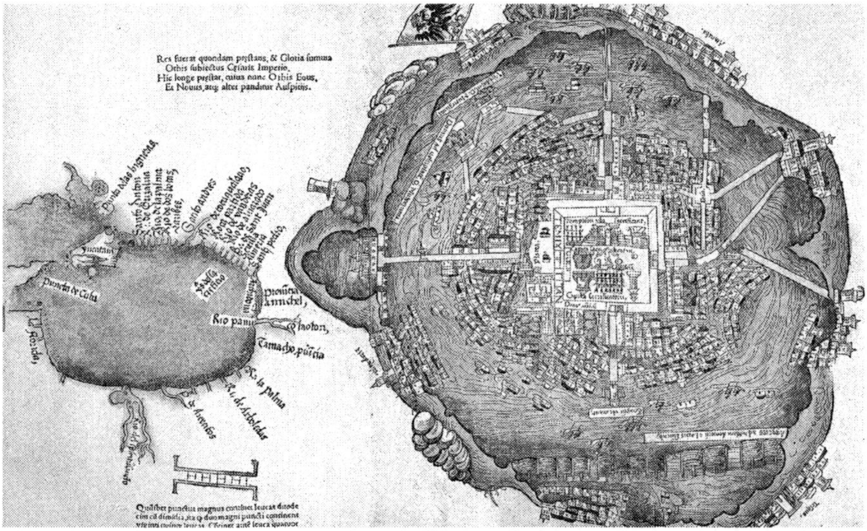

Abb. 3: Handkolorierter Holzschnitt, angefertigt in Nürnberg (1524), aus: Azteken, Ausstellungskatalog, Köln 2003, S. 19.

2.3 Hernán Cortés beschreibt die Stadt Tenochtitlán (1520)

Im Jahr 1519 bedeckte die Hauptstadt Tenochtitlán eine Fläche zwischen 12 und 15 Quadratkilometern. Die Schätzungen über die Einwohnerzahl schwanken zwischen 230.000 und 400.000. Zum Vergleich: Rom hatte damals unter 100.000 Einwohner, Hamburg weniger als 50.000. Dabei war nur ein kleinerer Teil der Stadtbevölkerung geborene Mexika. Überwiegend handelte es sich um Zuwanderer aus anderen Teilen des Hochlands, die sich teils freiwillig, teils unter Zwang in der Stadt niederließen. Tenochtitlán war eine frühe Metropole mit hohen Anforderungen an die städtische Infrastruktur. Aus einem Brief Hernán Cortés' an Karl V.:

Um nun eine Beschreibung der großen Stadt Tenochtitlán und der Herrlichkeit des Moctezuma, von den Sitten und Gebräuchen dieses Volkes und von der Ordnung und Regierung dieses Landes zu geben, würde es eines erfahreneren Berichterstatters bedürfen, da ich nicht den hundertsten Teil dessen zu sagen weiß, was gesagt werden könnte. [...]

Die Hauptstadt Tenochtitlán liegt in (einem) salzigen Landsee, und von jedem Punkt des Festlandes, von welcher Seite man auch kommen möge, sind es zwei Leguas. Sie hat vier Zugänge, alle über Steindämme führend. [...] Die Stadt ist so groß wie Sevilla und Córdoba. Ihre Hauptstraßen sind sehr breit und gerade, einige sind zur Hälfte fester Boden, zur anderen Hälfte aber Wasser, auf dem die Boote fahren. [...]

Die Stadt hat viele öffentliche Plätze, auf denen ständig Markt gehalten wird. Dann hat sie noch einen anderen Platz, so groß wie zweimal ganz Salamanca, der rundum mit Säulenhallen umgeben ist, wo sich täglich mehr als sechzigtausend Einwohner treffen, Käufer und Verkäufer von

Lebensmitteln, von Kleinodien aus Gold und Silber, Blech, Messing, Knochen, Muscheln, Hummerschalen und Federn. [...] Es gibt Apotheken, in denen man Arzneien verkauft, und Barbierstuben, wo die Köpfe gewaschen und geschoren werden. Es gibt Häuser, wo man für Geld essen und trinken kann. Es gibt Leute wie die, die man in Kastilien *ganapanes* nennt, zum Lastentragen. [...] Kurz, man verkauft auf diesen Märkten alles, was sich irgend auf der ganzen Erde findet. Ich will nicht alles aufzählen, um nicht zu weitschweifig zu sein. Jede Warengattung hat ihre besondere Straße, und es wird darin eine scharfe Ordnung gehalten. Alles wird nach Zahl und Maß verkauft, aber nach Gewicht bis jetzt noch nicht. Auf dem Marktplatz steht ein schönes Haus, wo stets zehn bis zwölf Richter sitzen, die alle auf dem Markt vorkommenden Fälle entscheiden und die Verbrecher bestrafen lassen. Dann gibt es noch Ordner auf dem Markt, die unter dem Volk umhergehen und auf alles Acht geben, was verkauft wird, und auf das Maß, womit man verkauft. Manches sah ich sie zerbrechen, weil es als falsch befunden wurde.

Es gibt in dieser großen Stadt viele Götzentempel von sehr schöner Bauart für die verschiedenen Stadtteile. In den vornehmsten befinden sich die Priester, für die schöne Räume eingerichtet sind. Sie gehen schwarz gekleidet und schneiden weder ihr Haar noch kämmen sie es, bis sie wieder herauskommen. [...]

An einem der in die Stadt führenden Dämme laufen zwei Röhren aus Mörtelwerk entlang, jede etwa zwei Schritte breit und eine Mannslänge hoch. Durch eine der Röhren kommt ein Strom guten, süßen Wassers bis mitten in die Stadt, und alle nehmen davon und trinken es. Die andere Röhre wird nur benutzt, wenn die erste gereinigt werden muß. [...] Um nicht zu weitschweifig zu werden, will ich nur noch sagen, dass dieses Volk etwa dieselbe Lebensart besitzt wie in Spanien, die gleiche Zweckmäßigkeit und Ordnung.

Hernán Cortés, Die Eroberung Mexikos. Eigenhändige Berichte an Kaiser Karl V. 1520-1524. Neu hrsg. und bearbeitet von Hermann Homann, Darmstadt 1984, S. 89-97.

2.4 Bernal Díaz del Castillo beschreibt den Markt von Tlatelolco (1568)

Ähnlich wie Cortés zeigte sich auch Bernal Díaz del Castillo, Hauptmann unter Cortés, von der Infrastruktur der Stadt beeindruckt. Er schrieb seinen Augenzeugenbericht allerdings erst rückblickend im Jahr 1568 im Alter von 84 Jahren auf:

Wir ritten, begleitet von zahlreichen Kaziken, über den großen Marktplatz von Tlatelolco. Dort fanden wir eine unerwartet große Menge Menschen, zahlreiche Verkaufsstände und eine ausgezeichnete Ordnungspolizei. Die Kaziken machten uns auf alle Besonderheiten aufmerksam. Jede Warengattung hatte ihre Plätze. Da gab es Gold- und Silberarbeiten, Juwelen, Stoffe aller Art, Federn, Baumwolle und Sklaven. Der Sklavenmarkt war hier genauso groß wie der Negermarkt der Portugiesen in Guinea. Damit sie nicht fliehen konnten, waren sie mit Halsbändern an lange Stangen geschnallt. Nur wenige durften frei herumgehen.

Dann kamen die Stände mit einfacheren Waren, mit grobem Zeug, mit Zwirn und Kakao zum Beispiel. Ganz Neuspanien bot hier seine Erzeugnisse an. Ich kam mir vor wie auf der großen Messe zu Hause, in meinem Geburtsort Medina del Campo, wo auch jede Ware ihre eigene Straße hat. Da gab es Sisalstoffe, Seile und Strickschuhe. Dort wurden gekochte süße Yucawurzeln und andere aus dieser Pflanze gewonnene Produkte angeboten. Es gab rohe und gegerbte Häute von Tigern,

Löwen, Schakalen, Fischottern, Rotwild, wilden Katzen und anderen Raubtieren. Wir fanden aber auch Stände, an denen Bohnen, Salbei und vielerlei andere Gemüse und Gewürze verkauft wurden. Es gab einen besonderen Geflügel- und Wildbretmarkt, einen für die Kuchenbäcker und einen für die Wursthändler. In den Ständen der Töpfer fanden wir von großen irdenen Gefäßen bis zum kleinsten Nachttopf alles. Wir gingen an Verkäufern von Honig, Honigkuchen und anderen Leckereien vorbei, an Möbel-, Holz- und Kohlenhändlern. Ganze Kähne mit menschlichen Fäkalien lagen am Ufer. Die Mexikaner brauchten sie zum Gerben. Ich finde kein Ende mit dieser Aufzählung, und doch habe ich das Papier, die Röhren mit dem flüssigen Eukalyptusöl und mit dem Tabak, die wohlriechenden Salben und die Hallen mit den Sämereien noch gar nicht genannt, ganz zu schweigen von den Heilkräutern. Und nun hätte ich doch fast die Handwerker vergessen, welche die Feuersteinmesser machen, das Salz, den Fischmarkt und die Brote, die aus getrocknetem Schlamm gemacht werden, den man in den Seen fischt. Sie schmecken wie Käse. Schließlich gab es noch Instrumente aus Messing, Kupfer und Zinn, handgemalte Tassen und Krüge aus Holz, kurz so vielerlei Waren, daß mein Papier nicht ausreicht, sie alle zu nennen. Es gab übrigens auch eine Art Marktgericht mit drei Richtern und mehreren Gehilfen, die für die Warenschau verantwortlich waren.

Wir wollten aber den großen Cue besteigen. [...] Dieser Teufelstempel beherrschte wirklich die ganze Gegend. Wir sahen die drei Dammstraßen, die nach Mexiko führten: die von Iztapalapa, über die wir eingezogen waren, die von Tacuba, über die wir acht Monate später unter großen Verlusten fliehen mußten, und die von Tepeaquilla. Wir sahen die große Wasserleitung, die von Chapultepec kommt und die ganze Stadt mit süßem Wasser versorgt, und die langen hölzernen Brücken, von denen die Dammstraßen unterbrochen waren, um die Verbindung zwischen den vielen Teilen des Sees zu ermöglichen. Auf dem See wimmelte es von Fahrzeugen, die Waren und Lebensmittel aller Art geladen hatten. Wir stellten einwandfrei fest, daß man Mexiko nur über die Zugbrücken oder in Kähnen erreichen konnte. Aus allen Orten ragten die weißen Opfertempel wie Burgen über die Häuser mit ihren Söllern, über kleinere kapellenartige Bauten und über die Befestigungstürme hinaus. Es war ein einmaliger Blick.

Lange staunten wir dieses herrliche Gemälde unter uns an. Dann besahen wir uns von hier oben aus noch einmal den Marktplatz mit seinem Gewimmel von Menschen, die einen Lärm machten, den man über eine Stunde weit hören konnte. Leute, die Konstantinopel und Rom gesehen hatten, erzählten, daß sie noch nirgendwo einen so großen und volkreichen Marktplatz gefunden hätten.

Bernal Díaz del Castillo, Wahrhaftige Geschichte der Entdeckung und Eroberung von Mexiko. Hrsg. und bearbeitet von Georg A. Narciß, Frankfurt/M. 1981, S. 215-218.

2.5 Umweltprobleme (1986)

Der Historiker Jacques Soustelle zu den Umweltproblemen in Tenochtitlán:

In Tenochtitlan war es mit den Kloaken nicht besser bestellt als in Rom unter den Cäsaren oder in Paris unter Ludwig XIV. Die Abwässer ergossen sich einfach in die Kanäle und somit in die Lagune; glücklicherweise war diese von ziemlich starken Strömungen durchzogen und sorgte infolgedessen für einen leidlichen Abfluß. An vielen Stellen, „auf allen Straßen", wie Bemal Díaz sagt, gab es öffentliche Latrinen, deren Inhalt dem Fußgänger durch Schilfwände verborgen war, und zweifellos stammt hiervon der Inhalt der Boote, von denen derselbe *conquistador* im Zusammenhang mit dem großen Markt spricht. Bei dieser Gelegenheit sei erwähnt, daß die Azteken ihren Boden mit dieser Art von Dünger fruchtbar zu machen verstanden.

Der Küchenabfall wurde am Stadtrand auf Sümpfen oder „Neuland" abgeladen oder auf den Innenhöfen vergraben. Die Straßenreinigung dürfte wohl der Ortsverwaltung jedes einzelnen Viertels unterstellt gewesen sein. [...]

Die tägliche Straßenreinigung erforderte einen Einsatz von tausend Menschen; sie wurde mit solcher Sorgfalt durchgeführt, daß man nach dem Bericht von Augenzeugen durch die Straßen gehen konnte, ohne auch nur die geringste Beschmutzung zu befürchten. Sicher ist, daß die Stadt zu Anfang des 16. Jahrhunderts dank des Wasserüberflusses, des Sauberkeitsanspruches ihrer Bewohner und ihrer Höhenlage recht gesund gewesen sein muß.

Jacques Soustelle, Das Leben der Azteken. Mexiko am Vorabend der spanischen Eroberung, Zürich 1986, S. 84-85.

2.6 Aztekische Bauern bei der Feldarbeit aus dem „Codex Florentinus" (um 1575)

Abb. 4: Szene aus dem aztekischen Alltag, aus: Azteken. Ausstellungskatalog, Köln 2003, S. 30

2.7 Die Rechtsprechung (1579)

Der Grad staatlicher Organisation bei den Azteken dokumentierte sich unter anderem in der Praxis der Rechtsprechung. Diese wird im „Codex Florentinus" (1579) beschrieben, wobei einzelne Textpassagen, in denen auf Verfahrensverschleppungen oder Vorteilsnahme eingegangen wird, sich auch als eine verdeckte Kritik am kolonialen Justizwesen lesen lassen:

Tlacxitlan: Dort waren die Herrscher, die Prinzen und die obersten Richter. Alle Beschwerden der unteren Klassen und des einfachen Volkes hörten sie dort an und richteten über sie. Und alle Todesurteile fällten sie dort; entweder wurde man mit einem Strang erdrosselt, oder man wurde zu Tode gesteinigt oder mit Holzstöcken erschlagen; oder ein Richter oder Adliger wurde rasiert, was eine Schande war, oder vertrieben oder eingekerkert oder zu einem einfachen Mann gemacht; oder man wurde festgenommen und in einen hölzernen Käfig eingesperrt. Und dort wurden Sklaven aus unverdienter Knechtschaft entlassen. [...] An diesem Ort, dem Tlacxitlan, schoben sie die Anhörungen nicht auf. Sogleich, sofort, wurde ein Urteil verkündet. Und in den Angelegenheiten, die dort bekanntgegeben wurden, taten die Adligen nichts um der Freundschaft willen. Sie verlangten weder eine Belohnung, noch verschleppten sie einen Fall.

Teccalli oder Teccalco: Dort waren die Richter und Adligen. Jeden Tag unterbreiteten ihnen die einfachen Leute und Untertanen Klagen. Ruhig und weise hörten sie die Klagen der Untertanen: mittels der Bilderschrift, die den Fall festhielt, prüften sie die Klagen. Und wenn sie deren Wahrheit überprüften, machten sie Beobachter und Zeugen ausfindig und befragten sie, die die Kläger einzuschätzen vermochten, die wussten, was gestohlen worden war und weshalb jemandem etwas zur Last gelegt wurde. Und der Herrscher, wenn er etwas Übles über die Richter wusste – vielleicht, dass sie den Fall eines einfachen Mannes unnütz verschleppten, dass sie zwei Jahre beratschlagten oder sogar vier – dass sie entweder wegen einer Bestechung oder Verwandtschaft kein Urteil fällen konnten – dann ergriff er sie und sperrte sie in hölzerne Käfige ein, forderte die Strafe ein und tötete sie, auf dass die Richter in großer Furcht umhergehen mochten.

Die Chronik des Fray Bernardino de Sahagún. Mit einem Vorwort von Juan Rulfo, Übers. von Leonhard Schultze-Jena, Eduard Seler und Sabine Dedenbach Salazar-Sáenz, Frankfurt/M. 1989, S. 133f.

2.8 Die Wahl des Herrschers (1579)

Die Führung eines Adels- bzw. Könighauses war nicht einfach vererbbar, sondern der Nachfolger wurde unter den ältesten Söhnen bestimmt, wobei anhand verschiedener Kriterien und durch verschiedene Adelsgruppen über seine Eignung befunden wurde.[5] *Der folgende Text ist dem „Codex Florentinus" (1579) entnommen:*

Dem Herrscher wurde auf diese Weise das Amt übertragen, und er wurde so gewählt. Die hohen Herren versammelten sich und beratschlagten, wen sie ins Amt rufen und erwählen würden, um Herrscher zu sein. Auf die gleiche Art versammelten sich die alten Männer und die kampferprobten Krieger, Kriegsleute und die Führer der Jugend, Adlige und Hüter der Götter, Räucherpriester – die Langhaarigen. Alle waren dort beim großen Palast, dem Sitz des Herrschers, versammelt, um zu beraten und denjenigen, der Herrscher sein sollte, zu wählen. Sie gaben für alle Prinzen, die Söhne des Herrschers waren, ihre Stimme ab; Kriegsleute, tapfere Krieger, im Krieg erfahren, die den Feind nicht fürchteten, die den Wein nicht kannten – die keine Trunkenbolde waren, die nicht abgestumpft waren, die Klugen, Fähigen, Weisen, von tadelloser und gerechter Zucht und Erziehung, die gut sprachen und gehorsam waren, gütig, besonnen und klug.

Und wenn die Beratungen und das Wählen abgeschlossen waren, waren sie eins in ihrer Übereinkunft. Wenn ein bestimmter Prinz gewählt und mit dem Herrscheramt beauftragt wurde, dann wurden auch diejenigen, die ihm helfen würden, die vier Prinzen, die ihm zur Seite stehen würden, die seine vornehmen Herren sein würden, in ihr Amt erhoben und gewählt. [...] Wenn dies geschehen war, wenn das Wählen abgeschlossen war, dann wurde beschlossen, an welchem guten Tageszeichen jene eingesetzt würden, die gewählt worden waren – der Herrscher und die hohen Herren. Dann wurde die Anordnung gegeben, wann ein Treffen sein würde, und dann wurde allen Adligen befohlen zu kommen, um sich im Hof des Tempels von Huitilopochtli zu versammeln. Und einige der Adligen, die das Amt des Herrschers füchteten, versteckten sich und suchten Zuflucht vor denjenigen, die sie wählen könnten.

Die Chronik des Fray Bernardino de Sahagún. Mit einem Vorwort von Juan Rulfo, Übers. von Leonhard Schultze-Jena, Eduard Seler und Sabine Dedenbach Salazar-Sáenz, Frankfurt/M. 1989, S. 138.

2.9 Die soziale Schichtung (1564)

Wichtige Informationen über den Gesellschaftsaufbau der Azteken stammen von Alonso de Zorita, der von 1554 bis 1564 als Justizbeamter in Mexiko tätig war und dort Material über das vorspanische Wirtschafts- und Verwaltungswesen sammelte:

Eine erste Gruppe Steuerpflichtiger hieß Teccallec. Dies bedeutet, daß diese Leute von einigen Vornehmen abhängig waren, die ihrerseits zweitrangigen Herrschern zu Diensten standen. Diese nannte man Tectecuhtzin. Über diese habe ich bereits gesagt, daß sie Amt und Würde nicht erbten. Vielmehr verliehen die obersten Gebieter diese Auszeichnung demjenigen, der sich im Krieg, im Dienst für den Staat oder des Herrschers hervorgetan hatte. Die Teccallec bezahlten die Steuern diesen zweitrangigen Herrschern, die sie dem höchsten Gebieter entrichten mußten. [...] Die zweite Gruppe Steuerpflichtiger wurde Calpullec oder Chinancallec genannt. Dies bedeutet bekannte Stadtbezirke oder bekannte und althergebrachte verwandtschaftliche Beziehungen, die unabhängig sind. Es waren viele Leute, denn es gab viele Calpullec. Zu ihnen gehörten beinahe alle, die dem höchsten Gebieter Steuern zahlten. Ihrem eigenen Oberhaupt und Führer bestellten sie ein Feld zu seinem Unterhalt und standen ihm je nach den Leuten, die es im Bezirk gab, zu Diensten. Sie taten es auch wegen der Sorge, die er für sie trug und wegen seiner großen Ausgaben bei den Zusammenkünften, die zum Nutzen des Gemeinwohls alljährlich in seinem Hause stattfanden. Sie taten dies nicht auf Grund einer Anordnung des obersten Gebieters oder auf Grund irgendeiner Verpflichtung, sondern deswegen, weil dies schon seit uralten Zeiten bei ihnen so üblich war. Die Steuern für den obersten Gebieter wurden dadurch nicht beeinträchtigt.

Eine dritte und andere Gruppe Steuerpflichtiger war die der Kaufleute. Sie waren anerkannten Geschlechts. Man konnte es nur auf Grund der Erbfolge oder der Bewilligung durch die Herrscher sein. Die Kaufleute hatten gewisse Freiheiten, denn man war der Meinung, daß sie dem Staat von Nutzen seien. Die Gewerbetreibenden entrichteten Steuern von ihren Erzeugnissen, die Händler von ihrer Handelsware. Niemand von ihnen war zu persönlicher Dienstleistung oder zu öffentlichen Arbeiten verpflichtet, es sei denn in Zeiten der Not. Sie waren auch nicht zu Arbeiten auf den Maispflanzungen und Saatfeldern verpflichtet, die für die Herrscher bewirtschaftet wurden. Denn sie kamen ihren Aufgaben nach, indem sie ihre Steuern entrichteten. Unter ihnen gab es immer eine führende Persönlichkeit, die über alle sie betreffenden Angelegenheiten im Namen aller mit den Herrschern oder den Staatsbeauftragten Verhandlungen führte. Sie verkehrten auch mit den Calpullec und mit den Teccallec, denn in jedem Stadtteil gab es Leute aller Art.

Diese Steuern, die sie den obersten Gebietern zahlten, waren für die Förderung des Gemeinwohls und für die alltäglichen Kriege. Der höchste Gebieter, dem auch diejenigen Gefolgschaft leisteten, die ebenfalls oberste Gebieter in ihrem Herrschaftsgebiet genannt wurden, sicherte sich seinen Anteil an jenen Steuerabgaben. Davon bezahlte er die Regierungs- und Justizbeamten und gewährte vielen Vornehmen Wohnung und Verpflegung je nach Stellung eines jeden. Ebenfalls gewährleistete er den Unterhalt für seine Heerführer. Gewöhnlich aßen alle diese Leute im Palast des obersten Gebieters. Dort nahm ein jeder seinen festgesetzten Platz und Rang ein, der ihm gemäß seiner Würde, seiner Stellung oder seinem Amt im Palast des Herrschers, im Krieg oder im Staat, zustand. Der Herrscher durfte nicht nach Belieben über diese Steuerabgaben verfügen. Das Volk und seine Führer würden darüber aufgebracht sein, nähme er an sich, was ihm nicht gehörte. Das Übrige war nämlich für die genannten Zwecke bestimmt. Da das Volk groß war, wurden viele Steuerabgaben eingebracht – genügend für jeden Bedarf.

Es gab noch eine vierte Gruppe Steuerpflichtiger, die man Tlalmacte oder Mayeque nannte. Es waren Bauern auf fremdem Grund und Boden. Alle Steuerpflichtigen der beiden erstgenannten Gruppen hatten eigene Landgüter oder Land in Gemeinschaftsbesitz in ihren Stadtbezirken oder Calpulli, wie ich bereits erklärt habe. Die Mayeque jedoch hatten kein eigenes Land, sondern nur solches, das anderen gehörte. Das kommt daher, daß ganz am Anfang [den Vorfahren] dieser Mayeque – wie gesagt worden ist – kein Anteil an diesem Land zufiel, als die ersten Eroberer das neugewonnene Land aufteilten. Dasselbe ist geschehen, als die Christen das Land eroberten: Die einen erhielten Ländereien und Indios, andere hingegen weder das eine noch das andere. Diese Mayeque konnten nicht von einem Landgut zum anderen wechseln. Es ist auch nicht bekannt, daß sie jemals von Landgütern weggegangen seien oder sie verlassen hätten. Nicht einmal ein derartiger Versuch ist bekannt. Denn es gab niemanden, der es gewagt hätte, seiner Pflicht zuwiderzuhandeln. Die Söhne und Erben des Besitzers solcher Landgüter übernahmen mit den Ländereien auch die Mayeque, die auf ihnen waren. Die Mayeque mußten wie schon ihre Vorfahren mit derselben Mühsal, Verpflichtung zur Arbeit und Pacht für die Landnutzung bezahlen. Daran änderte sich überhaupt nichts. Die Pacht bestand darin, einen Teil der Ernteerträge abzugeben, oder darin, ein Stück Land für den Besitzer zu bebauen. Dies hing von den Mayeque und von ihrer Vereinbarung mit dem Besitzer ab. Dasselbe galt für den Holz- und Wasserdienst und für die Arbeiten im Haushalt. Die Mayeque zahlten dem höchsten Gebieter keine Steuerabgaben, sondern einzig und allein dem Landeigner, wie gesagt worden ist. Sie nahmen auch nicht an der gemeinschaftlichen Bewirtschaftung von Ackerland teil, denn an statt der schuldigen Steuern an den höchsten Gebieter leisteten sie wie schon gesagt – Abgaben an den Herrn, dessen Land sie bebauten. Sie hielten dieses Land für ihr Eigentum und nannten es auch so. Doch sie waren Nutznießer, die wirklichen Eigentümer waren die Herren dieses Landes.

Dieses System besteht seit Menschengedenken und mit Zustimmung der obersten Gebieter. Die Mayeque eilten zum Dienst für den obersten Gebieter nur in Kriegszeiten herbei. Dann gab es für niemanden eine Entschuldigung. Denn die Mayeque unterstanden der Zivil- und Strafgerichtsbarkeit der obersten Gebieter.

Eberhard Schmitt (Hrsg.), Dokumente zur Geschichte der europäischen Expansion, Bd. 1, München 1986, S. 353-355.

2.10 Das Tributsystem (1530)

Die Grundlage der aztekischen Wirtschaft war das Tributsystem. Das Territorium war in 38 Tributprovinzen unterteil, die u.a. Kleidung, Kriegsausrüstungen und Lebensmittel lieferten. Der Krieg und die Gewaltandrohung bildeten dabei die Grundlage des ökonomischen Tributsystems, wie es in der „Chronik von Colhuacan" (um 1530) beschrieben ist:

In diesem Jahr [1458] rüstete zum Kriege der Alte Motecucomatzin, indem man mit allen Soldaten ins Feld zog; er ging zu erobern Coaixtlahuacan. Damals regierte dort der Großkönig namens Atonal. Dort beherrschte er [Atonal] den von allen Seiten aus dem Küstenlande [am Pazifik] eingehenden Tribut. [...] Und es ward gesagt, nachdem Atonal gestorben war, da ward geholt die, welche seine Gemahlin war; mit sehr großem Gefolge ward sie nach Mexiko-Tenochtitlán geleitet. Und der König Motecuzoma wünschte sich ihr zu nähern, wünschte ihr beizuwohnen. Aber sie fiel in Ohnmacht; und er wohnte ihr nicht bei. [...] Und darauf wiederum entsandte sie der König Motecuzoma I; dort in Coaixtlahuacan brachte sie den von allen Seiten eingelieferten Tribut zusammen. So wurde sie die Provinz-Speicherverwalterin. [...] Da zum ersten Male fing es damit an, dass als Tribut [in Tenochtitlán] einging: Edelmetall, grüne Quetzalfedern, Kautschuk, Kakao und anderer Reichtum. Da begann die Herzerquickung des Mexikanertums durch den eingelieferten Tribut.

Die Geschichte der Königreiche von Colhuacan und Mexico. Text mit Übersetzung von Walter Lehmann, Stuttgart 1974, S. 250-253.

2.11 Die Institution der Sklaverei (1581)

Der Status eines Sklaven im aztekischen Staat war nur bedingt vergleichbar mit dem eines Sklaven im damaligen Europa. In Mexiko gerieten Personen auch als Folge von Delikten oder durch Verschuldung in den Sklavenstatus, aus dem man sich jedoch wieder freikaufen konnte. Der folgende Text stammt aus der Chronik des spanischen Missionars Diego Durán, die zwischen 1579 und 1581 entstand:

Eine andere Art von Sklaven waren die Kriegsgefangenen. Sie dienten nur zu Massenopferungen jenes Indio, der den Götzen verkörpert hatte, dessen Fest man feierte. Man nannte sie „die süße Götterspeise". Über diese brauche ich nicht zu sprechen, sondern über die Sklaven, die man auf den Märkten auf Grund von Straftaten oder aus anderen Gründen verkaufte, die ich weiter unten anführen werde. Sie wurden von reichen Kaufleuten und Fürsten erworben. Die einen wollten damit ihr Ansehen heben, andere hingegen übliche Gelübde einhalten. Diese Sklaven wurden von ihren Besitzern auf die Märkte gebracht. Manche brachten Männer, andere dagegen Frauen und wieder andere Jungen und Mädchen, damit ein jeder vorfände, was er dringend brauchte. Damit man die Sklaven als solche erkennen konnte, trugen sie am Hals Holz- oder Metallbänder, die mit einigen kleinen Ringen versehen waren. Durch diese waren hinten einige klaftergroße Stangen quer hindurch gesteckt. Weswegen man ihnen diese Stangen anlegte, werde ich an der hierfür vorgesehenen Stelle erläutern. [...]

Nach dem Gesetz dieser Indio-Staaten gab es viele Möglichkeiten, einen zum Sklaven zu machen. Ich will sie der Reihenfolge nach aufzählen, denn es galten in diesen Staaten Gesetze und Verordnungen, die von den Königen und ihren Beratern und Richtern erlassen wurden; ihre

Vollstreckung erfolgte mit unerbittlicher Härte. Es gab Vollzugsbeamte von höchstem, von weniger hohem und von niedrigem Rang und es gab Gerichtshöfe für Straf- und Zivilangelegenheiten, wo die Rechtsstreitigkeiten behandelt wurden.

Erstens: Wer die Menge von Decken oder Maiskolben, Schmuckstücken oder Hühnern stahl, die vom Staat und seinen Gesetzen bestimmt oder veranschlagt war, wurde aus Strafe für den Preis jener Menge verkauft, um das Gestohlene dem Eigentümer zu ersetzen. Man muß wissen, daß der Verkauf dieser Leute als Sklaven einem Todesurteil gleichkam. Es war nämlich eine bekannte Tatsache, daß sie beim abermaligen Verkauf zur Opferung bereitgestellt werden mußten, wenn sie sich nicht zuvor gemäß den hierfür vorgesehenen Gesetzen befreien konnten. Den Räubern und denjenigen, die scheußliche Verbrechen begingen, gelang dies allerdings nur in seltenen Fällen.

Es gab eine zweite Art, wie die Indios zu Sklaven wurden: Wer seinen gesamten Besitz beim Würfelspiel oder irgendeinem anderen der bei ihnen üblichen Spiele verwettete und im Glauben, sich schadlos halten zu können, auf sein Ehrenwort hin nochmals spielte und verlor und nicht innerhalb einer durch die Gesetze festgelegten Frist bezahlen konnte, den ließen sie anschließend für diese Summe feilbieten. Dieser konnte sich jedoch freikaufen, wenn er später den Preis zurückerstattete, für den er verkauft worden war.

Es gab eine dritte Art: Hatte ein Familienvater viele Söhne und Töchter, von denen einige unverbesserlich, ungehorsam, frech und ausschweifend waren und seine guten Ratschläge und Ermahnungen nicht befolgten, dann war es gesetzlich gestattet, sie mit Zustimmung der Richter und Gerichte öffentlich auf dem Markt feilzubieten – zum Exempel und zur Strafe der mißratenen Kinder. Wer auf Grund jenes Anlasses verkauft war, der konnte nicht mehr eingelöst werden. Der vierte Grund, Sklaven zu machen, war folgender: Lieh sich jemand unter Bitten irgendwelche wertvollen Gegenstände wie etwa Decken, Schmuck oder Federn und gab sie nicht innerhalb der festgesetzten Frist zurück, dann konnten ihn die Gläubiger nach einem Gesetz des Staates für diese Summe verkaufen. Wenn er sich jedoch vor einem erneuten Verkauf einlösen konnte, indem er die Summe bezahlte, dann wurde er frei. Geschah dies nicht und wurde er abermals zum Verkauf weitergegeben, gab es keine Abhilfe mehr.

Es war auf eine fünfte Art möglich, Sklaven zu machen: Wer sein Kind aus den genannten Gründen verkaufte, lud für den Verkaufspreis des Kindes zu einem Gastmahl ein. Er war verpflichtet, seinen Dienern zu verbieten, von jenem Essen etwas zu sich zu nehmen, denn es war der Preis seines Kindes. Wenn trotzdem einer oder mehrere Hausangestellte davon aßen und des Essens überführt waren, wurden sie zu Sklaven des besagten Mannes; denn das Gesetz schrieb vor, daß nur Vater und Mutter, Geschwister und nahe Verwandte an solch einem Gastmahl teilnehmen dürften. [...]

Nachdem wir die Arten kennengelernt haben, wie man Menschen zu Sklaven machte, wird es nun Vergnügen bereiten zu erfahren, wie sie sich wieder aus der Sklaverei frei machen konnten. Hierfür muß man wissen, daß in diesem Land Neu-Spanien folgendes Gesetz galt: Wenn die Eigentümer ihre Sklaven zum Verkauf anboten, dann mußten sie diese mit ihren Halsbändern und den auf dem Rücken quer stehenden klaftergroßen Stangen mit sich führen. Man sollte die Sklaven nämlich als solche erkennen und bei einem Fluchtversuch sollte jene Stange im Wege stehen und zu einer Behinderung unter den Leuten werden. Der Sklave konnte laut Gesetz dann frei werden, wenn er seinem Herrn auf dem Markt entwischen konnte. Dies war der Fall, wenn er nach Ankunft auf dem Markt den Marktbereich verlassen konnte, bevor ihn sein Herr wieder zu fassen bekam.

Außerdem mußte er beim Überschreiten der Grenzen seinen Fuß auf Menschenkot setzen. Dann ging er, so schmutzig wie er war, zu den Sklavenreinigern, gab sich ihnen zu erkennen und sagte: „Meine Herren, ich war Sklave. Vorschriftsmäßig entwischte ich heute auf dem Markt den Händen meines Besitzers. Ich entwich wie der Vogel aus dem Käfig und ich trat nach Vorschrift auf den Unflat. So komme ich zu euch, damit ihr mich säubert und aus der Gefangenschaft freigebt. [...]

Es gab noch eine Art, wie die Sklaven frei werden konnten: Hatte sich der Herr in seine Sklavin verliebt oder die Herrin in ihren Sklaven und wurde es wegen der Kinder oder wegen irgendeiner anderen Sache bekannt, dann wurden die Sklaven eben durch diesen Umstand frei. Die Herren selbst behandelten sie freundlich, verheirateten sie, erwiesen ihnen Ehren, behielten sie in ihrer Wohnung und schenkten ihnen Ländereien, Häuser und Erbgüter, damit sie davon leben konnten. Ich habe in diesem Land Kinder von unehelichen Herren kennengelernt, die sie von Sklavinnen hatten und die selbst zu Herren und Erben ihrer Väter wurden, weil sie tüchtig und patriotisch waren. Die dritte Art, sich zu befreien, war die bereits erwähnte. Bei dieser mußte man seinem Besitzer den Verkaufspreis zurückerstatten.

Eberhard Schmitt (Hrsg.), Dokumente zur Geschichte der europäischen Expansion, Bd. 1, München 1986, S. 345-351.

2.12 Frauen in Berufsgruppen (1579)

Im „Codex Florentinus" werden verschiedene Berufe aufgezählt, in denen auch oder ausschließlich Frauen tätig waren, darunter die Ärztin:

Die Ärztin kennt gut die Kräuter, kennt gut die Wurzeln, kennt gut die Bäume, kennt gut die Steine, in alledem ist sie gut bewandert. Sie tut die ganze Arbeit, ist reich an Erfahrung, Hüterin von Geheimnissen, ist kenntnisreich und wohlüberlegt. Die gute Ärztin ist eine Heilerin und Helferin, sie bewirkt, dass die Menschen vom Lager sich wieder erheben, sie bringt ihnen Ruhe und Genesung, sie deckt sie über und über mit Asche zu. Ja, sie hilft und heilt: Sie sticht die Kranken mit dem Obsidianmesser, lässt sie zur Ader, lässt sie oft zur Ader, benimmt ihnen den Atem, gibt ihnen Tränke ein, purgiert [*reinigt*] sie, verabreicht ihnen Medizin. [...]

Die schlechte Ärztin ist arglistig berechnend, trägt sich mit üblen Geheimnissen und ist voll von Betrug; sie besitzt Kerne, Kernpulver und geknetete Kernmasse. Alle Kreatur ist in ihrer Gewalt, alle Blumen, und als Zauberin hat sie alle Zauberkraft, kann sich in eine Eule verwandeln. Sie gibt den Leuten Giftmedizin zu trinken, tötet sie mit Gift oder verschlimmert damit ihr Leiden, bringt sie in Gefahr, verschlechtert ihren Zustand. Sie verbreitet Krankheit, mordet, sie spottet der Menschen, macht sich über sie lustig, sie behandelt sie mit Kernen, führt sie irre und behext sie.

Die Chronik des Fray Bernardino de Sahagún. Mit einem Vorwort von Juan Rulfo, Übers. von Leonhard Schultze-Jena, Eduard Seler und Sabine Dedenbach Salazar-Sáenz, Frankfurt /M. 1989, S. 195.

2.13 Kindererziehung (1579)

Die Azteken maßen der Erziehung der Kinder große Bedeutung bei. Es gab ein obligatorisches Erziehungssystem und feste Ratschläge und Regeln für die beiden Geschlechter. Diese wurden u.a. in Form des „huehuetlatolli", eine tradierte Ansprache der Eltern an ihr Kind, überliefert:

Hier bist du, mein kleines Mädchen, meine Halskette aus Edelstein, mein Gefieder. Du bist mein Blut, meine Farbe, mein Bild. [...] Hier auf Erden ist der Ort großen Klagens, der Ort, wo unsere Kraft zermürbt wird, wo wir Bitterkeit und Entmutigung kennen lernen. Ein Wind bläst, scharf wie Obsidian fegt er über uns hinweg. Sie sagen, wir verbrennen durch die Kraft der Sonne und des Windes. Hier ist der Ort, wo man vor Durst und Hunger fast verkommt. Das ist unser Weg hier auf Erden. [...]

Doch die Ältesten sagten auch: Wir sollten nicht immer nur klagen, wir sollten nicht von Trauer erfüllt sein, der Eine, der nahe und fern ist, hat uns das Leben geschenkt. Schlaf, Essen, unsere Kraft und Stärke und auch den Akt, durch den wir uns vermehren. All dies versüßt uns das Leben auf Erden, so dass wir nicht immer zu klagen brauchen. Doch selbst wenn es so ist, selbst wenn es stimmt, dass da nur Leiden ist, und wäre dies der Gang der Dinge auf Erden, selbst dann: Sollten wir uns stets fürchten? Sollten wir immer ängstlich sein? Müssen wir unser Leben mit Weinen verbringen?

Azteken. Ausstellungskatalog, Köln 2003, S. 69-70.

2.14 Die Bedeutung des Krieges (1579)

Dem Krieg kam in der Gesellschaft und auch der Vorstellungswelt der Azteken große Bedeutung zu. Die Figur des Kriegers genoss hohes Ansehen und wurde mit Privilegien ausgestattet:

Und dann, wenn einige Tage vergangen waren, erklärte der Herrscher den Krieg – dass sie sich irgendwohin in den Krieg begeben würden. Er gab allen Adligen und allen tapferen Kriegern und Kriegsleuten prächtige Ausstattung und Schilde. Und der Herrscher selbst ging in den Krieg. Um zur Schlacht und zu Eroberung aufzubrechen, nahm er alle Krieger und die Herren aller umliegenden Städte mit, auf dass sie in den Krieg und zu Eroberung aufbrächen. Und wenn sie aufgebrochen waren, um zu erobern und einen Krieg zu führen, frohlockten sie sehr über die Anzahl der Gefangenen, die sie gemacht hatten, da sie alle vor dem Bildnis Huitzilopochtlis töten würden, um mit ihnen sein Fest auszurichten.

Und er gewährte allen tapferen Kriegern und denjenigen, die Gefangene gemacht hatten, Ehren; mit vielen Dingen begünstigte er sie. Er gab ihnen prächtige Umhänge und Schambinden und lange Lippenpflöcke und Kopfbänder; und er gab ihnen Titel, mit denen sie geehrt wurden und als Kriegsleute und tapfere Krieger Folge leisten sollten.

Die Chronik des Fray Bernardino de Sahagún. Mit einem Vorwort von Juan Rulfo, Übers. von Leonhard Schultze-Jena, Eduard Seler und Sabine Dedenbach Salazar-Sáenz, Frankfurt/M. 1989, S. 142.

2.15 „Menschenschinden“ (1579)

Die Religion der Azteken bildete sich im Lauf der Zeit aus der Vermischung von Kultelementen verschiedenen Ursprungs und verschiedener Bevölkerungsgruppen. Besondere Aufmerksamkeit verdient in der Religion der Azteken die Praxis des Menschenopfers, wie sie hier im „Codex Florentinus“ beschrieben ist. Die Azteken waren sehr gottesfürchtig, wobei in ihrem Glauben die Götter den Menschen keineswegs wohlgesonnen waren. Vielmehr, so eine Erklärung für die Praxis des Menschenopfers, verlangten die Götter eine dauerhafte Verehrung durch Rituale und durch Opfergaben, andernfalls würden sie den Menschen Schaden zufügen:

Das Fest, das man „Menschenschinden" nennt, wurde in folgender Weise gefeiert. In dieser Zeit werden alle Gefangenen geopfert, die gesamte Beute, die man gemacht hat, Männer, Frauen und Kinder. [...] Und nachdem man sie in dieser Weise hinaufgebracht hat vor das Angesicht Huitzilopochtlis, legt man sie einen nach dem anderen auf den Opferstein, übergibt sie den Priestern, sechsen derselben übergibt man sie. Die legen sie mit der Brust nach oben und schneiden ihnen die Brust auf mit einem dicken breiten Feuersteinmesser. Und das Herz der Gefangenen nennt man Adlerfrucht, Edelstein. Sie heben es weihend zur Sonne empor, zu dem „jungen Feuergott", geben es ihr, nähren sie damit. Und nachdem es dargebracht worden ist, legt man es in die Adlerschale nieder. Und die Gefangenen, die geopfert wurden, nennt man die „aus dem Adlerlande", die Adlerleute. Danach rollt man sie herab, stürzt sie die Stufen des Tempels herab. Sie klappern, kugeln gleich Kürbissen herab, schlagen auf, wälzen sich um und um, bis sie unten auf der spiegelnden Vorterrasse, am Fuß der Stufenreihe ankommen. Und dort nimmt man sie auf und übergibt sie den alten Männern, den Alten des Gemeinschaftshauses.

Die Chronik des Fray Bernardino de Sahagún. Mit einem Vorwort von Juan Rulfo, Übers. von Leonhard Schultze-Jena, Eduard Seler und Sabine Dedenbach Salazar-Sáenz, Frankfurt/M. 1989, S. 33.

2.16 Das Schriftsystem

Grundprinzip der aztekischen Schrift war, dass von einem Ereignis oder einer Vorstellung eine Abbildung gezeichnet wurde. Piktogramme bilden einen Gegenstand oder eine Handlung konkret ab, während Ideogramme symbolischen Charakter besitzen. Kenner der Schrift war allein die Führungsschicht der Gesellschaft, während die große Mehrheit der Bevölkerung die Bilderschriften weder anfertigen noch lesen konnte. Die Abbildung zeigt die Darstellung von Zahlen in aztekischen Bilderschriften.

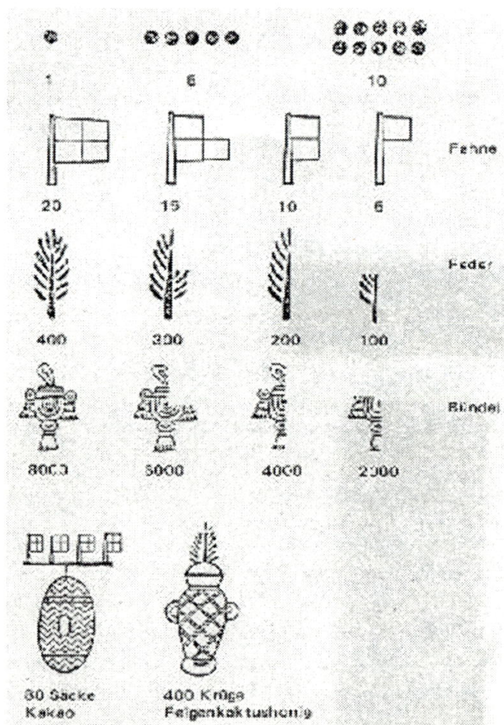

Abb. 5: Darstellung von Zahlen in aztekischen Bilderschriften, aus: Die Azteken und ihre Vorläufer. Glanz und Untergang des alten Mexiko. Katalog-Handbuch. Hrsg. von Roemer- und Pelizaeus-Museum. Hildesheim 1986, S. 142.

3. Die Legende von der Wiederkehr des Gottes Quetzalcoátl

In der Literatur taucht verschiedentlich die so genannte Legende von der Wiederkehr des Gottkönigs Quetzalcoátl auf. Danach glaubte der aztekische Herrscher Moctezuma, dass ihm in Gestalt des spanischen Hauptmanns Hernán Cortés der Gottkönig Quetzalcoátl begegnen würde. Historiker haben dieses Bild als Erklärung dafür herangezogen, dass die Azteken unter der Regierung Moctezumas die spanischen Eroberer zumindest zeitweilig anscheinend nur sehr zögerlich bekämpften.

3.1 „Codex Florentinus“ (1579)

Im „Codex Florentinus“ liest sich die Legende von der Rückkehr Quatzalcoátls wie folgt:

Und im anderen Jahr, als schon das Jahr dreizehn Kaninchen mit dem nächsten sich berührt, nahe dem Ende des Jahres 13 Kaninchen [1518], kamen sie, wurden sie wieder gesehen. Und sogleich eilt man, Moctezuma zu benachrichtigen. Als der es hörte, sandte er sofort Boten ab, indem er gewissermaßen so dachte: Es ist unser Fürst Quetzalcoatl, der gekommen ist. Denn so war sein Wille gewesen, dass er wiederkommen wird, dass er herkommt, seinen Thron wieder einnehmen wird, weil er nach Osten gegangen war, als er fortzog. Und er schickte fünf Boten ab, die ihn empfangen, ihm Geschenke bringen sollten, der Führer der Gesandtschaft hatte den Amtstitel Priester, mit seinem Fürstennamen Yoalliichan genannt.

Die Chronik des Fray Bernardino de Sahagún. Mit einem Vorwort von Juan Rulfo, Übersetzungen von Leonhard Schultze-Jena, Eduard Seler und Sabine Dedenbach Salazar-Sáenz, Frankfurt 1989, S. 246.

3.2 Tzvetan Todorov (1985)

Der in Paris lebende Kulturphilosoph Tzvetan Todorov umschreibt die Legende von der Rückkehr Quetzalcoátls. Todorov ist von Kritikern der Vorwurf gemacht worden, die Quellen, in denen diese Legende erzählt wird, nicht kritisch hinterfragt zu haben:

Die mexikanische Geschichte von der Rückkehr Quetzalcoatls ist komplexer und noch folgenschwerer. Hier in wenigen Worten die Fakten. Nach den indianischen Berichten aus der Zeit vor der Konquista ist die Figur des Quetzalcoatl zugleich historisch (ein Staatsoberhaupt) und legendär (eine Gottheit). Eines Tages wird er gezwungen, sein Königreich zu verlassen und in Richtung Osten (zum Atlantik) aufzubrechen; er verschwindet, doch in manchen Versionen des Mythos verspricht (oder droht) er, eines Tages zurückzukehren, um seinen Besitz wieder an sich zu bringen. Es sei hier angemerkt, daß der Gedanke der Wiederkunft eines Messias in der mexikanischen Mythologie keine wesentliche Rolle spielt, daß Quetzalcoatl nur eine Gottheit unter vielen ist und keine Vorrangstellung einnimmt (insbesondere nicht bei den Bewohnern Mexikos, für die er der Gott der Cholulteken ist), und daß nur manche Berichte seine Rückkehr verheißen, während andere sich darauf beschränken, sein Verschwinden zu beschreiben.

Die indianischen Berichte aus der Zeit der Konquista, insbesondere die von Sahagun und Duran aufgezeichneten, teilen uns nun aber mit, Moctezuma habe Cortes für Quetzalcoatl gehalten, der zurückgekehrt sei, um sein Reich wieder in Besitz zu nehmen; und diese Identifikation soll einer der Hauptgründe für seinen schwachen Widerstand gegen die vorrückenden Spanier sein. Man kann die Authentizität dieser Berichte, die wiedergeben, was die Informanten der Ordensbrüder glaubten, nicht in Zweifel ziehen. Der Gedanke der Identität von Quetzalcoatl und Cortes war wohl in den Jahren unmittelbar nach der Konquista durchaus geläufig; ein Beleg dafür ist die Tatsache, daß die Produktion von Kultgegenständen, die mit Quetzalcoatl zu tun hatten, plötzlich wiederauflebte. Es klafft jedoch ganz offensichtlich eine Lücke zwischen den beiden Zu-ständen des Mythos: dem alten, in dem Quetzalcoatls Rolle zweitrangig und seine Rückkehr ungewiß ist, und dem neuen, in dem seine Rolle dominierend und seine Rückkehr absolut sicher ist. Irgend eine Kraft muß gewirkt haben, um diese Transformation des Mythos zu beschleunigen.

Diese Kraft hat einen Namen: Cortes. Er hat eine Synthese mehrerer Gegebenheiten herbeigeführt. Der radikale Unterschied zwischen Spaniern und Indianern und die relative Unkenntnis anderer Kulturen seitens der Azteken führten, wie wir bereits gesehen haben, zu der Vorstellung, die Spanier seien Götter. Aber welche Götter? Hier muß Cortes das fehlende Kettenglied eingefügt haben, indem er die Verbindung zu dem eher marginalen, aber gänzlich in der „Sprache des anderen" ausgedrückten Mythos von der Rückkehr Quetzalcoatls herstellte.

Tzvetan Todorov, Die Eroberung Amerikas. Das Problem des Anderen, Frankfurt/M. 1985, S. 95, S. 143f.

3.3 Camilla Townsend (2003)

Camilla Townsend stellt in Frage, dass die Azteken die Spanier tatsächlich für Götter hielten, deren Rückkehr nach Mexiko lange Zeit vorausgesagt worden sei. Dies sei eine Legende, die aztekische Adlige erst im nachhinein erfanden, um das Ansehen des eigenen Volks bzw. der Vätergeneration, die im Kampf gegen die Spanier versagt hätte, in der Erinnerung zu schützen:

Die Vorstellung, dass Cortés als der Gott Quetzalcoatl, der aus dem Osten zurückkehrt, angesehen wurde, ist im Zwölften Buch [des „Codex Florentinus"] als eine Tatsache dargestellt. Moctezuma schickt [den Spaniern] Geschenke für verschiedene Götter, um zu prüfen, welche davon von den Neuankömmlingen am meisten geschätzt werden und daraufhin zu entscheiden, dass es Quetzalcoatl ist, der gekommen ist. Diese Geschichte enthält offenkundig zahlreiche Probleme. Zunächst war Quetzalcoatl in dem Pantheon, das in Mexikos größter Stadt verehrt wurde, kein besonders prominenter Gott. Die Stadt im Reich, wo Quetzalcoatl besonders verehrt wurde, Cholula, war aber der einzige Ort, von dem aus ein entschlossener Angriff auf Cortés vorgetragen wurde, als dieser sich seinen Weg zur aztekischen Hauptstadt bahnte. Bei vielen Elementen der Beschreibung Quetzalcoatls aus der Zeit nach der spanischen Eroberung – z.B. dass er ein den Frieden liebender Gott war, der Menschenopfer verabscheute – handelt es sich ferner offensichtlich um mythologische Konstrukte der Europäer, was die ganze Geschichte etwas suspekt macht. Zudem ist im „Codex" davon die Rede, dass der frühere Entdecker Juan de Grijalva, als dieser 1518 an der Küste Mexikos landete, als Queztalcoatl angesehen wurde. Dies zu der Erklärung, Cortes sei genau im richtigen Jahr gelandet,[6] so dass alle Teile in der Vorstellungswelt der Azteken sich genau zusammengefügt hätten. [...]

Es gibt keinen Beleg für die Existenz eines älteren Mythos, der das Verschwinden oder die Rückkehr eines Gottes erzählen würde. Vielmehr tauchen in den ersten Jahren nach der spanischen Eroberung in verschiedenen Dokumenten einzelne Elemente der Geschichte, die uns so vertraut geworden ist, auf. [...] Erst in Sahaguns „Codex“, in den 1560er Jahren, werden all diese Elemente in einer Erzählung zusammengefügt. [...] Zu jener Zeit hatten spanische Priester mit den Einheimischen bereits über Jahre interagiert, und neue europäische Elemente waren nahtlos (in das überkommene Gedankengut) eingefügt worden: Wie sie es auch anderswo gewohnt waren [...], hatten die [spanischen] Priester theoretisiert, dass ein christlicher Heiliger früher bereits die Neue Welt besucht hatte, und dieser Heilige würde in den Geschichten [der Azteken] als der Held Quetzalcoatl wieder auftauchen, nunmehr als friedliebender Mann, der durch den Glauben des Volkes in das Böse, den Gott Huitzilopochtli, ins Exil getrieben worden sei und der seine [...] Rückkehr vorhergesagt hätte. Um 1570 war der Verfasser der „Annalen von Cuauhtitlan“ der erste Nahua, der all diese Vorstellungen zusammenfügte. Die Generation der 1570er Jahre war davon überzeugt, dass ihre Vorfahren dies geglaubt hätten, denn dies stellte zugleich die notwendige Erklärung dafür dar, warum sie [die Vorfahren] eine derart unwirksame Verteidigung [gegen die Spanier] geleistet hatten.

Camilla Townsend, Burying the White Gods: New Perspectives on the Conquest of Mexico, in: American Historical Review 108 (2003), S. 659-687, S. 668-669.

4. Der Quellenwert überlieferter Berichte

Der Wert der Schriften, die im 16. Jahrhundert entstanden und von der Geschichte und Kultur der Azteken erzählen, ist umstritten. Nicht selten wird in der Forschung argumentiert, dass diese Texte allein aus der europäischen Perspektive geschrieben sind oder aber dort, wo Azteken ihre Verfasser waren, im Rückblick die Geschichte und Kultur der Azteken, vor allem die Eroberung Mexikos durch die Spanier, verzerren würden. Zu ergänzen ist, dass viele dieser Schriften, die damals entstanden, unbekannt blieben bzw. der Öffentlichkeit nicht zugänglich gemacht wurden, so dass diese erst sehr viel später von der Existenz dieser Texte erfuhr. Das Manuskript der Wechselgespräche etwa, die aztekische Vornehme mit den Franziskanern 1524 führten und das in Nahuatl verfasst war, wurde erst 1924 im Geheimarchiv des Vatikan entdeckt.[7]

4.1 Jacques Soustelle (1986)

Über den Wert der Briefe von Hernán Cortés und des Berichts von Bernal Diaz del Castillo urteilt der Historiker Jacques Soustelle:

Gewiß hat weder der eine noch der andere objektiv zu sehen und zu verstehen versucht; zunächst bleiben ihre Augen einfach bei Befestigungen und Waffen, bei Reichtum und Gold haften. Von der einheimischen Sprache hatten sie keine Ahnung und verstümmeln wie zum Spaß jedes Wort, das sie anführen. Die mexikanische Religion, die ihnen als verdammungswürdiges und scheußliches Sammelsurium dämonischer Bräuche vorkam, empörte sie ehrlich. Dennoch hat ihr Zeugnis für uns den Wert eines Tatsachenberichtes, vermögen wir doch seinen Zeilen Dinge zu entnehmen, die nach ihnen niemand mehr zu Gesicht bekommen sollte.

Jacques Soustelle, Das Leben der Azteken. Mexiko am Vorabend der spanischen Eroberung, Zürich 1986, S.15.

4.2 Bernardino de Sahagún (1579)

Eine der wichtigsten Quellen für unser heutiges Verständnis der aztekischen Geschichte und Kultur ist der „Codex Florentinus". Dies ist der Fall, weil der Codex zwar unter der Anleitung des spanischen Priesters Bernardino de Sahagún entstand, aztekische Vornehme jedoch maßgeblich an seiner Erarbeitung beteiligt waren. Der Codex wird daher mitunter auch als die erste ethnografische Arbeit in Amerika bewertet. Sahagún selbst beschrieb seine Arbeitsweise:

Wie ich in anderen Prologen dieses Werkes gesagt habe, wurde mir aufgetragen, in heiligem Gehorsam gegenüber meinem Ordensoberen, in mexikanischer Sprache niederzuschreiben, was mir für die Lehre, die Kultur und die Bewahrung des Christentums unter diesen Eingeborenen in diesem Neu-Spanien und zur Unterstützung der Helfer und Priester, die sie unterweisen, nützlich erschien. Nachdem ich diesen Auftrag erhalten hatte, verfaßte ich in spanischer Sprache einen Entwurf oder eine Gedächtnisstütze von all den Dingen, die zu behandeln waren, und die nun in diesen zwölf Büchern stehen – sowie die Postille und Gesänge.

Im Dorf Tepepulco, das zur Provinz Acolhuacan oder Texcoco gehört, wurde alles in eine erste Fassung gebracht; dies geschah in der folgenden Weise: Ich ließ in dem besagten Dorf die vornehmsten Männer sich versammeln und ließ auch den Herrn des Dorfes kommen, Don Diego de Mendoza, ein alter Mann, ein großer, tüchtiger Mann, sehr erfahren in allen Dingen der Kurie, des Krieges, der Politik und auch der Götzenverehrung. Als alle versammelt waren, brachte ich mein Anliegen vor und bat sie, mir einige tüchtige und erfahrene Männer anzugeben, mit denen ich sprechen könnte und die mir erklären könnten, wonach ich sie fragen würde. [...] Am nächsten Tag kam der Herr mit den Vornehmen, und nachdem sie eine feierliche Vorrede gehalten hatten, wie sie sie damals zu halten pflegten, bezeichneten sie mir zehn oder zwölf ältere Vornehme und sagten mir, mit ihnen könne ich reden, und sie würden mir alles erklären, was ich sie fragte. Es befanden sich dort auch vier Lateiner, die ich wenige Jahre zuvor in der Schule von Santa Cruz in Tlatelolco Grammatik gelehrt hatte. Mit diesen Vornehmen und Grammatikern (die ebenfalls vornehme Männer waren) redete ich viele Tage – annähernd zwei Jahre lang – der Anordnung des Entwurfes folgend, den ich erstellt hatte.

Alle Dinge, die wir besprachen, gaben sie mir in Form von Bildern, denn dies war die Schrift, die sie in der Vergangenheit verwendet hatten, und die Grammatiker erklärten sie in ihrer Sprache, indem sie die Erklärungen unter die Bilder schrieben. Diese Originale besitze ich noch heute. Ebenfalls in dieser Zeit diktierte ich die Anmerkung und die Gesänge: Die Lateiner schrieben sie in dem genannten Dorf, in Tepepulco, nieder. Als man mich von dem Kapitel, wo der Priester Fray Francisco Toral, der mir diese Aufgabe übertragen hatte, seinen Wochendienst leistete, aus Tepepulco wegholte, nahm ich all meine Schriften und ging nach Santiago de Tlatelolco, wo ich abermals alle Vornehmen um mich versammelte und ihnen erläuterte, was es mit meinen Schriften auf sich hatte, und sie bat, mir einige tüchtige vornehme Männer zu nennen, mit denen ich die Schriften, die ich aus Tepepulco mitgebracht hatte, besprechen könnte. Der Statthalter und die Bürgermeister bezeichneten mir acht oder zehn Vornehme, die man ausgewählt hatte, die sehr sprachgewandt waren und sich in den alten Geschichten gut auskannten. Gemeinsam mit jenen und vier oder fünf dreisprachigen, zum Kollegium gehörigen Männern zog ich mich etwas über ein Jahr lang in die Schule zurück, wo wir die Schriften, die ich aus Tepepulco mitgebracht hatte, korrigierten, erklärten und ergänzten, und alles wurde erneut geschrieben; in schlechter Schrift, denn wir schrieben sehr schnell.

Wer bei dieser Untersuchung mehr arbeitete als alle anderen, das war Martin Jacovíta, der damals die Schule leitete, ansässig in Tlatelolco, im Santa-Ana-Viertel. Nachdem diese Arbeit in Tlatelolco beendet war, ging ich mit all meinen Schriften nach San Francisco de Mexico, wo ich sie drei Jahre lang allein wieder und wieder durchsah, sie erneut korrigierte und sie in zwölf Bücher aufteilte und jedes Buch in Kapitel, und einige Bücher in Kapitel und Abschnitte. Danach wurden mit Unterstützung des Provinzials, Pater Fray Miguel Navarro, und des Guardians von Mexiko, Pater Fray Diego de Mendoza, alle zwölf Bücher in Reinschrift, in schöne Schrift gebracht, und auch die Postille und die Gesänge wurden korrigiert und in Reinschrift gebracht, und es entstand eine Sprachlehre der mexikanischen Sprache mit einem beigefügten Wortschatz, und die Mexikaner fügten bei der Reinschrift noch vieles hinzu und nahmen zahlreiche Korrekturen vor, so daß meine Werke durch mehrere Siebe gingen; zuerst in Tepepulco, dann in Tlatelolco und schließlich in Mexiko; und an all diesen Untersuchungen waren Sprachkundige des Kollegiums beteiligt. [...]

Christoph Strosetzki (Hrsg.), Der Griff nach der Neuen Welt. Der Untergang der indianischen Kulturen im Spiegel zeitgenössischer Texte, Frankfurt/M. 1991, S. 181-183.

5. Die Azteken im Urteil der Geschichtswissenschaft

In der Geschichtswissenschaft gibt es unterschiedliche Urteile über die Gesellschaft und Kultur der Azteken. Besondere Aufmerksamkeit erfährt dabei die Praxis des Menschenopfers und die Frage, wie diese aus heutiger Sicht zu bewerten ist.

5.1 Wilfried Westphal (1990)

[Es waren] zwei Umstände, die die besondere Form der aztekischen Kultur prägten. Zum einen war es die Umwelt, die dem Menschen ständig vor Augen führte, wie unsicher sein Dasein war. Ein Erdbeben, ein Vulkanausbruch, eine Überschwemmung – dagegen war der Mensch machtlos, und er glaubte, sich nur schützen zu können, indem er die Gewalten [...] auf eine Weise besänftigte, die sowohl dem menschlichen Abbild dieser Mächte entsprach, als auch ihre höhere Gewalt anerkannte. Es reichten nicht Blumen oder Weihrauch, auch nicht Tieropfer: Nein, der Mensch selbst musste, indem er sich opferte, zum Erhalt der Welt beitragen. Es war also die Furcht vor dem Untergang, die die Azteken und ihre Vorläufer, die Tolteken, zum Blutopfer trieb. [...] Aber es bedurfte noch eines zweiten Umstands, der die Unsicherheit des Daseins in Furcht und Aggressivität umwandelte: das kriegerische Erbe der Chichimeken. Bei den Azteken, die die letzten dieses Völkerverbandes waren, die in [...] Mexiko einwanderten, ergab sich der zusätzliche Umstand, dass sie sich gegen die, die bereits Macht und Ansehen genossen, behaupten mussten, wodurch ihre kriegerische Disposition noch verstärkt wurde und [...] in jenen Militarismus überging, der ihnen ein ganzes Reich bescherte. Das kriegerische Erbe und die Existenzangst gingen eine unheilvolle Allianz [...] ein, und [man kann] sagen, dass über ihrem ganzen Dasein ein dunkler Schatten schwebte.

Wilfried Westphal, Der Adler auf dem Kaktus. Eine Geschichte der Azteken von den Anfängen bis zur Gegenwart, Braunschweig 1990, S. 367.

5.2 Jacques Soustelle (1986)

Für uns Heutige ist es zweifellos nicht leicht zu begreifen, was das Menschenopfer für einen Azteken des 16. Jahrhunderts bedeutete. [...] Das Menschenopfer war bei den Mexikanern weder ein Niederschlag der Grausamkeit noch des Hasses. Es war vielmehr ihre Antwort, die einzige für sie denkbare Antwort, auf die Unbeständigkeit einer fortwährend bedrohten Welt. Um diese Welt und die Menschen zu retten, bedurfte es des Blutes: das Opfer war kein Feind mehr, den man tötet, sondern ein Bote, der mit fast göttlicher Würde bekleidet zu den Göttern entsendet wird. Alle Beschreibungen von Opferzeremonien, einschließlich derjenigen, welche Sahagún von seinen aztekischen Gewährsmännern diktiert wurden, vermitteln ganz unbeabsichtigt den Eindruck, dass zwischen Opfern und Schächern keinerlei Abneigung wie Hass oder Blutdurst bestand, sondern sogar eine seltsame Brüderschaft oder eher noch, und aus den Texten wird dies offenbar, eine Art mystische Verwandtschaft.

Jacques Soustelle, Das Leben der Azteken. Mexiko am Vorabend der spanischen Eroberung, Zürich 1986, S. 189-190.

5.3 Hans-Joachim König (1992)

Die von Cortés beschworene Befreiung von der Tyrannei des Moctezuma hatte zumindest zu seinen Lebzeiten für die Azteken, für die überlebenden indianischen Bewohner Neu-Spaniens, noch keine sichtbaren Früchte getragen. Zwar war die beklagte und als Rechtfertigung für die Eroberung herangezogene Unrechtssituation im Aztekenreich, d.h. die Unterdrückung unterworfener Völker sowie die Praxis der Menschenopfer, abgeschafft worden, aber das Unrecht allgemein war keinesfalls überwunden worden. Da die Spanier, besonders die Gruppe der Kolonisten, sich nicht an das hielten, wozu sie als Christen verpflichtet gewesen wären und wozu sie auch die spanische Gesetzgebung aufforderte, waren an die Stelle des aztekischen Moctezuma viele spanische Moctezumas getreten.

Hans-Joachim König, Die Entdeckung und Eroberung Amerikas 1492-1550, Freiburg, Würzburg 1992, S. 152.

Anmerkungen

1 In: Die Geschichte der Königreiche von Colhuacan und Mexico. Text mit Übersetzung von Walter Lehmann, hrsg. von Gerdt Kutscher, Stuttgart 1974, heißt es: „Da säugte sie Mecitli, Sie, die Erdherrin Mecitli. Und darum sind wir, die heutigen Mexica (...)" (S. 353).

2 Vgl. Rudolf van Zantwijk, Politische Gliederung am Vorabend der Conquista, in: Ulrich Köhler (Hrsg.), Altamerikanistik. Eine Einführung in die Hochkulturen Mittel- und Südamerikas, Berlin 1990, S. 179-188.

3 Viola König, Schrift und Literatur im alten Mexiko, in: Vernissage 13 (2003), S. 38-46, S. 40.

4 Vom „Codex Florentinus" liegen in deutscher Sprache unterschiedliche Textversionen vor, die sich in ihrem Umfang sowie der Übersetzung teils beträchtlich voneinander unterscheiden.

5 Detaillierter dazu Hanns J. Prem, Die Azteken. Geschichte, Kultur, Religion, München 1996, S. 46f.

6 Angeblich war in der aztekischen Mythologie die Rückkehr des Gottes Quetzalcoatl aus dem Osten auf das Jahr 1519 datiert, das Jahr, in dem Cortés an der Küste Mexikos landete.

7 Hans-Joachim König, Die Entdeckung und Eroberung Amerikas 1492-1550, Freiburg, Würzburg 1992, S. 112-113.

D. Die Inka

1. Vorbemerkung

Als die Spanier im Jahr 1532 in den Andenraum eindrangen, herrschten die Inka über ein Gebiet, das im Norden vom Hochland Ekuadors bis in das mittlere Gebiet des heutigen Chile im Süden reichte. Nach Osten hin wurde das Gebiet der Inka durch die Ausläufer der Andenkette begrenzt. Nach unterschiedlichen Schätzungen lebten damals im Andenraum zwischen 3,5 und 14 Millionen Menschen.

Die Inka stammten aus einer Gegend etwa dreißig Kilometer südlich von Cuzco. Bei den Inka handelte es sich ursprünglich um eine Abstammungsgruppe, die ihren Ursprung auf Manco Capac zurückführten. Neben denjenigen, die sich als Nachfahren Manco Capacs verstanden, konnten jedoch auch andere den Status Inka erhalten. So wurde auf eine Anzahl von Ethnien aus der Gegend um Cuzco der Status der Inka übertragen. Lokale Führer wurden mit Frauen aus der Abstammungsgruppe der Inka verheiratet. Auch andere konnten in den Status der Inka erhoben werden. Allen Inka gemein waren dabei die Initiationsrituale: „Bei einigen Gruppen war ein Bestandteil der Initiation von Jungen das Durchbohren der Ohren, damit ein goldener Zylinder als Ohrschmuck getragen werden konnte. Die Spanier nannten die so initiierten Menschen daher *orejones* oder Großohren. Wir wissen nicht, welche weiteren Zeichen für den Status als Inka es für andere Männer oder auch für Frauen gab.“[1]

Im Vergleich zum Städtebund der Azteken in Mexiko handelte es sich bei dem Staat der Inka um ein stärker zentralisiertes Gebilde. Ausgehend von ihrer Hauptstadt Cuzco hatten die Inka zahlreiche andere Andenvölker in kurzer Zeit ihrer Herrschaft unterworfen. Stammesstrukturen oder regionale Bindungen, die ihrer Herrschaft entgegenstanden, wurden von den Inka weitgehend beseitigt, und das Staatswesen der Inka legte sich über die sozialen und kulturellen Formen anderer andiner Gesellschaften. Dabei griffen die Inka auch zum Mittel der zwanghaften Umsiedelung von Bevölkerungsgruppen, die aus wirtschaftlichen oder politisch-militärischen Erwägungen durchgeführt wurden. Zentrum der Herrschaft der Inka war die Stadt Cuzco, Wohnort der Angehörigen der Inka-Dynastie. Wie im Fall von Tenochtitlan wurde auch Cuzco maßgeblich durch Tributlieferungen versorgt.

Schärfer noch als bei den Azteken stellt sich im Fall der Inka das Quellenproblem, was maßgeblich mit der Schriftlosigkeit der Inkakultur zusammenhängt. Im Andenraum gab es keine Schrift. Zwar machte die Ausdehnung des Inkastaats es für Verwaltungszwecke notwendig, über die mündliche Botschaft hinaus auch andere Kommunikationssysteme zu entwickeln. Für ihre Verwaltung und die Regulierung und Überwachung der Tribute benutzten die Inka Knotenschnüre, so genannte *quipu*. Am einfachsten konnten durch diese Knoten numerische Informationen festgehalten werden. Um eine Schrift handelte es sich dabei aber, soweit die bisherige Quipuforschung dazu Aussagen zulässt[2], nicht. Dies gilt auch für bildhafte Darstellungen der Inkageschichte oder der Genealogie ihrer Könige, die auf Holzbretter oder auf Prunkgewändern gezeichnet waren. Schriftliche Zeugnisse über die Inka und andere Kulturen im Andenraum stammen deshalb sämtlich aus dem Zeitraum nach der europäischen Eroberung. Zu nennen sind dabei zunächst die Berichte der spanischen Eroberer und Chronisten. Weil die Spanier anfänglich nur einen geringen Teil des Andenraums und seiner Kulturen kannten, übersahen sie jedoch viele andere Teile der andinen Kulturen. Eine der wichtigsten Darstellungen über die Geschichte der Inka ist das Werk von Pedro Cieza de León, einem spanischen Soldaten, der im Gefolge des Gouverneurs von Peru 1549/50 das Land bereiste und die Geschichte der Inkadynastie aufschrieb. Dieses Manuskript wurde in der Bibliothek des Vatikans gefunden und 1979 erstmals veröffentlicht.

Selten waren die Schriften einheimischer Autoren. Von den Schriften aus den ersten Jahrzehnten nach der spanischen Eroberung wurde nur eine einzige von einem Angehörigen der Inka-Elite verfasst. Titu Cusi Yupanqui ließ um 1570 durch einen Schreiber einen Bericht an den spanischen König aufschreiben, in dem er über die Behandlung seiner Vorfahren durch die Spanier klagte. Im Jahr 1615 entstand der Bericht von Felipe Guamán Poma de Ayala an den spanischen König, der 1908 in der Königlichen Bibliothek in Kopenhagen aufgefunden und 1936 erstmals veröffentlicht wurde. Guamán Poma stammte aus einer adeligen indigenen Familie, die allerdings in Opposition zu den Inka stand. Vermutlich zählte Guamán Pomas Familie zu den Nutznießern der spanischen Eroberung, weil die Spanier sie gegenüber den Inka begünstigten. Guamán Poma selbst bekleidete verschiedene Posten in der kolonialen Verwaltung. In seinem Geschichtswerk solidarisierte sich Guamán Poma jedoch mit der abhängigen indigenen Bevölkerung und kritisierte die spanische Herrschaft, wobei er auch Überlieferungen der Andenvölker aufgriff. Früher galt Guamán Poma uneingeschränkt als indigener Autor.[3] Heute wird er aber eher als „kolonialer Autor“[4] betrachtet: „Guamán Pomas Sicht von der präkolumbischen Geschichte ist diejenige eines christianisierten Angehörigen des niederen Provinzadels, der viel eher seine Rolle und diejenige der Indianer insgesamt in der peruanischen Kolonialgesellschaft diskutieren möchte, als etwa präkolumbische orale Traditionen kommentarlos zu reproduzieren.“[5] In ihrem Quellenwert problematisch sind auch die „Wahrhaftigen Kommentare“ (1609), die Inca Garcilasco de la Vega über die Geschichte der Inka schrieb. Garcilasco war ein Mestize, der die meiste Zeit seines Lebens in der Heimat seines Vaters in Andalusien, Spanien, lebte und der die Inkageschichte in vielerlei Hinsicht idealisierte.

2. Die Gesellschaft und Kultur im Inkareich

2.1 Kriege der Inka (1550)

Der Inkastaat zog seine Stärke nicht zuletzt aus der Fähigkeit zur Organisation einer überlegenen kriegerischen Gewalttat:

Er [Huayna Capac] war sehr erregt, weil die feindlichen Stämme ihre Waffen nicht niederlegen wollten, und versuchte wiederholt, sie durch Unterhändler und Geschenke für sich zu gewinnen, aber es war zwecklos. Er verstärkte seine Truppen, und die Feinde taten dasselbe, unerschüttert in ihrem Vorsatz, den Inka zu schlagen oder bei dem Versuch dazu im Kampf zu fallen. Sie griffen an und durchbrachen zwei der Festungswälle, und wäre nicht noch ein von weiteren Wällen umzogener Berg gewesen, so hätten sie ohne Zweifel gesiegt. Aber bei den Inkas ist es Brauch, einen Palisadenzaun mit zwei Toren zu bauen, und dahinter noch einen, und so hat jeder Bergabhang sieben oder acht Redouten, und wenn eine verlorengeht, so können sie sich in die nächste zurückziehen. Der Inka suchte mit seinen Truppen an der stärksten Stelle des Berges Zuflucht, von wo aus er nach ein paar Tagen hervorbrach und sich mit großer Tapferkeit auf den Feind stürzte. Es heißt, daß seine Verstärkungen eintrafen, als gerade der Nahkampf begonnen hatte. So wild war die Schlacht, daß diesmal der Ausgang zweifelhaft schien, aber endlich gelang es den Männern von Cuzco, mit überlegener Kriegskunst eine große Zahl der Angreifer zu töten, und die Überlebenden flohen. Der Groß-Inka war voller Zorn über die Indianer, weil sie ihr Land mit der Waffe verteidigten und es nicht unter seine Herrschaft fallen lassen wollten. So befahl er seinen Kriegern, alle Überlebenden, deren sie habhaft werden konnten, zu fangen. Das taten sie auch mit großer Geschicklichkeit, und nur wenige konnten entkommen. Dann befahl er, daß die Gefangenen an das Ufer eines Sees gebracht wurden und daß dort in seiner Gegenwart allen die Kehlen durchgeschnitten würden. Die Leichen warf man ins Wasser. So viele waren der Toten, daß der See seine Farbe änderte und zu einem Pfuhl von Blut wurde. [...]Nachdem der Inka seine Truppen neu aufgestellt hatte, zog er weiter nach Norden, und sein Ruhm wurde durch den errungenen Sieg noch größer. Seine Streifzüge führten bis zum Flusse Angasmayo, der Grenze seines Reiches. Dort hörte er von den Eingeborenen, daß weiter nordwärts noch Stämme lebten, die ohne die mindeste Scham nackt gingen und Menschenfleisch aßen. Deshalb baute er im Lande der Pastos mehrere Befestigungswerke. Dann ließ er den Häuptlingen dieser Stämme sagen, daß sie ihm Tribut zu entrichten hätten. Sie antworteten, daß sie nichts besäßen, was sie ihm geben könnten. Daraufhin befahl er, daß jedes Haus im Lande ihm mehrmals im Jahre einen großen Federkiel voller Läuse als Tribut abzuliefern hätte. Zuerst lachten sie über diesen Befehl, aber dann merkten sie, daß sie, so verlaust sie auch waren, nicht so viele Federkiele mit Läusen füllen konnten. So betreuten sie die Herden, die der Inka ihnen dagelassen hatte, und zahlten ihre Tribute mit Lämmern und Früchten ihrer Felder. Als Huayna Capac nach Quito zurückkehren mußte, befahl er, daß in Caranqui ein Sonnentempel erbaut werde. Er ließ auch eine Garnison von *mitimaes* dort und setzte sowohl einen Generalkapitän als auch einen Statthalter ein. So wurde dieses Land zu einer Grenzmark, die ständig unter Kontrolle war.

Pedro Cieza de León, Auf den Königsstraßen der Inkas. Hrsg. von Wolfgang von Hagen, Stuttgart 1971, S. 160-162.

2.2 Beschreibung der Stadt Cuzco (1550)

Die folgende Beschreibung von Cuzco stammt von dem Spanier Piedro Cieza de León:

Im ganzen Königreich Peru gab es keine Stadt, wo man so wie in Cuzco den Hauch der Vornehmheit verspürte, denn sie war die Hauptstadt des Reiches und der Regierungssitz des Groß-

Inkas. Mit ihr verglichen sind die Städte in den anderen Provinzen bloße Dörfer, die weder nach einem ordentlichen Plan angelegt sind noch ein richtiges Stadtrecht besitzen. Cuzco dagegen ist eine Stadt von hoher Distinktion [*Vornehmheit*], und die Gründer müssen Menschen von Rang gewesen sein. Häuser, deren hohes Alter man schon an dem kunstvoll gefügten Mauerwerk erkennen kann, bilden lange, wenn auch enge Straßen. Andere Häuser waren aus Holz, Stroh und Lehmsteinen, denn wir haben keine gebrannten Ziegel gesehen, auch keine Spur von Mörtel. In besonderen Stadtvierteln standen die prächtigen Bauten der Groß-Inkas, in denen der Thronerbe seine Festmähler hielt. In Cuzco stand auch ein imposanter Sonnentempel, *Curicancha* genannt, einer der an Gold und Silber reichsten Tempel in der ganzen Welt. [...]

Da Cuzco die Hauptstadt und der bedeutendste Ort des ganzen Reiches war, kamen alljährlich zu bestimmter Zeit Indianer aus allen Provinzen dorthin, um Gebäude zu erstellen, die Straßen zu reinigen oder sonstige befohlene Arbeiten zu verrichten. In der Nähe der Stadt, zu beiden Seiten, standen viele Gebäude, die die Unterkünfte und Vorratshäuser für diese Arbeiter waren. Sie waren in der gleichen Weise gebaut wie anderswo, nur größer.

Da die Inkas so reich und mächtig waren, ließen sie manche dieser Bauten vergolden, andere mit Schmuck aus Goldplatten versehen. In alten Zeiten galt ein Hügel nahe der Stadt namens *Huana-cauri* als heilig; und dort wurden, wie man sagt, Lamas und Menschen geopfert.

Die Stadt war voll fremder Völkerschaften: von Indianern aus Chile, Pasto und Caiiari, von Chachapoyas, Huancas, Collas und sonstigen Stämmen. Jedem dieser Stämme war von der Stadtverwaltung ein besonderer Bezirk angewiesen. Dort lebten sie nach den Sitten ihrer Heimat und trugen ihre Landestracht, so daß man sie leicht an den Kopfbinden nach ihrer Stammeszugehörigkeit unterscheiden konnte, selbst wenn mehr als hunderttausend Menschen beisammen waren. Manche dieser Fremden beerdigten ihre Toten auf hohen Bergen, andere in ihren Häusern oder Feldern. Manchen wurden Nahrungsmittel und ihre liebsten Besitztümer, auch lebende Frauen, mit ins Grab gegeben. Soweit ich erfahren konnte, haben die Inkas das nicht verboten, vorausgesetzt, daß alle die Sonne anbeteten und ihr Verehrung erwiesen. In vielen Stadtteilen gab es große unterirdische Anlagen; und noch heute findet man in den Eingeweiden der Erde Pflastersteine und Röhren, auch gelegentlich ein Stück Gold oder einen Edelstein – Überreste vergrabener Schätze. Zweifellos liegen noch große Kostbarkeiten im Stadtgebiet vergraben, von denen heute kein Lebender mehr weiß. Unter diesen vielen Menschen, über die mit Gottes Erlaubnis der Teufel so gewaltige Macht hatte, waren auch eine Menge Zauberer, Wahrsager und Götzenpriester. Noch heute ist die Stadt nicht ganz frei von solchen Überbleibseln, insbesondere was Hexerei anlangt.

Nahe der Stadt liegen viele Täler mit mildem Klima. Dort blühen Obst- und Blumengärten, deren Erträgnisse in der Stadt verkauft werden. Weizen wird reichlich geerntet und zu Brot verbacken. Neben den einheimischen werden auch spanische Früchte, zum Beispiel Orangen, in den Tälern angepflanzt. Die Flüsse, an denen die Stadt liegt, treiben viele Mühlen, und vier Leguas weiter kann man den Steinbruch sehen, aus dem die Steine für die Gebäude stammen – ein sehenswerter Anblick.

Pedro Cieza de León, Auf den Königsstraßen der Inkas. Hrsg. von Wolfgang von Hagen, Stuttgart 1971, S. 170-179.

2.3 Ausdehnung des Inkareichs (um 1530)

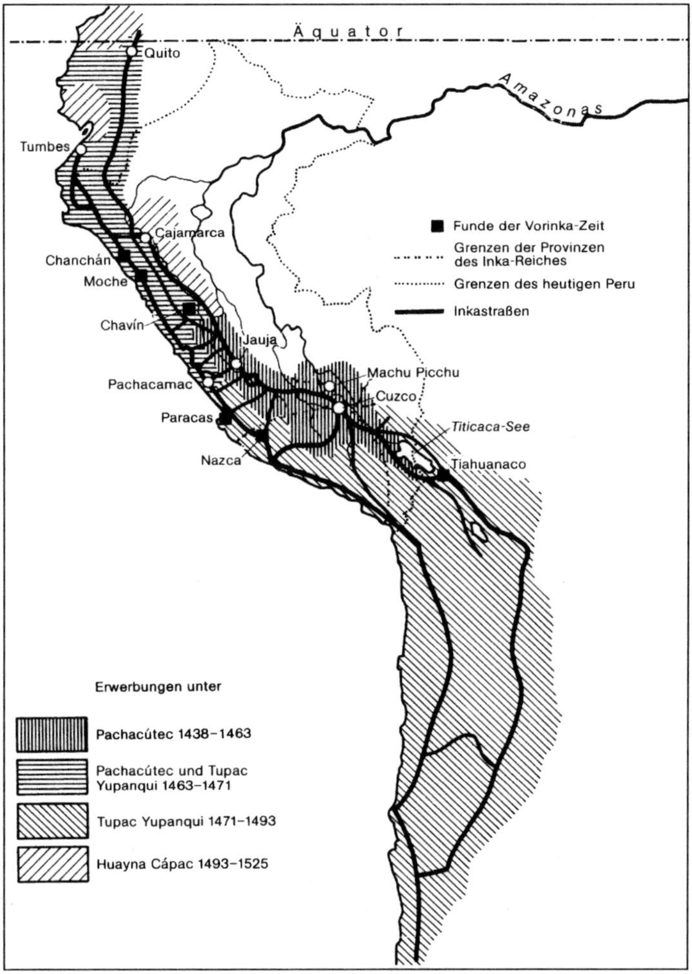

Abb. 6: Das Inkareich um 1530, aus: Eberhard Schmitt (Hrsg.), Dokumente zur Geschichte der europäischen Expansion, Bd. 1, München 1986, S. 386.

2.4 Die Heranziehung der Bevölkerung zu öffentlichen Arbeiten (1611)

Der folgende Textauszug ist der „Allgemeinen Geschichte Perus" entnommen, die Martín de Murúa um 1611 verfasste. Murúa stützte sich dabei auf ältere Texte und Chroniken, wie die des frühkolonialen Autors Polo de Ondorgado von etwa 1555, die er zum Teil übernahm:

Um seine Untertanen für alle diese Aufgaben zu erfassen, ging der Inka nach folgender Regel vor: Alle fünf Jahre schickte er aus Cuzco in alle Provinzen, Städte und Dörfer einen [...] Visitador, der seine Person vertrat und mit umfassenden Weisungen und Vollmachten ausgestattet war. Jeder von ihnen reiste in die in seine Zuständigkeit fallende Provinz, und wenn er nun in so eine Ortschaft kam, ließ er über den dortigen Gouverneur und Curaca alle Leute zusammenrufen, von den gebrechlichen Alten bis zu den Säuglingen. Sie mußten sich auf einem Feld außerhalb der Ortschaft [...] niedersetzen, in zehn Gassen aufgeteilt die Indios und in weitere zehn die Indias, alle sauber geordnet und zusammengefaßt nach den jeweiligen Altersstufen; dann ging die Kommission die Reihen durch und suchte sich, nachdem sie so einen Überblick über die Zahl und Gruppenstärken gewonnen hatte, die Indios heraus, die man für den Dienst beim Inka mit den vielfältigen Aufgaben in seinem Hause und am Hofe brauchte, und diejenigen, die für den Militärdienst taugten.

In der gleichen Weise suchte sie die Indias heraus, die sich für den Dienst bei der Coya und ihrem Palast, ihren Äckern und Ländereien eigneten; denn bei den Indios jener Zeiten gab es keine in Gold oder Silber an den Inka zu zahlenden Tribute, sondern sie gaben ihm soviel wie nötig [an Menschenmaterial] zur Bestellung und Pflege der Äcker und Ländereien und Herden und für den Krieg und die Aufrechterhaltung der Vorratswirtschaft.

Auf diese zehn Gassen teilte sie [die Kommission] die Leute in folgender Ordnung auf: In der ersten fanden sich die Indios ein, die man *aucacama* nannte; diese waren für jede Arbeit geschaffen und verwendbar und im Alter von 25 bis 50 Jahren; aus dieser Gruppe nahm man die für den Krieg Geschickten und Tauglichen und bestimmte die übrigen zu anderen Diensten, Aufgaben und Arbeiten; diese Gasse war die wichtigste. Die zweite bestand aus Alten, die man *puricoco* nannte; sie waren im Alter von 50 bis 60 Jahren. Dieses Wort *puricoco* bezeichnet die Alten, die nicht mehr aus ihren Gemeinden weggehen konnten und nicht mehr außerhalb verwendbar waren, sondern sich nur noch auf Saat und Ernte verstanden. In der dritten Gasse waren die ganz alten Indios von 60 Jahren und darüber, die für keine Arbeit mehr zu brauchen waren und sich nur noch darauf verstanden, das Haus zu bewachen und zu essen und zu schlafen, und so nannte man sie *puñuiroco*: Alter, der schläft. In der vierten Gasse setzten sich die Einarmigen, Hinkenden, Blinden und Lahmen, die sich *ancacuna* nannten, nieder; das bedeutet Hinkende und Krüppel; unter diesen waren alle Alter vertreten: Kleine und Große. In der fünften Gasse waren die jungen Männer von 18 bis 25 Jahren; sie hießen *saya paya*; das bedeutet Begleiter der Kriegsindios; denn ihr Dienst bestand darin, den Soldaten das Marschgepäck und die Waffen tragen zu helfen. Die sechste Gasse bestand aus großen Buben von 12 bis 18 Jahren, die man *macta cuna* nannte; das bedeutet Burschen. Ihre Aufgabe war, die Schafe zu hüten; sie lernten ein Handwerk und machten Federarbeiten und andere leichte Dinge im Dienst des Inka. Die siebente Gasse bestand aus Buben von 9 bis 12 Jahren, die man *toclla* nannte; das bedeutet Vogeljäger; sie fingen die Vögel mit Schlingen und Leim, um die Federn zu bekommen, aus denen man Federstickereien und andere Kuriosa machte. Die achte Gasse bestand aus Knaben von 5 bis 9 Jahren, die man *puclla cuna* nannte; das soll heißen Buben, die noch herumlaufen und spielen. Diese dienten, soweit sie es in ihrem Alter vermochten, ihren Vätern und Müttern. In der neunten Gasse waren die Kinder [männlichen Geschlechts] bis zu fünf Jahren; man nannte sie *lluclla cuna*, was bedeutet, daß sie gerade anfingen zu gehen. In der letzten Gasse waren die Säuglinge; man nannte sie *quirao picac* oder *yacapicac*: die noch in der Wiege liegen.

Der *tucuc ricuc* brauchte zur Musterung dieser zehn Gassen drei bis vier Tage; [...] Fünf Jahre nach einer solchen Musterung kam der gleiche *tucuc ricuc* wieder, oder ein anderer von dem Inka benannter, und sah die ganzen Menschengassen der Reihe nach durch; und wer noch ein Bub unter den Spielkindern gewesen war, den stuften sie unter die größeren Burschen ein, und so stiegen sie auf bis zur ersten Gasse mit den ausgewachsenen Burschen. Die Verstorbenen entfernte man aus dem Register. Ebenso verfuhr man mit den Frauen, und so wußte der Inka, wie viele Indios er aus jeder Provinz und aus den einzelnen Ortschaften als geeignet für den Krieg rekrutieren konnte und über wie viele er für andere Dienste verfügte; ebenso bei den Frauen. Auf diese Weise gab es keine Person in diesem ganzen Reich, die nicht registriert war. Vorausschauender und klüger hätte man nicht planen können.

Eberhard Schmitt (Hrsg.), Dokumente zur Geschichte der europäischen Expansion, Bd. 1, München 1986, S. 381-384.

2.5 Abbildung eines männlichen Inka (1704)

Abb. 7: Männlicher Inka, aus: Histoire des Yncas, Rois du Pérou, Amsterdam 1704, abgebildet in: Garcilaso de la Vega, Wahrhaftige Kommentare zum Reich der Inka. Hrsg. von Ursula Thiemer-Sachse, Berlin 1983, S. 37.

2.6 Die Zwangsumsiedlungen (1550)

Cuzco war von zahlreichen Menschen bewohnt, die zwanghaft dahin umgesiedelt waren. Hinzu kamen zeitweilig zu Dienstleistungen verpflichtete Fremdarbeiter aus anderen Landesteilen, die das Bild der Stadt prägten. In seiner Beschreibung idealisierte Pedro Cieza de León die zwangswirtschaftlichen Methoden der Inka, auch deren Politik der Zwangsumsiedlungen:

In den meisten oder sogar in allen Provinzen des Reiches Peru gab es und gibt es sogar heute noch *mitimaes*. [...] *Mitimaes* heißen Indianer, die von einem Land in ein anderes verpflanzt wurden. Die oberste Klasse der *mitimaes* waren die, welche die Inkas gleich nach der Eroberung einer neuen Provinz einsetzten, damit sie dort für Sicherheit sorgen und die Eingeborenen lehren sollten, wie sie ihren Dienst zu verstehen hatten. [...] Die Inkas siedelten in den neuen Provinzen so viele Menschen um, wie ihnen notwendig erschien. Diesen wurde befohlen, in eine andere Gegend zu ziehen, die das gleiche Klima hatte – kalt oder warm, je nach der Gegend, aus der sie kamen. Dort erhielten sie so viel Land, Felder und Häuser, wie sie verlassen hatten. Und in den Provinzen, die schon längere Zeit befriedet waren, bestimmten die Inkas die gleiche oder eine größere Anzahl von Leuten, die in die neugewonnenen Länder ziehen und sich unter den Eingeborenen ansiedeln mussten. Dort hatten sie den Einwohnern Ordnung und Zivilisation beizubringen. Dadurch, dass die einen gingen und die anderen kamen, herrschte Sicherheit. Da die Inkas wussten, wie ungern Menschen Heimat und gewohnte Umgebung verlassen, behandelten sie diese Leute mit besonderem Wohlwollen, so dass sie willig und freudig ins Exil gingen. Sie gaben ihnen goldene und silberne Armbänder, Kleider aus Wolle oder Federn und verliehen ihnen allerlei Privilegien. [...]

Für diese Aufgaben war eine bestimmte Anzahl von *mitimaes* vorgesehen. Andere hüteten die Lamaherden, die dem Inka oder dem Sonnengott gehörten, wieder andere waren Schneider, Silberschmiede, Steinmetzen oder Bauern. [...] Die *mitimaes* mussten auch ins Hochland gehen, dort Mais und Kakao anbauen, die Obstbäume pflegen und diejenigen Ansiedlungen, in denen wegen der Kälte und des Schnees nichts wuchs, mit den nötigen Lebensmitteln versehen. Die zweite Aufgabe der *mitimaes* hing damit zusammen, dass die Chunchos, Moxos und Chriguanos, deren Gebiete größtenteils am östlichen Andenabhang liegen, barbarische und kriegerische Stämme waren. [...] Um dem zu steuern, wurden an vielen Stellen Hauptmannschaften und reguläre Garnisonen unter dem Befehl von *orejones* errichtet. Und damit kein Stamm Krieg anzetteln oder einen Aufstand oder eine Verschwörung organisieren konnte, wurden *mitimaes* aus den Provinzen, die am besten dazu geeignet waren, als Soldaten in diese Garnisonen versetzt. [...] Eine andere Verwendung der *mitimaes* war bemerkenswerter. Es ist schließlich nichts Ungewöhnliches, Hauptleute und Garnisonen an einer Grenze zu stationieren. Das geschieht oft genug. Aber die Inkas taten noch mehr: Wenn sie fruchtbares, zum Anbau geeignetes Gebiet erobert hatten, das menschenleer war, beorderten sie aus den umliegenden Provinzen mit gleichem Klima, was aus Gesundheitsgründen nötig war, auf schnellstem Wege genügend Menschen, um diese Gebiete zu besiedeln. Man gab ihnen Land, Herden und alle Lebensmittel, die sie bis zur ersten Ernte benötigten. Die Inkas betrieben diese Aktionen mit solchem Eifer, dass das Land in kürzester Zeit besiedelt war. [...]

Pedro Cieza de León, Auf den Königsstraßen der Inkas. Hrsg. von Wolfgang von Hagen, Stuttgart 1971, S. 173-177.

2.7 Das Tributwesen (1550)

Wie in Mexiko beruhte auch der Inkastaat auf der Tributwirtschaft. Der Vergleich mit der Gegenwart um 1550 zeigt, wie die Spanier in ihrer kolonialen Herrschaft auf überkommene Institutionen zurückgriffen:

Der Inka sandte bestimmte hohe Beamte über die vier Hauptstraßen auf Inspektionsreisen aus. [...] So erfuhr der Inka durch zuverlässige Beamte, was das ungeheure Gebiet zwischen Cuzco und Chile an Steuern aufbringen konnte. Die Beamten reisten von Dorf zu Dorf und begutachteten Kleidung und Lebensweise der Eingeborenen, ihren Wohlstand, die Fruchtbarkeit der Äcker und Herden, Bodenschätze, Lebensmittelvorräte und dergleichen. All das wurde genau abgeschätzt. Hatten sie alles bis ins einzelne festgestellt, so kehrten sie nach Cuzco zurück, um dem Inka Bericht zu erstatten. Dieser berief dann eine Versammlung der führenden Männer des Reiches ein, und wenn die Häuptlinge der zu besteuernden Provinzen beisammen waren, redete er sie freundlich an und bedeutete sie, da sie ihn als Alleinherrscher über so viele und große Länder anerkannt hätten, müssten sie auch ohne Murren bereit sein, ihm den Seiner königlichen Majestät zustehenden Tribut zu entrichten, der übrigens so bescheiden sei, dass sie ihn ohne Schwierigkeiten aufbringen könnten. Stimmten sie zu, so reisten die *orejones* mit ihnen heimwärts, um die Höhe des Tributs festzusetzen. Manchmal war das mehr, als sie heute den Spaniern zu zahlen haben, aber das Erhebungssystem war so gerecht, dass das Volk die Abgaben kaum spürte und dabei noch gedieh.

Pedro Cieza de León, Auf den Königsstraßen der Inkas. Hrsg. von Wolfgang von Hagen, Stuttgart 1971, S. 295-296.

2.8 Die soziale Ordnung und Fürsorge bei der Feldarbeit (1609)

Schilderungen wie die folgende gaben in der Literatur Anlass dazu, das Gemeinwesen der Inka als eine ideale kommunistische Ordnung zu charakterisieren, in der das Gemeinwohl über dem des Einzelnen gestanden habe:

Auch bei Bearbeitung und Bestellung des Landes herrschten Ordnung und System. Zuerst bearbeiten sie das der Sonne, dann das der Witwen und Waisen und durch Alter und Krankheit Behinderten, alle diese galten als Arme, und deshalb gebot der Inka, daß man ihnen das Land bearbeitete. [...] Wenn die Behinderten kein Saatgut besaßen, gab man es ihnen aus den Vorratslagern, von denen wir im Weiteren berichten werden. Auch das Land der Soldaten, die im Krieg standen, wurde ebenso wie das der Witwen, Waisen und Armen auf Anweisung des Rates bearbeitet, denn solange die Männer im Wehrstande dienten, gehörten deren Frauen, auf Grund der Abwesenheit der Männer, zur Kategorie der Witwen. Und daher wurde ihnen als Bedürftigen dieser Vorzug zuteil. Viel Fürsorge wurde an die Kinder derjenigen gewandt, die im Kriege gefallen waren, und zwar so lange, bis sie sich verheirateten.

Wenn das Land der Armen bestellt war, bestellte jedermann das seine, wobei einer dem anderen half. [...] Zuletzt wurde das Land des Königs bearbeitet, das taten sie gemeinschaftlich. Aufs Land des Königs und das der Sonne zogen alle Indianer hinaus, meist unter viel Freude und Jubel, angetan mit den Kleidern und dem Schmuck, den sie für ihre größten Festlichkeiten aufsparten. [...] Beim Pflügen (welches dazumal die Arbeit war, die ihnen das größte Vergnügen gewährte) sangen sie Lobgesänge auf ihre Inka; sie verwandelten die Arbeit zu Fest und Freude, denn sie geschah als Dienst an ihrem Gott und ihren Königen.

Garcilaso de la Vega, Wahrhaftige Kommentare zum Reich der Inka. Hrsg. von Ursula Thiemer-Sachse, Berlin 1983, S. 178-179.

2.9 Die Erziehung der Söhne des Adels (1611)

Die Inka legten großen Wert auf eine einheitliche Ausbildung der staatlichen Führungsschicht. Der folgende Bericht ist der „Geschichte" Perus von Martín de Murúa aus dem Jahr 1611 entnommen:

Als die Macht und das Ansehen des Inka stieg, befahl er, in seinem Hause die Söhne der Vornehmsten [...] in allen Dingen zu unterweisen, durch die sie zu Weisheit und Erfahrung in Verwaltung, Politik und Kriegswesen gelangten und sich so die Gnade und die Liebe des Inka verdienten. So schuf er in seinem Hause eine Schule, in der ein alter und weiser *Orejón* aus den höchsten Kreisen vier weiteren Lehrern vorstand, die für die verschiedenen Wissensstoffe und Altersstufen der Schüler zuständig waren.

Der erste Lehrer brachte den Anfängern die Sprache des Inka bei [...]. Sie unterschied sich von dem Ketschua und dem Aymara, welche die zwei Amtssprachen dieses Reiches sind. Wenn soviel Zeit vergangen war, daß sie mit dieser Sprache leicht umgehen konnten und sie sprachen und verstanden, kamen sie in die Obhut und Lehre eines zweiten Meisters, der sie in der Verehrung der Götzen und ihrer Heiligtümer unterwies; er führte sie ein in die hierbei zu beachtenden Riten und Zeremonien, erklärte ihnen die Unterschiede der einzelnen Götzen und ihre Namen und schließlich alle Dinge, die mit ihrer Religion und ihrem Aberglauben zu tun haben.

Im dritten Jahr kamen sie zu einem weiteren Lehrer, der ihnen mittels seiner *quipus* die Dinge erklärte, die zum weisen Regieren und zur Mehrung seiner [des Inkas] Autorität gehörten, sowie die Gesetze und Pflichten, die man dem Inka und seinem Gouverneur schuldete, und die Strafen, die den Übertretern seiner Weisungen drohten. Im vierten und letzten Jahr lernten sie bei einem weiteren Meister aus den gleichen Schnüren viele geschichtliche Begebenheiten kennen, die Kriegsereignisse der vergangenen Zeiten, die Schlauheit der Inka und ihrer Heerführer, die Art und Weise, wie sie Festungen eroberten und ihre Feinde besiegten, und alle Geschehnisse von Bedeutung, damit sie sie im Gedächtnis behielten und in Gesprächen weitervermitteln könnten. Sie waren angehalten, untereinander und mit den Lehrern zusammen diese Geschichten nachzuerzählen und aus dem Gedächtnis aufzusagen, und aus der Art, wie sie den Stoff wiedergaben, verschaffte man sich ein Bild über die natürlichen Gaben und Fähigkeiten, das Auffassungs- und Urteilsvermögen und die gute oder schlechte Veranlagung der jungen Burschen.

Eberhard Schmitt (Hrsg.), Dokumente zur Geschichte der europäischen Expansion, Bd. 1, München 1986, S. 385-386.

2.10 Alltag der Frauen (1609)

Das Leben der verheirateten Frauen bestand gemeinhin im immerwährenden Verrichten häuslicher Arbeiten; in den kalten Gegenden verstanden sie sich auf das Spinnen und Weben von Wolle, in den warmen von Baumwolle. Eine jede Frau spann und webte für sich und für ihren Mann und ihre Kinder. Sie nähten wenig, denn an der Kleidung, die sie trugen, Männer wie Frauen, war kaum etwas zu nähen. Alles, was sie webten, wurde gezwirnt, sowohl Baumwolle als auch Wolle. Alle Stoffe, welchem Zweck sie auch dienen sollten, wurden mit vier Säumen versehen. Sie webten sie nie länger, als wie sie sie für jeden einzelnen Überwurf oder jedes einzelne Hemd brauchten. Die Kleidungsstücke wurden nicht zugeschnitten, sondern im ganzen gearbeitet, so wie der Stoff vom Webstuhl kam, denn bevor sie den Stoff webten, legten sie fest, wie lang und wie breit er ungefähr werden mußte.

Es gab unter jenen Indianern keine Schneider, Schuhmacher und Strumpfwirker. Oh, wie viele Dinge, die es hierzulande gibt, brauchten sie nicht, konnten sie entbehren! Die Frauen sorgten für die Kleidung ihrer Hausgenossen und die Männer für das Schuhwerk, denn wenn sie zum Ritter geschlagen wurden, mußten sie, wie gesagt, dieses anzufertigen verstehen, und obwohl die Inka vom königlichen Blut und die Curacas und die Reichen Diener hatten, die das Schuhwerk für sie anfertigten, verschmähten sie es dennoch nicht, sich von Zeit zu Zeit in der Herstellung eines Paares Schuhe oder einer Waffe zu üben, was sie ihrem Stand gemäß verstehen mußten, denn sie taten sich viel darauf zugute, daß sie ihre Pflichten erfüllten. Zur Feldarbeit fanden sich alle ein, Männer und Frauen, um einander zu helfen. In einigen von Cuzco sehr weit entfernten Provinzen, die von den Inka-Königen noch nicht kultiviert worden waren, gingen die Frauen der Feldarbeit nach, und ihre Männer blieben zu Hause, um zu spinnen und zu weben.

Garcilaso de la Vega, Wahrhaftige Kommentare zum Reich der Inka. Hrsg. von Ursula Thiemer-Sachse, Berlin 1983, S. 169.

2.11 Die Religion (1609)

Im folgenden Text werden verschiedene Opfergaben der Inka aufgeführt. Garcilasco de la Vega, dessen Mutter eine Inka war, hebt hervor, dass die Inka keine Menschen opferten. Spanische Chronisten des späten 16. Jahrhunderts, die sich auf frühere Berichte stützten, schrieben dagegen von der Praxis der Menschenopfer im Inkastaat anlässlich epidemischer Krankheiten oder aber beim Tod eines Inkaherrschers:

Die Opfer, die die Inka der Sonne darbrachten, waren zahlreich und mannigfaltig wie große und kleine Haustiere. Das wichtigste und wertvollste Opfer waren Lämmer, sodann Hammel und danach unfruchtbare weibliche Schafe. Sie opferten Hauskaninchen und alles eßbare Geflügel und Talg allein und alle Getreide- und Gemüsearten, sogar das Cuca-Kraut und feinste Kleidung, welches alles sie als Weihrauch und aus Dank dafür verbrannten, daß die Sonne es zum Unterhalt der Menschen erschaffen hatte. Gleichfalls brachten sie als Opfer vieles von dem aus Wasser und Mais bestehenden Getränk dar, welches sie zu sich zu nehmen pflegten, und wenn man ihnen nach Beendigung einer Mahlzeit etwas zu trinken reichte (denn während eines Mahls wurde nie getrunken), tauchten sie die Spitze des Mittelfingers in die ersten Gefäße, und mit einem ehrfürchtigen Blick gen Himmel ließen sie (so wie man etwas fortschnippst) den daran haftenden Tropfen des Getränkes davonschnellen; sie opferten ihn der Sonne als Dank dafür, daß sie ihnen zu trinken gab. [...]

So glichen die Inka bezüglich des Opferns beinahe oder gänzlich den Indianern des ersten Zeitalters. Sie unterschieden sich von diesen nur darin, daß sie weder das Fleisch noch das Blut eines Menschen durch dessen Tötung opferten, vielmehr verabscheuten sie dies und verboten es, so wie sie den Verzehr von Menschenfleisch und -blut verboten, und wenn manche Historiker es dennoch behaupten, dann deshalb, weil ihre Gewährsmänner sie getäuscht haben, indem sie nicht unterschieden, in welchem Zeitalter, in welchen Provinzen, wo und wann dergleichen Opfer an Männern, Frauen und Kindern dargebracht worden waren.

Ich war das eine um das andere Mal Ohrenzeuge dessen, wie mein Vater und seine Zeitgenossen, wenn sie die beiden Staaten Mexiko und Peru verglichen und dabei auf diesen Punkt kamen, die Menschenopfer und das Verzehren von Menschenfleisch, die Inka von Peru so sehr rühmten, weil sie dies nicht kannten und nicht zuließen, wie sie die Bewohner von Mexiko verabscheuten, weil sowohl das eine als auch das andere innerhalb und außerhalb jener Stadt so teuflisch betrieben wurde, wie es die Geschichte ihrer Eroberung berichtet, welche sichere, wenn auch geheime Kunde davon gibt, denn sie ward von ebendem geschrieben, der die Stadt zweimal erobert und besiegt hat, und ich für mein Teil glaube es, denn in meiner Heimat und in Spanien habe ich gehört, wie glaubwürdige Caballeros mit großer Sicherheit davon sprachen. Und das Werk selber zeigt es dem, der es aufmerksam ansieht, und es ist schade, daß das Werk nicht unter seinem Namen veröffentlicht wurde, denn dann hätte es mehr Autorität gewonnen und der Autor hätte vollends dem großen Julius Cäsar geglichen.

Um zu den Opfern zurückzukehren, sagen wir, daß die Inka Erwachsenen- oder Kinderopfer weder darbrachten noch zuließen, auch nicht, wenn es um Krankheiten ihrer Könige ging. [...]

Garcilaso de la Vega, Wahrhaftige Kommentare zum Reich der Inka. Hrsg. von Ursula Thiemer-Sachse, Berlin 1983, S. 66-67.

2.12 Das Schriftsystem (1609)

Die Inka benutzten für ihre Mitteilungen ein Knotenschnüresystem, die so genannten quipu. Sie wurden in erster Linie für Zensus- bzw. Tribut- und andere Zahlenangaben verwendet. Kuriere übermittelten die Nachrichten, wozu es ein ausgeklügeltes System gab. Erst dadurch war eine zentralstaatliche Regierung des Andenraums überhaupt möglich:

Chasqui nannten sie die Kuriere, die an den Straßen stationiert waren, um die Befehle des Königs schnell weiterzubefördern und ihm wichtige Nachrichten und Meldungen aus seinen Reichen und Provinzen, nahen und fernen, zuzustellen. Zu welchem Zweck sie in Abständen von einer Viertellegua junge, leichtfüßige Indianer postiert hatten, die zum Schutz vor den Unbilden des Himmels in zwei Hütten untergebracht waren. [...]

Die Aufgabe oder Botschaft, die die *Chasquis* beförderten, war mündlich, denn die Indianer von Peru kannten keine Schrift. Der Worte waren wenige und diese klar und gebräuchlich, damit sie nicht verwechselt wurden [...]. Der mit der Botschaft Ankommende stieß in Sichtweite der Hütte laute Rufe aus, damit derjenige, der weiterzulaufen hatte, sich rüstete, so wie es die Post tut, wenn sie das Horn bläst, damit die Pferde gesattelt sind, und sobald er so nahe war, daß man ihn verstehen konnte, gab er seinen Auftrag von sich, zwei-, drei-, auch viermal, bis ihn derjenige verstanden hatte, der ihn weiterbefördern mußte; wenn der ihn nicht verstand, wartete er, bis der andere ankam und seinen Auftrag in aller Form von sich gab; und so lief er von einem zum anderen, bis er seinen Bestimmungsort erreichte.

Manche Aufträge beförderten sie nicht mündlich, sondern schriftlich, wir wollen das so nennen, auch wenn wir gesagt haben, daß sie keine Schrift hatten; eine solche waren Knoten an verschiedenen Schnüren von unterschiedlicher Farbe, die eine Reihenfolge hatten, jedoch nicht immer die gleiche, sondern manchmal wurde eine Farbe vor die andere gesetzt und manchmal umgekehrt; und diese Art der Aufträge waren Zahlen, mittels deren sich der Inka und seine Statthalter darüber verständigten, was es zu tun galt, und die Knoten und Farben der Schnüre bedeuteten die Menge von Menschen, Waffen oder Kleidungsstücken oder Proviant oder irgend etwas anderes, das es zu tun, zu schicken oder bereitzuhalten galt.

Garcilaso de la Vega, Wahrhaftige Kommentare zum Reich der Inka. Hrsg. von Ursula Thiemer-Sachse, Berlin 1983, S. 197-198.

Abb. 8: Ein Beamter zeigt einem Inkaherrscher einen quipu *(1615), aus: Chronik des Guaman Poma de Ayala. Abgebildet in: Catherine Julien, Die Inka. Geschichte, Kultur, Religion, München 1998, S.10.*

2.13 Das Nachrichtenwesen (1550)

Die Inka legten großen Wert auf den Ausbau des Wege- und Nachrichtensystems.

Als ich niederschrieb, was das Königreich an Merkwürdigem bietet, interessierte mich am meisten die Frage, wie die großen, ausgezeichneten Landstraßen gebaut werden konnten, wieviel Leute dazu erforderlich waren und mit welchen Werkzeugen und Hilfsmitteln man den Boden ebnen und die breite Trasse so gleichmäßig durch den Felsen führen konnte. Wenn Seine Majestät der Kaiser den Wunsch hätte, eine Straße wie die von Quito nach Cuzco oder die von Cuzco nach Chile bauen zu lassen, so möchte ich meinen, daß es ihm trotz der riesigen Anzahl von Menschen, die ihm zur Verfügung stehen, und trotz aller seiner Macht nicht gelingen würde, es sei denn, er gehe nach den Methoden der Inkas vor. Wenn es sich um eine fünfzig oder hundert Leguas lange Chaussee handeln würde, so dürfte das bei harter Arbeit, und sei das Gelände auch noch so uneben, nicht allzu schwierig sein. Aber die Straßen der Inkas sind viel länger (die eine über 1100 Leguas) und führen über so hohe Berge, daß man an manchen Stellen die Talsohle nicht erblicken kann, und über so steile und kahle Sierras, daß an manchen Stellen der Weg in den gewachsenen Fels gehauen werden mußte, um ihn eben und in der richtigen Breite zu halten. Die Inkas benutzten dazu Feuer und Spitzhacke. Stellenweise war die Steigung so jäh, daß von der Sohle bis zum Grat Stufen eingehauen werden mußten.

Oft hatte man Schneeverwehungen zu überwinden; das ist äußerst gefährlich, ich habe es selbst gesehen, und es ist nicht zu beschreiben. Und wenn die Straße durch Wälder oder Steppen führte, wurde sie nötigenfalls mit Steinen gepflastert [...]

Das Reich der Inkas war so riesig, daß der Herrscher, wenn er an einem Ende des Reiches weilte, von den Ereignissen am anderen Ende durch Boten benachrichtigt werden mußte. Hätte ein solcher Bote die Strecke allein zurücklegen müssen, so wäre es, unbeschadet der Länge einer Tagesstrecke, für jede Entscheidung zu spät gewesen, wenn er die tausend Leguas hinter sich gebracht haben würde. Aus diesem Grunde, und auch, um die Provinzen besser verwalten zu können, richteten die Inkas ein Postsystem ein, wie es nicht besser und zweckmäßiger gedacht werden kann. Pachacuti, der Sohn Viracocha Incas und Vater Topa Incas, hat es erfunden. Das vermelden die Lieder der Indianer, und die *Orejones* bestätigen es. Er hat ja außerdem noch andere große Taten vollbracht. Unter seiner Regierung wurden längs der Überlandstraßen in Abständen von einer halben Legua kleine, aber feste Häuser aus Holz und Stroh errichtet. In den Bergen standen sie an Abhängen oder unter Klippen. Die Straßen waren mit diesen kleinen Häusern dicht gesäumt. In jedem lebten ständig zwei Indianer aus der nächsten Ansiedlung, die von dort aus mit Vorräten versehen und von Zeit zu Zeit abgelöst wurden. Das war so sorgfältig geplant und verwaltet, daß es immer funktionierte, und solange die Inkas regierten, hat diese Einrichtung niemals versagt.

Die Einwohner jeder Provinz hatten die Posten ihres Gebietes zu versorgen, ob sie nun im Ödland, im verschneiten Hochland oder dicht an der Straße lebten. Wenn dem Groß-Inka in Cuzco irgendein Geschehnis mitgeteilt werden mußte, so machte sich von Quito, Tomebamba, Chile, Caranqui oder von irgendeinem anderen Ort ein Läufer auf und rannte, so schnell er konnte, ohne anzuhalten, zum nächsten Posten.

Pedro Cieza de León, Auf den Königsstraßen der Inkas. Hrsg. von Wolfgang von Hagen, Stuttgart 1971, S. 264-269.

3. Kontroverse über den Quellenwert

3.1 Catherine Julien (1998)

In der Forschung wird kontrovers erörtert, welchen Aussagewert die verschiedenen Quellen über die Inka aus dem 16. und frühen 17. Jahrhundert besitzen. Die hier zitierte Untersuchung von Catherine Julien über die Inka beruht maßgeblich auf zwei Sekundärquellen, der Chronik von 1555 von Juan de Betanzos, der mit einer Frau aus dem inkaischen Hochadel verheiratet war und dadurch enge Kenntnisse der Inka-Dynastie und der Sprache besaß, sowie der Geschichtsdarstellung von Pedro Sarmiento de Gamboa, der zum Gefolge des Vizekönigs Francisco de Toledo zählte und in dessen Auftrag 1572 eine Geschichte der Inka nach Angaben von Mitgliedern der Inka-Dynastie schrieb. Julien bewertet beide Berichte:

Sarmiento und Betanzos sind eine wichtige Grundlage der folgenden Darstellung. Neben einer Übersicht über die Eroberungen der Inka geben beide Autoren auch zahlreiche Informationen über die soziale Organisation Cuzcos, sowohl vor der Ausdehnung des Reiches als auch danach. Tatsächlich ist die Reihenfolge der Ereignisse nicht so wichtig, und es wird nicht behauptet, dass sie historisch korrekt sei.

Catherine Julien, Die Inka. Geschichte, Kultur, Religion, München 1998, S. 16.

3.2 Iris Gareis (2003)

Iris Gareis kommt in ihrer Untersuchung über die Quellen für die Geschichte vorspanischer Kulturen im Andenraum zu einem skeptischen Urteil über den wissenschaftlichen Wert von Sarmientos Chronik:

Wie sehr politische Interessen die historischen Berichte und Darstellungen beeinflussen konnten, lässt sich beispielhaft an dem Bemühen des Vizekönigs Francisco de Toledo zeigen. [...] Toledos Anliegen war es, die Legitimität des spanischen Herrschaftsanspruchs über das Andengebiet zu verteidigen. [...] Toledo [versuchte], seine Darstellung zu untermauern, indem er die Inka zu Usurpatoren und Tyrannen erklärte, die nicht das Recht für sich in Anspruch nehmen können, legitime Herrscher zu sein beziehungsweise die dieses Recht durch ihre Willkürherrschaft verwirkt hätten. Nach dieser Lesart hätten die Spanier die unterdrückte Andenbevölkerung sogar vom Joch der Inka-Tyrannei befreit. [...] Zum Nachweis seiner These beauftragte Toledo Sarmiento de Gamboa, eine Geschichte des Inkareiches zu schreiben. Sarmientos Geschichtswerk [...] wollte im Einklang mit der herrschenden Rechtsauffassung zeigen, dass die Inka den größten Teil des riesigen Reiches erst relativ kurz vor dem Eintreffen der Spanier militärisch erobert hatten und dass sie dabei auch nicht gerade zimperlich mit ihren Gegnern umgegangen waren.

Iris Gareis, Die Geschichte der Anderen. Zur Ethnohistorie am Beispiel Perus (1532-1700), Berlin 2003, S. 69-70.

Anmerkungen

1 Catherine Julien, Die Inka. Geschichte, Kultur, Religion, München 1998, S. 20-21.
2 Julien behandelt einen Quipu von 1569, der Aussagen über die Abstammungslinien in Cuzco trifft. Ebenda, S. 55-56; vgl. auch die Buchbesprechung von Albert Meyers, in: Zs. für Ethnologie 127 (2002), S. 322-324.
3 Man nannte ihn z.B. einen „reinblütig indianischen Chronisten". Siehe Dieter Janik,Wolf Lustig (Hrsg.), Die spanische Eroberung Amerikas. Akteure, Autoren, Texte, Frankfurt 1989, S. 151. Auch ist von einem „andinen Autor" die Rede, der die Geschichte Perus aus der Sicht des inkaischen Provinzadels beschrieb. Siehe Rolena Adorno, Guaman Poma and His Illustrated Chronicle from Colonial Peru, Kopenhagen 2001, S. 15, S. 28.
4 Iris Gareis: Die Geschichte der Anderen. Zur Ethnohistorie am Beispiel Perus (1532-1700), Berlin 2003, S. 81-82.
5 Ebenda, S. 180-181.

E. Literaturhinweise

Zur *Einführung* in die Geschichte und Kulturen der präkolumbischen Völker geeignet ist Ursula Dyckerhoff, Geschichte der Indianer bis zur Conquista, in: Handbuch der Geschichte Lateinamerikas, Bd. 1, Mittel-, Südamerika und die Karibik bis 1760, hrsg. von Horst Pietschmann, Stuttgart 1994, S. 166-169. Gut leserliche Überblicke über verschiedene regionale indianische Kulturen sind der von Alvin Joseph hrsg. Sammelband Amerika 1492, Die Indianervölker vor der Entdeckung, Frankfurt 1991, und der Band von Hanns J. Prem, Geschichte Altamerikas (Oldenbourg Grundriss der Geschichte, Bd. 23), München 1989. Aus ethnologischer Perspektive geschrieben ist Wolfgang Lindig, Mark Münzel, Die Indianer. Kulturen und Geschichte. Band 2: Mittel- und Südamerika, München 1978, 5. Aufl. 1992. Unter Berücksichtigung der klassischen Kulturen Amerikas siehe Ulrich Köhler (Hrsg.), Altamerikanistik. Eine Einführung in die Hochkulturen Mittel- und Südamerikas, Berlin 1990.

Bei der Darstellung der *Waldlandindianer* galt anhand des Reiseberichts von Hans Staden das Interesse vor allem der Anthropophagie-Thematik und dem damit verbundenen Problem der kontroversen Quellenbewertung. Neben der im Quellenteil bereits erwähnten Literatur vgl. dazu auch A. Menninger, Hans Stadens Wahrhaftige Historia. Zur Genese eines Bestsellers der Reiseliteratur, in: Geschichte in Wissenschaft und Unterricht 47 (1996), S. 509-525, sowie Hans-Joachim König, Eine rezeptionsgeschichtliche Untersuchung der Interessen der Autoren Staden und Schmidl und der Verleger an der Publikation ihrer Americana im deutschen Sprach- und Kulturraum des 16. Jahrhunderts, in: Ulrich Knefelkamp/Hans-Joachim König (Hrsg.), Die Neue Welt in alten Büchern. Entdeckung und Eroberung in frühen deutschen Schrift- und Bildzeugnissen, Bamberg 1988, S. 92-117. Ein neuerer Überblick über die Berichte des 16. Jahrhunderts ist Franz Obermeier, Brasilien in Illustrationen des 16. Jahrhunderts, Frankfurt 2000.

Zu den *Azteken* ist neben der angegebenen Literatur, so den Arbeiten von Hanns J. Prem, insbesondere auf den in Köln 2003 erschienenen Ausstellungskatalog Azteken hinzuweisen, der neben vielen Bildillustrationen auch eine detaillierte Übersicht über die verschiedenen mexikanischen Codices beinhaltet. Ferner liegen einige leicht leserliche und illustrierte Überblicke über die Kultur der Azteken in deutscher Sprache vor. Zu nennen sind u.a. Serge Gruzinski, Die Azteken. Kurze Blüte einer Hochkultur, Ravensburg 1992, erschienen in der Reihe „Abenteuer Geschichte", sowie Wilfried Westphal, Der Adler auf dem Kaktus. Eine Geschichte der Azteken von den Anfängen bis zur Gegenwart, Braunschweig 1990. Die im Quellenteil angesprochene Kontroverse behandelt auch Olivia Harris, The Coming of the White People. Reflections on the Mythologisation of History in Latin America, in: Bulletin of Latin American Research 14,1 (1995), S. 9-24.

Zu den *Inka* ist besonders auf den zitierten Band von Catherine Julien, Die Inka. Geschichte, Kultur, Religion, München 1998, hinzuweisen, ferner auf die ältere Darstellung von Hans Dietrich Disselhoff, Das Imperium der Inka und die indianischen Frühkulturen der Andenländer, Berlin 1974. Nicht berücksichtigt wurden in diesem Quellenband ältere andine Kulturen. Einen kurzen Einblick darin gibt der Katalog des Roemer Pelizäus Museums, Manfred Boetzkes und andere (Hrsg.), Alt-Peru. Auf den Spuren der Zivilisation, Hildesheim 1986. Eine Gegenüberstellung von andiner und mexikanischer Kultur mit Einbeziehung der Kolonialgeschichte in englischer Sprache ist George Collier und andere (Hrsg.), The Inca and Aztec States 1400-1800. Anthropology and History, New York 1982.

II. Entdeckung, Eroberung und frühe Kolonisation

A. Vorbemerkung

Mit der Entdeckungsfahrt des Christoph Kolumbus, mit der er auf der Suche nach einem Westweg über das Ozeanische Meer nach Indien am 12. Oktober 1492 zum ersten Mal Inseln auf der Westseite des Atlantischen Ozeans berührte, begann eine neue Phase der Geschichte sowohl für Europa als auch für den bislang den Europäern unbekannten Kontinent. Von nun an verlief die Geschichte der beiden Kontinente parallel oder besser gesagt, von nun an gab es für die nächsten drei bzw. vier Jahrhunderte eine gemeinsame Geschichte. Für den neuen Kontinent, als der er, allerdings nicht von seinem Entdecker, bald erkannt wurde, und seine Bevölkerung bedeutete diese Entdeckung (*descubrimiento*) zunächst gewaltsame Unterwerfung, Unterordnung unter fremde Herrschaft, insgesamt *Zudeckung (encubrimiento)* des Eigenen und die Auseinandersetzung mit einer anderen Kultur. Für Europa bedeutete dies den Beginn, bzw. die effektive Fortsetzung der von Portugal schon seit dem frühen 15. Jahrhundert vollzogenen Expansion in den atlantischen Raum. Hatte Portugal noch im „atlantischen Mittelmeer", im Meeresraum zwischen der iberischen Halbinsel, der nördlichen afrikanischen Küste, den Kanaren und Azoren operiert, so erweiterte sich mit der „Entdeckung" durch Kolumbus nun der Aktionsradius in den atlantischen Raum. Im Zentrum der so genannten europäischen Expansion, der atlantischen Expansion, standen im 16. Jahrhundert die iberischen Mächte Portugal und Spanien. Vor allem Spanien profitierte von Entdeckung und Landnahme, da die überseeischen Gebiete in Amerika die spanischen Könige, in geringerem Maß auch die portugiesischen, an neue wirtschaftliche Ressourcen und damit an neue Quellen der Macht führten, die sie nutzten, um im Inneren eine starke Zentralgewalt zu schaffen und nach außen, im europäischen Staatensystem, ihre Macht zu erweitern. Zur Expansion und Kolonisation in Amerika sah Spanien sich zum einen durch die zwischen ihm und Portugal getroffenen Regelungen hinsichtlich der beiderseitigen atlantischen Interessen- und Aktionszonen, d.h. durch die Grenzziehung im Atlantik nach Breiten- und Längengraden, zum anderen durch die vom Papst ausgesprochene Belehnung mit den neu entdeckten und noch zu entdeckenden Ländern legitimiert. Gerade auf Grund dieser exklusiven Belehnung durch den Papst und den päpstlich sanktionierten Ausschluss anderer europäischer Mächte aus dem atlantischen Raum beanspruchte Spanien die ausschließliche Herrschaft im größten Teil Amerikas und im Atlantik und konnte diese Monopolstellung auch so lange behaupten, bis andere europäische Mächte wie England, Frankreich und die Niederlande im Laufe des nächsten Jahrhunderts technologisch und organisatorisch in der Lage waren, in den Kampf um Kolonialherrschaft und Seegeltung einzugreifen und sich einen Anteil an der Kolonialherrschaft in Amerika, auf einigen Inseln der Karibik und im nördlichen Teil Amerikas zu sichern.

So waren es Portugal und Spanien, die nach Entdeckung und Eroberung in der iberischen Phase der europäischen Expansion die Kolonisierung der Neuen Welt bestimmten und Kolonialherrschaften entsprechend ihren politischen und wirtschaftlichen Interessen aufbauten.

Dieser zweite Teil beschreibt die iberische Expansion in den Atlantik und in die Neue Welt, ferner die Art der Landnahme und die Begegnung bzw. das Aufeinanderprallen mit der autochthonen Bevölkerung sowie die Grundlegung der Kolonialherrschaft im 16. Jahrhundert. Dabei dienen sowohl offizielle Dokumente, Abmachungen mit den Entdeckern und Eroberungen, sowie Dekrete der beiden Kronen als auch Beschreibungen von beteiligten Personen in Briefen oder offiziellen Chroniken, aber auch, soweit möglich, Aussagen der eroberten Völker in Texten und Bildern als Materialgrundlage.

B. Der europäische Kontext

1. Vorbemerkung

Seit Marco Polo 1298/99 seinen viel gelesenen Reisebericht über seinen Aufenthalt in den Reichen des Groß-Khans, über Cathay (China) und über die an Gold reiche Insel Zipangu (Japan) verfasst hatte, waren Phantasie und Begierden der Europäer hinsichtlich der Schätze und Gewürze des Fernen Ostens beflügelt worden. Durch Jahrhunderte hindurch hatte der Weg zu den Reichtümern Asiens auf dem Landweg über die Seidenstraße geführt. Doch seit im 15. Jahrhundert die Osmanen ihren Machtbereich im östlichen Mittelmeer auszudehnen begannen, blockierten sie die Handelswege nach China. Das bisherige Handelsgefüge geriet ins Wanken, und die Aktivitäten besonders der italienischen Handelsstaaten Genua und Venedig verlagerten sich auf das westliche Mittelmeer und auf den Atlantik. An den Bestrebungen, die Handelsbeziehungen zum Fernen Osten, zu „Indien", das als Synonym für Asien galt, auf dem Seeweg herzustellen, nahmen auch die Küstenländer des Atlantiks, die iberischen Staaten Portugal und Kastilien/Spanien teil. Im Laufe der Zeit boten sich zwei konkurrierende Wege an, der östliche um Afrika herum und der westliche über den Atlantik.

Portugal, das schon um die Mitte des 13. Jahrhunderts die Reconquista, die Rückeroberung der von den Mauren besetzten Gebiete, hatte beenden können und erste Entdeckungsfahrten entlang der afrikanischen Küste unternahm, wählte den östlichen Weg. Dabei entschleierten im Laufe des 14. und 15. Jahrhunderts portugiesische Seefahrer die bis dahin unbekannte Küste Afrikas, und stellten fest, dass dieser Kontinent eine viel größere Ausdehnung besaß, als man vermutet hatte. Die portugiesische Krone ließ Handelsstützpunkte gründen und erlangte zur Sicherung ihrer Ansprüche besonders gegenüber dem allerdings noch schwachen Spanien von der damals höchst geachteten Instanz, den Päpsten Nikolaus V. und Calixtus III., dass diese in mehreren Bullen vom 18. Juni 1452, vom 8. Januar 1455 und 13. März 1456 das expansive Vorgehen der Portugiesen in Afrika legitimierten. Im Jahr 1479 verzichtete Königin Isabella von Kastilien im Vertrag von Alcáçovas-Toledo auf ihre Ansprüche südlich der Linie Kanarische Inseln-Kap Bojador und erkannte Afrika, Guinea, die Inseln im Atlantik, Madeira, die Azoren und die Kapverdischen Inseln als rechtmäßigen portugiesischen Besitz an. Immerhin wurden im Gegenzug die Kanarischen Inseln nun endgültig spanisch.

Tatsächlich umschiffte 1488 Bartolomeu Dias die Südspitze Afrikas, endlich bog die afrikanische Küste nach Osten, nach Indien, ab. Damit war für die Portugiesen der östliche bzw. der südliche Seeweg nach Indien auf der Afrikaroute vorgezeichnet. Im Juli 1497 segelte Vasco da Gama im Auftrag des portugiesischen Königs Manuel I. mit vier Schiffen nach Indien ab, erreichte im April 1498 Calicut, das Zentrum des Seehandelsverkehrs im Indischen Ozean, und erschloss so den östlichen Seeweg.

Bevor dieser Weg endlich realisiert wurde, hatte es in Portugal auch Überlegungen über eine Westroute gegeben, die allerdings nach der Umrundung des Kaps der Guten Hoffnung irrelevant wurden. Lediglich Christoph Kolumbus, ein Genuese, der lange Jahre in portugiesischen Diensten gestanden und an Afrikafahrten teilgenommen hatte, setzte sich weiter für eine Westroute ein. Diesen Überlegungen lagen zugrunde: die Vorstellungen von der Kugelgestalt der Erde und damit von einer Küste des Atlantischen Ozeans im Westen, fehlerhafte mathematische Berechnungen der Ausdehnung des Atlantischen Ozeans zwischen Europa Asien bzw. Japan (Zipangu), wie sie der italienische Kosmograf Toscanelli vorgelegt hatte, sowie Kolumbus' eigene Beobachtungen über Strömungen und Winde bei seinen Afrikafahrten.

2. Westfahrt nach Indien und erste Aufteilung von Interessengebieten

2.1 Überlegungen des Gelehrten Toscanelli über die Machbarkeit einer Westfahrt nach Indien (1474)

Im Sommer 1474 teilt der Gelehrte Paolo dal Pozzo Toscanelli (1397-1482) dem portugiesischen Gelehrten und Beichtvater des portugiesischen Königs, Fernam Martins de Roriz, seine Vorstellungen über die Machbarkeit einer Westfahrt nach Asien mit. Die Echtheit dieses Briefes ist gelegentlich angezweifelt worden. Auf jeden Fall war er Kolumbus bekannt, denn er ist in einer Abschrift von seiner Hand erhalten:

An den Kanonikus Ferdinand Martinez zu Lissabon

Von Deinem vertrauten Umgange mit Seiner Majestät dem Könige ist es mir um so angenehmer gewesen, Kenntnis zu erhalten, als ich mit Dir schon früher gesprochen habe über einen kürzeren Seeweg zu den Gewürzländern, als derjenige ist, welcher über Guinea führt. Der König wünscht nun von mir eine noch mehr durch den Augenschein überzeugende Erläuterung, so dass auch der minder Bewanderte diesen Weg begreifen und verstehen kann. Obgleich ich nun weiß, dass man dies an einer Kugel, welche die Erde vorstellt, zeigen könnte, so habe ich mich doch des leichtern Verständnisses und der geringen Mühe wegen entschlossen, diesen Weg auf einer Seekarte zu erläutern. Ich sende also Seiner Majestät eine eigenhändig entworfene Karte, auf welcher Eure Küsten und Inseln eingezeichnet sind, von denen der Weg, immer gegen Abend, beginnt, und die Orte, zu denen man gelangen muss, und wie weit man vom Pol oder vom Äquator abzuweichen hat und durch einen wie großen Abstand, das heißt nach wie vielen Meilen, man zu jenen Orten kommen muss, welche die größte Fülle von allen Gewürzen und Edelsteinen besitzen. Und wundert Euch nicht darüber, dass ich das westliche Gebiet nenne, wo die Gewürze sind, während es gewöhnlich als östliches bezeichnet wird, weil durch Seefahrten immer nach Westen jene Gegenden durch unterirdische[1] Fahrten zu finden sind, während sie zu Lande und auf dem oberen Wege immer nach Osten aufgesucht werden. Demnach zeigen die geraden, in der Länge der Karte eingetragenen Linien den Abstand von Osten nach Westen, dagegen die Querlinien die Abstände von Süden nach Norden. Ich habe aber in der Karte verschiedene Orte eingetragen, zu denen Ihr nach den genauern Nachrichten der Schifffahrer kommen könntet, teils für den Fall, dass man durch Winde oder durch einen andern Umstand anderswohin gelangte, als man erwartete, teils aber auch, um den Einwohnern zu zeigen, dass die Seefahrer bereits eine Kenntnis jenes Landes haben, was die Leute erfreuen muss. Es wohnen aber auf den Inseln nur Kaufleute. Es wird nämlich behauptet, dass dort eine so große Menge von Kauffahrteischiffen, wie sie auf der ganzen übrigen Welt nicht sind, sich in dem einen berühmten Hafen, namens Zaiton [China], finden. Man behauptet nämlich, dass in jenem Hafen jährlich hundert große Schiffe mit Pfeffer abgehen, ungerechnet die andern Schiffe, die andere Gewürze laden. Jenes Land ist sehr volkreich und sehr reich an Provinzen, Staaten und zahllosen Städten und steht unter einem Fürsten, welcher der Großkhan genannt wird, was soviel wie der König der Könige bedeutet. Sein Sitz und seine Residenz ist meistens in der Provinz Katay.[2] Seine Vorfahren wünschten mit den Christen in Verkehr zu treten. Schon vor zweihundert Jahren schickten sie zum Papste[3] und baten um mehrere Gelehrte, damit sie im Glauben unterrichtet würden; diese stießen aber unterwegs auf Hindernisse und kehrten wieder um. Auch zur Zeit des Papstes Eugen kam einer zu Eugen und bestätigte das große Wohlwollen für die Christen, und ich habe selbst ein langes Gespräch mit ihm gehabt über vielerlei, über die Größe der königlichen Paläste und über die Größe der Flüsse in der Breite und wunderbaren Länge und über die Menge der Städte an den Ufern der Flüsse, dass an einem Flusse gegen zweihundert Städte erbaut sind und marmorne Brücken von großer Breite und Länge, die allenthalben mit Säulen geziert sind. Dieses Land ist es wert, von den Lateinern aufgesucht zu werden, nicht allein, weil ungeheure Schätze von Gold, Silber und Edelsteinen aller Art und von Gewürz, das nie zu uns gebracht wird, von dort gewonnen werden können, sondern auch wegen der gelehrten Männer, Philosophen und erfahrenen Astrologen, und um zu erfahren, mit welchem Geschick und Geist dieses so mächtige und große Land regiert wird und auch Kriege geführt werden.

Geschichte in Quellen, hrsg. von Wolfgang Lautemann und Manfred Schlenke. Band. III. Renaissance. Glaubenskämpfe. Absolutismus. Bearbeitet von Fritz Dickmann. München 1982, S. 39-40.

2.2 Toscanelli ermutigt Kolumbus zu seinen Plänen einer Westroute (1480)

Kolumbus hatte sich an Toscanelli gewandt und erhielt von diesem zunächst in einem ersten Antwortschreiben den Brief an Martins mit Karte. In einem zweiten Schreiben ermutigt Toscanelli Kolumbus in seinem Vorhaben, den Weg nach Indien auf der Westroute zu finden. Beide wahrscheinlich zwischen 1480 und 1482 verfasste Schreiben sind ebenso wie die Karte im Original nicht erhalten. Sie sind allerdings bei Las Casas aufgeführt:

[...] Ich lobe Eure Absicht, nach Westen zu fahren, und ich bin überzeugt, wie Ihr auf meiner Karte bereits gesehen habt, dass der Weg, den Ihr nehmen wollt, nicht so schwierig ist, wie man denkt. Im Gegenteil, der Weg nach jenen Gegenden, die ich eingezeichnet habe, ist ganz sicher. Ihr würdet keine Bedenken haben, wenn Ihr, wie ich, mit vielen Personen verkehrt hättet, die in jenen Ländern gewesen sind. Und seid gewiss, mächtige Könige anzutreffen, viele volkreiche wohlhabende Städte und Provinzen zu finden, die an jeder Art von Edelsteinen Überfluss haben. Und es wird die Könige und Fürsten, die in jenen entfernten Ländern herrschen, hoch erfreuen, wenn man ihnen einen

Weg bahnt, um mit den Christen in Verbindung zu treten und sich von ihnen in der katholischen Religion und in allen Wissenschaften, die wir besitzen, unterrichten zu lassen. Deshalb und aus vielen andern Gründen wundere ich mich nicht, dass Ihr so viel Mut zeigt, wie auch die ganze portugiesische Nation,[4] in welcher es immer Männer gegeben hat, die sich in allen Unternehmungen auszeichnen.

Geschichte in Quellen, hrsg. von Wolfgang Lautemann und Manfred Schlenke. Band. III. Renaissance. Glaubenskämpfe. Absolutismus. Bearbeitet von Fritz Dickmann. München 1982, S. 40.

2.3 Rekonstruierte Seekarte des Toscanelli (1474)

Aus einem in den Papieren von Toscanelli gefundenen Entwurf eines Gradnetzes, der den Rahmen für die im Brief an Martins geschickte Karte bilden könnte, sind entsprechend den Angaben des Briefes verschiedene Rekonstruktionen entstanden. Die abgebildete folgt den Vorgaben von Hermann Wagner aus dem Jahr 1894:[5]

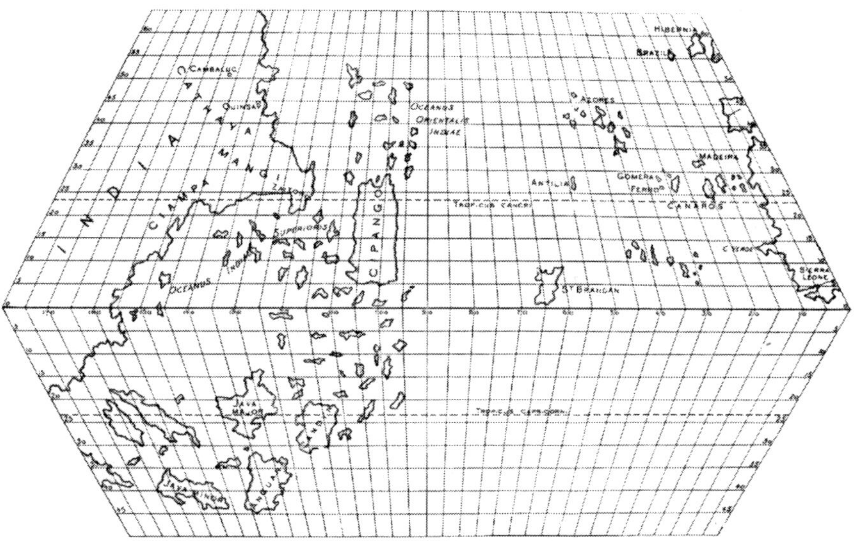

Abb. 10: Hans-Joachim König, Die Entdeckung und Eroberung Amerikas. 1492-1550. Freiburg, Würzburg 1992, S. 21.

2.4 Las Casas über die geographischen Anschauungen des Kolumbus

Bartolomé de Las Casas (1474-1566), der als Verteidiger und Schützer der Indios bekannt gewordene Dominikanermönch, hatte Zugang zum schriftlichen Nachlass von Kolumbus, denn er hatte gute Beziehungen zur Familie von Kolumbus. So konzentrierte er sich in seiner 1527 begonnenen und erstmals 1825 veröffentlichten „Geschichte der Indien" (Historia de las Indias) auch auf die Vorgeschichte und den Verlauf der Entdeckungen. In der Historia I, Kap. 5 und 13 gibt Las Casas einen interessanten Einblick in die geographischen Vorstellungen von Kolumbus vor seiner ersten Reise:

Als Columbus sich entschloss, einen christlichen Fürsten zu suchen, der ihm helfe und Unterstützung gewähre, war, davon bin ich überzeugt, seine Erwartung, neue Länder und Völker aufzufinden, so sicher, als wäre er schon selbst dort gewesen. Deshalb will ich in den folgenden Kapiteln einige natürliche Gründe und auch gewichtige Zeugnisse gelehrter Männer aus dem Altertum und aus unserer Zeit anführen, die ihm zu der durchaus begründeten Annahme, ja zu der Gewissheit berechtigten, diese Länder und Völker im atlantischen Ozean in westlicher und südlicher Richtung finden zu können.

Der erste Grund war ein von Natur einleuchtender, und zwar nicht nur irgendein beliebiger, sondern ein sehr gewichtiger, von angesehenen Gelehrten vertretener: Columbus war sicher, dass die gesamte Wasser- und Festlandsmasse der Erde eine Kugel bilde, also von runder Gestalt sei, es müsse daher möglich sein, sie von Osten nach Westen zu umfahren, bis die einen, wo immer sie sich auf der Gegenseite auch befänden, zu Antipoden des anderen Teiles der Menschen würden.

Der zweite Grund war: Er wusste teils aus seiner eigenen Erfahrung als Seefahrer, teils aus Erzählungen vieler Seeleute, teils aus seiner Lektüre, dass ein sehr großer Teil jener Erdhälfte schon erforscht, bereist und von vielen befahren war und nur noch jenes Stück Weges unentdeckt sei, das sich jenseits der schon dem Ptolemaeus und Marinos[6] bekannten Grenze Indiens weiter nach Osten bis zu unserem Westen, und zwar zu den Kapverden und Azoren, den westlichsten bis damals entdeckten Landgebieten, erstrecke.

Der dritte Grund: Columbus glaubte, der Zwischenraum zwischen dem östlichsten durch Marinos bekannten Gebiet und den genannten Kapverden könne nicht mehr als den dritten Teil des größten Erdkreises betragen, weil ja schon Marinos in Richtung Osten einen Bogen von 15 Stunden (oder 15 Teilen von 24 des ganzen Erdkreises) beschrieben hatte. Um von da zu den Kapverden zu gelangen, brauche es also nur noch etwa acht, weil Marinos seine Erdbeschreibung noch nicht einmal so weit westlich begonnen hatte.

Der vierte Grund: Columbus rechnete, da Marinos in seiner Kosmographie 15 Stunden oder Kreisabschnitte nach Osten gezählt habe, ohne das Ende des östlichen Festlandes erreicht zu haben, liege der Schluss nahe, dieses Ende befinde sich noch viel weiter ostwärts, und je weiter es nach Osten reiche, desto näher müsse es folglich den Kapverden und unserem Westen sein. Bestehe dieser Zwischenraum aus Meer, dann sei es ein Leichtes, ihn in wenigen Tagen zu Schiff zu überqueren, wenn aber aus Land, dann werde man es im Westen noch schneller entdecken, da es ja dann den genannten Inseln sehr nahe sein müsse. Für diese Erwägungen schien auch zu sprechen, was Strabo im XV. Buch seiner Cosmographia sagte, noch niemand sei mit einem Heer bis an die Ostgrenze Indiens vorgedrungen, dass Estesias [Ktesias][7] schrieb, Indien sei so groß wie das ganze übrige Asien, dass Onesicritos[8] es als den dritten Teil der Erdkugel bezeichnete, dass Nearchos[9] behauptete, es habe eine Ausdehnung von vier Monaten Landmarsch auf ebenen Wegen, und dass Plinius[10] sagte, Indien nehme den dritten Teil der Erde ein.[11] Aus diesen Größenangaben schloss Christoph Columbus auf eine größere Annäherung an Spanien in westlicher Richtung.

Die fünfte Erwägung, die er anstellte und die ihm sehr dafür zu sprechen schien, dass es sich nur um einen geringen Abstand handele, beruhte auf der Ansicht des Alfragano[12] und seiner Anhänger, die den Erdumfang weit geringer annahmen als alle anderen Autoren und Kosmographen und einen Grad des Erdumfanges auf nur 56 2/3 Meilen schätzten.[13] [...]

Außerdem erzählt Christoph Columbus in seinen Aufzeichnungen, er habe mit verschiedenen Leuten gesprochen, Seefahrern, die die westlichen Meere, vor allem im Gebiet der Azoren und von Madeira befahren hätten. Da habe ihm unter anderem ein Pilot des Königs von Portugal namens Martin Vicente erzählt, er hätte einmal 450 Leguas [ca. 2700 km] westlich von Kap San Vicente [Kapverden] im Meer ein künstlich (aber nach seiner Meinung nicht mit Eisen) bearbeitetes Stück Holz gesehen und aufgefischt; da sie tagelang Westwind gehabt hätten, glaube er, dass dieser Holzpfahl von irgendeiner Insel im Westen gekommen sei. Ein anderer namens Pero Correar [. . .] versicherte, er habe auf der Insel Puerto Santo ein anderes auch von Westen angetriebenes und in gleicher Art bearbeitetes Stück gefunden; auch habe er dort Schilfrohre von solcher Größe gesehen, dass in einem Stück davon drei Azumbras [4 Liter] Wasser oder Wein Raum hätten. Christoph Columbus sagt, er habe gehört, wie dieser Mann das dem König von Portugal erzählt habe, und der König habe befohlen, ihm die Sachen zu zeigen. Er halte es für sicher (so sagt Columbus), dass diese Schilfrohre von nicht sehr weit entfernten Inseln kämen oder [direkt] von Indien mit der Wind- und Meeresströmung hergetrieben seien, da es in ganz Europa solche Gewächse nicht gebe, seines Wissens auch keine ähnlichen vorhanden seien. In diesem Glauben bestärkte ihn auch, dass Ptolemaeus im Buch I, Kap. 27 seiner Cosmographia sagt, in Indien gebe es derartige Rohrpflanzen. Auch versicherten einige Eingeborene der Azoren dem Christoph Columbus, bei starkem West- oder Nordwestwind treibe das Meer Nadelbäume an die Küsten dieser Inseln an von einer Art, die es nirgendwo hier auf den Inseln gebe. Andere erzählten, auf Flores, einer der Azoren, habe das Meer die Leichen zweier Männer angespült mit viel breiteren Gesichtern und von ganz anderem Aussehen als die Christen. Ein andermal, so hieß es, habe man am Cabo de la Verga [Azoren] oder in dessen Nähe Kähne oder Kanus mit einer abnehmbaren Hütte darauf gesehen, deren Insassen wohl bei der Überfahrt von einer Insel zur anderen oder von einem Ort zum anderen, von der Gewalt der Winde und des Meeres erfasst, nicht mehr hätten umkehren können und umgekommen seien, während die Boote, die niemals versinken, mit der Zeit zu den Azoren gelangt seien. Auch versicherte ihm ein gewisser Antonio Lerne, wohnhaft auf der Insel Madeira, er sei einst mit seiner Karavelle [*schnelles Segelschiff*] ein gutes Stück nach Westen gesegelt und habe dort herum drei Inseln gesehen. [...]

Weiter sagt Columbus, er sei im Jahr 1484 in Portugal Zeuge gewesen, wie ein Bewohner der Insel Madeira den König um eine Karavelle gebeten habe für eine Entdeckungsfahrt nach einem bestimmten Lande, das er, wie er geschworen habe, jedes Jahr zu Gesicht bekomme, und immer in derselben Art und Weise, übereinstimmend mit den Aussagen der Leute von den Azoreninseln. So erkläre es sich, dass in den Seekarten der vergangenen Zeiten einige Inseln in jenen Meeren und Landstrichen eingezeichnet wurden, vor allem die Insel, der sie den Namen Antilla gaben und die sie etwas mehr als 200 Leguas [1200 km] westlich der Kanarischen Inseln und der Azoren ansetzten. [...]

Geschichte in Quellen, hrsg. von Wolfgang Lautemann und Manfred Schlenke. Band. III. Renaissance. Glaubenskämpfe. Absolutismus. Bearbeitet von Fritz Dickmann. München 1982, S. 40-42.

2.5 Die erste „Teilung" der überseeischen Interessengebiete (1479)

Die überseeischen Konflikte zwischen Portugal und Spanien an der Westküste Afrikas und den vorgelagerten Inseln im Atlantik werden im Vertrag von Alcáçovas-Toledo vom 4. September 1479 in der Weise gelöst, dass Portugal den eigentlich wichtigen Aktionsraum südlich einer gedachten ostwestlich verlaufenden Linie Kap Bojador-Kanarische Inseln, das entsprach ungefähr dem 26. Grad nördlicher Breite, zugesprochen erhält:

[...] [Artikel 8:] Ferner haben die genannten Herrschaften, König und Königin von Kastilien, Aragon und Sizilien[14] geruht und es hat ihnen gefallen, damit dieser Frieden fest, sicher und von beständiger Dauer sei, zu versprechen, dass jetzt und in alle Zukunft weder sie noch ihre Erben und Nachfolger auf irgendeine Weise, weder öffentlich noch geheim, weder tatsächlich noch rechtlich, weder gerichtlich noch außergerichtlich die genannten Herrschaften, König und Prinz von Portugal,[15] noch die künftigen Könige von Portugal oder ihr Königreich im Besitz des gesamten Handels der Gebiete und des Tauschhandels von Guinea samt seiner Goldminen, im Besitz irgendwelcher anderen Inseln, Küsten und Länder, der entdeckten und noch zu entdeckenden, der gefundenen und noch zu findenden, der Insel Madeira, Puerto Santo, Desierta [beide unweit Madeira] und aller Inseln der Azoren, der las Flores [westlich der Azoren], der Kapverden sowie aller Inseln, die sie entdeckt und zur Zeit im Besitz haben, und aller sonstigen Inseln, die sie von den kanarischen Inseln an in Richtung Guinea finden und erobern werden, stören, belästigen oder beunruhigen wollen. Denn alles, was in den genannten Regionen gefunden ist oder gefunden, erobert und entdeckt wird über das hinaus, was jetzt schon gefunden, besetzt und entdeckt ist, gehört dem genannten König und dem Prinzen von Portugal und zu ihren Reichen, allein ausgenommen die Kanarischen Inseln [...], die, obschon besetzt oder noch zu besetzen, den Königen von Kastilien gehören. Dementsprechend werden sie niemanden unter irgendeinem Titel, auf irgendeine Art oder Weise, welche es auch sei, stören, belästigen oder beunruhigen, der im Namen oder unter der Autorität des genannten Königs, Prinzen oder ihrer Nachfolger die genannten Gebiete von Guinea oder die erwähnten Küsten und Länder, entdeckte und noch zu entdeckende, aufsucht, um dort Handel zu treiben oder Eroberungen zu machen.

Andererseits versprechen und versichern sie hiermit in gutem Glauben, ohne Hintergedanken, den genannten Herren, König, Prinz und ihren Nachfolgern, dass sie weder selbst noch durch Vermittlung anderer befehlen oder zulassen, sondern vielmehr jederzeit, überall und ausnahmslos verbieten werden, dass ihre Untertanen ohne Einwilligung der genannten Herren, des Königs und des Prinzen von Portugal, nach den genannten Gebieten, Inseln und Ländern von Guinea, entdeckten oder noch zu entdeckenden, gehen, um dort Handel zu treiben, noch irgendwelche Ausländer, die sich in ihren Königreichen oder Ländern befinden oder sich in ihren Häfen ausrüsten oder bewaffnen sollten. Sie werden zu einem derartigen Unternehmen weder Gelegenheit geben noch es begünstigen, fördern, unterstützen, auf direkte oder indirekte Weise ermuntern, noch das Ausrüsten und Befrachten von Schiffen nach diesen Gegenden in irgendeiner Form zulassen [...].

Geschichte in Quellen, hrsg. von Wolfgang Lautemann und Manfred Schlenke. Band. III. Renaissance. Glaubenskämpfe. Absolutismus. Bearbeitet von Fritz Dickmann. München 1982, S. 56-57.

Anmerkungen

1 Im Original „subterraneas“, im Gegensatz zu dem gleich darauf erwähnten „oberen Wege“.
2 Oder Kataia, mit Kambalu (Peking).
3 Maffeo und Niccolò Polo, Oheim und Vater des Weltreisenden Marco Polo, hielten sich mehrere Jahre im Osten auf und wurden 1266 von Kublai-Khan mit Aufträgen an den Heiligen Stuhl in Rom gesandt. Im Jahre 1271 reisten sie und der 1254 geborene Marco Polo an den Hof Kublai-Khans zurück.
4 Der Verfasser hielt den Italiener Columbus wohl für einen Portugiesen. Im Folgenden erscheint in den zitierten Quellentexten die von den Übersetzern jeweils verwandte Schreibweise für die Namen Kolumbus, Inka, Moctezuma und Hispaniola bzw. Española; auch der in verschiedenen Quellen verwandte Begriff Indianer statt Indios bleibt erhalten.
5 Hermann Wagner, Die Rekonstruktion der Toscanelli-Karte vom Jahr 1474 und die Pseudo-Facsimilia des Behaim-Globus vom Jahr 1492. In: Nachrichten von der Königlichen Gesellschaft der Wissenschaften zu Göttingen, Phil.-histor. Klasse, aus dem Jahr 1894, Göttingen 1895, S. 208-312.
6 Ptolemaeus, griechischer Geograf des 2. Jahrhunderts n.Chr. Er beschrieb die Routen des Handelsverkehrs mit Indien und China nach den Angaben des Marinos von Tyrus.
7 Griechischer Historiker, 5./4. Jahrhundert v.Chr.
8 Griechischer Philosoph (Kyniker), 4./3. Jahrhundert v.Chr.
9 Jugendfreund und Flottenbefehlshaber Alexanders des Großen, 4. Jahrhundert v.Chr.
10 Römischer Historiker und Schriftsteller, 23/24-79 n.Chr.
11 Strabo (geb. 65 v. Chr.), römischer Geograph, Ktesias (um 400 v.Chr.), griechischer Geschichtsschreiber; Onesicritos, ein Biograph Alexanders des Großen; Nearchos Flottenkommandant Alexanders des Großen, berühmt durch seine Seefahrt vom Indus zum Tigris. Cajus Plinius Secundus, römischer Naturforscher des 1. Jahrhunderts n.Chr.
12 Arabischer Geograf.
13 1 arabische Meile = ca. 1,8 km. Columbus glaubte, Alfragano rechne mit der römischen Meile von 1480 m und kam daher auf nur 83,7 km für den Grad. In Wirklichkeit beträgt 1 Grad am Äquator (der hier wohl gemeint ist) 62 arabische Meilen = 111 km.
14 Ferdinand von Aragon und Isabella von Kastilien regierten seit ihrer Heirat im Jahre 1469 ihre Reiche gemeinsam.
15 Alfons V. und Prinz Heinrich der Seefahrer.

C. Der Beginn der Entdeckungen

1. Vorbemerkung

Da 1484 in Portugal eine Kommission von Sachkennern und Gelehrten nach genaueren Entfernungsberechnungen eine von Kolumbus geplante Reise nach Indien auf der Westroute als unrealistisch abgelehnt hatte und die Umschiffung Afrikas nur noch eine Frage der Zeit zu sein schien, kam für die portugiesische Krone eine Umorientierung nach Westen oder parallele Unternehmungen auch aus finanziellen Gründen nicht in Frage. Alle Anstrengungen und Mittel waren deshalb auf die Südspitze Afrikas und den dortigen Zugang nach Indien konzentriert. Auf finanzielle Unterstützung war Kolumbus jedoch angewiesen. Deshalb verließ er Portugal und bot 1485 seine Dienste nun Portugals politischem Gegner und Konkurrenten im Atlantik, dem erstarkenden Kastilien an. Doch auch in Kastilien musste Kolumbus über sieben Jahre vergeblich antichambrierern, bis ihm endlich eine Westexpedition finanziert wurde. Während dieser Jahre des Wartens lebte Kolumbus an verschiedenen Orten wie Palos, La Rábida, Cordoba, Salamanca und machte die Bekanntschaft wichtiger Personen, die er einerseits für seine Vorstellungen gewann, von denen er andererseits Anregungen, Bestärkungen und Ermutigung erhielt. Zu diesem Personenkreis gehörten u.a. Martin Alonso Pinzón aus Palos, ein erfahrener Schiffskapitän, der selbst zahlreiche Atlantikfahrten im Bereich der Kanarischen Inseln und der afrikanischen Küste bis Guinea unternommen hatte; im Franziskanerkloster von La Rábida, wo er und sein Sohn Diego zeitweilig wohnten, lernte er durch Vermittlung des Priors Juan Pérez den Provinzialoberen Antonio de Marchena, einen gelehrten Astronomen und Kosmographen, kennen. Doch auch in Kastilien lehnte 1490 eine Expertenkommission die Vorschläge des Kolumbus weniger aus theoretischen Bedenken als vielmehr aus Gründen der praktischen Undurchführbarkeit ab. Anders als Kolumbus gingen sie von korrekten Berechnungen und demzufolge von einem mit damaligen logistischen Möglichkeiten unüberbrückbaren Abstand zwischen Europa und „Indien“ aus. Dieser abschlägige Bescheid schien das endgültige „Aus“ für Kolumbus zu bedeuten, der sich ab 1491 nach Vorarbeiten seines Bruders Bartolomé nach Unterstützung an anderen europäischen Höfen, Frankreich und England, umzusehen begann.

In dieser Zeit, in der Granada zwar noch nicht gefallen war, ein kastilischer Sieg aber immer wahrscheinlicher wurde, trat eine entscheidende Wende ein. Kolumbus hatte noch einmal La Rábida aufgesucht. Hier machten ihm die Franziskaner, besonders der Prior Juan Pérez, ehemals Beichtvater und geistlicher Lehrer von Königin Isabella, noch einmal Hoffnung, indem sich Pérez erneut für Kolumbus verwandte und die Königin um ein zweites persönliches Gespräch mit Kolumbus bat. Diese Unterstützung ist insofern nicht verwunderlich, als die Franziskaner zu einem Orden mit ausgeprägtem Missionseifer gehörten und mit der Westfahrt nach Indien die Möglichkeit verbanden, die seit der Blockade durch das Osmanische Reich unterbrochene Missionstätigkeit in Asien wiederaufnehmen zu können. Mit Kolumbus schien ein großes Missionswerk in Bewegung zu kommen. Tatsächlich erhielt Kolumbus eine Einladung an den Hof nach Santa Fé in der Nähe Granadas, Isabella schickte ihm sogar eine größere Geldsumme. Allerdings schätzten die Monarchen das Unternehmen nüchterner ein als die Franziskaner, vor allem hinsichtlich der finanziellen Dimensionen, obwohl sie mit der Eroberung Granadas am 2. Januar 1492 auch in diesem Teil der iberischen Halbinsel die Reconquista abgeschlossen hatten und sich nun atlantischen Unternehmungen widmen konnten. Abgesehen von der noch nicht geklärten Durchführbarkeit des Projekts erschienen ihnen einerseits die Forderungen von Kolumbus hinsichtlich seiner Belohnung – Erhebung in den Adelsstand, Verleihung hoher Ämter und Gewinnbeteiligung – zu hoch, andererseits die Kosten für das Unternehmen trotz der von Kolumbus in Aussicht gestellten Gewinne untragbar. So wären die Verhandlungen ergebnislos verlaufen, wenn nicht in letzter Minute durch König Ferdinands Sekretär und Verwalter der Privatschatulle, Luis de Santangel, die erforderliche Finanzierung durch private Mittel interessierter Kaufleute und Kredite in Erwartung zukünftiger Gewinne bereitgestellt worden wäre. Nun gingen die Monarchen auf Kolumbus' Bedingungen ein.

2. Die Entdeckung Amerikas und Aufteilung der Aktionsräume im Atlantik und in Amerika

2.1 Die Errichtung der „Firma Kolumbus und Company" (1492)

Am 17. April 1492 schlossen Isabella und Ferdinand vertragliche Abmachungen mit Kolumbus über dessen Verpflichtungen hinsichtlich der Entdeckung von Inseln und Ländern im Ozeanischen Meer in Richtung Indien sowie über entsprechende Belohnungen bzw. von Seiten der Krone gewährte Privilegien. Mehrere Dokumente geben Auskunft über die Art dieser Abkommen. Besonders wichtig sind die so genannten Vereinbarungen (Capitulaciones) von Santa Fé vom 17. April, die für die Könige von Juan de Coloma, dem Sekretär des Königs, und von Fray Juan Pérez, dem Abt von La Rábida, als Vertreter für Kolumbus redigiert und anschließend von Isabella und Ferdinand genehmigt und unterzeichnet wurden. Die offiziellen vertraglichen Abmachungen im so genannten Kronvertrag von Santa Fé stellen im formalrechtlichen Sinn eigentlich keinen Vertrag zwischen Rechtsgleichen dar, sondern sind eher königliche Privilegien, Übertragungen hoheitlicher Befugnisse. Sie enthalten keine direkten Entdeckungsaufträge und geben das Ziel der Entdeckungsfahrt mit dem Hinweis auf „Inseln und Länder in den Ozeanischen Meeren" möglicherweise aus Sorge vor portugiesischen Interventionen nur vage an:

Don Fernando und Doña Isabella, von Gottes Gnaden König und Königin von Kastilien, León, Aragón, Sizilien, Granada, Toledo, Valencia, Korsika, Murcia, Jaén, den Algarven, von Algeciras, Gibraltar, den Kanarischen Inseln, Grafen von Barcelona, Herren von Biskaya und Molina,

Herzöge von Athen und Neopatria, Grafen von Rosselon und Cerdaña, Markgrafen von Oristano und Gothia. Wir haben einige Vertragsartikel gesehen, die mit Unserem Namen unterzeichnet, mit Unserem Siegel gesiegelt und in dieser Weise abgefasst sind.

Die erbetenen Titel und Rechte, welche Eure Hoheiten dem Don Cristóbal de [sic] Colón gewähren und verleihen als Belohnung für das, was er in den Ozeanischen Meeren entdeckt hat (*que ha descubierto*), und für die Reise, die er jetzt mit Gottes Hilfe im Dienste Eurer Hoheiten auf diesen Meeren unternehmen soll, sind jene, die im Folgenden ausgeführt werden:

Zum ersten ernennen Eure Hoheiten als Herrn über die genannten Ozeanischen Meere von heute an den genannten Don Cristóbal Colón zu ihrem Admiral über alle jene Inseln und Festlande, die von ihm und durch seine Bemühungen in den genannten Ozeanischen Meeren entdeckt und gewonnen werden, auf Lebenszeit, und nach seinem Tode seine Erben und Nachkommen auf ewig, von einem zum anderen fortlaufend, und mit allen jenen Vorrechten und Privilegien, die zu diesem Amt gehören und wie sie Don Alonso Enriquez, Euer Großadmiral von Kastilien, und dessen Vorgänger im genannten Amte in ihrem Amtsbereich innehatten. Ihre Hoheiten stimmen zu. Johan de Coloma.

Ferner ernennen Eure Hoheiten den genannten Don Cristóbal Colón zu ihrem Vizekönig und Generalgouverneur aller genannten Inseln und Festlande und Inseln, die er, wie erwähnt, in den genannten Meeren entdeckt und gewinnt. Für die Verwaltung von allen und jeder einzelnen der Inseln und Festlande wird er für jedes Amt drei Personen vorschlagen, unter denen Eure Hoheiten diejenige Person auswählen werden, die für ihre Dienste am geeignetsten erscheint. So werden die Länder, die ihn Unser Herr zum Nutzen und Vorteil Eurer Hoheiten finden und gewinnen lässt, besser verwaltet werden. Ihre Hoheiten stimmen zu. Joan [sic] de Coloma.

Des weiteren wollen Eure Hoheiten, dass von allen und jedweden Waren, die gekauft, getauscht, gefunden, gewonnen oder vorgefunden werden innerhalb des Amtsbereichs der genannten Admiralität, welche Eure Hoheiten dem genannten Don Cristobál Colón von heute an verleihen, dieser nach Abzug aller entstandenen Unkosten den zehnten Teil von allem für sich haben und einnehmen soll. Ob es nun Perlen, Edelsteine, Gold, Silber, Spezereien oder irgendwelche anderen Dinge und Handelswaren welcher Art, Bezeichnung oder Gattung auch immer sind; in der Weise also, dass er von dem, was rein und unbelastet bleibt, den zehnten Teil haben und einnehmen und damit nach seinem Gutdünken verfahren soll, wobei die übrigen neun Teile für Eure Hoheiten bleiben. Ihre Hoheiten stimmen zu. Johan de Coloma.

Ferner, wenn wegen der Waren, die er von den Inseln und Festlanden, welche man, wie erwähnt, gewinnt und entdeckt, mitbringen wird, oder wegen der Waren, die im Tausch für jene hier von anderen Händlern erworben werden, an dem Ort, an welchem der genannte Handel und das Geschäft abgeschlossen wird, irgendein Rechtsstreit entsteht, so sollen Eure Hoheiten einverstanden sein und von heute an verfügen, dass in solch einem Verfahren von keinem anderen Richter als von ihm oder von seinem Vertreter ein Urteil gefällt wird, falls dies zu den Privilegien eines Admiralsamtes gehört. Ihre Hoheiten stimmen zu, falls dies zum Amte eines Admirals gehört, wie es der genannte Admiral Don Alonso Enriquez und seine Vorgänger in ihren Amtsbereichen besessen haben, und wenn es rechtens ist. Johan de Coloma.

Des weiteren soll der genannte Don Cristóbal Colón nach Wunsch den achten Teil der Kosten für Ausrüstung und Ladung bei allen Schiffen aufbringen dürfen, die für den genannten Handel und Verkehr eingesetzt werden, und zwar in jedem einzelnen Falle. Er soll auch den achten Teil des Nutzen haben und einnehmen, welcher sich dabei ergibt. Ihre Hoheiten stimmen zu. Johan de Coloma.

Gegeben und ausgefertigt mit den Antworten Eurer Hoheiten am Ende jeden Artikels in der Stadt Santa Fé de la Vega vor Granada am 17. April im tausendvierhundertundzweiundneunzigsten Jahr nach der Geburt Unseres Erlösers Jesus Christus.

Ich der König. Ich die Königin.

Im Auftrag des Königs und der Königin Johan de Coloma.

Registriert: Calcena

Eberhard Schmitt (Hrsg.), Dokumente zur Geschichte der Europäischen Expansion, Bd. 2, Die Großen Entdeckungen, München 1984, S. 106-107.

2.2 Der Schutzbrief des Kolumbus vom 17. April 1492

In einem offenen Schreiben, einer Art Empfehlungsbrief an alle Könige und Fürsten in Asien, denen Kolumbus auf seiner Westfahrt nach Indien begegnen würde, beschreiben Isabella und Ferdinand Person und Auftrag des Kolumbus und erbitten Unterstützung für ihn. Zu den erwähnten Aufträgen gehören Handelsaktivitäten, aber auch die Missionierung. Damit taucht ein Argument auf, das schon früher die Portugiesen mit Geschick zur Rechtfertigung ihrer Entdeckungs- und Eroberungsfahrten eingesetzt hatten und das auch für die Spanier bei ihren weiteren Unternehmungen entscheidende Legitimationsfunktion erhielt:

Allen durchlauchtigsten und erlauchtesten Königen und ihren Erstgeborenen, Unseren Vettern und Basen[1] und liebsten Freunden [entbieten] Ferdinand und Isabella, von Gottes Gnaden König und Königin von Kastilien usw., Gruß zuvor und Segenswünsche; ebenso [entbieten Wir Unseren] Gruß allen erlauchten, hochansehnlichen, edlen und erhabenen Herzögen, Markgrafen, Grafen, Untergrafen (*vicecomitibus*), Baronen, Inhabern von Herrschaften, Städten und einzelnen Personen, Unseren Uns gewogenen Freunden; auch den Schiffseignern *(capitaneis*[2]*)*, Schiffsführern und Unterschiffsführern (*patronis et subpatronis*) aller Zwei- und Dreiruderer und der anderen Seeschiffe, unter wessen Flagge und in wessen Diensten auch immer sie fahren; ebenso auch allen Unseren Beamten und Untergebenen, gleich welchen Amtes und Ranges, gleich welcher Würde und welchen Ansehens und welcher Stellung, und allen anderen und jeder einzelnen Person, an die dieser Unser Brief gelangt.

Wir schicken heute den edlen Herrn Christoph Kolumbus mit drei gut ausgerüsteten Karavellen durch die ozeanischen Meere nach Indien (*ad partes Indie*) um des Dienstes an Gott und der Verbreitung des rechten Glaubens willen sowie auch zu Unserem Vorteil und Nutzen. Und obgleich Wir glauben , dass er Unseretwegen und wegen Eurer Liebe zu Uns Euch anempfohlen sein wird, wenn er vielleicht durch Meere, Häfen, Küsten, Länder, Städte und andere Teile Eurer Königreiche, Fürstentümer und Euch untertaner Länder, Orte, Gebiete und Gerichtsbarkeiten kommt, wünschen Wir doch sehr, dass er mit seinen Schiffen, Leuten, Waffen, Gütern, seiner Habe und seinen Waren und allem anderen, was er sonst noch mit sich führen mag, überall gut behandelt wird; und deshalb bitten Wir Euch, durchlauchtigste und erlauchteste Könige und Eure Erstgeborenen und alle übrigen Personen, welchen Ranges, Standes und welcher Würde sie immer auch seien, zu deren Meeren, Häfen, Küsten, Herrschaften, Ländern und Gerichtsherrschaften der vorgenannte Christoph Kolumbus kommt, inständig und liebevoll, dass Ihr ihn aus Rücksicht und Achtung gegen Uns als anempfohlen behandeln wollt; und dass Ihr ihn mit seinen Karavellen, Schiffen und seiner Mannschaft, die er mit sich führt, in Euren Königreichen, Fürstentümern, Städten, Flecken und Ländern, Häfen und Küsten gütigst aufnehmt und aufnehmen lassen wollt, und dass Ihr ihn desgleichen sicher und frei mit seinen Karavellen und anderen Seeschiffen und seiner Habe, seinen Waren und Gütern, die er in denselben Schiffen mit sich führt oder bringt, ziehen lasst und ihn ziehen zu lassen Erlaubnis und Befehl geben möget; und außerdem möget Ihr, von ihm um Unsretwillen darum gebeten und ersucht, dem Vorgenannten zweckmäßig Beistand, Tat, Hilfe, Rat und Gunst gewähren; gebt ihnen [Kolumbus und seinen Mannschaften] und erlaubt, befehlt und veranlasst, dass ihnen alle für den Lebensunterhalt und die Ausrüstung der genannten Schiffe notwendigen Dinge, für die er [Kolumbus] freilich einen angemessenen Preis bezahlen soll, gegeben werden; und gewährt ihnen, wenn es nötig ist, Führung und Geleit, damit sie sicher ziehen können, und lasst sie durchziehen ohne Bezahlung irgendwelcher Abgaben oder Zölle.

Wenn Ihr dies für ihn tut, wie Wir hoffen, werden Wir Euch zum einen sehr dankbar sein und zum anderen wollen Wir, wenn es sich einmal so ergibt, dass die Euren zu Uns kommen und Unsere Meere durchziehen, sie dann als Uns anempfohlen behandeln, nicht nur, weil es so Unsere Gewohnheit ist, sondern auch aus Achtung vor Euch.

Und Ihr, Unsere vorgenannten Beamten und Untergebenen, werdet Uns besonders dienstbar sein und Euch nicht die Strafen zuziehen, welche diejenigen, die dem Befehl und Willen ihres Herrn und Königs zuwiderhandeln, zu Recht treffen.

Gegeben in der Stadt Granada am 17. April im Jahre des Herrn 1492.

Ich der König. Ich die Königin.

Im Auftrage des Königs und der Königin Juan de Coloma.

Eberhard Schmitt (Hrsg.), Dokumente zur Geschichte der Europäischen Expansion, Bd. 2, Die Großen Entdeckungen, München 1984, S. 108 – 109.

2.3 Kolumbus' Bericht über die vor kurzem entdeckten Inseln (1493)

Das von Kolumbus und den spanischen Königen begonnene Unternehmen hatte Erfolg. Am 12. Oktober 1492 erreichte Kolumbus eine kleine Insel in der heutigen Bahama-Gruppe, kreuzte durch die karibische Inselwelt, setzte sich auf der von ihm Hispaniola genannten Insel – Haiti – fest und kehrte im März 1493 nach Europa zurück. Kolumbus schien den Weg nach Indien gefunden zu haben. Er hat während seiner Reise ein Tage- oder Bordbuch geführt, in dem er alle Ereignisse und seine persönlichen Gedanken festhielt. Dieses Tagebuch, das Kolumbus nach seiner Rückkehr an die spanischen Könige schickte, um seinen Auftraggebern Rechenschaft zu geben, ist im Original nicht überliefert und war auch seinen Zeitgenossen nicht zugänglich. Abschnitte finden sich in der Historia de las Indias von Bartolomé de Las Casas. Zugänglich für die Zeitgenossen aber war der in Briefform verfasste Kurzbericht über die neuentdeckten Inseln, der 1493 in mehreren Ausgaben auf Spanisch, Lateinisch, 1497 auch auf Deutsch erschienen war. So erfuhr Europa schnell über die neuen Entdeckungen, die Kolumbus noch als Indien ansah. Hier handelt es sich um eine moderne Übersetzung einer lateinischen Ausgabe von 1493:

1. Am 33. Tage nach meiner Abfahrt von Gades [Cádiz] kam ich ins „Indische Meer“, wo ich sehr viele und von unzähligen Menschen bewohnte Inseln fand. In feierlicher Verkündigung und mit entrollten Fahnen habe ich sie alle für unseren allergnädigsten König in Besitz genommen, ohne dass jemand widersprochen hätte. Der allerersten von diesen Inseln habe ich den Namen des göttlichen Erlösers beigelegt [San Salvador]: denn im Vertrauen auf seine Hilfe ist es uns gelungen, zu ihr wie all den übrigen zu kommen. Die Indios nennen sie allerdings Guanahani. Auch von den anderen Inseln habe ich über jeder einzelnen feierlich einen neuen Namen ausgerufen. Die andere Insel habe ich selbstverständlich nach der heiligen Maria [von der] Empfängnis [Santa María de la Concepción] genannt, die dritte erhielt den Namen Fernandina, die nächste Isabella und die letzte Johanna. Und so habe ich auch für die restlichen einen Namen bestimmt. [...]
2. Die Bewohner beiderlei Geschlechts sowohl dieser Insel wie aller anderen, die ich gesehen habe und von denen ich Kenntnis erhielt, laufen immer nackt herum, so wie sie ins Dasein gekommen sind. Nur einige Frauen bedecken ihre Schamteile mit einem Blatt, mit Laubwerk oder mit etwas anderem oder auch mit einem Wolltuch, das sie selbst für sich zu diesem Zweck schaffen. Allein sie ermangeln jeglicher Art von Eisen. Sie haben auch keine Waffen, sie sind ihnen völlig unbekannt. (Zum Waffentragen) sind sie auch gar nicht fähig – nicht etwa wegen einer etwaigen Gebrechlichkeit des Körpers (sie sind wohlgestaltet), sondern wegen ihrer maßlosen Furchtsamkeit. (Wenn sie auch keine Waffen tragen), so haben sie doch wenigstens an der Sonne getrocknete Rohre als Waffen, denen sie am Ende ein trockenes Holz mit scharfer Spitze einfügen. Aber auch davon scheinen sie nicht immer Gebrauch zu machen: denn oft geschieht es, dass ich zwei oder drei von meinen Leuten zu irgendeinem Dorf schicke, um mit den Einwohnern dieser Dörfer Fühlung aufzunehmen, da kommen dichtgedrängte Haufen von Indios heraus, aber sobald sie die Unsern sich nahen sahen, ergriffen sie schnell die Flucht – wie vom Vater aufgeschreckte, weil im Widerspruch befindliche Kinder. Und das, ohne dass einem von ihnen irgendein Leid oder ein Unrecht zugefügt worden wäre. Im Gegenteil, wenn ich bei irgendwelchen Indios landete und mit ihnen ins Gespräch kam – was ich auch immer hatte, ich habe mich großzügig gezeigt: ein Stück Tuch gab ich und vieles andere, ohne dass ich dafür etwas eingetauscht hätte. Aber sie sind von Natur aus schüchtern und furchtsam.
3. Wiederum, wenn sie alle Furcht hinter sich lassen, weil sie sich einfach sicher fühlen, dann sind sie treuherzig und gutgläubig und mit allem, was sie haben, sehr freigebig: Niemand wird dem, der um etwas bittet, dass er's besitzen möchte, dieses oder jenes verweigern; ja, sie laden uns vielmehr ein, dieses oder jenes zu verlangen. Allen gegenüber legen sie die größte Zuvorkommenheit an den Tag, sie geben große Dinge für kleine, mit jeder noch so geringen Gegengabe oder auch mit nichts sind sie zufrieden. [...]
4. Sie treiben keine Abgötterei. Im Gegenteil, sie glauben fest, dass alle Kraft, alle Macht, überhaupt alles Gute im Himmel sei. Auch dass ich mit diesen Schiffen und Matrosen von dort herabgestiegen sei. In dieser Meinung wurde ich aufgenommen wohin ich kam, während sie mich vorher abgewiesen hatten. Sie sind auch nicht lässig und roh, im Gegenteil, sie besitzen einen sehr scharfsinnigen Verstand. Und die Menschen, die jenes Meer durchfahren, berichten über die Beschaffenheit von allen Dingen; man kann das nur bewundern. Allerdings hatten sie niemals bekleidete Menschen und Schiffe solcher Art vorher gesehen. Sofort, nachdem ich zu jenem Meer gekommen war, packte ich auf der ersten Insel einige Indios mit Gewalt: Sie möchten unsere

Sprache erlernen, um uns dann dieses oder jenes zur Kenntnis zu bringen, was sie von jenen Gegenden wissen. Aus diesem Wunsch ergab sich, dass sie uns und wir sie in kurzer Zeit verständigten, einmal durch Gebärden und Zeichen, das andere Mal durch Worte. Das ist uns von großem Nutzen gewesen. Sie befinden sich auch jetzt noch bei mir und meinen noch immer, dass ich aus dem Himmel herabgesprungen sei, obwohl sie mit uns tagtäglich zusammen sind. Sie waren die ersten, die das, was sie von uns glaubten, weiter verbreiteten, indem sie in einem fort mit erhobener Stimme riefen: „Kommt, kommt, und ihr werdet Männer vom Himmel sehen." Wie sehr sich davon Männer und Frauen, dann Kinder und Heranwachsende, Jünglinge und Greise, nachdem sie das Entsetzen abgelegt hatten, das sie kurz zuvor erfasst hatte, überzeugen ließen, zeigt der Umstand, dass sie wetteifernd in großen Scharen uns aufsuchten und Speisen die einen, Getränke die anderen anboten mit größter Ehrerbietung und unglaublichem Wohlwollen. [...]

5. Auf allen diesen Inseln ist kein Unterschied in der Gestalt der Bevölkerung noch in den Sitten noch in der Art zu sprechen. Sie verstehen sich vielmehr alle untereinander, welcher Umstand sehr nützlich ist für die Bekehrung zu dem heiligen Glauben an Christus, zu dem sie willig und geneigt sind, soviel ich feststellen konnte und wovon ich überzeugt bin, dass sie unser Durchlauchtigster König sehnlichst herbeiwünscht. [...]

6. Um schließlich den Ertrag unserer Unternehmung, die schnell durchgeführt wurde, in aller Kürze festzuhalten, verspreche ich dieses: Unseren unbesiegbaren Königen werde ich mit deren nur kleiner Hilfe so viel Geld schaffen, wie viel sie nur nötig haben. Und tatsächlich so viel Gewürz und Baumwolle und Mastix (das nur bei der Insel Chios gefunden wird) und so viel Aloe und Sklaven, die mit dem Meere vertraut sind, als Eure Majestät nur zu verlangen wünscht. [...]

7. Wahrhaft viel und Bewundernswertes wurde erreicht. Aber es ist nicht unserem Verdienst zuzuschreiben, sondern dem heiligen christlichen Glauben und der großen Frömmigkeit unserer Könige. Denn was menschlicher Verstand nicht durch Mühe und Anstrengung erreichen konnte, das vergönnt den Menschen die göttliche Vernunft. Gott pflegt nämlich seine Kinder gemäß seinen Lehren auch über Unmöglichem zu erhöhen, wie es uns in der Gegenwart widerfährt. Wir sind ihnen gefolgt und haben erreicht, was Sterblichen bis heute versagt war. Denn wenn auch verschiedene Schriftsteller über diese Inseln dies und jenes geschrieben haben oder Angaben über ihre Lage machten, so doch in rätselhaften Andeutungen und Mutmaßungen. Niemand behauptet, sie je gesehen zu haben; deswegen erschien (meine Entdeckung) beinahe als Märchen.

8. Deshalb möchten der König und die Königin, die Fürsten und ihre sehr glücklichen Königreiche und sämtliche anderen Länder der Christen dem Erlöser mit uns Dank und Ehre erweisen, unserem Herrn Jesus Christus, der uns durch einen solchen Sieg und solche Gunsterweisung beschenkt hat. Prozessionen möchten zelebriert werden, es möchten heilige Feierlichkeiten durchgeführt werden und Festtempel mit Laub geschmückt werden. Es möge Christus auf Erden triumphieren, wie er im Himmel triumphiert. In seiner Vorhersehung hat er das Heil bereit für die Seelen, die vorher schon verloren waren. Auch wir empfinden Freude darüber, dass unser Glaube sich so herrlich erwiesen hat. Dann aber auch wegen des Zuwachses an irdischen Gütern, an denen nicht nur Spanien, sondern die ganze Christenheit künftig teilhat.

Mariano Delgado (Hrsg.), Gott in Lateinamerika. Texte aus fünf Jahrhunderten. Ein Lesebuch zur Geschichte, Düsseldorf 1991, S. 46-48.

2.4 Erste Bilder von den neu entdeckten indischen Inseln (1493)

In den verschiedenen Ausgaben des so genannten Kolumbus-Briefs von 1493 sind Holzschnitte als erste, allerdings weitgehend der Fantasie entsprungene bildliche Illustrationen der Entdeckungen enthalten. Die folgenden Holzschnitte entstammen der Ausgabe De Insulis inventis. Basel 1493:

Abb. 11: Oceanis Classis. Seeschiff vom Ende des 15. Jahrhunderts, aus: America. Das Frühe Bild der Neuen Welt. Hrsg. von Hans Wolff, München 1992. S. 27.

Abb. 12: Erste gedruckte Darstellung der von Kolumbus entdeckten Inselwelt, aus: America. Das Frühe Bild der Neuen Welt. Hrsg. von Hans Wolff, München 1992. S. 27.

2.5 Die zweite „Teilung" der überseeischen Interessengebiete in östliche und westliche Aktionsräume (1493)

Der Kolumbus-Brief hat auch in Rom seine Wirkung nicht verfehlt. Die spanischen Könige wiesen ihren Botschafter in Rom an, beim Papst darauf hinzuwirken, ihnen den Besitz der neu entdeckten Regionen zu bestätigen, so wie es frühere Päpste hinsichtlich der Sanktionierung portugiesischer Entdeckungen und Eroberungen an der afrikanischen Küste praktiziert hatten. Sie erreichten es, dass Papst Alexander VI., ein Spanier, die spanischen Entdeckungsunternehmen über das traditionelle Recht der Erstentdeckung hinaus sanktionierte. In mehreren Bullen des Jahres 1493, besonders in der auf den 4. Mai rückdatierten „Inter Caetera", der so genannten Schenkungs- oder Teilungsbulle, bestätigte (donamus, concedimus et assignamus) der Papst der Krone von Kastilien und León die Besitzrechte über die neuentdeckten und noch zu entdecken-

den Inseln und Länder, die jenseits einer hundert Meilen westlich der portugiesischen Azoren und Kapverdischen Inseln in Nordsüd-Richtung verlaufenden Linie, dem 38. Grad westlicher Länge liegen würden. Als Begründung diente auch der Missionsauftrag. Das Missionsargument bewirkte, dass in den weiteren Unternehmungen der religiöse Aspekt immer deutlicher zum Tragen kam. So wurde von Beginn an die katholische Kirche zu einem wichtigen Partner der Krone bei der Eroberung und späteren Kolonisation. Einerseits war sie ein Herrschaftsinstrument – besonders nachdem die spanischen Könige 1508 das volle Patronatsrecht, d.h. eine weitreichende Oberaufsicht über die Kirche erhalten hatten –, andererseits entwickelte sie sich zu einer Institution, aus der heraus das Eroberungsvorgehen immer wieder kritisch reflektiert wurde. Der aus den Papstbullen abgeleitete Missionsauftrag, die für die damalige Zeit selbstver-

Abb. 13: Kolumbus begegnet den Indios, aus: America. Das Frühe Bild der Neuen Welt. Hrsg. von Hans Wolff, München 1992, S. 104.

ständliche Missionsidee überhaupt, lieferte Argumente zur Rechtfertigung von Eroberung und Kolonialherrschaft, bewirkte aber auch heftige Diskussionen über die Gestaltung des Lebens in den neuen Gebieten und nahm der Eroberung den Charakter einer bloßen kolonialen Ausbeutung:

Alexander, Bischof, Diener der Diener Gottes, den erlauchten Herrschern, Unserem teuersten Sohne in Christo, Ferdinand, dem König, und Unserer teuersten Tochter in Christo, Isabella, der Königin von Kastilien, León, Aragonien und Granada, Gruß und apostolischen Segen!
1. Unter anderen, der göttlichen Majestät wohlgefälligen und Uns am Herzen liegenden Werken ist dieses gewiss das Wichtigste: dass in unserer Zeit vor allem der katholische Glaube und die christliche Religion gefördert und überall verbreitet und bestärkt werden; dass für das Heil der Seelen gesorgt werde, dass die barbarischen Völker unterworfen und zum wahren Glauben bekehrt werden. Wir, die Wir trotz Unserer unzulänglichen Verdienste durch die göttliche Barmherzigkeit auf diesen Heiligen Stuhl Petri berufen worden sind, erkennen, dass Ihr als wahrhaft katholische Könige und Fürsten, als welche Ihr Uns seit jeher bekannt seid und als welche Euch Eure berühmten, schon nahezu der ganzen Welt bekannten Taten erweisen, dieses Ziel nicht nur ernstlich herbeisehnt, sondern auch mit aller Kraft, allem Eifer und aller Sorgfalt, ohne alle Mühen, Aufwendungen, Gefahren und selbst Blutvergießen zu scheuen, darauf hinarbeitet; Wir erkennen weiterhin, dass Ihr seit langem Eure ganze Seele und alle Eure Bemühungen diesem Zwecke gewidmet habt – wie es in unserer Zeit durch die Befreiung des Königreichs Granada vom Joche der Sarazenen zur Ehre des Namen Gottes bezeugt ist; Wir fühlen Uns daher bewogen und halten es für Unsere Pflicht, Euch aus eigenem Willen und zu Euren Gunsten das zu gewähren, wodurch Ihr in die Lage versetzt werdet, mit täglich wachsender Kraft zur Ehre Gottes und für die Ausbreitung christlicher Herrschaft Euer heiliges und preiswürdiges, dem unsterblichen Gott so wohlgefälliges Werk fortzusetzen.
2. Wir haben erfahren, dass Ihr, die Ihr lange Zeit bestrebt waret, gewisse ferne, unbekannte und bislang durch niemanden anderen entdeckte Länder und Inseln aufzusuchen und zu entdecken, um ihre Bewohner für die Sache unseres Heilands und für die Annahme des katholischen Glaubens zu gewinnen, nicht in der Lage waret, diese heilige und preiswürdige Aufgabe zu Ende zu führen, da Ihr bis zum gegenwärtigen Zeitpunkt mit der Belagerung und Wiedereroberung des Königreichs Granada selbst vollauf beschäftigt waret. Es gefiel dem Herrn, dass das besagte Königreich endlich wiedergewonnen wurde, und von dem Wunsche beseelt, Euer Ziel zu erreichen, habt ihr Unsren geliebten Sohn Christoph Kolumbus – einen gewisslich würdigen Mann von bestem Rufe, der auch zu einem so großen Unternehmen befähigt ist und den Ihr zu jenen Zwecken mit Schiffen und Männern ausgerüstet habt (was nicht ohne die größten Schwierigkeiten, Gefahren und Aufwendungen vor sich ging) – bestimmt, eifrig nach diesen entfernten und unbekannten Festländern in Inseln auf den Meeren zu suchen, zu denen bisher noch niemand gefahren ist.
3. Mit göttlicher Hilfe und großer seemännischer Umsicht die Meere befahrend, entdeckten sie endlich einige sehr weit entfernte Inseln und sogar Festländer, die bisher noch niemand sonst entdeckt hatte und auf welchen sehr viele Völker, in Frieden lebend, wohnen, die wie man berichtet, unbekleidet gehen und kein Fleisch essen. Eure genannten Boten sind weiterhin der Ansicht, dass die auf den besagten Inseln und Festländern lebenden Völker an einen Gott, den Schöpfer im Himmel, glauben und dass sie die erforderlichen Anlagen besitzen, um den katholischen Glauben

zu erfassen und zu guten Sitten erzogen zu werden. Werden sie belehrt, so ist zu hoffen, dass der Name des Heilandes, unseres Herrn Jesus Christi, leicht in den genannten Ländern und Inseln eingeführt wird. Auch hat der besagte Christoph Kolumbus bereits veranlasst, dass auf einer der wichtigsten der genannten Inseln eine gut gerüstete Festung errichtet und ausgebaut wird, in die er als Besatzung eine Anzahl Christen aus dem Kreise seiner Gefährten gelegt hat, die nach anderen entfernten und unbekannten Inseln und Festländern forschen sollen.

4. In den bereits entdeckten Inseln und Ländern sind Gold, Gewürze und viele andere kostbare Dinge verschiedenster Art und Güte gefunden worden. Aus diesen Gründen habt Ihr Euch, wie es katholischen Königen und Fürsten geziemt, nach ernsthafter Überlegung aller Umstände, insbesondere im Hinblick auf die Einführung und die Ausbreitung des katholischen Glaubens, ganz nach der Art Eurer Vorfahren – Königen ruhmvollen Angedenkens – das Ziel gesetzt, mit der Hilfe der göttlichen Barmherzigkeit die besagten Festländer und Inseln mitsamt ihrer Bevölkerung zu unterwerfen, und sie zum katholischen Glauben zu bekehren.

5. Indem Wir diese Eure heilige und preiswürdige Aufgabe von Herzen dem Herrn befehlen und wünschen, dass sie zum gehörigen Ende gebracht werde und dass der Name unseres Heilandes in jene Gegenden getragen werden möge, ermahnen Wir Euch deshalb ernstlich bei Gott und der heiligen Taufe, durch die Ihr an unsere apostolischen Befehle gebunden seid, und bei der Barmherzigkeit unseres Herrn Jesu Christi und verpflichten Euch strengstens, dass Ihr in gleichem Maße, in dem Ihr diese Expedition betreibt, Euch pflichtgemäß und aus eigenem Willen zum Ziele setzt, mit rechtgläubigem Eifer die in jenen Inseln und Ländern wohnenden Völker dahin zu führen, dass sie die christliche Religion annehmen; und dass Ihr niemals zu irgendeiner Zeit Euch durch Gefahren oder Schwierigkeiten davon abschrecken lasst, in dem festen Glauben und herzlichen Vertrauen, dass der allmächtige Gott Eure Unternehmungen fördern wird.

6. Damit Ihr ein so großes Unternehmen mit größerer Bereitschaft und Kühnheit, ausgestattet mit der Wohltat Unseres apostolischen Segens, anzugreifen vermöget, *schenken, gewähren* und *übertragen* Wir hiermit – aus Unserem eigenen Entschluss, ohne Euren Antrag und ohne das Ersuchen irgendeines anderen zu Euren Gunsten, lediglich aus Unserer eigenen und alleinigen Großmut und sicheren Erkenntnis und aus der Fülle Unserer apostolischen Machtbefugnis, die durch den allmächtigen Gott, durch die Vermittlung St. Petri auf Uns übertragen worden ist, sowie auf Grund der Stellvertreterschaft Jesu Christi auf Erden – an Euch und Eure Erben und Nachfolger, die Könige von Kastilien und León, für alle Zeiten, für den Fall, dass eine der genannten Inseln durch die von Euch ausgesandten Männer und Kapitäne gefunden werden sollte, alle aufgefundenen oder aufzufindenden, alle entdeckten oder zu entdeckenden Inseln und Festländer mitsamt allen Herrschaften, Städten, Lagern, Plätzen und Dörfern und allen Rechten, Gerechtsamen und zugehörigen Berechtigungen, soweit diese Inseln und Festländer westlich oder südlich einer vom arktischen bis zum antarktischen Pol in einer Entfernung von 100 Meilen westlich und südlich von einer der gemeinhin unter dem Namen Azores und Cap Verden bekannten Inseln zu ziehenden Linie gelegen sind – ohne Rücksicht darauf, ob die besagten Festländer oder Inseln in Richtung gen Indien oder in Richtung auf andere Weltgegenden gefunden worden sind oder noch gefunden werden: mit der Maßgabe jedoch, dass keine der westlich oder südlich der besagten Linie gefundenen oder zu findenden, entdeckten oder zu entdeckenden Inseln und Festländer sich im tatsächlichen Besitze eines christlichen Königs oder Fürsten befindet, und zwar gerechnet bis zum

letztvergangenen Geburtstage unseres Herrn Jesu Christi, an dem das Jahr 1493 begann. Wir bestellen und beauftragen Euch und Eure besagten Erben und Nachfolger als Herren über sie mit voller und unumschränkter Gewalt, Autorität und Oberhoheit jeglicher Art. Mit dieser Maßgabe jedoch, dass durch diese Unsere *Schenkung, Gewährung* und *Übertragung* kein erworbenes Recht irgendeines christlichen Fürsten, der sich vor dem besagten Geburtstag unseres Herrn Jesu Christi im tatsächlichen Besitz der besagten Inseln und Festländer befunden hat, hierdurch zurückgezogen oder beeinträchtigt werden soll. Überdies tragen Wir Euch bei Eurem heiligen Gehorsam auf, dass Ihr, unter Anwendung aller gebührenden Sorgfalt, wie Ihr auch versprecht – und wohinein Wir auch mit Rücksicht auf Eure Treue und königliche Großsinnigkeit keinen Zweifel setzen –, in den besagten Festländern und Inseln würdige, gottesfürchtige, geschulte, geschickte und erfahrene Männer bestellt, auf dass sie die vorgenannten Einwohner im katholischen Glauben unterrichten und sie zu guten Sitten erziehen.

7. Weiterhin verbieten Wir bei Strafe der ipso facto eintretenden Exkommunikation *latae sententiae* für den Übertretungsfall jedermann, welchen Standes oder Grades, welcher Ordnung oder Stellung er auch immer sein möge, und sei er selbst kaiserlichen oder königlichen Ranges, es zu wagen, ohne Eure oder Eurer vorgenannten Erben und Nachfolger besondere Erlaubnis zum Zwecke des Handels oder aus irgendwelchen anderen Gründen zu jenen aufgefundenen oder aufzufindenden, entdeckten oder zu entdeckenden Inseln westlich oder südlich einer vom arktischen bis zum antarktischen Pol in einer Entfernung von 100 Meilen westlich und südlich von einer der gemeinhin unter dem Namen Azoren und Cap Verden bekannten Inseln zu ziehende Linie – ohne Rücksicht darauf, ob die besagten Festländer oder Inseln in Richtung gen Indien oder in Richtung auf andere Weltgegenden aufgefunden sind oder noch aufgefunden werden – zu reisen.

8. Ungeachtet aller entgegenstehenden apostolischen Konstitutionen, Verordnungen und anderer Dekrete vertrauen Wir auf Ihn, [...] dass in kurzer Zeit Euer Ungemach und Eure Bemühungen, sofern Ihr nur unter der Führung des Herrn diese Eure heilige und preiswürdige Aufgabe weiterverfolgt, [...] zum Ruhme der ganzen Christenheit den glücklichsten Ausgang nehmen werden.

9. Soweit es schwierig ist, die vorliegende Urkunde überall dorthin zu schicken, wo es wünschenswert wäre, ist es Unser Wille und Unser aus gleichem Beweggrund und gleicher Erkenntnis geschöpfter Entschluss, dass ihren weiteren abschriftlichen Ausfertigungen, soweit sie von einem dazu bestellten öffentlichen Notar unterzeichnet und mit dem Siegel eines geistlichen Beamten oder einer geistlichen Behörde versehen sind, die gleiche Achtung wie der vorliegenden Urkunde vor den Gerichten sowohl als auch sonst überall bezeugt werden möge, wo immer sie zu diesem Zwecke vorgezeigt werden sollten.

10. Niemand möge daher diese Unsere Empfehlung, Ermahnung, Forderung, Begebung, Gewährung, Übertragung, Konstitution, Dekretierung, Betrauung, Beauftragung, dieses Unser Verbot und Unseren Willen übertreten oder mit gewagter Dreistigkeit verletzen. Sollte irgend jemand die Absicht haben, dieses zu versuchen, so sei ihm kund getan, dass er den Zorn des Allmächtigen Gottes und der Heiligen Apostel Peter und Paul auf sich laden wird.

Gegeben zu Rom, zu St. Peter, im Jahre der Wiedergeburt unseres Herrn eintausendvierhundertunddreiundneunzig, den 4. Mai, im ersten Jahre Unseres Pontifikats.

Mariano Delgado (Hrsg.), Gott in Lateinamerika. Texte aus fünf Jahrhunderten. Ein Lesebuch zur Geschichte, Düsseldorf 1991, S. 68-71.

2.6 Die Präzisierung der Teilung im Vertrag von Tordesillas zwischen Spanien und Portugal (1494)

Um seinen Ostindien-Flotten um Afrika herum ungehinderte Fahrten zu sichern, weil sie wegen ungünstiger Küstenwinde und -strömungen in weitem Bogen auf den Atlantik ausgreifen mussten, bemühte sich Portugal darum, die „Teilung" nachzubessern und eine neue, weiter westlich verlaufende Trennungslinie der beiden Interessengebiete festlegen zu lassen. Im Vertrag von Tordesillas vom 7. Juni 1494 einigten sich Spanien und Portugal auf den 46. Grad westlicher Länge, 370 Meilen westlich der Kapverdischen Inseln als neue Trennungslinie. Die östlich dieser Linie liegenden Regionen wurden Portugal, die westlich davon gelegene Zone Kastilien zugesprochen. Damit erhielt Portugal, ohne es zu wissen, Anteil an den neuen Inseln und Ländern im Westen, denn der östliche Vorsprung des neuen Kontinents fiel in den Portugal zugewiesenen östlichen Einfluss- und Aktionsbereich. Diese Aufteilung wurde in den nächsten einhundert Jahren von den übrigen europäischen Mächten, deren innere Konsolidierung noch nicht abgeschlossen war, nicht ernsthaft angefochten:

[1.] Die genannten Bevollmächtigten des Königs und der Königin von Kastilien, Leon, Aragonien, Sizilien, Granada usw. und des Königs von Portugal und Algarve haben erklärt, dass zwischen ihren Auftraggebern eine gewisse Meinungsverschiedenheit besteht über das, was jeder Partei von den bis zum heutigen Datum dieses Vertrages im Ozean zu machenden Entdeckungen gehört, weshalb Sie zum Nutzen und Frommen von Frieden und Eintracht und zur Erhaltung der schuldigen Liebe untereinander Ihre Bevollmächtigten beauftragt haben, durch den Ozean eine gerade Linie von Pol zu Pol zu ziehen, nämlich vom arktischen zum antarktischen Pol, das heißt von Norden nach Süden, dreihundertsiebzig Meilen westlich der Kapverdischen Inseln, so dass alles, was bisher von dem König von Portugal und von seinen Schiffen gefunden und entdeckt worden ist oder künftig gefunden und entdeckt werden wird, sowohl Inseln als auch Festland, wenn es östlich der beschriebenen Linie, sei es in nördlicher oder in südlicher Richtung, liegt und von ihr nicht durchschnitten wird, dem König von Portugal und Seinen Nachfolgern für immer verbleiben und gehören soll und dass alles andere, Inseln und Festland, das westlich der beschriebenen Linie entdeckt oder zu entdecken ist, dem König und der Königin von Kastilien, Leon usw. gehören soll.
[2.] Es wurde beschlossen, dass keiner der beiden Teile in den dem andern Teil hiernach zufallenden Bereich künftig Schiffe entsenden, Länder oder Inseln entdecken und suchen oder dort in irgendeiner Weise Handel treiben, Sklaven kaufen oder Gebiet erwerben wird; sollte es sich aber ereignen, dass die Schiffe der spanischen Herrscher jenseits der beschriebenen Linie, in dem für den König von Portugal vorbehaltenen Bereich, Inseln oder Länder entdecken, so sollen sie dem König von Portugal und Seinen Erben auf immer gehören und Ihm von den spanischen Herrschern alsbald übergeben werden. [Entsprechendes gilt für etwaige portugiesische Entdeckungen auf der spanischen Seite der Linie.]
[3.] Es ist vereinbart worden, dass binnen zehn Monaten, vom Datum dieses Vertrages an gerechnet, die Vertragschließenden zwei oder vier Karavellen, nämlich je eine oder zwei von beiden Seiten, mit einer beiderseits gleich starken Besatzung von Piloten, Astronomen, Seefahrern und anderen geeigneten Personen entsenden, damit sie sich bei der Insel Gran Canaria zu einer bestimmten Zeit treffen und dann gemeinsam, und zwar so, dass einige der Spanier auf dem oder den

portugiesischen Schiffen segeln und umgekehrt, das Meer, die Strömungen, die Winde, den Sonnenstand und die Nordrichtung erkunden, um die oben genannten Meilen abzumessen und die beschriebene Linie vom Nordpol zum Südpol festzusetzen. [3]

[4.] [...] Sollte die [...] Demarkationslinie von Pol zu Pol auf eine Insel oder festes Land treffen, so soll am Schnittpunkt mit der Küste ein Zeichen oder ein Turm errichtet werden, desgleichen landeinwärts auf der Linie, die somit die Grenze zwischen dem portugiesischen und dem spanischen Hoheitsgebiet bildet und von den Untertanen der beiden Parteien nicht überschritten werden darf.

[5.] Was den Schiffsverkehr der beiden Vertragschließenden betrifft, so ist, da die spanischen Schiffe den portugiesischen Bereich passieren müssen, um in das spanische Gebiet jenseits der Linie zu gelangen, von den Vertragschließenden vereinbart und festgelegt worden, dass die Schiffe des Königs und der Königin von Kastilien, León, Aragonien usw. diesseits der Linie auf den bei dem König von Portugal verbleibenden Meeren jederzeit frei, sicher und friedlich ohne jede Behelligung in beiden Richtungen verkehren können, und zwar sooft Ihre Hoheiten und Deren Nachfolger es wollen und für richtig halten; die spanischen Schiffe haben von ihren Heimathäfen bis zum Erreichen der Demarkationslinie geraden Kurs auf ihre jenseits derselben gelegenen Ziele zu halten, wo sie entdecken, erobern oder Handel treiben wollen, und dürfen von diesem Kurs nicht abweichen, es sei denn, dass widriges Wetter die Abweichung veranlasst. [...]

Geschichte in Quellen, hrsg. von Wolfgang Lautermann und Manfred Schlenke. Band. III. Renaissance. Glaubenskämpfe. Absolutismus. Bearbeitet von Fritz Dickmann. München 1982, S. 60-61.

2.7 Karte über dieTeilung der Welt

Abb. 14: Die Teilung der Welt, aus: Handbuch der Geschichte Lateinamerikas, Bd.1: Mittel-, Südamerika und die Karibik bis 1760, hrsg. von Horst Pietschmann, Stuttgart 1994, S. 237.

2.8 Die zufällige Inbesitznahme Brasiliens durch Pedro Álvares Cabral (April 1500)

Portugal war entsprechend den Regelungen von Tordesillas an den Entdeckungen und Erkundungen Westindiens kaum beteiligt, da es sich in seiner überseeischen Expansion auf Afrika bzw. auf den ost-indischen Raum konzentrierte. Nur durch Zufall erhielt es davon Kenntnis, dass ihm mit der Grenzlinie auch ein Teil der neuen Regionen im Westen zugefallen war. Eine zu weit nach Westen abgetriebene portugiesische Ostindien-Flotte unter Pedro Álvares de Ca-bral berührte am 22. April 1500 Land und nahm es für Portugal in Besitz. Mehrere Expedi-tionen wurden ausgeschickt, um zu klären, dass dieses Land, das zunächst den Namen ‚Land des Wahren Kreuzes' erhielt, zum portugiesischen Einflussgebiet gehörte. In der Folgezeit blieb Brasilien ein wichtiger Stütz- und Anlaufpunkt für die portugiesischen Ostindienflotten. Weitere kolonisatorische Anstrengungen unternahmen die Portugiesen bis Mitte des Jahrhunderts nicht. In einem ausführlichen Augenzeugenbericht an den portugiesischen König Dom Manuel beschreibt Pero Vaz de Caminha, der Sekretär Cabrals, die portugiesische Landnahme in Brasilien:

[...] Am Morgen des folgenden Mittwochs [22.4.1500] sahen wir Vögel, die man Seemöwen nennt, und in den Abendstunden desselben Tages war Land in Sicht. Zuerst sahen wir einen großen Berg, sehr hoch und rund; dann erblickten wir südlich von ihm niedrigere Hügel und flaches Land mit großen Wäldern. Diesem hohen Berg gab der Kapitän den Namen Monte Pascoal [Osterberg] und dem Land den Namen Terra de Vera Cruz. Dann befahl er, das Lot auszuwerfen. 25 Faden wurden gemessen. Gegen Sonnenuntergang, vielleicht sechs Meilen vom Festland, bei 19 Faden Tiefe, warfen wir Anker auf gutem Ankergrund. Dort lagen wir die ganze Nacht. Am Morgen des Donnerstages [23.4.] setzten wir Segel und fuhren auf das Land zu, die kleinen Schiffe an der Spitze, [...] bis auf eine halbe Meile vom Festland, wo wir alle gegenüber der Mündung eines Flusses [...] Anker warfen. Von Bord aus konnten wir Menschen am Strande erkennen, vielleicht sieben oder acht, wie man von den kleineren Schiffen mitteilte, die zuerst ankamen. Boote und Kähne wurden nun zu Wasser gelassen. Bald darauf kamen alle Kapitäne an Bord des Führerschiffes zur Besprechung. Der Kapitän befahl Nicolao Coelho, den Fluss mit einem Boot zu erkunden. Als dieser sich dem Lande näherte, liefen Eingeborene zu zweit und zu dritt zum Strand, so dass sich dort, als das Boot zur Mündung des Flusses kam, schon 18 bis 20 aufhielten.

Braun, nackt, ohne irgendwie ihre Scham zu bedecken, hielten sie in den Händen Bogen und Pfeile. So liefen sie geradewegs auf das Boot zu. Nicolao Coelho bedeutete ihnen durch Zeichen, die Bogen niederzulegen. Sie taten es. Eine Verständigung mit ihnen war bei der starken Brandung des Meeres unmöglich. Coelho schleuderte ihnen ein rotes Barett (*barrete*), eine leinene Pudelmütze (*carapuça*), die er trug, und einen schwarzen Hut zu. Einer von ihnen warf darauf eine Kopfbedeckung aus langen Vogelfedern zurück, mit einer Spitze aus roten und grauen Federn, wie die Papageien. Ein anderer schenkte eine große Schnur mit kleinen weißen Muscheln, die aus Perlmutt zu bestehen scheinen. Diese Sachen sendet, wie ich glaube, der Kapitän Eurer Hoheit. Darauf kehrte Coelho zum Schiff zurück, da es schon spät war und das Rauschen des Meeres jede Verständigung verhinderte. [...]

Eberhard Schmitt (Hrsg.), Dokumente zur Geschichte der Europäischen Expansion, Bd. 2, Die Großen Entdeckungen, München 1984, S. 172.

2.9 Die erste Begegnung zwischen Portugiesen und brasilianischen Indios (1500)

In dem Bericht von Pero Vaz de Caminha von 1500 an König Dom Manuel von Portugal über die erste Begegnung zwischen Portugiesen und Indios gibt es manche Anklänge an die erste Begegnung zwischen Kolumbus und den Indios, allerdings fehlt das Erstaunen. Die Art, wie mit dem Kreuz ein Schauspiel inszeniert wird, deutet auf eine bewusste Begegnungstaktik hin:

Sie sind braun von Aussehen, fast rötlich, haben angenehme Gesichtzüge und wohlgeformte Nasen. Sie gehen nackt, ohne irgendwelche Bekleidung. Sie scheuen sich ebenso wenig, ihre Geschlechtsteile unbedeckt zu lassen wie das Gesicht. Darin sind sie von großer Unschuld. Beide trugen in der durchlochten Unterlippe einen Knochenpflock, eine Handbreit lang von der Dicke einer Baumwollspule, vorn spitz wie ein Bohrer. Sie führen den Pflock von innen durch die Lippe; der zwischen Lippe und Zähnen befindliche Teil ähnelt dem Turm der Schachfiguren. So tragen sie ihn dort eingeschlossen, ohne dass er sie verletzt oder beim Sprechen, Essen oder Trinken hindert. Ihr Haar ist glatt. Sie tragen es kurz geschnitten, sehr hoch geschoren, bis über die Ohren und von gutem Wuchs. Einer trug unter dem Haarschurz, von Schläfe zu Schläfe führend, eine Art Perücke aus gelben Vogelfedern, ungefähr eine Elle lang, sehr dicht und buschig, die den Hinterkopf und die Ohren verdeckte. Feder an Feder war sie an den Haaren mit einer weichen, wachsartigen Masse befestigt, so dass sie recht dicht, rund und gleichmäßig war und ohne Abwaschen emporgehoben werden konnte. Der Kapitän saß, als sie kamen, reich gekleidet und mit einer großen goldenen Kette um den Hals, auf einem Stuhl, zu Füßen einen Teppich als Estrade. Sancho da Tovar, Simão de Mirando, Nicolao Coelho, Aires Correia und wir anderen vom Schiff hockten auf jenem Teppich am Boden. Fackeln wurden angezündet. [...]

2. Sie erhielten Speisen: Brot, gebackenen Fisch, Konfekt, Süßigkeiten, Honig und getrocknete Feigen. Sie wollten davon fast nichts nehmen, und wenn sie etwas kosteten, spien sie es gleich wieder aus. Es wurde ihnen in einer Schale Wein gebracht. Sie nippten kaum davon, mochten und wollten ihn nicht. Von dem Wasser, das ihnen in einem Henkelkruge gereicht wurde, nahm jeder einen Schluck, trank es aber nicht, spülte nur den Mund und spie es gleich wieder aus. Einer von ihnen sah einige weiße Rosenkranzperlen und machte Zeichen, sie ihm zu geben. Er belustigte sich sehr damit, wand sie um den Hals, wickelte sie dann um den Arm, wies nach dem Lande, dann erneut auf die Perlen und die Kette des Kapitäns, als wenn sie Gold für die Perlen geben würden. Wir wenigstens verstanden es so, da es unseren Wünschen entsprach. Wenn er aber ausdrücken wollte, er möchte gern Perlen und Kette mitnehmen, so wollten wir das nicht verstehen, weil wir sie ihm nicht geben würden. Darauf reichte er die Perlen dem Besitzer zurück. Beide streckten sich nun zum Schlafen mit dem Rücken auf den Teppich, ohne zu versuchen, ihre Schamteile zu bedecken, die nicht beschnitten waren. Die Schamhaare waren sorgfältig entfernt. Der Kapitän ließ jedem ein Kissen unter den Kopf stecken, und jener mit dem Kopfschmuck achtete sehr darauf, diesen nicht zu beschädigen. Ein Mantel wurde über beide gebreitet, sie duldeten es, entspannten sich und entschliefen.

3. Am Sonnabendmorgen (25. April) ließ der Kapitän Segel setzen, und durch die recht breite und sechs bis sieben Faden tiefe Einfahrt ging es in die Bucht. Alle Schiffe liefen ein und ankerten bei fünf bis sechs Faden Tiefe. [...] Am Nachmittag fuhren der Führer und die Kapitäne mit uns allen

zur Belustigung in ihren Booten durch die Bucht, dicht am Strande entlang. Aber niemand ging, seinem Befehle zufolge, an Land, obwohl sich niemand dort befand. Er legte nur bei einem großen Eilande an, das sich in der Bucht befindet und bei Ebbe recht frei liegt. Immerhin ist es auch dann noch auf allen Seiten vom Wasser eingeschlossen, so dass man nur schwimmend oder mit einem Kahn hingelangen kann. Dort vergnügte sich der Kapitän, und wir alle mit ihm, gut ein und eine halbe Stunde. Es wurde gefischt, einige Seeleute versuchten es mit dem Schleppnetze und fingen kleinere Fische, nicht gar viele. Dann kehrten wir an Bord der Schiffe zurück, schon bei hereingebrochener Nacht. Für den Morgen des Sonntag nach Ostern (26. April) ordnete der Kapitän Messe und Predigt auf jenem Eilande an. Er befahl allen Kapitänen der Schiffe, ihm mit den Booten zu folgen. So geschah es. Auf dem Eiland ließ er einen Thronhimmel und unter ihm einen wohlgefügten Altar errichten. Und hier in unserer aller Gegenwart ließ er Messe lesen, die der Pater Frei Henrique mit singender Stimme hielt, begleitet von den übrigen, ministrierenden Patres und Geistlichen. Nach meinem Eindruck wurde die Messe von allen mit großer Freude und Andacht angehört. Hoch neben dem Kapitän, auf der Evangelienseite des Altars, wehte das Christus-Banner, mit dem er Belém verlassen hatte. Nach Beendigung der Messe legte der Priester die Messgewänder ab und stieg auf einen hohen Stuhl, während wir uns in den Sand warfen. Er hielt eine feierliche und lehrreiche Predigt über die Evangeliengeschichte. Zum Schlusse sprach er von unserer Ankunft, dem Auffinden dieses Landes und wies sehr passend auf das Kreuz hin, unter dessen Zeichen wir kamen, und erregte damit große Andacht. Während wir der Messe und Predigt beiwohnten, sammelten sich gegenüber am Strande ungefähr ebenso viele Menschen wie gestern an und schlenderten mit ihren Pfeilen und Bogen umher. Sie beobachteten uns und ließen sich nieder. [...]

4. Sie pflanzen nicht und ziehen auch kein Vieh auf. Es gibt hier weder Rinder noch Ziegen noch Schafe noch Hühner oder irgendein an das Zusammenleben mit dem Menschen gewöhntes Tier. Sie leben nur von jenem Inhameknollen, von denen es hier viele gibt, und von den Samen und den Früchten, die Erde und Bäume von selbst spenden. Und dabei sind sie viel stärker und viel wohlgenährter als wir trotz Weizen und Gemüse. Zu den Klängen einer unserer Trommeln tanzten und sprangen sie an diesem Tage stets mit unseren Leuten umher, derart, dass sie schon mehr unsere als wir ihre Freunde sind. Wenn wir sie durch Zeichen befragten, ob sie auf die Schiffe wollten, erklärten sie sich gleich dazu bereit, so dass sie alle gekommen wären, wenn wir sie aufgefordert hätten. [...]

5. Und heute, am Freitag, dem ersten Tag im Mai, gingen wir gegen Morgen mit unserer Fahne an Land. Wir landeten oberhalb des Flusses, nach Süden zu, wo es uns günstiger schien, das Kreuz aufzurichten, da es dort besser gesehen werden kann. Hier bezeichnete der Kapitän die Stelle, wo das Loch gegraben werden sollte, um es einzusetzen. Während es ausgehoben wurde, ging er mit uns allen flussabwärts zum Kreuz. Mit den singenden Geistlichen und Priestern an der Spitze trugen wir es von dort im Prozessionszuge fort. Wir fanden schon siebzig bis achtzig Eingeborene vor. Als sie uns so kommen sahen, sprangen einige unter das Kreuz, uns zu helfen. Wir überquerten den Fluss, gegenüber dem Strande, und richteten das Kreuz am bezeichneten Orte auf, zwei Schussweiten einer Armbrust vom Flusse entfernt. Unterdessen kamen hundertfünfzig oder mehr herbei. Nachdem das Kreuz erhöht war, an das wir vorher Ew. Hoheit Wappen und Spruch geschlagen, errichteten wir zu seinen Füßen einen Altar. Hier las der Pater Frei Henrique die Messe, bei der die schon erwähnten Geistlichen sangen und ministrierten. Bei uns befanden sich fünfzig

oder sechzig Eingeborene, kniend wie wir alle. Als wir an das Evangelium kamen und uns alle mit emporgestreckten Händen aufrichteten, taten sie es mit uns, erhoben die Hände und blieben so bis gegen Ende, um sich dann wieder mit uns zu setzen. Als wir Gott dankten und uns hinknieten, taten sie wie wir und verhielten sich mit erhobenen Händen derart ruhig, dass es uns – ich versichere es Ew. Hoheit – mit großer Rührung erfüllte. So verblieben sie mit uns bis zur Kommunion. Danach empfingen die Geistlichen und Priester die Kommunion, ebenso der Kapitän mit einigen von uns. Mehrere der Eingeborenen erhoben sich während der Feier, da die Sonne sehr brannte, andere verweilten. Unter diesen war ein Mann von fünfzig oder fünfundfünfzig Jahren, der die Gebliebenen sammelte und noch andere hinzurief. Indem er sich unter ihnen bewegte und zu ihnen sprach, deutete er mit dem Finger nach dem Altar, darauf zum Himmel, als wenn er ihnen etwas Schönes sage. So fassten wir es auch auf. Nach der Messe legte der Priester die Messgewänder ab, stieg in seinem weißen Chorhemd auf einen Stuhl neben dem Altar und predigte uns aus den Evangelien und von den Aposteln, denen der Tag geweiht ist, und sprach zum Schluss von dem frommen und tugendhaften Verhalten Ew. Hoheit, was uns mit noch größerer Andacht erfüllte. [...] Nach der Predigt brachte Nicolao Coelho viele zinnerne Kreuze mit Kruzifixen, die ihm von seiner letzten Reise geblieben waren. Wir hielten dafür, jedem eins umzuhängen. Der Pater Frei Henrique ließ sich, dies zu tun, zu Füßen des Kreuzes nieder und hängte jedem – einem nach dem anderen – sein an einem Faden befestigtes Kreuz um den Hals, nachdem er sie es erst küssen und sie die Hände erheben ließ. Es kamen viele herbei, alle Kreuze wurden verteilt, ungefähr vierzig oder fünfzig. Danach gingen wir – es war gut eine Stunde nach Mittag – zum Essen auf die Schiffe. Der Kapitän führte den Alten, der jene Bewegung nach dem Altar und zum Himmel gemacht hatte, und einen seiner Brüder mit sich. Er zeichnete ihn sehr aus, gab ihm ein maurisches Hemd und dem Bruder ein gewöhnliches.

6. Wie mir und allen schien, fehlt diesen Menschen, um sämtlich Christen zu sein, nichts weiter als die Kenntnis unserer Sprache, denn sie fassten unser Tun wie wir selbst auf, woraus wir schließen, dass sie keinerlei Götzendienst oder sonstige Verehrung kennen. Ich glaube wohl, dass sie, wenn Ew. Hoheit jemand schicken, der länger unter ihnen verweilt, sich nach den Wünschen Ew. Hoheit richten werden. Wenn deshalb jemand geschickt werden sollte, so unterlasse er nicht, gleich einen Geistlichen mitzubringen, um sie zu taufen. Sie werden dann schon größeres Wissen von unserem Glauben durch die beiden Verbannten haben, die unter ihnen bleiben werden und heute auch die Kommunion nahmen. Unter allen Eingeborenen, die heute herbeieilten, befand sich nur eine Frau, eine junge, die während der ganzen Messe verweilte. Man gab ihr ein Tuch, sich zu bedecken, und wickelte es um sie. Gleichwohl dachte sie beim Niedersetzen nicht daran, es zurechtzuziehen und sich zu bedecken. Deshalb, Herr, ist die Unschuld dieser Menschen nicht geringer als die Adams, was Schamhaftigkeit anbelangt. Ew. Hoheit mögen daraus schließen, ob sich bekehren wird oder nicht, wer in solcher Unschuld lebt, wenn man ihn nur lehrt, wessen er zu seiner Rettung bedarf. [...]

7. Bis jetzt konnten wir noch nicht erfahren, ob es Gold oder Silber oder Metallsachen oder Eisen darin gibt; wir sahen auch nichts dergleichen. Immerhin hat das Land an und für sich sehr gute Lüfte, frisch und gemäßigt wie in Entre Doiro und Minho. Zu dieser Jahreszeit fanden wir sie wie dort. Gewässer sind viele da, unzählige. Und das Land ist derart lieblich, dass in ihm, wenn man es nutzen will, dank seinem Wasserreichtum alles gedeihen wird. Der größte Gewinn, den man

indessen von ihm haben kann, ist meiner Meinung nach die Errettung seines Volkes. Und sie muss der wichtigste Same sein, den Ew. Hoheit hier ausstreuen sollten. Und wenn man an dem Lande nichts weiter als einen Zwischenlandungsplatz auf dem Seeweg nach Calicut haben sollte, würde es genügen, abgesehen von der Gelegenheit, den innigen Wunsch Ew. Hoheit zu erfüllen: die Verbreitung unseres heiligen Glaubens. Und solcherart gebe ich hier Ew. Hoheit Kunde von dem, was ich in diesem Eurem Lande sah.

Mariano Delgado (Hrsg.), Gott in Lateinamerika. Texte aus fünf Jahrhunderten. Ein Lesebuch zur Geschichte, Düsseldorf 1991, S. 48-51.

2.10 Amerigo Vespucci erkennt die jüngst entdeckten Regionen als Neue Welt (1502)

An einer der portugiesischen Expeditionen, 1501/1502, nahm wohl als Kosmograf und Astronom auch der Florentiner Amerigo Vespucci (1451-1512) teil. Über diese Fahrt und seine Eindrücke von Land und Leuten an der brasilianischen Küste, über die neu entdeckte Region überhaupt hat Amerigo Vespucci in einem Brief vom September 1502 an Lorenzo di Pier Francesco de Medici berichtet. Dieser Brief erschien dann ab 1503 in zahlreichen Ausgaben, lateinischen und volkssprachigen in ganz Europa, meist im Umfang von vier bis acht Seiten. Kein anderer Text über die Entdeckungen hat in Europa eine solche Resonanz gefunden und ist in so vielen Ausgaben erschienen. Im Unterschied zu Kolumbus erkannte Vespucci, dass es sich bei den „Inseln und Ländern im Indischen Meer" nicht um Anhängsel Asiens, sondern um bisher unbekannte Regionen, um eine eigene Landmasse handelte:

EINE NEUE WELT

Brief des Amerigo Vespucci an Lorenzo de Pier Francesco de' Medici

1. In den letzten Tagen habe ich Euch ausführlich von meiner Rückreise aus jenen neuen Regionen berichtet, die wir mit der Flotte auf Kosten und im Auftrag des durchlauchtigsten Königs von Portugal (woher ich Euch nun schreibe) erkundeten und entdeckten, und die man als eine neue Welt bezeichnen könnte, wo doch die Alten von diesen Gebieten keine Kenntnis besaßen und deren Existenz allen, die davon hören, völlig neu ist. Denn in der Tat übersteigt dies die Vorstellungen der Menschen unserer Antike bei weitem, insofern der Großteil von ihnen meinte, es gäbe überhaupt kein Festland südlich des Äquators sondern nur noch das Meer, welches sie Atlantik nannten; und selbst wenn einige wenige behaupteten, dass dort Festland läge, so erklärten sie doch mit vielen Argumenten, dass dieses Land nicht bewohnbar wäre. Dass aber diese ihre Vorstellung falsch ist und der Wahrheit in keiner Weise entspricht, hat diese meine letzte Seefahrt bewiesen, da ich in jenen südlichen Breiten einen Kontinent fand, der mit Völkern und Tieren dichter besiedelt ist als unser Europa oder Asien und Afrika, und darüber hinaus ein Klima, das gemäßigter und angenehmer ist als in irgendeiner anderen uns bekannten Weltgegend [...]. Dort werde ich in aller Kürze die Hauptpunkte der Ereignisse und alle berichtenswerten Dinge, die ich in dieser neuen Welt gesehen oder gehört habe, zu Papier bringen. Doch davon später. [...]

[...] Am siebzehnten August 1501 gingen wir dann vor der Küste dieses Landes vor Anker und dankten unserem Gott mit einem feierlichen Gebet und einem Messgesang unter großer Beteiligung der Mannschaft. Dort erkannten wir, dass dieses Land keine Insel, sondern ein Kontinent ist, da sich sowohl seine Küsten weithin erstrecken, ohne es jedoch zu umschließen, als auch das Land von unendlich vielen Einwohnern besiedelt ist. Denn wir fanden dort unzählige Stämme und Völker und alle Arten wilder Tiere, die auch in unseren Regionen vorkommen, aber auch viele andere, die wir noch nie gesehen hatten und über die im Einzelnen zu berichten zu weit ginge. [...]

[...] Ein Stück dieses neuen Kontinents liegt in der verbrannten Zone südlich des Äquators, denn sein von Europa aus gesehen erster Teil befindet sich auf dem achten südlichen Breitengrad. Wir segelten seine Küste so weit entlang bis wir nach dem Passieren des Wendekreises des Steinbocks den südlichen Himmelspol in einer Höhe von 50° über dem Horizont jener Hemisphäre sahen und also dem südlichen Polarkreis auf 17,5° nahe waren. Was ich nun dort gesehen und über das Wesen jener Menschen erfahren habe, über ihre Sitten und ihre Freundlichkeit, über die Fruchtbarkeit des Landes, die Reinheit der Luft, über die Konstellationen, Himmelskörper und vor allem über die Fixsterne der achten Sphäre, welche die Alten weder jemals erblickt noch erforscht haben, will ich jetzt der Reihe nach berichten.

Robert Wallisch, Der Mundus Novus des Amerigo Vespucci, Wien 2002, S. 13, 15, 17-19.

2.11 Die Neue Welt erhält ihren Namen (1507)

Die Beschreibung Vespuccis erfasste Geografie, Sternkonstellation, Himmelskörper, Pflanzen und Völkerschaften tatsächlich als etwas „Neues". Das veranlasste 1507 die beiden Geografen Martin Waldseemüller und Matthias Ringmann dazu, in ihrer „Cosmographiae Introductio" auf der Weltkarte für den vierten Kontinent den Namen „Amerika" nach Amerigo vorzuschlagen. Im Text der von Matthias Ringmann lateinisch verfassten Introductio heißt es: „Jetzt aber sind auch diese Erdteile / Asien und Afrika / schon weiter erforscht und ein anderer vierter Teil ist durch Americus Vesputius [...] gefunden worden. Da sowohl Europa als auch Asien ihre Namen nach Frauen genommen haben, wüsste ich nicht, warum jemand mit Recht dagegen sein könnte, diesen Erdteil nach seinem Entdecker Americus, einem Mann von scharfsinnigem Verstand, ‚Amerige', gleichsam Land des Americus, oder ‚America' zu benennen. [...] So weiß man nun, dass die Erde in vier Teile unterteilt ist". Auf der Weltkarte und dem Globus von Martin Waldseemüller ist an der von Vespucci beschriebenen Region zum ersten Mal der Name Amerika kartografisch festgehalten (s. Abb. 15, S. 90). So wurde nicht der eigentliche „Entdecker" Kolumbus, der das Neue bis zu seinem Tod nicht erkannte, sondern Amerigo Vespucci zum Namensgeber für den Kontinent, der wie die bisher bekannten Erdteile einen weiblichen Namen erhielt und in Erdteilallegorien entsprechend als weibliche Figur erschien. Die Landung Vespuccis, wie er als Europäer ausgerüstet mit den technischen Instrumenten des Seefahrers einer nackten „Amerika" begegnet, wurde zu einem beliebten Motiv (s. Umschlag).

Anmerkungen

1 Allgemeine Anrede der Zeit für Fürsten gleichen Ranges.

2 In der Schifffahrts- und Seefahrersprache des Mittelmeerraums im 15. Jahrhundert sind die Begriffe „capitanus" und „patronus" noch weitgehend gegeneinander austauschbar, sie können sowohl den Schiffseigner wie den Schiffsführer bezeichnen (wobei beide Funktionen häufig zusammenfallen).

3 Diese Kommission trat nie zusammen.

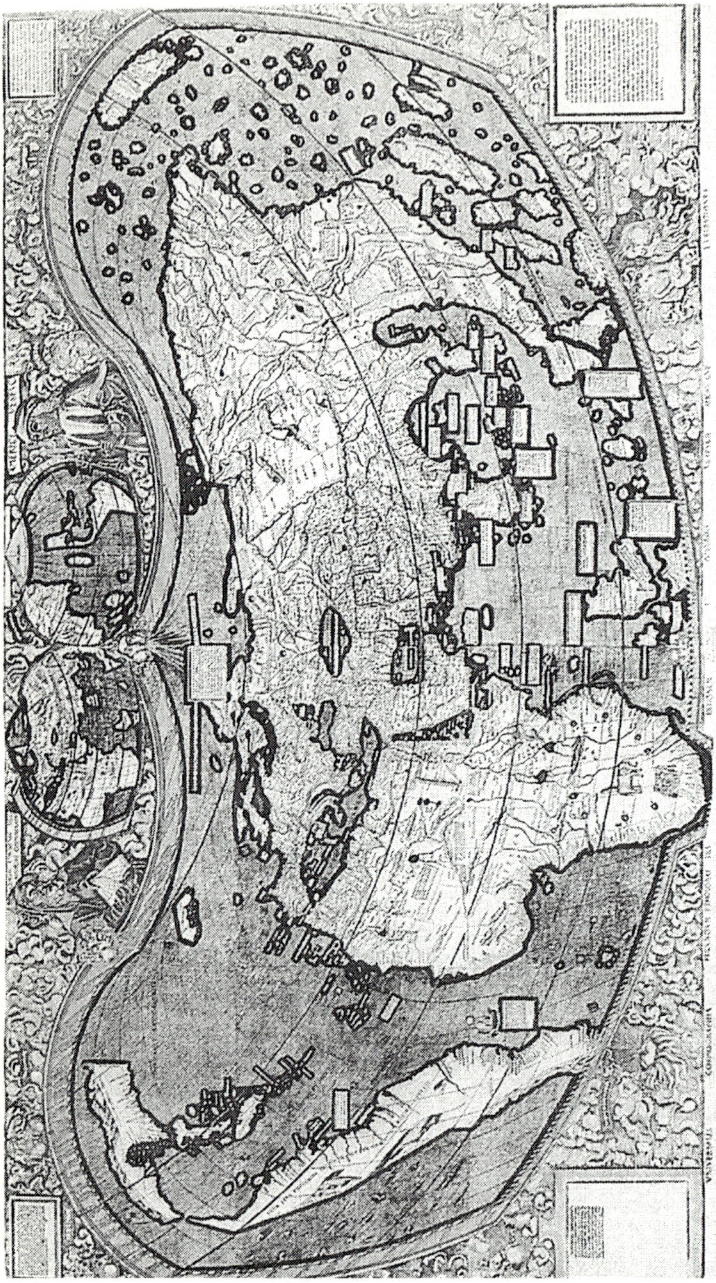

Abb. 15: Weltkarte von Martin Waldseemüller, Amerika-Darstellung und Porträtmedaillon von Vespucci (1507), aus: Hans-Joachim König, Entdeckung und Eroberung Amerikas. 1492-1550. Freiburg, Würzburg 1992, S. 68.

D. Die Entdeckungsauswertung und der Übergang zur Siedlungskolonie

1. Vorbemerkung

Nachdem die Besitzrechte für Spanien weitgehend geklärt waren, konnten die spanischen Monarchen ab Mai 1493 ohne Beschränkungen aktiv werden. Im Unterschied zur ersten Fahrt ins Ungewisse wurden die weiteren Fahrten von Kolumbus nun gründlich vorbereitet. Mit zahlreichen Erlassen regelten Isabella und Ferdinand die Finanzierung des Unternehmens – u.a. durch Anleihen –, die Ausrüstung der Schiffe, die Verproviantierung, die Rekrutierung der Besatzung, die Ernennung bestimmter Beamter, die Bereitstellung von Saatgut und Pflanzen. Die religiöse Frage, die auch in Spanien selbst ein wichtiger Bestandteil ihrer Politik war, weswegen ihnen Alexander VI. im Jahr 1496 den Ehrentitel „Katholische Könige" verlieh, vernachlässigten sie ebenfalls nicht und sorgten für die Mitreise von Mönchen. Sie erließen spezielle Instruktionen, Anweisungen und allgemeine Grundsätze für das weitere Vorgehen in den neuen Gebieten, und gingen damit zu einer auch in der Folgezeit geübten Praxis über, den Unternehmungen einen öffentlich-rechtlichen Charakter zu verleihen.

Zunächst blieb das Entdeckungs- und Handelsmonopol der Krone bzw. Kolumbus und seinen Vertretern vorbehalten, doch bald ging die Krone dazu über, auch anderen Entdeckern die Ausfahrt zu erlauben. Schon kurze Zeit nach der ersten Entdeckung gingen weitere Entdeckungsfahrten, zunächst in der Karibik und dann auf das Festland ausgreifend, und Besiedlung nebeneinander her. Zunächst hatten die Spanier an den Küsten der neuentdeckten Inseln Stützpunkte für den Handel, Faktoreien, gegründet. Doch bald erlaubten die spanischen Könige auch die Ansiedlung von Spaniern in der Neuen Welt. Statt schneller finanzieller Gewinne setzte die Krone auf eine langfristig angesetzte Inwertsetzung der neuen Entdeckungen. So gründeten die Spanier im Anschluss an die Entdeckung und Eroberung neuer Gebiete rasch Siedlungen und schufen damit die ersten Voraussetzungen für die Eingliederung der neuen Gebiete in das spanische Reich. Hierfür mussten in Spanien und in der Neuen Welt entsprechende Institutionen und Instrumente entwickelt werden. Da die Organisation der verschiedenen Entdeckungs- und Eroberungsfahrten nicht mehr allein Kolumbus vorbehalten blieb, sondern zunehmend auch privater Initiative übertragen wurde, gründeten die Katholischen Könige schon 1503 eine Kontrollbehörde, das staatliche Handelshaus, die *Casa de la Contratación.* Wie zu Zeiten der Reconquista, als in den von den Mauren zurückeroberten Gebieten spanische Siedlungen angelegt worden waren, wurden nun auch in den neuen Regionen, in *Las Indias,* Städte gegründet, die zu Zentren der spanischen Kolonisierung werden sollten.

2. Der Übergang zur organisierten Besiedlung

2.1 Die Bestätigung des Entdeckungs- und Handelsmonopols für Kolumbus (1493)

Vor seiner zweiten Entdeckungsfahrt bestätigen die spanischen Könige in einer Instruktion vom 23. Mai 1493 an Kolumbus dessen Sonderstellung und untersagen private Unternehmungen:

Ferdinand und Isabella, von Gottes Gnaden König und Königin von Kastilien etc., Euch, dem Don Cristóbal Colón, Unserem Admiral der Inseln des Ozeans, und Euch, dem Don Juan de Fonseca, Archediakon von Sevilla, Mitglied Unseres Rates, allen Unseren Justizbeamten und sonstigen Personen, welchen Standes und Berufes, welcher Präeminenz und Würde sie auch seien, und jedwedem, den das in diesem Unserem Erlass Gesagte betrifft oder betreffen könnte, Gruß und Heil. Ihr wisst wohl oder solltet wissen, wie Wir, nachdem auf Unser Geheiß die Inseln und das Festland im Ozean in der Gegend von Indien entdeckt worden sind, aus gewissen Uns bewegenden und für Unseren Dienst zweckmäßigen Gründen, durch öffentlich bekannt gegebene Erlasse und Maßnahmen ausdrücklich verboten und unterbunden haben, dass jemand sich unterstehe, ohne Unsere Erlaubnis oder Anordnung nach den Inseln und dem Festland von Indien zu reisen oder sich dort aufzuhalten, bei bestimmten in diesen Unseren Erlassen angedrohten Strafen. Nunmehr haben Wir Befehl gegeben, eine Flotte auszurüsten, um sie nach den auf Unser Geheiß entdeckten Gebieten Indiens zu schicken, wie auch um andere Inseln und Festlandsgebiete zu entdecken, zu deren Generalkapitän Wir Euch, Unseren Admiral der [*westindischen Inseln*], ernennen. Es ist nun Unser gnädiger Wille, dass weder mit dieser Flotte noch auf anderem Wege irgendwelche Schiffe oder Personen hinübergehen außer denen, die durch Uns oder in Unserem Namen durch Euch, den Admiral und den Archediakon, denen Wir die Aufstellung der Armada übertragen haben, dazu bestimmt werden, dass sie die Reise mit Euch, dem Admiral, auf der Flotte mitmachen. Ebenso verbieten Wir, dass diejenigen, die dorthin zu reisen haben, irgendwelche Waren oder verbotene Gegenstände zu Handelszwecken mitnehmen. Um eine Kontrolle über jedes bestimmungsgemäß mitgeführte Gut zu haben, soll alles erfasst und in Unseren Büchern eingetragen werden, damit nicht mehr ausgeführt wird, als Wir gestattet haben. [...]

Damit über das alles Rechenschaft und Nachweis möglich ist und ein Überblick über die ausreisenden Schiffe und Personen sowie über das, was sie mit sich nehmen, gewonnen wird, ordnen Wir an, dass zur Zeit der Abfahrt der genannten Flotte aus Unserem Königreich dies alles schriftlich aufgenommen wird, und zwar zu dem Zeitpunkt des Beladens und des Besteigens der Schiffe und in Gegenwart des Juan de Soria [...], des Stellvertreters unserer Contadoren [*obersten Rechnungsbeamten*], der dazu bevollmächtigt ist. Was auf diese Weise an Bord jedes Schiffes verladen und an Passagieren eingeschifft ist, auch an Matrosen, Waffen und sonstigen Personen, soll in ein Buch eingetragen werden. Ein solches Buch soll jeder Rechnungsbeamte (deren einer auf jedem Schiff der Flotte mitgehen soll) führen. Nach der Ankunft auf den Inseln oder auf dem Festland soll sich jeder bei dem Vertreter Unserer Contadoren melden, der auf den dortigen Inseln und dem Festland, mit entsprechender Vollmacht versehen, seinen Sitz haben wird. Unter seiner Aufsicht sollen Passagiere, Waren, Waffen und sonstige Ladung gelöscht werden, damit er über alles eine Kontrolle hat und jede Unterschlagung, Hehlerei und Betrügerei unterbunden wird. Und bei der Abfahrt aus Indien nach Spanien haben sie sich in der gleichen Weise bei dem genannten Vertreter zu melden; der soll den rückkehrenden Schiffen wieder die genannten Rechnungsbeamten beigeben, welche über alles dem hier [in Spanien] befindlichen Juan de Soria Rechnung legen sollen.

Geschichte in Quellen, hrsg. von Wolfgang Lautemann und Manfred Schlenke. Band. III. Renaissance. Glaubenskämpfe. Absolutismus. Bearbeitet von Fritz Dickmann. München 1982, S. 63-64.

2.2 Aufweichung des Handelsmonopols (1495)

Eine königliche Verordnung vom 10. April 1495 ermöglicht Auswanderung und private Entdeckungsfahrten:

Wir müssen aber anerkennen, dass die Erforschung und Erschließung des genannten Landes und der Inseln und die stärkere Besiedlung der bereits entdeckten Insel Española [*Haiti*] der Sache Gottes dient, weil durch diese Beziehungen die Einwohner des Landes zur Erkenntnis Gottes und zur Annahme unseres heiligen katholischen Glaubens gebracht werden könnten; auch dient sie zu Unserem und Unserer Untertanen allgemeinen Besten. Deshalb haben Wir Uns entschlossen, durch gegenwärtige Verordnung Unseren Untertanen die Erlaubnis zu geben, nach den genannten Inseln und den Festlandsgebieten zu reisen, sie zu erforschen und dort Handel zu treiben, und zwar unter den Bedingungen, die in dieser Unserer Verfügung [...] des näheren erörtert sind:

Alle Schiffe, die unter irgendeiner der nachstehend in dieser Verfügung erwähnten Umstände nach den genannten Inseln segeln wollen, dürfen ihre Ausreise nur von Cadiz und von keinem anderen Hafen aus antreten. Vor ihrer Abreise haben sie sich bei den dort von Uns oder Unseren Bevollmächtigten eingesetzten Beamten vorzustellen, um eine Kontrolle über die nach Indien Ausreisenden zu gewährleisten. Jeder von ihnen hat die ihn betreffenden Vorschriften dieser Unserer Verfügung zu beachten und zu befolgen.

Alle, die ohne staatliche Beihilfe nach der Insel Española gehen und sich dort niederlassen wollen, können dies ungehindert tun. Sie können dort ohne Beschränkung als freie Männer leben, brauchen keine Steuern zu zahlen und dürfen die Häuser, die sie bauen, die Felder, die sie bearbeiten, und die Pflanzungen, die sie anlegen, als ihr freies Eigentum für sich und ihre Erben behalten gemäß der Zuteilung an Land und Liegenschaften, die sie durch die von Uns auf der genannten Insel damit Beauftragten erhalten. Sie sollen [zunächst] [...] Unterhalt für ein Jahr erhalten; ferner verlangen wir und ist es Unser Wille, dass sie, falls es mit Erlaubnis der von Uns dafür auf der Insel bevollmächtigten Personen geschieht, nach Gold graben und für sich den dritten Teil des gefundenen Goldes behalten dürfen, sofern es nicht zu Tauschzwecken geschieht, während die anderen zwei Drittel für Uns bestimmt sind. [...] Alle anderen Waren und sonstigen Güter, die sie auf der Insel erwerben, dürfen sie für sich behalten unter Abgabe eines Zehntels vom Wert an Uns oder Unseren Beauftragten. [...]

Alle Unsere geborenen Untertanen können künftig nach ihrem Belieben, ohne besondere Zustimmung und Bewilligung Unsererseits, zur Entdeckung von Inseln und Festlandsgebieten nach den bisher schon entdeckten Gebieten mit Ausnahme der Insel Española reisen und von den dort wohnenden Christen jede Art von Waren erwerben mit Ausnahme von Gold. Sie können sich dazu jedes beliebigen Schiffes bedienen, nur müssen sie ihre Ausreise aus Unseren Reichen von der

Hafenstadt Cadiz antreten und sich dort Unseren Beamten vorstellen. Sie haben auf jedem dieser Schiffe eine oder zwei Personen, die von diesen Beamten, bei denen sie sich vorstellen, bestimmt werden, und überdies zu einem Zehntel der Tonnage ihrer Schiffe für uns Ladung mitzunehmen, ohne dafür eine Bezahlung beanspruchen zu können. [...] Auch ist es unser Wille, dass diese Personen von dem, was sie drüben auf den Inseln und auf dem Festland erwerben, neun Zehntel für sich behalten dürfen und ein Zehntel für Uns sein soll. [...]

Geschichte in Quellen, hrsg. von Wolfgang Lautemann und Manfred Schlenke. Band. III. Renaissance. Glaubenskämpfe. Absolutismus. Bearbeitet von Fritz Dickmann. München 1982, S. 64-65.

2.3 Genehmigung zur Durchführung privater Entdeckungsfahrten in Amerika (1500)

Am 5. Juni 1500 genehmigen die spanischen Könige Rodrigo de Bastidas aus Sevilla, einem der ersten Privatunternehmer im Amerikageschäft, in einem dafür typischen Dokument, Entdekkungsfahrten mit zwei Schiffen. Sie nutzen das individuelle Gewinnstreben, binden den Privatmann aber durch die Übertragung offizieller Ämter – wie hier des Capitáns mit ziviler, militärischer und jurisdiktioneller Gewalt – an die Krone und behalten so die Kontrolle:

Der König und die Königin:
Auf Unser Geheiß hin wurde mit Euch, Rodrigo Bastidas, Bürger der Stadt Sevilla, folgendes Abkommen getroffen, gemäß dem Ihr mit zwei Schiffen auf Entdeckungsreise über das Ozeanische Meer fahren könnt:

Erstens: Wir erlauben Euch, besagtem Rodrigo Bastidas, mit zwei eigenen Schiffen auf Kosten und Gefahr über das besagte Ozeanische Meer zur Entdeckung von Inseln und Festland in die Gegenden Indiens zu fahren. [...]

Weiterhin: Von allem Gold und Silber, Kupfer und Blei, Zinn und Quecksilber und jeglichem anderen Metall, sowie von allen Perlen, Edelsteinen und Juwelen, von allen Sklaven, Schwarzen und dunkelhäutigen Menschen, soweit sie in diesen Unseren Königreichen als Sklaven gehalten und betrachtet werden, und von allen Monstern und Schlangen und jeglichen anderen Tieren, Fischen und Vögeln, von allen Gewürzen und Arzneien und jeglichen anderen Dingen, gleich welchen Namens und Wertes und welcher Güte, erhalten Wir nach Abzug der Ausgaben für Ausrüstung, Fracht und sonstige Kosten, die auf besagter Reise entstehen, den vierten Teil des verbleibenden Restes; die anderen drei Viertel seien für Euch, Rodrigo de Bastidas, auf dass Ihr nach Eurem Willen und Gutdünken ungehindert über sie verfüget als über Eure eigene, freie Sache.

Item: Auf jedem der Schiffe lassen Wir eine oder zwei Personen mitfahren, die in Unserem Namen oder auf Unser Geheiß zugegen seien bei allem, was auf den besagten Schiffen von den obengenannten Sachen empfangen und eingetauscht werde, und sie mögen es aufschreiben und darüber Buch führen; dergestalt, dass keinerlei Betrug oder Täuschung möglich sind und dass weder Ihr, besagter Rodrigo de Bastidas, noch eine andere Person noch sonstige Personen der erwähnten Karavellen und ihrer Besatzung irgendetwas der oben genannten Sachen tauschen oder kaufen oder empfangen könnt, ohne dass die besagte Person oder die besagten Personen, die auf Unser Geheiß auf jedem der genannten Schiffe sind, dabei zugegen wären; jeder Zuwiderhandelnde soll dadurch bestraft werden, dass er alles, was er in dieser Weise eingetauscht und empfangen hat, und jeglichen Gewinn, der ihm aus der besagten Reise erwachsen mag, verliert, und seine Person Unserer Gnade ausgeliefert ist.

Item: Alles Obengenannte, das wie auch immer empfangen und eingetauscht wird, ist ohne Verringerung oder Fehlmenge in die Stadt und den Hafen von Cádiz zu bringen und Unserem Beamten, der in besagter Stadt Cádiz wohnhaft ist, vorzuführen, damit dort der Uns zustehende vierte Teil für Uns genommen werde; und damit Ihr, Rodrigo de Bastidas, es so haltet und wahrt und erfüllt, hinterlegt Ihr beim Bischof von Córdoba, Mitglied Unseres Rates, oder bei seinem Stellvertreter eine sichere Bürgschaft.

Item: Mit den besagten Schiffen und deren Besatzung begebt Ihr Euch in die Stadt Cádiz und erscheint vor Antritt Eurer Fahrt vor Gimeno de Bribiesca, Unserem Beamten, damit er die besagten Schiffe besichtigt und einen Bericht über sie und über die Leute, die auf ihnen fahren, für Unsere Register [Bücher] abfasse und die dafür notwendigen Formalitäten erledige.

Zu diesem Behufe ernennen wir Euch, Rodrigo de Bastidas, zu Unserem Capitán über die besagten Schiffe und ihre Besatzung und erteilen Euch Unsere Vollmacht und die zivil- und strafrechtliche Gerichtsbarkeit einschließlich aller damit verbundenen Umstände, Zwischenfälle und Ereignisse und den dazugehörigen Vorfällen und Zusammenhängen.

Wir versprechen Euch, alles Gesagte und jegliche Einzelheit und jeglichen Teil anzuordnen, zu überwachen und zu erfüllen, und Euch weder insgesamt noch teilweise [...] zu behindern. Daher befehlen wir, Euch das vorliegende von Uns unterzeichnete Schriftstück zu übergeben.
Ausgestellt in der Stadt Sevilla, am 5. Juni des Jahres fünfzehnhundert nach der Geburt unseres Erlösers Jesus Christus. – Ich, der König. – Ich, die Königin. – Auf Geheiß des Königs und der Königin. – Gaspar de Gricio.

Eberhard Schmitt (Hrsg.), Dokumente zur Geschichte der Europäischen Expansion, Bd. 3, Der Aufbau der Kolonialreiche, München 1987, S. 28-30.

2.4 Gründung des Königlichen Handelshauses für Amerika (1503)

Zunächst hatte im Mai 1493, kurz nach Kolumbus' Rückkehr Königin Isabella ein Mitglied des Kastilienrates, den Archediakon der Kathedrale von Sevilla, Juan Rodríguez de Fonseca, damit beauftragt, sich um die Angelegenheiten der neu entdeckten Gebiete zu kümmern. Bis zu seinem Tod 1524 blieb Fonseca Chefberater der Krone hinsichtlich Amerikas. Im Jahr 1503 entstand dann durch die königliche Verordnung, Real Cédula, vom 20. Januar, in Sevilla die Casa de la Contratación, ein staatliches Handelshaus, eine Behörde, die Fonseca in Handelsangelegenheiten entlastete und von Sevilla und ab 1717 von Cádiz aus für den gesamten Schiffs-, Waren- und Personenverkehr mit Amerika sowie für die Steuerangelegenheiten und die Seemannsausbildung zuständig war:

Ferdinand und Isabella, von Gottes Gnaden König und Königin von Kastilien [...] tun allen, die diesen Unseren Brief lesen werden, kund, dass Wir hiermit befehlen, in Unserer Stadt Sevilla ein Handelshaus zu errichten, worin besondere Beamte die Handelsangelegenheiten zu bearbeiten haben werden nach Maßgabe einiger darüber erlassener Anordnungen folgenden Inhalts:

In Sevilla wird ein Handelshaus errichtet, um darin nach Bedarf alle Waren, Lebensmittel und sonstigen Artikel zu sammeln und zu lagern, die nötig sein könnten, um den Bedarf des Indienhandels oder nach Unserem Befehl etwaiger sonstiger Inseln und Gebiete zu decken, um den Export nach dort zu besorgen und die von dort hierher in Unsere Königreiche importierten Waren und sonstigen Dinge in Empfang zu nehmen, an Ort und Stelle zu verkaufen oder zum Verkauf an andere Stellen je nach Bedarf weiterzuleiten. Dieses Handelshaus ist so einzurichten, dass es folgende Aufgaben erfüllen kann:

Es muss passende Räume zur Lagerung aller oben erwähnten Dinge haben. Alles, was dort gestapelt wird, muss gut bewacht und so gelagert werden, dass es keinen Schaden nehmen kann; auch muss je nach Art der Waren das eine vom anderen getrennt gelagert werden.

Im Gebäude des Handelshauses ist ein besonderer, abgetrennter Raum vorzusehen, in dem die von Uns ernannten ständigen Beamten des Handelshauses sich täglich so lange, wie es erforderlich ist, versammeln und über alle für die genannte Handlung notwendigen Anschaffungen beraten können. Ebenso [Räume] zur Abfertigung und Erledigung der einlaufenden Waren, zum Handeln, Verkaufen und Versenden, für geschäftliche Verhandlungen und für alle anderen Tätigkeiten, die zur Erledigung von Geschäften solcher Art gehören.

Das Handelshaus soll ständig einen geschickten und gewissenhaften Mann als Faktor [Geschäftsführer] haben, der für den Handel verantwortlich ist; ferner einen Rechnungsführer, der alle eingehenden Waren, Lebensmittel, Gelder und sonstigen Sachen in Empfang nimmt, und einen Kassierer oder Schreiber, alles Leute von Geschick und einwandfreiem Leumund. Für die Bücher, die sie zu führen haben, sollen sie sich Hefte von besonders großem Format anlegen. In diese sollen sie alle Sachen eintragen, die der Schatzmeister in Empfang nimmt und für die er die Verantwortung trägt, seien es nun eingehende Waren, Lebensmittel oder Geld. Ebenso ist alles einzutragen, was der Faktor bei seinen Geschäften an Ausgängen und Eingängen hat, und zwar jeder Artikel für sich unter einem besonderen Titel, erst die Übersicht über eingehende Waren, dann über Warenabgänge, über die ausgegebenen Gelder mit Angabe, wofür, an wen und aus welchem Anlass die Zahlung erfolgte. [...] Alle diese Tätigkeiten sollen im Gebäude des Handelshauses und bei den gemeinsamen Sitzungen erledigt werden, um mehr Sicherheit zu gewährleisten. Jede Eintragung in den genannten Büchern ist von Faktor, Rechnungsführer und Schreiber gemeinsam durch Unterschrift zu bestätigen.

Alle Waren, die der Rechnungsführer vom Handelshaus erhält, soll er in Gegenwart des Faktors und des Schreibers oder Kassierers in Empfang nehmen. [...]

Faktor und Rechnungsführer des Handelshauses sollen sich sorgfältig auf dem Laufenden halten über alle Waren und sonstigen Sachen, die für den Handel nützlich und notwendig sind, über die Zeit, zu der sie geschickt werden müssen, über die zur Versendung notwendigen Schiffe, und sie sollen zu der erforderlichen Zeit alle Waren und Bedarfsartikel, die für die betreffende Reise und das damit verbundene Geschäft nötig sind, sowie die Schiffe selbst beschaffen und bereithalten. [...] [Es folgen dann sehr ins Einzelne gehende Vorschriften über Kalkulation, Anwerbung des Schiffspersonals, Beschaffung von Schiffen etc.]

Die genannten Beamten haben, jedes Mal wenn sie Schiffe zu einer Reise abfertigen, jedem einzelnen Kapitän und den an Bord befindlichen Schreibern eine schriftliche Instruktion, mit ihren Namensunterschriften versehen, mitzugeben über alles, was diese zu tun haben, über die Reiseroute und über das, was sie bei Übergabe der Waren an die laut Unserem Befehl empfangsberechtigten

Personen und hinsichtlich der Rückfracht zu beobachten haben, damit sie nicht von dem abweichen, was ihnen durch die genannte Instruktion aufgetragen ist, unter Androhung entsprechender Strafen nach Ermessen.

Die Beamten des Handelshauses sollen sich von Unseren in Indien eingesetzten Beamten über die dortigen Verhältnisse unterrichten lassen, ihnen Nachricht geben, was das Handelshaus an Waren und anderen Artikeln braucht, und wiederum als Gegenleistung für die von dort ihnen angekündigten Sachen für Waren und Gebrauchsartikeln sorgen, an denen drüben Bedarf herrscht, und sie zur rechten Zeit hinüberschicken, auch schriftlich Nachricht geben über alle Sendungen, die sie nach drüben abfertigen und was nach ihrer Schätzung von drüben nach hier zur Deckung des jeweils vorhandenen Bedarfes geschickt werden müsste [...], damit in jeder Beziehung eine glatte und erfolgreiche Abwicklung der Geschäfte durch das Handelshaus gesichert ist. Über ihre gesamte Geschäftsführung in Erfüllung des ihnen von Uns erteilten Auftrages, über das, was ihnen aus Indien geschrieben wird, und was die genannten Beamten sonst zu melden haben, sollen sie Uns Bericht erstatten und ihr Gutachten dazu geben. [...]

Geschichte in Quellen, hrsg. von Wolfgang Lautemann und Manfred Schlenke. Band. III. Renaissance. Glaubenskämpfe. Absolutismus. Bearbeitet von Fritz Dickmann. München 1982, S. 65-66.

2.5 Regelungen zur Auswanderung und Besiedlung (1511)

In Dienstanweisungen an das auch für die Kontrolle von Auswanderern zuständige Handelshaus, in dem königlichen Sendschreiben vom 9. September 1511, mildert die Krone das Genehmigungsverfahren, wie es schon 1495 formuliert war, etwas ab, um die Bereitschaft zur Auswanderung und damit die Besiedlung auf den neuen Inseln zu fördern:

Der König. An Unsere Beamten der Casa de la Contratación de las Indias in der Stadt Sevilla: Mir ist berichtet worden, dass wegen der vielen Auskünfte und Prüfungen, die in jener Casa eingeholt bzw. durchgeführt werden bei den Personen, die nach den Indien, den Inseln und [dem] Festland des ozeanischen Meeres, fahren wollen, viele Personen davon absehen hinzufahren, die [jedoch] reisen würden, wenn besagte Prüfungen nicht statthätten. Weil Ich aber wünsche, dass besagte Indias besiedelt und so weit wie möglich entwickelt werden, ist es Meine Gnade und Mein Wille, dass von jetzt an nach den besagten Indien, Inseln und [dem] Festland des ozeanischen Meeres alle Personen, die Einwohner, Bürger und Ansässige dieser Reiche und Herrschaften sind, fahren können, die dies wünschen und für richtig halten, ohne dass durch Euch oder eine andere Person irgendeine Auskunft eingeholt oder Prüfung durchgeführt werden soll; lediglich die Namen der Reisenden sind in jener Casa aufzuschreiben, damit bekannt ist, wer hinfährt. Deshalb befehle Ich Euch, nach besagten Indien alle Einwohner, Bürger und Ansässigen dieser Reiche und Herrschaften gehen zu lassen, die dies wünschen, ohne über ihre Reise weitere Prüfungen durchzuführen oder Auskunft einzuholen, sondern in den Registern jener Casa ihre Namen einzutragen und aus welchem Ort sie stammen. Hiermit erteile Ich Genehmigung und Befugnis, dass alle fahren können, ungeachtet jeglicher Briefe und Befehle und Verbote Unsererseits, die in gegenteiliger Weise erlassen sind: Diese widerrufe Ich und erkläre sie für null und nichtig. Und damit hierüber jedermann unterrichtet sei und von der Genehmigung und Befugnis wisse, die Ich erteile, befehle Ich Euch, diese Meine Cédula auf den Plätzen und Märkten und an anderen bekannten Stellen dieser Stadt und der anderen Orte dieses Bezirkes, wo Ihr es für nötig erachtet, ausrufen und veröffentlichen zu lassen. Gegeben zu Burgos am Neunten des Monats September fünfzehnhundertundelf. Ich der König. Auf Befehl Seiner Majestät. Lope Conchillos. Abgezeichnet vom Rat.

Eberhard Schmitt (Hrsg.), Dokumente zur Geschichte der Europäischen Expansion, Bd. 3, Der Aufbau der Kolonialreiche, München 1987, S. 294-295.

2.6 Erste Pläne in Portugal für eine Nutzung Brasiliens (1532)

Anders als Kastilien schenkte die portugiesische Krone dem ihr zugefallenen Teil Amerikas zunächst relativ wenig Beachtung. Lediglich an der Küste entstanden einige Niederlassungen, so 1510 im Gebiet der heutigen Städte São Paulo und Bahia, sowie Handelsstützpunkte, unter denen sich das 1516 gegründete Pernambuco, das heutige Recife, bald hervortat. Portugal war hauptsächlich in Ostindien engagiert, denn angesichts fehlender Edelmetallvorkommen und indianischer Hochkulturen war Brasilien in den ersten Jahrzehnten abgesehen vom Brasilholz wirtschaftlich uninteressant. Erst ab 1530 änderte die portugiesische Krone ihr Verhalten. Französische Kaufleute und Händler hatten unter Missachtung des Aktionsverbots in den spanischen und portugiesischen Einflussgebieten, wie es in den Bullen Alexanders VI. und im Vertrag von Tordesillas festgelegt war, an der ungeschützten brasilianischen Küste versucht, mit den Indiostämmen ebenfalls Färbholzhandel zu treiben. Durch diese Aktivitäten und durch Empfehlungen interessierter Kreise sah sich die portugiesische Krone zu planmäßigen Verteidigungen sowie Landnahme- und Verwaltungsanstrengungen veranlasst, um ihre Ansprüche abzusichern und die Kolonie wirtschaftlich zu nutzen. Zu diesen Empfehlungen gehört auch der Brief des Diogo (Sénior) de Gouveia vom 1. März 1532 an den portugiesischen König Johann III.:

[...] Es war ganz richtig, Senhor, die Landgebiete [Brasiliens] an Eure Lehnsleute zu vergeben, wie Eure Hoheit diese vor drei Jahren an jene beiden [Männer] vergeben haben, von denen ich Euch berichtete. Dies waren der Bruder des *Capitão* der Insel Miguel, der mit 2000 Siedlern dorthin ziehen wollte, um das Land zu bevölkern, und Christovão Jacques mit 1000 [Siedlern].

Und schon jetzt sind [dort] 4000 oder 5000 Kinder geboren worden, Einwohner des Landes haben sich mit den Unsrigen verheiratet, und es ist sicher, dass diese Siedler andere nach sich ziehen werden.

Euch aber, Senhor, sollte es nicht stören, wenn gesagt wird, dass [die Siedler] dort sehr wohlhabend werden (*que enriqueciam muito*). Wenn nämlich Eure Landsleute reich werden, geht [Euren] Königreichen dadurch nichts verloren, sondern auch sie erlangen Vorteile [...], denn wenn es dort sieben oder acht Siedlungsgebiete (*povoacões*) geben wird, werden diese mehr als ausreichend sein, um das Land zu verteidigen [...].

Und danach werden sie das Land nutzen, von dem man noch nicht weiß, ob es dort Edelmetallvorkommen gibt, wie es sie aber geben muss. Und sie werden die Eingeborenen (*a gente*) zum Glauben bekehren, was ja das höchste Anliegen Eurer Hoheit ist und zu sein hat.
Ruam, 1. März 1532

Eberhard Schmitt (Hrsg.), Dokumente zur Geschichte der Europäischen Expansion, Bd. 3, Der Aufbau der Kolonialreiche, München 1987, S. 17.

E. Die Eroberung des amerikanischen Festlands und die Begegnung mit Großreichen

1. Vorbemerkung

Für die ersten Jahrzehnte nach der Entdeckung wurden zunächst Hispaniola mit der Hauptstadt Santo Domingo und dann ab 1511 auch Kuba die wichtigsten Operationsbasen für die weiteren Aktionen Spaniens in *Las Indias*. Das betraf sowohl die weiteren Entdeckungen und Eroberungen, die sich zunächst noch auf den Karibikraum, die Antillen und dann auf die zentral- und südamerikanischen Küsten beschränkten, als auch die Entwicklung der Siedlungs- und Kolonisierungspolitik.

Den westindischen Inselraum sowie die Küstenverläufe des Festlandes in südlicher Richtung, im Karibikbogen der mittelamerikanischen Landenge und im Golf von Mexiko kannte man am Ende des ersten Jahrzehnts im 16. Jahrhundert nur bruchstückhaft. Auch die Frage, ob es eine Meerenge, eine Durchfahrt nach Asien gebe, die Kolumbus und andere vergeblich gesucht hatten, war immer noch ungeklärt. Deshalb waren die weiteren Expeditionen der geografischen Erkundung gewidmet, was allerdings die Suche nach Gold und Reichtümern nicht ausschloss. Im Gegenteil, Entdeckungsunternehmungen, die zugleich von Spanien, aber zunehmend auch aus den neuen Regionen, vor allem von Hispaniola und von Kuba ausgingen, waren häufig durch die Nachricht von neuen Goldfunden, also die Aussicht auf Reichtum, motiviert.

Der weitere Ausgriff auf den amerikanischen Kontinent ging dann gemessen an den geografischen Dimensionen rasch vonstatten. Besonders in Zentralmexiko und in den andinen Regionen, wo die Spanier im Unterschied zu den primitiven Inselkulturen der Karibik auf Kulturen mit ausgebildeten und zentralistisch regierten Großreichen trafen, die ihrerseits Eroberungsreiche waren, erfolgte die Eroberung trotz zahlenmäßiger Unterlegenheit der Spanier relativ schnell. Die spanischen Konquistadoren machten sich geschickt alte Mythen von der Wiederkehr göttlicher Wesen, aber auch die Unzufriedenheit von unterdrückten indianischen Völkern in den Eroberungsreichen der Azteken und Inka zu Nutze, indem sie sich als Befreier der Unterdrückten präsentierten, was im übrigen die Eroberung als berechtigte Einmischung zur Überwindung von Tyrannei und Unterdrükkung erscheinen ließ. Bei den Eroberungszügen bemühten sie sich besonders darum, zunächst die indianischen Führungsschichten zu beseitigen oder auf ihre Seite zu ziehen. Das erwies sich gerade in den zentralistisch organisierten indianischen Großreichen in Mexiko, Peru und auch im nordandinen Raum – Neu-Granada – wie auch in den Hochländern Mittelamerikas als geschickte Strategie. Denn sobald die politische Hierarchie dieser Reiche bzw. der durchorganisierten Gesellschaften ausgeschaltet war, fiel meist auch der Widerstand der nachgeordneten Gruppen schnell zusammen. Dann konnten die Spanier die Stelle der indianischen Fürsten übernehmen und so eine sich bald weiter stabilisierende Herrschaft ausüben und ihre Zivilisierungsbestrebungen einleiten. In diesen Gebieten des amerikanischen Festlandes begründeten die Eroberer über den eroberten Reichen neue „Königreiche“ (*reinos*), die meist nach den Reichen in Spanien benannt wurden, aber auch einheimische Bezeichnungen erhalten konnten: *Reino de Nueva España, de Nueva Galicia, de Nueva Granada* oder *Reino de Guatemala, de Quito*. Im Unterschied zu den „Reichen“ des amerikanischen Festlands hießen die in den frühen Phasen eroberten Gebiete der Küstenzonen „Provinzen“ (*provincias*). Im nördlichen Mittelamerika sowie in den tropischen Tieflandregionen und Regenwäldern Amerikas und des Amazonasgebiets, in denen es entweder noch keine durchorganisierten Reiche gab oder nur halbsesshafte und nomadisierende Völkerschaften lebten, erfasste die Eroberung nicht die Bevölkerung, da die einzelnen Stämme heftigen und teilweise auch erfolgreichen Widerstand leisteten und sich dem Zugriff der Spanier in angrenzende Regionen entzogen und zum Teil bis in das 19. Jahrhundert hinein überlebten, wie z.B. in Argentinien und in Chile (Araukaner) oder in Nordmexiko und in den Urwaldregionen zwischen Mexiko und Zentralamerika. So beschränkten sich die eigentliche Eroberung und die nachträgliche Kolonisation mit strategischen Städtegründungen auf den karibischen Raum sowie auf die Gebiete der andinen Kazikenherrschaften und Großreiche in Mittelamerika oder an der Westküste des Kontinents. Dort waren mit den begehrten Edelmetallen und verwertbaren Agrarprodukten auch die natürlichen Ressourcen vorhanden, welche die eroberten Gebiete wertvoll machten. Und mit den eroberten Völkern gab es dort, wo sie überlebten, auch die erforderlichen Arbeitskräfte.

Über die Eroberung der Großreiche von Azteken und Inkas haben sowohl Sieger als auch Besiegte berichtet. Für die Eroberung Mexikos ist auf spanischer Seite vor allem Hernán Cortés zu nennen, der über seine militärischen und politischen Aktivitäten quasi als sein eigener Chronist eine detaillierte Darstellung in fünf Briefberichten an Kaiser Karl V. gab. Eine weitere wichtige Quelle ist die erst 1832 veröffentlichte *Wahrhafte Geschichte der Entdeckung und Eroberung von Mexiko* des Feldhauptmanns Bernal Díaz del Castillo, der alle Eroberungszüge miterlebte. Wahrhaft ist sie nur insofern, als sie ein Augenzeugenbericht war. Auch in anderen zeitgenössischen Darstellungen wie den *Dekaden* des Pedro Mártir de Anglería, die auf Nachrichten von spanischen Augenzeugenberichten beruhten, wurde die Eroberung Mexikos der Zeit entsprechend aus der Sicht der Spanier dargestellt; lediglich der *Kurzgefasste Bericht über die Verwüstung von Indien* (1552) des Bartolomé de Las Casas behandelte die Ereignisse differenzierter und stellte auch deren Schattenseiten heraus.

Auf aztekischer Seite begannen schon kurz nach der blutigen Einnahme der Hauptstadt Tenochtitlán verschiedene Überlebende, schriftlich oder in Bildfolgen die Ereignisse des gewaltsamen Zusammenstoßes mit den Spaniern darzustellen. Die ältesten Zeugnisse waren z.T. in Nahuatl mit lateinischen Buchstaben abgefasst. Zu ihnen gehören einige in den Jahren 1523/1524 verfasste Gesänge oder Gedichte (*Cantares mexicanos*) und die bald nach 1524 niedergeschriebenen, erst 1924 im Geheimarchiv des Vatikan entdeckten Wechselreden zwischen aztekischen Vornehmen und Franziskanern (*Libro de los Coloquios*). Ferner gehören dazu die *Historia* eines anonymen Autors aus Tlatelolco (1528), das sog. *Lienzo de Tlaxcala,* eine Bildergeschichte aus der Sicht der mit Cortés verbündeten Tlaxcalteken (Mitte 16. Jh.) sowie die Text- und Bilddokumente, die die Mönche Fray Bernardino de Sahagún und Fray Diego de Durán von aztekischen Augenzeugen und glaubwürdigen Informanten sammelten und zur Grundlage ihrer historischen Darstellungen machten. Die aztekischen Berichte blieben in verschiedenen Abschriften als Manuskripte in europäischen Archiven verborgen, man kann auch sagen, sie wurden der Öffentlichkeit vorenthalten. Die *Historias* von Sahagún und Durán erschienen erstmals gedruckt 1827 bzw. 1867; die verschiedenen Text- und Bildcodices wie z.B. der *Codex Florentino* (Sahagún), der *Codex Matritense* (Sahagún), der *Codex Aubin* (Britisches Museum, London) oder der *Codex Ramírez* (Durán, Madrid) wurden erst Ende des 19. Jahrhunderts zugänglich.

Für die Eroberung des Inkareichs liegen auf spanischer Seite vor: neben den erhaltenen Rechts- oder Verwaltungsakten zwischen Krone und Konquistadoren, den Briefen der Hauptakteure sowie den allgemeinen Darstellungen von Chronisten wie Gonzalo Fernández de Oviedo (*Historia General)* oder Francisco López de Gómara (*Historia General de las Indias*) auch Berichte von Augenzeugen und Teilnehmern der Eroberung von Peru. Ein Vetter des Hauptakteurs Pizarro, Pedro Pizarro, folgte im Alter von fünfzehn Jahren dem neu ernannten Gouverneur von Peru 1530 aus Spanien und diente ihm als Page. Im Jahr 1572 veröffentlichte er einen kurzen Augenzeugenbericht über die Entdeckung und Eroberung Perus (*Relación del descubrimiento y conquista de los Reinos del Peru*). Der Sevillaner Francisco de Jerez oder Xerez, Sekretär Francisco Pizarros, veröffentlichte schon 1534 einen kurzen „Wahrhaften Bericht über die Eroberung Perus" (*Verdadera Relación de la Con-quista del Peru y Provincia del Cuzco*). Auch Miguel de Estete hatte die Eroberung Perus als königlicher Beamter, als Inspektor der Edelmetallschmelzerei, *Veedor*, miterlebt; über seine Beobachtungen schrieb er einige Notizen (*Noticias del Peru*), die zum Teil bei Xerez enthalten sind. Agustín de Zárate, ein hoher Beamter im kolonialen Wirtschafts- und Finanzwesen und zur Zeit der Bürgerkriegsunruhen in den 1540er-Jahren in Peru tätig, veröffentlichte 1555 seine „Geschichte der Entdeckung und Eroberung Perus" in Antwerpen (*Historia del Descubrimiento y Conquista de la Provincia del Peru*). Wesentlich umfangreicher und detaillierter war die Chronik Perus (*La Crónica del Peru)* des Pedro Cieza de León, eines Soldaten, der von 1535-1547 an den militärischen Unternehmungen in Neu-Granada und von 1548-1550 in Peru teilgenommen, sich daneben aber mit historischen Studien beschäftigt hatte. Lediglich der erste Teil der vierteilig angelegten Chronik, sozusagen der Einleitungsteil, der das kulturelle und geografische Szenarium beschreibt, wurde 1553 gedruckt, während die anderen Teile erst im 19. oder 20. Jahrhundert zum ersten Mal veröffentlicht wurden.

Auch auf Seiten der Besiegten haben Chronisten und Autoren von Heldenliedern oder Dramen ihre Sicht der Eroberung des Inkareiches dargestellt. Zwar liegen Chroniken oder Gesänge wie im Falle Mexikos nicht so zahlreich vor, doch auch die wenigen Texte legen ein beredtes Zeugnis davon ab, welch traumatische Wirkung die Eroberung auf die Indios im Inkareich besaß. Unter den vier hauptsächlichen Chronisten, die während der zweiten Hälfte des 16. und zu Beginn des 17. Jahrhunderts schrieben, darf die Darstellung des Felipe Guamán Poma de Ayala als die wichtigste gelten. Poma de Ayala (ca. 1532-1615), dessen Familie nach seinen eigenen Angaben zum inkaischen Adel gehört hatte, war in den Dienst der spanischen Kolonialherren getreten, hatte Spanisch und Schreiben gelernt und war auch Christ geworden. Als Schreiber und Übersetzer in der spanischen Verwaltung erlangte er nicht nur Einblick in die spanische Kolonialpraxis, d.h. das oft rigorose Vorgehen der spanischen Beamten und Missionare gegenüber den Indios, sondern erlebte auch am eigenen Leib den Verlust der indianischen Identität. Aus dieser Spannung verfasste Poma de Ayala als Augenzeuge eine mehr als tausend Seiten umfassende, mit über 400 Federzeichnungen illustrierte Geschichte der inkaischen Vergangenheit und der kulturellen Begegnung zwischen Spaniern und Indios: „Die erste neue Chronik und gute Herrschaft“ (*El Primer Nueva Corónica y Buen Gobierno*). Über dreißig Jahre hatte er an dieser ca. 1615 abgeschlossenen und als offener Brief an den spanischen König Philipp III. konzipierten Geschichte geschrieben. Wie viele andere kritische Darstellungen über die Konquista ist die Chronik damals nicht an die Öffentlichkeit gelangt. 1936 wurde sie zum ersten Mal veröffentlicht.

Eine andere wichtige Quelle über die Eroberung aus der Sicht der Inka ist der Bericht des Titu Kusi Yupanqui, der von 1557 bis 1570 Oberhaupt des in Vilcabamba errichteten Neo-Inka-Staates war. In seinem Bericht, *Relación de la Conquista del Peru y Hechos del Inca Manco II,* erzählt er davon, wie die Spanier nach Peru kamen und was sie mit Manco II., seinem Vater, machten. Die dritte, Anfang des 17. Jahrhunderts verfasste indianische Quelle, der Bericht über die „Altertümer dieses Reiches von Piru“ (*Antigüedades deste Reyno del Pirú)* des Juan de Santa Cruz Pachacuti, Yamqui Salcamaygua, eines getauften Indio adliger Abstammung, enthält nur einen kurzen, aber interessanten Abschnitt über die Eroberung Perus. Auch die Darstellung des „Inka“ Garcilaso de la Vega (1539-1616), eines unehelichen Sohns des spanischen Eroberers Garcilaso de la Vega und der getauften Inkaprinzessin Chimpu Ocllo, der Kusine von Atahualpa und Huáscar, gehört in diesen Zusammenhang, obwohl sich beim „Inka“ der Prozess der Transkulturation, der Mischung der beiden Kulturen schon sehr bemerkbar macht. Schon spanisch-europäisch erzogen, reiste er um 1560 nach Spanien, wo er sein weiteres Leben zuerst als Militär, dann als Gelehrter und Literat verbrachte und als Vermittler zwischen spanischer und inkaischer Kultur wirkte, indem er neben einigen anderen Werken die „Wahrhaften Kommentare zum Reich der Inka“ (*Comentarios Reales*) schrieb. 1609 erschien in Lissabon der erste Teil, der einen geschichtlichen und kulturhistorischen Überblick über das Inkareich gab; nach seinem Tod, 1617, erschien der zweite Teil unter dem Titel *Historia General del Peru*, der die Eroberung und die spanische Kolonisierung behandelte.

Neben diesen Chroniken existieren zahlreiche Texte, die – auch wenn sie keine zeitgenössische Beschreibung liefern – gleichwohl belegen, wie sehr die Erinnerung an den Vorgang der Eroberung im Bewusstsein der Indios präsent ist. Zu den interessantesten Dokumenten gehört ein Theaterstück auf Quechua, das das tragische Ende Atahualpas zeigt; Jesus Lara hat es ediert und eine spanische Übersetzung *Tragedia del Fin de Atahualpa* besorgt. Auch Gedichte und Gesänge auf Quechua behandeln die Eroberung, vor allem das Schicksal Atahualpas, in dem sich beispielhaft das des gesamten Volkes widerspiegelt. Eindrucksvoll ist die auf Quechua geschriebene Elegie *Apu Inca Atawallpaman* ins Spanische übersetzt durch den peruanischen Anthropologen und Dichter José María Argüedas.

Um die Mitte des 16. Jahrhunderts hatten die Spanier das Gebiet erobert, auf dem sich in den anschließenden 250 Jahren ihre Kolonisation vollzog: die Großen Antillen, Mittelamerika, das nördliche Südamerika, die Westseite des Kontinents und das La-Plata-Gebiet. Der weite Binnenraum des tropischen und subtropischen Amerika, besonders das Einzugsgebiet des Amazonas und seiner Zuflüsse, das entsprechend dem Vertrag von Tordesillas eigentlich spanischer Aktionsraum war, erlebte nur geringe Kolonisierung. Die Portugiesen besiedelten lediglich die brasilianischen Küstenregionen.

2. Die schrittweise Expansion bis zur Eroberung der Großreiche der Azteken und Inka

2.1 Der Prozess der territorialen Expansion in Amerika von 1493 bis ca. 1580

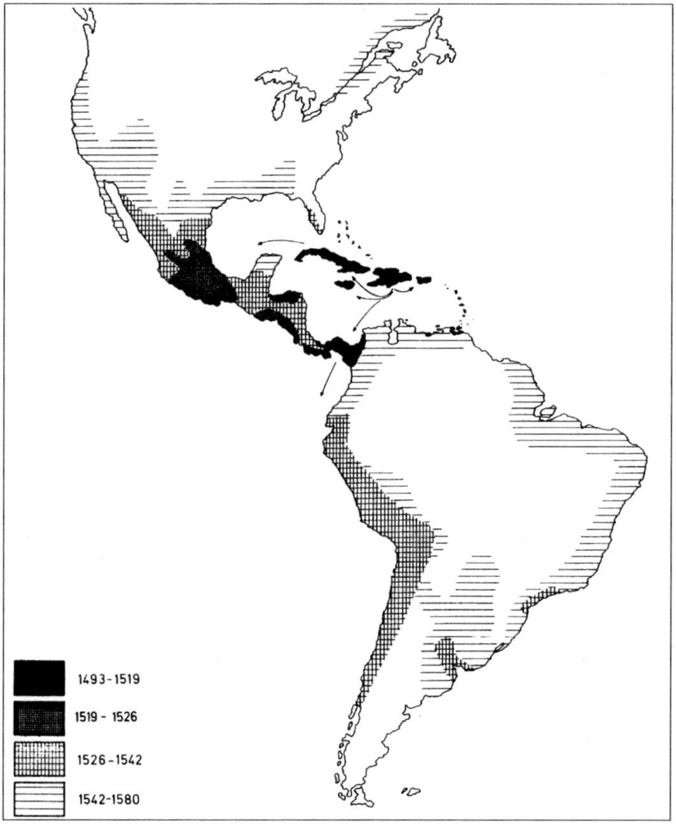

Abb. 17: Landnahme in Amerika, aus: Francisco Morales Padron. Atlas Histórico Cultural de América, Tomo I., Las Palmas de Gran Canaria 1988, S. 170.

2.2 Die Entdeckung des Pazifischen Ozeans durch Vasco Núñez de Balboa (1513)

Jahrelang hatten Spanier auf Entdeckungsfahrten ohne Erfolg nach einer Durchfahrt durch die Landbarriere nach Indien gesucht. Im Jahr 1513 durchquerte Vasco Núñez de Balboa die Landenge, ein Abenteurer, der schon seit einiger Zeit auf der mittelamerikanischen Landbrücke in der Siedlung Santa María de la Antigua in Darién lebte und von einem Meer auf der anderen Seite des Isthmus gehört hatte. Nach einem strapaziösen Marsch sah er am 25. September 1513 als erster Europäer das „andere Meer, das er „Südmeer" nannte, da die Landenge in Ost-West-Richtung verläuft. Diese Szene mitsamt den vorgeschriebenen symbolischen Handlungen hat Gonzalo Fernández de Oviedo, der selbst lange Jahre in Amerika lebte und 1533 zum offiziellen Chronisten der Entdeckung und Eoberung ernannt wurde, in seiner „Historia General y Natural de las Indias" (Buch XXIX, Kap. III) detailliert beschrieben. Die Entdeckung des Südmeers bedeutete in der spanischen Entdeckungsgeschichte nach der Entdeckung Amerikas durch Kolumbus den zweiten großen Höhepunkt. Es hatte sich gezeigt, dass die Landbarriere zwischen Atlantik und Südmeer zumindest über Land zu überwinden war. In den folgenden Jahrhunderten blieb dieser Landweg wichtig, da die Gebiete, die für die Ausbeutung der Bodenschätze in Südamerika bedeutsam waren, auf der Westseite des Kontinents lagen:

[...]
An einem Dienstag, dem 25. September jenes Jahres 1513 um zehn Uhr vormittags, war der Hauptmann Vasco Núñez [de Balboa], allen seinen Begleitern vorauseilend, auf einer freien Bergkuppe angelangt und sah von dort aus das Meer des Südens als erster jener Schar von [70] Christen, die mit ihm gingen; und er wandte das Gesicht seinen Leuten zu voller Freude und erhob die Hände und die Augen zum Himmel und lobte Jesus Christus und seine glorreiche Mutter, unsere heilige Jungfrau; dann fiel er auf beide Knie und dankte vielmals Gott für die ihm erwiesene Gnade, dieses Meer entdecken und damit Gott und den Durchlauchtigsten Katholischen Königen von Kastilien, unseren Herrn, damals König Ferdinand der Katholische, der fünfte seines Namens, der Granada einnahm und Kastilien regierte durch die Königin Doña Juana, seine Tochter und Mutter der cäsarischen Majestät Kaiser Karls, unseres Herrn, und allen nachfolgenden Königen einen so großen Dienst erweisen zu dürfen.

Und er befahl allen, die mit ihm waren, sich ebenfalls niederzuknien und Gott den Dank darzubringen und ihn mit tiefster Andacht anzuflehen, er möge sie die großen Geheimnisse und Reichtümer, die es an jenem Meer und an seinen Küsten gebe und die man erhoffen könne, entdecken und schauen lassen zur höheren Ehre Gottes und zur Mehrung des christlichen Glaubens, zur Bekehrung der eingeborenen Indios jener südlichen Regionen und zum Wohle des Thrones von Kastilien und seiner Fürsten, sowohl der lebenden wie der kommenden. Alle taten dies willig und freudig; unmittelbar darauf ließ der Hauptmann einen schönen Baum fällen. Man fertigte aus ihm ein hohes Kreuz und rammte es an Ort und Stelle auf dem hohen Berge fest ein, von dem aus man zum ersten Mal jenes südliche Meer gesehen hatte.[...]

Am 29. des Monats, dem Sankt Michaels-Tage, nahm Vasco Núñez 26 bewaffnete Männer mit sich, diejenigen, die ihm am kräftigsten schienen, ließ die anderen hier in Chapes zurück, und ging direkt auf die Südmeerküste zu, jenen Golf, den er nach dem Heiligen Michael benannt hatte. [...]

Er und die mit ihm waren setzten sich und warteten bis das Wasser wieder stieg; denn meerwärts war lauter Schlamm und der Zugang war schlecht. Während sie warteten, stieg das Meer vor aller Augen zusehends: Es kam die Flut mit großer Gewalt. Da nahm der Hauptmann Vasco Núñez im Namen seiner erlauchten Majestät des Katholischen Königs Don Fernando, des Fünften seines Namens, und der erlauchten Katholischen Königin Doña Juana, seiner Tochter, für die Krone und das Zepter von Kastilien die königliche Fahne Ihrer Hoheiten in die Hand, auf welcher ein Bild der heiligen Jungfrau Maria, unserer Herrin, mit ihrem lieben Sohn, unserem Erlöser, in den Armen, und am Fuß des Bildes das königliche Wappen von Kastilien gemalt waren, watete mit gezogenem Schwert und einem Schild in der Hand in das salzige Wasser des Meeres hinein, bis es ihm zu den Knien ging und rief, während er auf und ab schritt: „Es lebe der König Don Fernando und die Königin Doña Juana, die hohen und mächtigen Könige von Kastilien, León und Aragón [etc.]. Ich nehme und ergreife in ihrem Namen und für die Krone von Kastilien hier und jetzt unwiderruflich faktisch und körperlich (*real y corporal)* Besitz von diesen Meeren und Ländern und Küsten und Häfen und Inseln des Südens, mit allen angrenzenden Königreichen und Provinzen. [...] Wenn ein anderer Fürst oder Hauptmann, Christ oder Ungläubiger [...] einen Rechtsanspruch erhebt auf diese Länder und Meere, bin ich bereit und gerüstet, ihm zu widersprechen und entgegenzutreten im Namen der Könige von Kastilien, [...] denn ihrer ist dieses Reich und die Herrschaft hier in Indien [...]".

Diese Sechsundzwanzig und der Notar Andrés de Valderrábano waren die ersten Christen, die ihre Füße in das Südmeer tauchten, und alle probierten mit den Händen das Wasser und führten es zum Munde, wie etwas noch nie Dagewesenes, um festzustellen, ob es salzig war wie das andere Meer im Norden; und als sie merkten, dass es salzig war, und sie sich vor Augen führten und bewusst machten, wo sie sich befanden, dankten sie Gott unzählige Male. [...] Hier nahm Vasco Núñez weitere Handlungen zum Zeichen der Besitzergreifung vor: Er zog seinen Dolch aus dem Gürtel und schnitt ein Kreuz in einen Baum, an den das Seewasser schlug; und machte weitere Kreuze an zwei andere Bäume, damit es drei wären zu Ehren der Heiligen Dreifaltigkeit, Vater, Sohn und Heiliger Geist, drei Personen in einem wahren Gott, in dessen Namen er für Kastilien und die erlauchten regierenden und zukünftigen Könige Besitz nahm. Dann machten alle Anwesenden viele Kreuze in weitere Bäume und fällten einige davon mit ihren Schwertern, so die Besitznahme fortsetzend. Und alles ließ der Hauptmann Vasco Núñez beurkunden. Dann kehrte er zu den Hütten des Kaziken Chape [...] zurück [...]. Während er dort Rast hielt, bemühte sich der Hauptmann Vasco Núñez mit dem Lande Frieden zu schließen. Zu diesem Zweck schickte er seine Boten und Dolmetscher überall hin, um den Indios Mut zu machen und ihre Freundschaft zu gewinnen.

Eberhard Schmitt (Hrsg.), Dokumente zur Geschichte der Europäischen Expansion, Bd. 2, Die Großen Entdeckungen, München 1984, S. 375, 377- 380.

2.3 Balboa nimmt Besitz vom Pazifischen Ozean (1513)

Eine Zeichnung hält den Moment der Inbesitznahme mit den symbolischen Handlungen fest: Sie stammt aus der Entdeckungsgeschichte von Antonio de Herrera. Historia General de los hechos de los Castellanos en las Islas y Tierrafirme del Mar Océano, Madrid 1601-1615.

Abb. 18: Balboa nimmt Besitz vom Pazifik, aus: Hans-Joachim König, Die Entdeckung und Eroberung Amerikas. 1492-1550. Freiburg, Würzburg 1992, S. 76.

2.4 Die Eroberung des Aztekenreichs als Beginn einer neuen Universalherrschaft?

Im Jahr 1519 begann Hernán Cortés mit der Eroberung Mexikos, der sich in den folgenden Jahren diejenige Mittelamerikas anschloss. Er war kein unerfahrener Heerführer und Eroberer. Doch begann er ohne Auftrag auf eigene Faust die planmäßige Eroberung des Aztekenreiches. Um zumindest nachträglich eine Legitimierung für sein Vorgehen zu erhalten, gab er sozusagen als sein eigener Chronist in fünf Briefberichten an Kaiser Karl V. eine detaillierte Darstellung über seine militärischen und politischen Aktivitäten bei der Eroberung und Umgestaltung des Aztekenreichs zu einer spanischen Provinz. Von diesen Briefen wurden der zweite (30. Oktober 1520), der dritte (14. Mai 1522) und der vierte (15. Oktober 1524) umgehend in Spanien veröffentlicht. Auch in anderen europäischen Ländern fanden sie schnelle Verbreitung, berichteten sie doch nicht nur von Eroberungstaten, sondern auch von den Merkwürdigkeiten einer fremden Welt. Im Brief vom 30. Oktober dient Cortés seinem Kaiser Karl V. eine neue territorial begründete Universalherrschaft an, die dieser jedoch noch nicht zur Grundidee seines Handelns machte. Nachstehend Auszüge aus den Briefen vom 30.10.1520 und 15.10.1524. In letzterem sieht Cortés durch seine Aktivitäten und die anderer Eroberer, besonders durch eine Schiffsexpedition über den Pazifik, sogar ein neues Weltreich entstehen:

Bericht vom 30. Oktober 1520

Allerhöchster, Großmächtigster, Sehr Katholischer Fürst, Unüberwindlicher Kaiser und Herr! Ich übersandte Eurer Majestät mit einem Schiffe, das am 16. Juli 1519 aus Neuspanien absegelte, einen ausführlichen Bericht über alles, was sich seit meiner Auskunft, bis auf den heutigen Tag zugetragen hat. Ich vertraute diese Nachricht dem Alonso Hernandez Puertocarrero an und dem Francisco de Montejo, Prokuratoren von Villa Rica de la Veracruz, die ich im Namen Eurer Majestät erbaut hatte. Seither habe ich meine Berichte über die bisherigen Geschehnisse einstellen müssen, weil ich infolge meiner Eroberungszüge und der Besiegung dieser Länder und ferner aus Mangel an Schiffen und in Unkenntnis über den Verbleib meiner ersten Schiffe keine Gelegenheit dazu gehabt habe. Gott allein weiß, wie sehr ich darunter gelitten habe! Mein Wunsch wäre natürlich, Eure Majestät über die Verhältnisse dieses Landes auf dem Laufenden zu halten, und diese entsprechen durchaus den Angaben meines ersten Berichtes: Eure Majestät kann also den Titel eines Kaisers dieser unermesslichen Provinzen mit demselben Rechte führen wie den eines Kaisers von Deutschland, den Eure Majestät durch die Gnade Gottes bereits besitzt. Wenn ich Eurer Majestät all das, was ich in diesen neuen Königreichen gefunden habe, bis ins Einzelne berichten sollte, so würde ich nie ein Ende finden, und ich flehe Eure geheiligte Majestät an, mir verzeihen zu wollen, wenn es mir weder meine Fähigkeiten, noch die Lage, in der ich mich befinde, ermöglichen. Dennoch werde ich mich bemühen, nach bestem Vermögen die Wahrheit zu sagen und Eurer Majestät von dem Nachricht zu geben, was zu wissen Eurer Majestät augenblicklich Not tut. Auch bitte ich demütigst um Vergebung, wenn ich einige wesentliche Umstände auslasse, wenn ich nicht genau die Zeit und die Art der Vorgänge angebe, und wenn ich mich nicht mehr recht an die Namen der Städte, Dörfer und Herrschaften derer erinnere, die Eurer Majestät ihre Dienste angeboten und sich als Eure Untertanen und Vasallen erklärt haben. Denn infolge eines Missgeschicks, von dem ich Eurer Majestät Kunde geben werde, habe ich all meine Schriftstücke und Berichte über meine Verhandlungen mit den Eingeborenen dieser Länder nebst vielerlei anderem verloren. Ich habe, Allervortrefflichster Fürst, Eurer Majestät in meinem vorigen Berichte das Verzeichnis der Städte und Ortschaften vorgelegt, die ich bisher unter Eure Botmäßigkeit gebracht habe. Auch habe ich bereits von einem großen Fürsten, mit Namen Moctezuma gesprochen, der nach den Erkundigungen, die ich eingezogen, neunzig oder hundert Meilen von der Küste und dem Hafen, wo ich angelegt habe, wohnen soll. Ich fügte hinzu, dass ich im Vertrauen auf die Macht Gottes und des königlichen Namens Eurer Majestät Moctezuma aufsuchen wollte, wo er auch weilen möge. Ja, ich erinnere mich sogar, dass ich in diese Suche noch mehr zu leisten versprochen habe, als ich zu tun imstande war, hatte ich doch beschlossen, ihn entweder tot oder lebendig als Untertanen Seiner Majestät herbeischaffen zu wollen. [...]

Bericht vom 15. Oktober 1524.
[...] Diese Schiffe sind mir wichtiger, als ich es zu sagen vermag. Denn ich halte es für gewiss, dass es mir durch sie, wenn Gott dem Herrn gefällig, gelingen wird, in dieser Himmelsgegend Eure kaiserliche Majestät noch zum Herren mehrerer Königreiche und Herrschaften zu machen, als wovon unsere Nation bis heute Kunde hat. Möge Ihm es denn gefallen nach seinem Ratschluss den Weg dahin zu leiten, dass Eure kaiserliche Majestät so großes Gut erlange! Ich meinerseits glaube, wenn diese neue Unternehmung gelingt, dass Eurer Erhabenheit nichts mehr zu tun übrig bleiben wird, um der universale Monarch der Welt zu sein. [...]

Hernán Cortés, Die Eroberung Mexikos. Drei Berichte an Kaiser Karl V. Hrsg. von Claus Litterscheid, Frankfurt/M. 1980, S. 9-10, 288.

2.5 Eroberungsstrategien des Hernán Cortés bei der Eroberung Mexikos (1519)

a) In seinem Briefbericht vom 30. Oktober 1520 beschreibt Cortés, wie er sich die Rivalität verschiedener Gruppen zu Nutze macht:

[...] Während ich noch in meinem Lager verweilte und noch mit allen Kräften dieser Provinz in Fehde lag, erhielt ich den Besuch von sechs [...] adligen Untertanen Moctezumas, in deren Gefolgschaft sich mehr als 200 Mann befanden. Wie sie sagten, kamen sie im Auftrage ihres Herrn, um mir mitzuteilen, dass er mein Freund und der Vasall Eurer Majestät zu werden wünschte; ich hätte nur den Tribut zu bestimmen, den er in Gold, Silber, Edelsteinen, Sklaven, Stoffen aus Baumwolle und anderem alljährlich Eurer Majestät entrichten sollte: All das wolle er geben, sofern ich nur seine Besitzungen schone; und wenn er mich darum bäte, so täte er es nur deshalb, weil sie unfruchtbar wären, und weil ihn der Gedanke, ich und die Meinen könnten Mangel leiden, traurig stimmte. Zugleich schickte er mir durch diese Leute Gold im Werte von tausend Pesos und ebensoviel in baumwollenen Stoffen, aus denen man sich dort Gewänder zurechtschneidet.

Fast während der ganzen Kriegsdauer blieben sie bei mir, völlig durchdrungen von dem, was die Macht Spaniens vermag. Sie waren Zeugen der Unterwerfung der Provinz, der Friedensgesuche seitens der Häuptlinge an Eure geheiligte Majestät, was mir den Abgesandten Moctezumas höchlich zu missfallen schien, taten sie doch ihr Möglichstes, um zwischen mir und meinen neuen Verbündeten Zwietracht zu säen; sie behaupteten, jene hintergingen mich, ihre Freundschaftsbeteuerungen wären verlogen und sie wollten nur meine Wachsamkeit einschläfern und irgendwie verräterische Handlung vorbereiten. Andererseits sagten auch die Vertreter der Provinz zu mir, ich sollte mich vor den Vasallen Moctezumas hüten, denn alle wären Verräter; nur mit Lüge und Hinterlist hätten sie das ganze Land unterjocht. Als wahre Freunde müssten sie mich warnen, ich sollte doch bedenken, dass sie jene schon seit langer Zeit kennen. Der Widerspruch zwischen den Aussagen beider Parteien bereitete mir großes Vergnügen, denn sie schienen so großen Wert auf das Bündnis mit mir zu legen, dass ihre völlige Unterwerfung keine großen Schwierigkeiten bereiten dürfte. Und ich erinnerte mich an jenes Wort aus dem Evangelium, das da lautete: „Omne regnum in se ipsum divisum desolabitur.“[1] Ich verhandelte also mit beiden Parteien, dankte jeder von ihnen im Geheimen für ihre guten Ratschläge und versicherte beide meiner Freundschaft.

Hernán Cortés, Die Eroberung Mexikos. Drei Berichte an Kaiser Karl V. Hrsg. von Claus Litterscheid, Frankfurt/M. 1980, S. 36-37.

b) Geschickt setzte Cortés auch das für die Indios Neuartige und Befremdliche ein, um Eindruck zu machen. Eine dieser Szenen beschreibt ein spanischer Augenzeuge der Eroberung Mexikos, Bernal Díaz del Castillo, ein einfacher Soldat und treuer Gefolgsmann von Cortés, in seiner 1568 fertiggestellten, aber erst 1632 erschienenen „Historia verdadera de la conquista de la Nueva España“. Díaz del Castillos Geschichte gilt als genaueste, interessanteste und vollständigste Chronik der Eroberung Mexikos; sie sieht die Eroberung nicht nur aus der Sicht von Cortés, sondern betont auch die Verdienste der einfachen Soldaten. Die folgende Szene spielte sich im Jahre 1519 auf der Halbinsel Yucatán ab, also noch vor der eigentlichen Eroberung Mexikos:

[...] Cortés, der jeden Vorteil ausnützte, sagte anschließend lächelnd zu uns: „Meine Herren, mir scheint, dass die Indianer große Angst vor unseren Pferden haben. Sie sind wohl der Meinung, dass unsere Pferde und unser Geschütz den Krieg allein führen. Ich habe einen Einfall, der diese Überlegung bestätigen soll. Ihr müsst die Stute des Joan Sedeno holen, die erst kürzlich an Bord geworfen hat. Ihr sollt sie hier, wo ich stehe, anbinden. Dann bringt Ihr den Hengst des Musikers Ortiz, der besonders hitzig ist und schnell die Witterung der Stute haben wird. Sobald Ihr merkt, dass es soweit ist, führt Ihr die beiden Rosse wieder weg, jedes an einen anderen Ort, damit die Kaziken sie weder sehen noch hören, bevor sie mir vorgestellt und wir mitten im Gespräch sind." Ferner ließ Cortés das größte unserer Geschütze mit reichlich Pulver und einer Kugel laden. Gegen Mittag kamen vierzig Kaziken, mit vielem Anstand und nach ihrer Art und Weise reich gekleidet. Sie begrüßten Cortés und uns alle, räucherten uns mit Weihrauch an, baten um Verzeihung für das Vergangene und versprachen Freundschaft für alle Zukunft.

Cortés antwortete durch unseren Dolmetscher mit finsterem Ernst. Er sagte, er habe sie oft zum Frieden eingeladen, und nun sei es allein durch ihre Schuld fast so weit gekommen, dass wir alle Einwohner der hiesigen Ortschaften umgebracht hätten. Wir wären die Vasallen eines großen Königs und Herrn, der uns in dieses Land geschickt und befohlen habe, alle, die sich seiner Oberhoheit unterwerfen, zu begünstigen und zu unterstützen. Wenn ihre Versicherungen wahr und sie wirklich friedlich gesinnt seien, dann könnten wir diesen Befehl unseres Herrn auch ausführen. Sei dies aber nicht der Fall, dann müssten wir die Tepuzques – den Namen hatten die Indianer den Geschützen gegeben – auf sie loslassen. Die Tepuzques seien ohnehin noch sehr erbittert über ihre Feindseligkeit. In diesem Augenblick wurde auf ein Zeichen des Generalkapitäns das große Stück abgefeuert. Es gab einen donnerähnlichen Knall, und die Kugel flog mit lautem Geräusch über die Höhen weg. Man konnte sie deutlich hören, weil es völlig windstill war.

Die Kaziken hatten Derartiges noch nie gesehen. Sie bekamen Angst und glaubten alles, was Cortés ihnen zuvor gesagt hatte. Er ließ sie nun durch Aguilar beruhigen und ihnen versichern, dass er den Befehl gegeben habe, ihnen keinerlei Schaden zuzufügen. In diesem Augenblick brachte man den Hengst, der die Witterung der Stute hatte, und band ihn ganz in der Nähe an. Der Hengst fing sehr bald an, zu wiehern, mit den Hufen zu stampfen und sich aufzubäumen. Seine Augen waren unaufhörlich auf die Indianer gerichtet; denn sie standen vor dem Zelt des Cortes, in dem die Stute versteckt war. Die Kaziken aber mussten glauben, dass der Hengst alle diese Bewegungen nur um ihretwillen mache, und sie waren deshalb in großer Furcht. Cortés ließ die Szene auf die Indianer wirken. Dann stand er von seinem Stuhl auf, trat zu dem Pferd, nahm es am Zügel und ließ es durch die Stallknechte wieder wegführen. Aguilar aber versicherte den Kaziken, Cortés habe dem Ross befohlen, ihnen kein Leid zuzufügen. Während dieses Auftritts erschienen dreißig indianische Lastträger, die sie „Tamemes" nennen, mit Hühnern, gerösteten Fischen und allerlei Früchten. Die Träger hatten mit ihren Lasten den Kaziken nicht so schnell folgen können. Zwischen den indianischen Häuptlingen und Cortés entwickelte sich ein lebhaftes Palaver. Sie verließen uns schließlich sehr zufrieden mit der Versicherung, dass sie am nächsten Tag mit Geschenken wiederkommen würden.

Bernal Díaz del Castillo, Wahrhafte Geschichte der Entdeckung und Eroberung von Mexiko. Hrsg .und bearbeitet von Georg A. Narciß. Frankfurt/M.1981, S. 78-80.

2.6 Goldgier der Spanier versus Götterprüfung durch die Azteken

Entlang der Küste im Golf von Campeche segelte Cortés weiter auf der Suche nach einem Stützpunkt, der zugleich als Ausgangsbasis für den Zug ins Landesinnere und Hafen für die Verbindung zur Außenwelt – zu Spanien und Kuba – geeignet war. Er fand ihn an der Stelle der heutigen, von ihm gegründeten Stadt Veracruz. Der aztekische Herrscher Moctezuma II. war über die Fahrt und die Ankunft der Fremden an der Küste schon längst informiert und versuchte herauszufinden, ob es sich bei den Fremden um Götterwesen oder fremdartige Menschen handelte. Böse Vorahnungen veranlassten ihn, die Spanier mit Argumenten und Geschenken, deren Wert sich immer mehr steigerte, dazu zu bewegen, nicht nach Tenochtitlán vorzudringen. Bei den Geschenken, die er überbringen ließ, handelte es sich um Gewänder, Schmuckstücke und Insignien, die nach aztekischer Vorstellung dem Gott Quetzalcóatl zukamen. Die Taktik der Götterprüfung bewirkte aber gerade das Gegenteil, denn je mehr Gold er schickte, desto mehr reizte er die Spanier. Im Übrigen erkannte Cortés in den Geschenken nicht die Göttertrachten und -insignien; er war nicht der vermutete Gott. Moctezuma seinerseits erhielt keine Gewissheit; er nahm schließlich den Einmarsch der Fremden in die Hauptstadt seines Reiches hin und schickte sogar hohe Fürsten seines Reiches aus, um die „Götter" zu empfangen und sie erneut mit den Zeichen ihrer Würde zu beschenken. Die unterschiedliche Sichtweise von Spaniern und Azteken derselben Vorgänge ist sehr eindringlich bei Bernal Díaz del Castillo (a) und in der Chronik des Fray Bernardino de Sahagún (b) dargestellt:

a)

Die Gesandten traten vor unseren Feldhauptmann, berührten die Erde vor ihm mit der Hand und räucherten ihn und alle in der Nähe stehenden Spanier an. Die beiden Kaziken hießen Cortés geziemend in ihrem Land willkommen. Es wurden viele freundliche Reden gewechselt. Dann breiteten sie Matten aus, legten darauf baumwollene Stoffe und die prächtigen Geschenke ihres Gebieters. Das erste war eine außerordentlich schöne Arbeit, eine goldene, reichverzierte Scheibe in der Größe eines Wagenrades, die nach der Meinung von Kennern ihre zwanzigtausend Goldpiaster wert war. Sie stellte die Sonne dar. Dann kam der Mond, eine noch größere, schwere silberne Scheibe, mit zahlreichen Figuren verziert. Und schließlich übergaben die Kaziken die Sturmhaube, bis oben hin mit feinen Goldkörnern gefüllt, wie sie aus den Bergwerken kommen. Sie waren mindestens dreitausend Piaster wert. Aber selbst der zehnfache Wert wäre für uns weniger gewesen als die Gewissheit, dass es in diesem Land reiche Gold- und Silbergruben geben musste. Dazu kamen zwanzig sehr reizvoll nach der Natur geformte Enten, Figuren von Hunden, Tigern, Löwen und Affen, zehn Halsketten und Berlocken, lauter besonders schöne Arbeiten aus reinem Gold; sie brachten ferner in Gold und Silber gefasste Federbüsche und Fächer, dreißig Ballen feine baumwollene Stoffe, kurz eine Menge von Gegendständen aller Art, dazu Waffen und Lebensmittel; ich kann mich nach den vielen Jahren nicht mehr an alle Einzelheiten erinnern. Die beiden Kaziken baten Cortés, die Geschenke ebenso freundlich aufzunehmen, wie Moctezuma die unseren aufgenommen habe. Er solle sie nun nur unter die Teules [die Götter] und unter die Männer seiner Begleitung verteilen (die Indianer hielten also damals noch einige von uns, vielleicht die Reiter, für übernatürliche Wesen). Dann übermittelten sie folgende Botschaft ihres Gebieters: Er, Moctezuma, sei sehr erfreut über die Ankunft so tapferer Männer in seinen Ländern. Er wünsche sehr, unseren großen Kaiser zu sehen, der nach allen Berichten ein mächtiger Herrscher sei, und von dem er trotz der großen Entfernung schon früher gehört habe. Er wolle ihm kostbare Steine zum Geschenk machen. Er sei gern bereit, uns mit allem zu unterstützen, was wir hier in seinem Land brauchten. Er bitte aber, den Plan einer Zusammenkunft zwischen ihm und Cortés aufzugeben. Dieses Treffen sei nicht notwendig. Es sei außerdem mit sehr großen Schwierigkeiten verbunden.

Cortés dankte den beiden Gesandten wiederholt und sehr verbindlich. Er schenkte jedem zwei Hemden aus holländischer Leinwand, blaue Glasperlen und andere Kleinigkeiten. Dann bat er sie aber, zu ihrem Gebieter zurückzukehren und ihm zu melden, dass unser großer Kaiser und Herr sehr ungnädig sein werde, wenn er höre, dass wir Moteczuma nicht persönlich begrüßt hätten. Wir seien schließlich aus sehr fernen Ländern und über große Meere gekommen, nur um Moteczuma unsere Aufwartung zu machen. Wir könnten nun nicht unverrichteter Dinge zurückfahren. Er müsse deshalb in jedem Fall Gelegenheit haben, die Residenz ihres großen Herrschers aufzusuchen, um seine Befehle persönlich entgegenzunehmen.

Bernal Díaz del Castillo, Wahrhafte Geschichte der Entdeckung und Eroberung von Mexiko. Hrsg. und bearbeitet von Georg A. Narciß, Frankfurt/M.1981, S. 88-89.

b)
Und nachdem man erfahren hatte, was für Leute am Ufer des Meeres angekommen waren, die auf Schiffen wohnten: alsbald begaben sich in eigener Person dorthin der Oberverwalter von Cuetlaxtlan, Pinotl, der Verwalter von Mictlanquauhtla, Yaotzin. [...] Da gingen sie hinein in das Wasser, bestiegen die Boote, fuhren den Fluss hinab, die Bootsleute ruderten sie. Und als sie an die Spanier herankamen, aßen sie Erde vor ihnen vorn am Kanu, sie dachten, das ist *Quetzalcóatl*, unser Fürst, der gekommen ist. Die Spanier riefen sie an und sprachen zu ihnen: „Wer seid ihr? Woher seid ihr gekommen? Wo seid ihr zu Hause?" Da antworteten sie: „Wir kommen aus Mexiko." Die Spanier antworteten: „Wenn ihr in Wahrheit Mexikaner seid, wie heißt der König von Mexiko?" Sie antworteten: „O unsere Herren, Moctezuma heißt er." Darauf gaben sie ihnen all die verschiedenen kostbaren Mäntel, die sie mitgebracht hatten. [...] Nachdem sie ihnen alles geschenkt haben, erhalten sie Gegengeschenke. Man gibt ihnen grüne, gelbe Perlen, die gleichsam Bergkristall nachahmen. Und als sie sie entgegengenommen, gesehen hatten, waren sie darüber sehr erstaunt. Und die Spanier geboten ihnen, sprechen zu ihnen: „Geht! Lebt wohl! Wir gehen jetzt erst noch einmal nach Spanien, wir werden nicht lange fortbleiben, dann kommen wir nach Mexiko." Darauf gingen die Spanier, darauf kamen auch, kehrten zurück die Mexikaner. [...]

Da befahl Moctezuma dem Gouverneur von Cotastla, Pinotl, und den anderen, er sprach zu ihnen: „Befehlt, dass man Wachen ausstelle, überall an dem Ufer des Meeres, an den Orten, die da heißen: Nautla, Tuxtla, Mictlanquauhtla, in der Gegend, wo die Spanier kommen werden." [...] Und im anderen Jahr, als schon das Jahr *Dreizehn Kaninchen* mit dem nächsten sich berührt, nahe dem Ende des Jahres *Dreizehn Kaninchen* [1518], kamen sie, wurden sie wieder gesehen. Und sogleich eilt man, Moctezuma zu benachrichtigen. Als der es hörte, sandte er sofort Boten ab, indem er gewissermaßen so dachte: Es ist unser Fürst *Quetzalcóatl*, der gekommen ist. Denn so war sein Wille gewesen, dass er wiederkommen wird, dass er herkommt, seinen Thron wieder einnehmen wird, weil er nach Osten gegangen war, als er fortzog. Und er schickte fünf ab, die ihn empfangen, ihm Geschenke bringen sollten, der Führer der Gesandtschaft hatte den Amtstitel Priester, mit seinem Fürstennamen Yoalliichan genannt. [...]

Er sprach zu ihnen: „Geht her, ihr Jaguarkrieger, geht her, man sagt, unser Herr ist bereits gekommen, geht, ihn zu empfangen, hört wohl, seid ganz Ohr, was er sagen wird, das genau Gehörte sollt ihr mir hierher bringen. Hier ist das, womit ihr zu ihm sollt, die Tracht *Quetzalcóatls*, unseres Herrn!“ Die Schlangenmaske, aus Türkisen gefertigt, den grünen Quetzalfederschmuck der Leute von Tabasco; die grüne Edelsteinhalsplatte mit einer großen Goldscheibe in der Mitte und einen Schild mit Streifen aus Gold und Muscheln, mit ausgebreiteten Quetzalfedern am Rande und einer Quetzalfahne und einen Kreuzspiegel mit Quetzalfedern. Und dieser Kreuzspiegel war mit einem Türkisschild versehen, war mit Türkismosaik eingelegt, mit Türkisen beklebt, und den Edelsteinarmreif mit goldenen Schellen; ferner das Türkiswurfbrett, nur aus Türkisen, wie mit einem Schlangenkopf, mit einem Schlangenkopf versehen, und die Obsidiansandalen. [...] Als zweites Geschenk brachten sie die Tracht Tezcatlipocas: die Federkronen mit goldenen Sternen versehen und seinen goldenen Schellenohrpflock und den Halsschmuck von scheibenförmigen Schneckengehäusen, den Brustschmuck mit kleinen weißen Schneckengehäusen verziert, als Anhänger am Rande. [...] Als viertes Geschenk die Tracht *Quetzalcóatls* selbst: eine Jaguarfellmütze mit Waldhuhnfedern, oben befindet sich ein großer grüner Edelstein über der Stirn eingelassen. Und den Türkisohrpflock, rund, daran hängend ein goldenes Ohrgehänge. Und die Halsschmuckplatte aus grünem Edelstein, in der Mitte die große, goldene Scheibe. Und den Mantel mit rotem Saum, den knüpft er sich über die Schulter. Ebenfalls goldene Schellen, die er als Schmuck an seinen Füßen hat. Und einen Schild mit Gold in der Mitte, mit ausgebreiteten Quetzalfedern am Rande und mit einer Quetzalfahne. Und den gekrümmten Stab des Windgottes, oben gekrümmt, mit Sternzeichnung aus weißen Chalchiuitl. Und eine Schaumsandale. Alle diese genannten Göttertrachten, ihre Trachten, wurden den Gesandten übergeben, und noch sehr viele andere Stücke, die sie als ihr Begrüßungsgeschenk brachten. [...] Und die genannten fünf, sie redet Moctezuma an und spricht zu ihnen: „Geht, haltet euch nirgends auf, betet an unseren Herrn, den Gott, sagt ihm: Uns hat dein Vasall Moctezuma geschickt. Hier ist das, was er dir herschenkt, denn der Gott ist in seiner Heimat, in Mexiko angekommen.“ [...]

Dann schmückten sie den Kapitän. Sie ziehen ihm an: die Türkisschlangenmaske, daran befindet sich der Federkopfschmuck und daran befinden sich, darin stecken oder daran hängen die Schlangenohrpflöcke. Und sie zogen ihm das Kleid an, und sie legten ihm um den Hals das aus mehreren Edelsteinketten bestehende Halsband mit der Goldscheibe in der Mitte. Sie befestigten ihm hinten am Leibe den Kreuzspiegel aus Türkismosaik. Ferner knüpfen sie ihm die Decke, genannt Tzitzilli um. Und an seinen Beinen befestigen sie die Edelsteinstrümpfe mit den Goldschellen, und sie geben ihm die Hand, legten ihm in die Hand den Schild, der goldene Längsstreifen, Muschelquerstreifen hat, einen breiten Saum von Quetzalfedern, mit einer Fahne aus Quetzalfedern verbunden ist. Und Obsidiansandalen legen sie vor ihn hin. Und die andern drei Trachten, Göttertrachten, legten sie geordnet vor ihn hin. Und danach sprach der Kapitän zu ihnen: „Ist das alles, was euer Begrüßungsgeschenk ausmacht?“ Sie antworteten ihm: „Das ist alles, womit wir hergekommen sind, o unser Herr!“

Darauf befahl der Kapitän, sie zu binden, ihnen Eisen an die Füße zu legen und an den Hals. Und danach schossen sie das grobe Geschütz los. Und als die Gesandten das hörten, wurden sie herzschwach und ohnmächtig, fielen auf den Boden, schwankten hin und her, waren ihrer Sinne nicht mehr mächtig, und die Spanier hoben sie vom Boden auf, hoben sie auf und gaben ihnen Sitze, gaben ihnen Wein zu trinken, danach gaben sie ihnen zu essen; so schöpften sie wieder Atem.

[...] Und danach statteten sie dem Moctezuma Bericht ab; sie erzählten ihm von den wunderbaren Dingen, und sie zeigten ihm, was ihre Speise war. Und als er hörte, wie ihm die Gesandten berichteten, fürchtete er sich sehr, erschrak, wunderte sich sehr über ihre Speise. Sehr entsetzte es ihn, als er hörte, wie herabfällt ihr Befehl, das Feuergeschütz, wie er donnert, der Schall, wenn er fällt, zum Ohnmächtigwerden, zum Taubwerden. Und wenn der Schuss fällt, wie eine Kugel aus seinem Bauch herauskommt, Feuer regnend, sehr stinkend, nach Schwefel stinkend, dass es einem den Kopf benimmt. Und wenn die Kugel einen Berg trifft, wie er da zusammenstürzt, in Trümmern liegt. Und wenn sie einen Baum trifft, so wird er zerpulvert, wie wenn einer etwas Unerhörtes vorführt, als wenn einer ihn fortgeblasen hätte. Lauter Eisen ist ihre Kriegstracht. [...] Und ihre Hirsche tragen sie auf dem Rücken, dachhoch sind sie dadurch. Und überall ist ihr Körper eingehüllt. Nur ihr Gesicht ist sichtbar, ganz weiß. Kalkgesichter sind es, mit gelbem Haar. Aber einige haben schwarzes Haar. Ihr Bart ist lang und ebenfalls gelb, sie haben gelbe Bärte. Einige sind kraus, gelockt, und ihre Speise, wie Fürstenspeise, groß, weiß, nicht schwer, wie Spreu, wie Maisstengel, wie gemahlene Maisstengel, etwas süß, etwas honigsüß, nach Honig, nach Süßem schmeckend. Und ihre Hunde, sehr groß, mit gefalteten Ohren, mit großen, hängenden Lefzen, mit feurigen, mit flammenden Augen, mit hellen, gelben Augen, mit eingezogenem Bauch, mit ausgekehltem Bauch, mit löffelförmigem Bauche; ausgewachsen sind sie wild, wie Unholde, immer keuchend, immer mit heraushängender Zunge, jaguarfleckig, gefleckt. Und als dies Moctezuma hörte, fürchtete er sich sehr, fiel fast in Ohnmacht, er war sehr bekümmert, in großer Angst. [...]

Und Moctezuma verzweifelte, er fürchtete sich, ängstigte sich, verzweifelte an der Zukunft der Stadt. Und alle fürchteten sich, man war in Furcht, man war in Angst. Es herrschte Verzweiflung, man verzweifelte, man kam zusammen zur Beratung, man bildete einzelne Gruppen, man eilte herbei, man weinte, man weinte heftig, man beweinte seine Kinder, man ließ den Kopf hängen, man begrüßte sich mit Tränen, man begrüßte weinend seine Kinder, versuchte seine Kinder zu trösten. Man streichelte den Kopf der kleinen Kinder, die Väter sprachen: „Ach, meine Kinder, wie werdet ihr das überstehen können, was über euch gekommen ist, was jetzt sich vorbereitet?“ Und die Mütter sprachen: „Meine Kinder, wie werdet ihr das überstehen können, was ihr Schreckliches sehen werdet, was jetzt auf uns kommen wird?“

[...] Und sie schenkten ihm (Cortés) das Goldbanner, das Quetzalfederbanner und die goldene Perlhalskette. Und als sie es ihnen gegeben hatten, lachten die Spanier über das ganze Gesicht, freuten sich sehr, wie Affen griffen sie nach dem Golde, ihr ganzes Herz richtete sich gleichsam darauf, ihr Herz war gleichsam blank, ihr Herz war gleichsam frisch. Denn danach dürsten sie sehr, sie verlangen danach, suchen das Gold wie die Schweine, und die goldene Fahne schwenken sie hin und her, prüfen sie auf der einen Seite und auf der anderen. Sie sind wie jemand, der eine wilde Sprache spricht. Alles, was sie sagen, ist unverständlich. [...]

Aus der Welt der Azteken. Die Chronik des Fray Bernardino de Sahagún. Mit einem Vorwort von Juan Rulfo, Übersetzungen von Leonhard Schultze Jena, Eduard Seler und Sabine Dedenbach-Salazar-Sáenz, Frankfurt/M.1989, Buch XII, S. 244-257.

2.7 Der zunächst friedliche Einzug in Tenochtitlán, die politische Unterwerfung (1519)

Am 19. November 1519 konnten die ungefähr 400 Mann zählenden Spanier mit ihren Hilfstruppen in die Hauptstadt des Aztekenreichs einziehen. Am Eingang Tenochtiláns kam es zu der historischen Begegnung zwischen Cortés und Moctezuma, zwischen den Vertretern so unterschiedlicher Kulturen. Sowohl in den spanischen Quellen, bei Cortés im zweiten Brief (b) und bei Bernal Díaz, als auch in den aztekischen Schilderungen von Sahagún (a) ist diese Begegnung, die Rede Moctezumas und die Reaktion von Cortés, aus der jeweils unterschiedlichen Sichtweise ausführlich beschrieben:

a) [...]
Nachdem er zu Ende war, die Einzelnen mit Halsketten geschmückt hatte, sprach Cortés zu Moctezuma: „Du bist es doch nicht? Bist denn du Moctezuma?“ Moctezuma sprach: „Ja, ich bin es!“ Darauf richtet sich Moctezuma auf, stellt sich dem Cortés gegenüber auf, neigt sich vor ihm zur Erde, geht ganz dicht an ihn heran, stellt sich fest vor ihn hin, hält ihm die folgende Rede: „O unser Herr! Mit Mühsal, mit Ermüdung hast du es erlangt, dass du hier in dem Lande angekommen bist, dass du nahe an deine Stadt Mexiko herangekommen bist, dass du auf deiner Matte, deinem Stuhle zu sitzen gekommen bist, den ich nur eine kleine Weile für dich gehütet habe. Denn dahingegangen sind deine Untertanen: die Könige Itzcouatl, der alte Moctezuma, Axayacatl, Tiçocic, Auitzotl, die nur eine kleine Weile den Stuhl für dich gehütet haben, die Stadt Mexiko beherrscht haben, unter deren Schutz sich dein Volk hier gestellt hat. Vielleicht können sie einmal ihre Hinterbliebenen besuchen kommen? Möchten doch die Vorfahren sehen, staunend sehen, was jetzt über mich gekommen ist, was ich nunmehr sehe, ich, den unsere Herren zurückgelassen haben; denn ich träume nicht, ich fahre nicht aus dem Schlafe auf, ich sehe es nicht im Traume, ich träume es nicht, dass ich dich gesehen, dir ins Antlitz geschaut habe. Denn ich war bekümmert fünf, zehn Tage und schaute nach dem unbekannten Lande, aus dem du gekommen bist, aus den Wolken heraus, aus den Nebeln heraus. Denn das haben uns die Könige gesagt, dass du kommen wirst, deine Stadt zu besuchen, dass du dich auf deine Matte, deinen Stuhl setzen wirst, dass du wiederkommen wirst. Und jetzt ist es wahr geworden, du bist zurückgekehrt, mit Mühe, mit Ermüdung hast du es erreicht. Sei nun angelangt im Lande, ruhe dich aus, besuche deinen Palast, ruhe deinen Leib aus, unsere Herren seien angelangt in ihrer Heimat.“

Und nachdem Moctezuma seine Rede beendet hatte, die er an Cortés gerichtet hatte, erklärte Malintzin es ihm, übersetzte es ihm.

Und nachdem Cortés das Wort Moctezumas gehört hatte, antwortete er dem Malintzin, antwortete ihr in der fremden Sprache, antwortete ihr in seiner fremden Sprache: „Moctezuma soll sich trösten, sich nicht fürchten, denn wir lieben ihn sehr, denn jetzt ist unser Herz zufrieden, da wir ihn kennen, ihn hören, denn die ganze Zeit wünschen wir sehr, ihn zu sehen, ihm ins Angesicht zu schauen. Und jetzt, da wir ihn gesehen haben, da wir in sein Haus nach Mexiko, gekommen sind, kann er in Ruhe unser Wort hören.“

Aus der Welt der Azteken. Die Chronik des Fray Bernardino de Sahagún. Mit einem Vorwort von Juan Rulfo, Übersetzungen von Leonhard Schultze Jena, Eduard Seler und Sabine Dedenbach-Salazar-Sáenz, Frankfurt/M.1989, Buch XII, Kap. 16, S. 263-265.

b) [...]

Nachdem ich diese Brücke überschritten hatte, kam mir der Kaiser Moctezuma entgegen mit einem Gefolge von ungefähr zweihundert vornehmen Herren, alle barfuß und in einer sehr reichen bei ihnen üblichen Tracht, durch die sie sich von allen andern unterschieden. Sie nahten sich langsamen Schritts und in feierlichem Zuge zu beiden Seiten der Straße, die sehr breit, sehr schön und so gerade ist, dass man bis an ihr Ende sehen kann, wie sie mit ihren großen Häusern und Tempeln daliegt. Moctezuma schritt mitten in der Straße einher, begleitet von zwei Vornehmen, einer zur Rechten, der andere zur Linken. In dem einen von ihnen erkannte ich denselben wieder, der mich im Gebirge aufgesucht, und der andere war Moctezumas Bruder, der Herr jener Stadt Iztapalapa, die ich am Abend vorher verlassen hatte; alle drei waren in der gleichen Weise gekleidet, nur dass der Kaiser eine Art Pantoffeln trug, während die andern barfuß gingen. Beide stützten ihn mit den Armen. Als wir einander begegnet waren, stieg ich vom Pferde, um ihn zu umarmen; allein die beiden Herren kamen dazwischen und hinderten mich daran, ihn zu berühren. Alle drei küssten nach der Sitte des Landes und mit vollendeter Höflichkeit die Erde und Moctezuma gab seinem Bruder den Befehl, mich zu geleiten und mich mit dem Arm zu unterstützen, während er mit den andern Vornehmen voranging. Nachdem er einige Worte an mich gerichtet hatte, sprachen nacheinander alle Herren, die den Zug bildeten, zu mir, um dann wieder, gemäß ihrem Range, ihren Platz einzunehmen. Während ich den Fürsten anredete, nahm ich mir ein Halsband von Perlen und Glasdiamanten ab und legte es ihm um den Hals, woraufhin einer seiner Diener sich mir mit zwei in Stoff eingewickelten Hummerhalsbändern aus roten, überaus wertvollen Muschelschalen nahte. An jedem Halsband hingen etwa acht vollendet schöne und nussgroße Goldperlen, und als der Diener sie brachte, wandte sich der Fürst zu mir und legte sie mir um den Hals. Dann schritt er in der gleichen Haltung wie vorher weiter, und wir folgten ihm bis zu einem großen und schönen Palast, den er zu unserm Empfang hatte herrichten lassen. Hier nahm er mich bei der Hand und führte mich in einen großen Saal, der auf den Hof hinausging, durch den wir eingetreten waren; dort ließ er mich auf einer sehr schönen Estrade, die für ihn angelegt worden war, Platz nehmen, bat mich, etwas zu warten und schritt dann langsam hinaus. Kurz darauf, nachdem meine Leute untergebracht waren, kam er mit allen möglichen goldenen und silbernen Schmucksachen und schimmernden Federn zurück und brachte uns zudem fünf- bis sechstausend sehr kostbare Stücke Baumwollstoff, wie auch mannigfaltige Gewebe und Stickereien. Nach Überreichung dieses Angebindes ließ er sich auf einem Sitz nieder, den man für ihn neben meinem hergerichtet hatte, und richtete folgende Worte an mich:

„Schon seit langer Zeit wissen wir aus Urkunden unserer Ahnen, dass weder ich noch ein anderer der augenblicklichen Bewohner dieses Landes uns Eingeborene nennen dürfen; wir sind Fremdlinge und aus fernen Ländern hergekommen. Uns ist auch bekannt, dass ein großer Herr uns in dieses Land gebracht hat, wo wir alle seine Vasallen waren; er kehrte dann später in seine Heimat zurück, von wo er erst nach langer Zeit zurückkam und es dann erleben musste, dass sich seine Leute mit den Mädchen des Landes verheiratet und in den zahlreichen von ihnen angelegten Dörfern Familien gegründet hatten. Er wollte sie wieder mit sich nehmen, allein sie weigerten sich und wollten ihn nicht einmal mehr als ihren Herrn anerkennen.

So verließ er denn das Land. Wir aber haben seither immer geglaubt, dass eines Tages seine Nachkömmlinge wieder erscheinen würden, um uns zu unterjochen; und nach dem Teil der Welt zu urteilen, von dem Ihr gekommen sein wollt, dort wo die Sonne aufgeht, und nach allem, was Ihr mir von dem großen König, der Euch entsandt hat, erzählt, sind wir davon überzeugt, dass er unser wirklicher Herr ist, um so mehr als er Euch zufolge seit langem von unsern Angelegenheiten Kenntnis besitzt. Zweifelt also nicht daran, dass wir Euch gehorchen und Euch als Vertreter des großen Königs, von dem Ihr sprecht, als Herrn anerkennen werden." Und er fügte hinzu: „Ihr könnt über das ganze Land, soweit es meinem Willen untersteht, gebieten; man wird Euch gehorchen, und Ihr könnt über meine Güter verfügen, wie wenn sie die Euren wären. Ihr seid hier in Eurem Palast. Ruht Euch also hier von den Beschwerden der Reise und den Kämpfen, die Ihr bestanden habt, aus. Ich weiß alles, was Euch zugestoßen ist, von Potunchan bis hier; ich weiß, dass die Leute von Cempoal und Tlaxcala Euch viel Böses über mich gesagt haben. Glaubt hinfort nur das, was Ihr selbst seht, und misstraut Leuten, die meine Feinde sind, und von denen mehrere meine Vasallen waren und die Eure Ankunft benutzt haben, um sich aufzulehnen; jetzt aber verleumden sie mich, um sich bei Euch in gutes Ansehen zu bringen. Sicherlich hat man Euch auch gesagt, die Mauern meiner Paläste wie die in meinen Palästen liegenden Matten und manches andere Hausgerät wären aus Gold, auch ließe ich mich wie ein Gott anbeten, und andere Ungereimtheiten mehr. Die Paläste – da seht Ihr sie: Sie sind aus Lehm, Stein und Schindeln gefügt." Dann sein Gewand raffend, wies er auf seinen Körper und sagte: „Ihr seht, ich bestehe aus Knochen und Fleisch wie auch Ihr", und mit seinen Händen auf Arme und Körper klopfend: „Ihr seht, ich bin sterblich und mit Händen betastbar: ermesst daraus, wie diese Leute gelogen haben. Allerdings besitze ich von meinen Vorfahren her einige goldene Gegenstände; sie gehören Euch, wenn Ihr sie begehrt. Jetzt kehre ich in ein anderes Haus zurück, in dem ich wohne. Ihr werdet aber hier mit allem versehen werden, wessen Ihr und Eure Leute bedürfen. Befürchtet nichts; dieses Land wie auch dieser Palast gehören Euch."

Ich bemühte mich, aus meiner Antwort erkennen zu lassen, dass Eure Majestät in der Tat die Person wäre, auf die sie schon so lange gewartet hätten. Er nahm Abschied und schickte uns bald darauf Hühner, Brot, Früchte und andere für den Haushalt notwendige Dinge. Sechs Tage lebte ich dergestalt im Überfluss und konnte mich des Besuches einer Menge vornehmer Herrn aus der Stadt erfreuen.

Hernán Cortés, Die Eroberung Mexikos. Drei Berichte an Kaiser Karl V. Hrsg. von Claus Litterscheid, Frankfurt/M.1980, S. 56-61.

2.8 Bildliche Darstellung der Begegnung zwischen Cortés und Moctezuma

Durch die in Europa veröffentlichten Cortés-Briefe und spätere Beschreibungen angeregt erhielten solche Texte auch bildliche Illustrationen, zunächst Holzschnitte, später Kupferstiche. Besonders die Buchhändler- und Druckerfamilie De Bry aus Frankfurt/Main illustrierte in der zweiten Hälfte des 16. und zu Beginn des 17. Jahrhunderts ihre großen Reisesammlungen mit Kupferstichen, so u.a. auch den Bericht von Las Casas über die Gräueltaten der Spanier in Amerika. Auch einige der aztekischen Dokumente bzw. die unter Anleitung von Bernardino de Sahagún oder unter Fray Diego de Durán entstandenen Chroniken sind mit vielen Bildern illustriert. Die zahlreichen farbigen Abbildungen der „Historia de las Indias de Nueva España" des Diego de Durán finden sich im zweiten Band der Ausgabe Editorial Porrúa S.A. México 1984:

Abb. 19: Die Begegnung von Cortés und Moctezuma aus der Sicht der Europäer, Kupferstich von De Bry (1599), aus: Las Casas; abgebildet in: Hans-Joachim König, Die Entdeckung und Eroberung Amerikas. 1492-1550, Freiburg, Würzburg 1992, S. 131.

Abb. 20: Die Begegnung zwischen Cortés und Moctezuma aus der Sicht der Azteken, Abbildung aus der Historia von Durán; aus: Hans-Joachim König, Die Entdeckung und Eroberung Amerikas. 1492-1550, Freiburg, Würzburg 1992, S. 132.

2.9 Die Spanier zwischen Bewunderung materieller Errungenschaft, Verabscheuung heidnischer Praktiken der Azteken und Goldgier

Die Spanier lernten mit der Kultur der Azteken materielle Leistungen kennen, die sie bewunderten und voll Hochachtung beschrieben. Das schloss die Bauten und Tempel mit ein. Sobald es aber um die Tempel als kultische Zentren oder um nicht-christliche Gottheiten ging, verwandelte sich die Bewunderung der Spanier in Abscheu. Die religiöse Praxis der Azteken lieferte dann die Berechtigung für die Eroberung. Nach den Worten von Bernal Díaz del Castillo fühlten sich die Spanier beim Anblick von Tenochtitlán in ein Zauberreich versetzt. Bernal Díaz stimmt aber auch den Maßnahmen von Cortés zu, die heidnischen Götter zu entfernen (a). Auf aztekischer Seite wird als Charakteristikum der Spanier jedoch deren Goldgier gesehen, wie es im Codex Florentino, der zweiteiligen Madrider Handschrift der Historia General von Sahagún, in Buch XII, Kap. 17 und 18, hier in einer anderen Ausgabe, dargestellt ist (b):

a)

Am nächsten Morgen erreichten wir die Hauptstraße nach Itzapalapa. Von dort sahen wir alle zum ersten Mal die große Zahl der Städte und Dörfer, die mitten in den See gebaut waren, und die noch weitaus größere Zahl der Ortschaften an den Ufern, und schließlich die sehr gepflegte, kerzengerade Straße, die in die Stadt Mexiko führte. Wir waren bass erstaunt über dieses Zauberreich, das fast so unwirklich schien wie die Paläste in dem Ritterbuch des Amadis. Hoch und stolz ragten die festgemauerten, steinernen Türme, Tempel und Häuser mitten aus dem Wasser. Einige unserer Männer meinten, das seien alles nur Traumgesichter. [...] Zu diesen Palästen gehörten herrliche Gartenanlagen mit vielen blühenden Bäumen, Rosenhecken und Blumenbeeten, mit Obstgärten und einem Teich, der durch einen Kanal mit dem See verbunden war. Über allem schwebten herrliche Düfte. Der Kanal war vollkommen ausgemauert. Die mehrfarbigen Steine waren so gesetzt, dass sich schöne Ornamente ergaben. Auf den verschiedenen Gewässern schwammen vielerlei Vögel. [...] Fürwahr, ich glaube nicht, dass vor unserer Zeit schönere Lande entdeckt worden sind, denn Peru war damals noch nicht erobert. Heute ist von alledem nichts mehr zu sehen. Kein Stein dieser schönen Stadt steht mehr auf dem anderen. [...]

Unser Generalkapitän sagte lächelnd zu Moctezuma: „In der Tat, ich kann nicht begreifen, wie ein so großer und weiser Herrscher wie Ihr an diese Götzen glauben kann, die doch keine Gottheiten sein können, sondern böse Geister, Teufel. Erlaubt uns, auf die Spitze dieses Tempels ein Kreuz und in einem Raum neben Eurem Kriegs- und Höllengott ein Muttergottesbild zu setzen. Ihr und Eure Papas, Ihr werdet sehr bald sehen, welche Angst diese Götzen ergreifen wird.“ Moctezuma kannte das Madonnenbild. Er antwortete Cortés in Gegenwart von zwei Papas, die sehr böse dreinblickten, mit nur schlecht verhaltenem Zorn: „Malinche! [*Geliebte von Cortés*] Hätte ich gewusst, welche Schmähreden du hier halten würdest, ich hätte Dir meine Götter keineswegs gezeigt! In unseren Augen sind es gute Götter. Sie schenken uns Leben und Gedeihen, Wasser und gute Ernten, gesundes und fruchtbares Wetter, und wenn wir sie darum bitten, auch Siege. Deshalb beten wir zu ihnen, und deshalb opfern wir ihnen. Ich muss dich bitten, kein unehrbietiges Wort mehr gegen sie zu sagen.“

Bernal Díaz del Castillo, Wahrhafte Geschichte der Entdeckung und Eroberung von Mexiko. Hrsg. und bearbeitet von Georg A. Narciß, Frankfurt/M. 1981, S. 199; 220.

b)

Als die Spanier sich im Palast eingerichtet hatten, fragten sie Motecuhzoma nach dem Staatsschatz aus, nach den Rangabzeichen der Krieger, nach den Schilden. Sie bedrängten ihn hart und dann verlangten sie: Gold! Motecuhzoma willigte ein, sie zu den Schätzen zu führen. Sie umdrängten ihn, kamen nahe an ihn heran mit ihren Waffen. Er ging in der Mitte, sie schlossen ihn ein, in einem dichten Kreis. Als sie am *teucalco,* dem großem Schatzhaus waren, wurden die Reichtümer ihnen gezeigt: der Goldschmuck, Federn, der Federschmuck, die reichverzierten Schilde, die goldenen Brustscheiben, die Geschmeide der Götterbilder, die goldenen Nasenpflöcke, die goldenen Beinschienen, die goldenen Handgelenkriemen und die kostbaren Kronen. Die Spanier rissen sofort die wertvollen Federn von allen goldenen Schilden und Abzeichen weg. Alles Gold rafften sie zu einem Haufen. An die anderen Kostbarkeiten legten sie Feuer, und alles verbrannte. Das Gold schmolzen sie ein zu Barren, und von den wertvollen grünen Edelsteinen nahmen sie nur die besten, die anderen stahlen die Tlaxcalteken. Das ganze Schatzhaus durchwühlten die Spanier, sie drängten und fragten und griffen nach allem, was ihnen gefiel. Dann gingen sie nach Totocalco, dem Platz des Vogelpalastes, in Motecuhzomas Schatzhaus, in dem seine eigenen Reichtümer waren. Vor Vergnügen fletschten sie die Zähne wie Tiere und beklopften einander vor Freude. Sie glaubten in ihrem Paradies zu sein, als sie die Schatzhalle sahen. Sie durchsuchten alles und verlangten nach allem, sie waren Sklaven ihrer eigenen Gier. Alle Besitztümer Motecuhzomas wurden hervorgeholt: die Halsketten mit den großen Gehängen, die kostbaren Oberarmringe, die Knöchelringe mit den goldenen Schellen, die Krone aus Türkismosaik mit dem dreieckig aufragenden Stirnblatt, die Königstracht und all der andere Schmuck, der dem König gehört und den er allein tragen darf.

Nach diesen Schätzen griffen sie, als ob sie ihr Eigentum wären, als ob dies kein Raub, als ob es ein günstiger Fund wäre.

Und als sie das Gold errafft hatten, warfen sie alles andere wieder auf den Hof, die vielen anderen Kostbarkeiten.

Rückkehr der Götter. Die Aufzeichnungen der Azteken über den Untergang ihres Reiches. Hrsg. von Miguel León-Portilla und Renate Heuer. Deutsch von Renate Heuer, München 1965, S. 57-58.

2.10 Die Bluttat des Pedro de Alvarado – der Beginn des Untergangs von Mexiko (1520)

Cortés musste sich von Tenochtitlán an die Küste nach Veracruz begeben. Dort war Gouverneur Diego Velázquez eingetroffen, der von der spanischen Krone die offizielle Genehmigung zu neuen Entdeckungen auf dem Festland und zur Inbesitznahme erhalten hatte. Cortés entschied sich für militärische Auseinandersetzungen und ließ in Tenochtitlán Pedro de Alvarado als seinen Stellvertreter zurück. Dessen unbesonnene und grausame Aktion anlässlich eines Festes zu Ehren des Gottes Huitzilopochtli lässt den Unmut der Azteken, die schon über die Gefangennahme ihres Herrschers Moctezuma erzürnt waren, zum Ausbruch kommen. Eine erschütternde Beschreibung des Gemetzels liefert der „Codex Florentino", Buch XII, Kap. 19, 20:

Die Azteken erbaten von Motecuhzoma Erlaubnis, dem Gott Huitzilopochtli sein Fest auszurichten. Die Spanier wünschten, dieses Fest anzusehen, sie wollten betrachten, wie es gefeiert würde.

Abb. 21: Aztekische Darstellung der Bluttat Pedro de Alvarados, aus der Historia von Durán, abgebildet in: Hans-Joachim König, Die Entdeckung und Eroberung Amerikas. 1492-1550, Freiburg, Würzburg 1992, S. 140.

[...] Als der Reigentanz sich zu den schönsten Figuren fügte und Gesang sich an Gesang schloss, an diesem Höhepunkt des Festes ergriff Mordlust die Spanier. Sie stürmten vor, bewaffnet und wie zum Kriege gerüstet. Sie verschlossen alle Ausgänge und Tore des Innenhofs, die Adlerpfosten am Kleinen Palast, das Tor an der Rohrspitze und das an der Spiegelschlange. Sie stellten Wachen auf, so dass niemand entkommen konnte. Und dann stürzten sie in den geheiligten Innenhof, um die Feiernden zu schlachten. Sie kamen zu Fuß, sie trugen ihre Eisenschwerter in den Händen und ihre Holzschilde und ihre Eisenschilde. So stürmten sie mitten unter die Tänzer und erzwangen sich einen Weg dorthin, wo die Pauken geschlagen wurden. Sie griffen den Mann an, der trommelte, und schlugen ihm die Arme ab. Dann schlugen sie ihm den Kopf ab, und der rollte weithin über den Boden. Dann griffen sie die Tanzenden an, erstachen sie, spießten sie auf, erschlugen sie mit ihren Schwertern. Einige durchbohrten sie von hinten, die fielen mit heraushängenden Eingeweiden zu Boden. Andere enthaupteten sie; erst spalteten sie ihnen den Kopf und schlugen ihn dann in kleine Stücke. [...] Einige versuchten, sich einen Weg nach draußen zu erzwingen, aber die Spanier ermordeten sie an den Toren. Andere kletterten an den Wänden hoch, aber die Spanier spießten sie auf, und sie konnten sich doch nicht retten. Einige flüchteten in die Priesterhäuser und waren dort eine Weile in Sicherheit. Auch die sich zwischen die Toten legten, sich unter ihnen versteckten, als ob sie auch Leichen wären, fanden dort keinen Schutz. Aber sobald sie sich wieder aufrichteten, sich nur ein wenig rührten, stachen die Spanier zu und ermordeten auch sie.

Das Blut der Häuptlinge floss wie Wasser und sammelte sich in Pfützen. Die Pfützen flossen zusammen und machten den ganzen Tempelhof zu einer großen, schlüpfrigen Fläche. Der Gestank des Blutes und der Gedärme füllte die Luft. [...]

Als die Nachricht von diesem Gemetzel aus dem geheiligten Tempelhof hinausdrang, stieg ein Entsetzensschrei auf: „Mexikaner, eilt herbei! Wappnet euch, nehmt eure Speere und Schilde! Die Fremden haben unsere tanzenden Krieger ermordet.“

Dieser Schrei weckte ein Schmerz- und Zorngebrüll. Das Volk klagte und schrie, schlug sich die Hände gegen den Mund. Die Häuptlinge sammelten sich so schnell wie zu einer im voraus bestimmten Stunde. Alle waren zum Kampf entschlossen, sie trugen Speere und Schilde. Dann begann der Kampf. Die Azteken griffen mit ihren Wurfspeeren an und mit ihren Pfeilen, sogar mit den leichten dreizackigen Speeren, die zur Vogeljagd dienten. Sie schleuderten ihre Wurfspeere mit aller Macht.

Rückkehr der Götter. Die Aufzeichnungen der Azteken über den Untergang ihres Reiches. Hrsg. von Miguel León-Portilla und Renate Heuer. Deutsch von Renate Heuer, München 1965, S. 59, 62-63.

2.11 Die „traurige Nacht“ der Spanier (1520)

Seit Alvarados Bluttat wuchs der Widerstand der Azteken. Sie drängten Alvarado zurück und schlossen ihn im befestigten Quartier der Spanier ein. Zwar konnte Cortés nach seiner Rückkehr die Belagerung aufheben, saß aber bald selbst in Tenochtitlán in der Falle. Als Moctezuma bei einem Vermittlungsversuch verletzt wurde und am 27. Juni 1520 starb, kam es zur offenen Auseinandersetzung. Schließlich entschloss sich Cortés angesichts der aztekischen Massenangriffe dazu, Tenochtitlán aufzugeben und am 30. Juni 1520 heimlich bei Nacht aus der Stadt zu fliehen. Den verlustreichen Rückzug in dieser Nacht, die seitdem bei den Spaniern als „traurige Nacht“ gilt, schildert Bernal Díaz del Castillo sehr lebendig:

Nun aber zu den Vorbereitungen für unseren Rückzug: Das Wichtigste war eine bewegliche Brücke aus starken Balken, auf der wir die Kanäle überschreiten wollten. Vierhundert Tlaxcalteken und einhundertundfünfzig Spanier sollten sie transportieren, auf- und abbauen und verteidigen. [...]

Cortés ließ durch seinen Kämmerer den ganzen Gold- und Silberschatz zusammentragen. Das kaiserliche Fünftel wurde acht verwundeten Pferden und achtzig Tlaxcalteken aufgeladen. Cortés ließ ein Protokoll darüber aufnehmen, dass er alles versucht habe, das kaiserliche Fünftel zu retten. Dann gab er den Rest des Schatzes frei. Jeder Mann konnte soviel mitnehmen, wie er wollte. Ich nahm mir nur vier der begehrten indianischen Halbedelsteine und steckte sie zwischen Panzer und Brust. Diese Steine konnte ich später gut gebrauchen.

Es war Mitternacht und ziemlich dunkel, als wir unseren Marsch antraten. Über der Stadt lag ein feiner Nebel. Dazu regnete es. Kaum war die Brücke zum ersten Mal belegt, da erhob sich plötzlich die wilde Kriegsmusik der Indianer. Sie schrien: „Heraus mit den Kähnen! Die *Teules* (Götter) wollen fliehen! Schneidet ihnen den Weg über die Brücken ab!“ Im Nu war der See so dicht mit Kähnen bedeckt, dass wir nicht mehr weiterkamen, obwohl viele von uns die Brücke schon hinter sich hatten. Um den Besitz dieser Brücke wurde besonders heftig gekämpft. Zwei unserer Pferde rutschten auf den nassen Brettern aus, wurden scheu und stürzten in den See. Dadurch kam die ganze Brücke aus dem Gleichgewicht und stürzte um. Die Mexikaner waren so zahlreich und griffen so heftig an, dass wir die Brücke nicht zurückerobern konnten. Dafür füllte sich der Kanal mit toten Pferden und ihren Reitern, die von den Nachdrängenden ins Wasser gestoßen wurden.

Wer nicht schwimmen konnte, war verloren. Den Indianern fielen die Geschütze, viele Tlaxcalteken und Dienstfrauen und der größte Teil des Gepäcks in die Hände. Es gab herzzerreißende Szenen, denn jeder Einzelne wurde von einer ganzen Meute von Mexikanern gejagt, zwischen den Häusern, auf dem Wasser und auf den engen Straßendämmen. An die vorgesehene Marschordnung war nicht mehr zu denken. Wer jetzt nicht selbständig handelte, war ein Tor. Cortés und seine Offiziere sprengten auch, ohne auf ihre Mannschaften zu achten, mit verhängten Zügeln über die Brücke weg und versuchten, so schnell wie möglich festes Land zu gewinnen. [...] Die Musketen und die Armbrüste konnte man beim Kampf im Wasser nicht verwenden, denn sie waren nass. Dazu kam die Dunkelheit, die nur vorsichtige Bewegungen erlaubte, sosehr sie uns auf der anderen Seite nützte. [...]

In Tacuba kamen wir endlich wieder auf festes Land. [...] Da kehrten alle wieder um und zogen nach Tacuba. Die Mexikaner hatten inzwischen auch die Einwohner dieser Stadt und der Nachbarorte zu den Waffen gerufen. Wir mussten uns also auch hier noch tüchtig herumschlagen. Sie griffen uns vor allem mit langen Spießen an, auf die sie unsere eigenen Degen gesteckt hatten. [...]

Die Gegend um Tacuba wurde für uns immer gefährlicher. Wir büßten bei den Kämpfen mit den dortigen Mexikanern noch drei Mann ein. Wir wollten uns deshalb so bald wie möglich von dieser unangenehmen Nachbarschaft befreien. Einige Tlaxcalteken wussten einen Seitenweg in ihre Heimatstadt. Sie führten uns sehr geschickt. Auf einer Anhöhe fanden wir einige Häuser und einen Opfertempel, in denen wir uns zur Verteidigung einrichteten. Denn die Mexikaner hatten uns auch auf diesem Weg keinen Augenblick Ruhe gelassen. Wir zündeten viele Feuer an und verbanden unsere Wunden. Zu essen gab es nichts. Dafür waren wir alle sehr erkältet und spürten die Schmerzen unserer Wunden doppelt. Aber viel schlimmer war der Verlust so vieler tapferer Männer. Wenn ich ihre Namen hier alle aufzählen wollte, würde ich damit nicht so bald fertig. Von den Leuten des Narváez blieben die meisten an den Brücken. Sie hatten sich zu viel Gold aufgeladen. Das gleiche Schicksal erlitten die Tlaxcalteken mit dem Kronschatz.

Bernal Díaz del Castillo, Wahrhafte Geschichte der Entdeckung und Eroberung von Mexiko. Hrsg. und bearbeitet von Georg A. Narciß, Frankfurt/M. 1981, S. 297-300.

2.12 Die Eroberung Tenochtitláns aus aztekischer Sicht

Cortés sammelte seine Leute wieder, erhielt Verstärkung aus der Karibik und rückte Ende Dezember 1520 wieder auf Tenochtitlán vor, um es zu belagern. Am 30. Mai 1521 griff er die geschwächte Stadt an. Letztlich brachen Hunger und Krankheiten die Widerstandskraft der Belagerten, deren verzweifelte Lage eine aztekische Quelle (Manuscrito Anónimo de Tlatelolco, 1528) voll Entsetzen und Resignation in Verse fasste (a): Am 13. August 1521 musste die ausgehungerte und zerstörte Stadt kapitulieren; die Menschen waren den Plünderungen der spanischen Soldateska ausgeliefert. Das aztekische Mexiko wurde ausgelöscht, wie ein aztekischer Trauergesang aus den Cantares Mexicanos von 1523 beklagt (b):

a)

Zerbrochene Speere liegen auf allen Wegen
In unserem Gram haben wir uns das Haar zerrauft

Unsere Häuser verloren die schützenden Dächer
Sie haben jetzt verrohte Wände, vom Blut.

Würmer kriechen auf Straßen und Plätzen
Mit Kot und Blut sind die Mauern getüncht
Das Wasser ist rot wie Gerberlohe
Und wenn wir es trinken
Schmecken wir Tränen.

An den staubigen Ziegelmauern
zerstoßen sich die leeren Hände
Wir haben unser Erbe verloren, unsere Stadt ist tot
Die Schilde unserer großen Krieger
Retteten nichts.

Wir haben trockene Zweige und Schilfgras gekaut
Mit Staub und Ziegelbrocken stopften wir uns den Mund
Wir haben Eidechsen, Ratten und Würmer gegessen. [...]

Wenn wir Fleisch hatten, aßen wir es fast roh
Wenn es kaum auf dem Feuer war
Griffen wir schon danach und verschlangen es.

Man setzte einen Kopfpreis auf uns alle
Auf die jungen Männer, die Priester, die Knaben und Mädchen
Ein armer Mann war nur zwei Handvoll Mais wert
Oder zehn Mooskuchen oder zwanzig salzige Queckenkuchen.

Gold, Jade, wertvolle Kleider, Quetzalfedern
Alles was einst kostbar war
Jetzt ist es wertlos
[...].

b)
Unsere Klageschreie gellen auf
Unsere Tränen fallen herab
Tlatelolco ist verloren
Die Azteken fliehen über den See
Sie laufen davon wie Weiber.

Was bleibt noch zu tun, meine Freunde?
Die Azteken verlassen die Stadt
Rauch deckt das Grauen
Unsere Stadt steht in Flammen.

[...]

Weint, meine Freunde, seht ein
Das Mexikanische Reich ist verloren
Das Wasser ist bitter geworden.

Die Nahrung ist bitter geworden
Das sind die Taten Ipalemohuanis
Er gibt das Leben
Und nimmt es.

Rückkehr der Götter. Die Aufzeichnungen der Azteken über den Untergang ihres Reiches. Hrsg. von Miguel León-Portilla und Renate Heuer. Deutsch von Renate Heuer, München 1965, S. 106-107, 113.

2.13 Sterbende Götter, Untergang der eigenen Kultur; ein Gespräch zwischen Priestern und Indios (1524)

Nach der Eroberung Tenochtitláns konzentrierte sich Cortés auf die Sicherung der eroberten Gebiete und unternahm weitere Eroberungszüge, die er mit der Christianisierung verband. Für die Azteken bedeuteten Eroberung und Christianisierung den Verlust von Freiheit und Identität. Wie die Mexikaner die Europäisierung und das Eindringen einer fremden Religion bewerteten, geht deutlich aus den so genannten Streitgesprächen oder Wechselreden, Coloquios, hervor, die im Jahre 1524 die zwölf von Papst Hadrian VI. nach Mexiko entsandten Franziskaner mit mexikanischen Vornehmen und Priestern geführt haben. Diese Gespräche hat Fray Bernardino de Sahagún nach alten Informationen später in Spanisch und in Nahuatl aufgezeichnet. Besonders das 7. Kapitel ist erschütternd:

O unsere Herren, *o Fürsten*, o angesehene Herren!
Ihr habt Mühen erduldet;
ans Land seid ihr gelangt.
Hier vor euch, auf euch
blicken wir, die Untertanen.
Euch hat ankommen lassen der Herr, unser Fürst,
ihr seid gekommen zu regieren eure Stadt.
Wo, in welcher Weise
haben sie sich herbegeben
von der Stätte unserer Fürsten, der Götter ihrer Heimat
Zwischen Wolken, zwischen Nebeln,
vom Innern des Meeres her seid ihr herausgekommen.

[...] Und jetzt was ist es, wie verhält es sich?
Was ist es, das wir sagen,
was wir auf eure Ohren erheben (richten) sollen?
Sind wir denn überhaupt etwas?
Nur kleine (unbedeutende) Untertanen sind wir,
wir (sind) voll Erde (Unrat), voll Kot,
wir Räudigen, wir Armseligen;

wir Bedürftigen, wir Beladenen;
uns bloß hat zurückgesetzt der Herr, unser Fürst,
dadurch dass er an die Ecken der Matte, des Sitzes uns stellte.
Mit einer, mit zwei Lippen kehren wir um,
wenden wir den Hauch, die Rede des Herrn des Mit und Bei:
dadurch riskieren wir (etwas),
dadurch verursachen, dadurch gewinnen wir seinen Zorn, seine Wut.
Vielleicht zu unserem Untergang, vielleicht zu unsrem Verderben,
oder etwa wir werden träge?
Wohin sollen wir denn vielleicht noch gehen?
Wir (sind) Untertanen,
wir (sind) vergänglich, wir (sind) sterblich,
wohlan, lasst uns denn sterben,
wohlan, lasst uns denn zu Grunde gehen!
Sind doch die Götter (auch) gestorben. [...]
Ihr sagtet (zu uns)
dass wir nicht kennen
den Herrn des Mit und Bei,
den Herrn Himmels (und) der Erden.
Ihr sagtet,
dass nicht wahre Götter unsere Götter (sind).
Es ist ein neues (unerhörtes) Wort,
was ihr sprachet,
und darüber sind wir bestürzt,
daran nehmen wir Ärgernis (Anstoß).
Denn unsere Erzeuger,
die zu sein, die zu leben gekommen waren auf Erden,
nicht so sprachen sie.
Sie gaben uns ihre Sitte (ihr Gesetz),
sie glaubten an sie (die Götter),
sie dienten, sie erwiesen Erfurcht den Göttern.
Sie lehrten uns insgesamt das, womit gedient wird,
was in Ehren zu halten ist:
so essen wir vor ihnen Erde,
so zapfen wir uns Blut ab,
so büßen wir,
so legen wir Copal-Harz nieder,
und so veranstalten wir (Menschen-)Opfer.
Sie sagten:
Es sind sie die Götter, durch die alles lebt,
sie erwiesen uns Gnade.
Wann? Wo? Noch die Zeit der Nacht war es.

Und sie sagten:
Es sind sie, die uns geben
unseren Unterhalt (unser Abendessen, unser
Frühstück), und insgesamt Trank (und) Speise,
die Lebensmittel, Maiskörner, Bohnen, Melden, Salbei.
Sie sind, die wir bitten um
Wasser, um Regen,
wodurch es gedeiht auf Erden.
[...]
Und etwa wir
sollen wir zerstören das alte Gesetz?
Das Gesetz der *Chichimeken*,
das Gesetz der *Tolteken*,
das Gesetz derer von *Colhuacan*,
das Gesetz der *Tepaneken?*
Wir verstehen uns auf das,
worin man lebt,
worin man geboren wird,
wodurch man großgezogen wird,
(nämlich) wodurch sie (die Götter) angerufen,
wodurch sie angebetet werden.
Hört! o meine Herren!
Tut nicht etwas eurem Volke,
was um so mehr Unheil bringen,
um so mehr vernichten wird
das, worin auch der alte Mann, die alte Frau
erzogen, großgeworden sind.
Lasst uns nicht erzürnen die Götter,
ihrem Zorne,
ihrem Grimme, lasst uns nicht anheimfallen!
Und dass nicht deshalb vor uns, über uns
sich erhebe das Volk!
Mögen nicht deswegen wir es beunruhigen,
mögen nicht deswegen wir es verwirren,
durch das, was wir sagten:
Es möge nicht mehr sie (die alten Götter) anrufen,
es möge nicht mehr sie anbeten.

Nunmehr ruhig (und) friedlich
betrachtet, o unsere Herren,
das was nötig ist!
Nicht können wir uns zufrieden geben,

und zwar glauben wir noch nicht,
noch nicht nehmen wir das Fremde als Scherz:
Wir werden euch beleidigen.
Hier befinden sich die Bürger,
Die Fürsten, die Könige,
die tragen, die regieren die ganze Welt.
Genug allein mit dem, dass wir einbüßten,
dass wir verloren, dass uns weggenommen wurden,
dass uns verboten wurden
die Matte (und) der Sitz (die Herrschaft).
Werden wir am selben Orte wohnen bleiben,
nur eingeschlossen (gefangen) werden wir sein.
Möget ihr mit uns machen,
was ihr wollt! [...]

Sterbende Götter und christliche Heilsbotschaft. Wechselreden indianischer Vornehmer und spanischer Glaubensapostel in Mexiko 1524. Spanischer und mexikanischer Text mit deutscher Übersetzung von Walter Lehmann. Aus dem Nachlass hrsg. von Gerdt Kutscher (Quellenwerke zur Alten Geschichte Amerikas, Band 3). Stuttgart 1949, S. 100-107.

2.14 Die Vereinbarungen mit Pizarro für Eroberung und Besiedlung Perus (1529)

In das Inkareich, in das „Reich der vier Weltgegenden", das seinerseits ein Eroberungsreich war, seinen Höhepunkt jedoch schon überschritten hatte und durch inneren Zwist geschwächt war, brachen die Spanier seit den 1520er Jahren in immer dichteren Wellen ein. Zu diesen Eroberern gehörte auch Francisco Pizarro. Schon 1524 und 1526 hatte er von Panama aus erste Entdeckungsfahrten an die Westküste des südlichen Amerika unternommen. Für ein größeres Unternehmen benötigte er den Regeln entsprechend einen offiziellen Auftrag. Um diesen zu erhalten, reiste Pizarro nach Spanien; mit einer kleinen Gruppe von Eroberern und einigen Indios sowie mit Belegen der peruanischen Reichtümer traf Pizarro im Sommer 1528 am Hof in Toledo ein. Es war ein günstiger Zeitpunkt, da zugleich auch Hernán Cortés am Hof weilte. Obwohl Pizarro noch nicht Reichtümer wie Cortés vorweisen konnte, erreichte er dennoch die königliche Bestätigung seiner Unternehmung. Der am 26. Juli 1529 ausgefertigte Vertrag, Asiento, unterzeichnet von der Gemahlin Karls V., Königin Isabella, ist ein schönes Beispiel für die mit der Eroberung verbundenen Erwartungen beider Seiten, der Krone und des Eroberers, und für die seit der ersten Vereinbarung mit Kolumbus neu hinzugetretenen Bedingungen:

[... *(Präambel)*] Erstens ermächtigen Wir Euch, den besagten Hauptmann Francisco Pizarro, in Unserem Namen und dem der Krone von Kastilien die Entdeckung, Eroberung und Besiedlung der genannten Provinz Peru auf eine Küstenlänge von 200 Meilen [...] bis zur Stadt Chincha [*auf eigene Kosten*] fortzuführen [...].

Item [...] versichern Wir Euch der Gnade, Euch zu Unserem Gobernador und Capitán General der ganzen Provinz Peru und aller Länder und Städte [...] innerhalb der 200-Meilen-Zone auf

Lebenszeit zu machen mit einer jährlichen Besoldung von 725 000 Maravedís, zu erheben aus den uns zustehenden Einkünften und Abgaben in jenem Land [...]. Davon habt Ihr jedes Jahr einen Polizeirichter, zehn Schildträger und 30 Fußsoldaten, einen Arzt und einen Apotheker zu bezahlen [...]. Des weiteren machen Wir Euch zum Adelantado besagter Provinz.

Des weiteren ermächtigen Wir Euch, [...] vier Festungen an geeigneten Orten zu bauen [...], Ihr müsst es aber auf Eure Kosten tun [...].

Des weiteren [...] schlagen Wir Don Hernando de Luque Unserem heiligen Vater als Bischof der Stadt Tumbes vor. Des weiteren belohnen Wir den Capitán Diego de Almagro mit dem Kommando über die vorhandene bzw. zu erbauende Festung Tumbes und erheben ihn in den Stand eines Hidalgos [...] innerhalb der westindischen Inselwelt und der Tierra Firme [*des Festlands*].

Des weiteren gestehen Wir den Kolonisten in jenem Lande zu, dass sie von dem in Minen gewonnenen Gold in den ersten 6 Jahren [...] nur den zehnten Teil, nach deren Ablauf den neunten und jedes weitere Jahr steigend schließlich den fünften abgeben müssen, von Gold und anderen Schätzen aus Lösegeldern und Kriegsbeute aber grundsätzlich das Fünftel [...]. *[Die nächsten Absätze garantieren den Siedlern Steuerfreiheit für 6 bzw. 10 Jahre.]*

Des weiteren erlauben Wir, dass Ihr besagten Siedlern Stadtgrundstücke und Land ihrem Stande entsprechend zuteilt, so wie es auf der Insel Española üblich war und ist. Ebenso ermächtigen Wir Euch, dass Ihr in Unseren Namen während Eurer Amtszeit Indianer-Encomiendas schafft und dabei Unsere Instruktionen und Verordnungen beachtet. [...]

Des weiteren erlauben Wir Euch, aus Unseren Königreichen, dem Königreich Portugal, den Kapverdischen Inseln oder von wo Ihr [...] wollet, in Euer Gouvernement 50 Negersklaven, davon mindestens ein Drittel Frauen, [...] einzuführen [...]. Weiterhin sollen zur Unterstützung der Armen 100 000 Maravedís aus den bei der Strafkammer eingehenden Bußgeldern zur Verfügung gestellt werden [...].

In der Stadt Panama, oder wo Ihr es für günstiger haltet, soll sich ein Schiffszimmermann und ein Kalfaterer niederlassen.

Item werden Wir Euch noch eine förmliche Provision schicken, dass Ihr an jener Küste des Südmeeres jedwelches Schiff, sofern Ihr die Besitzer entschädigt, [...] für Eure Reisen nach dem besagten Lande in Anspruch nehmen könnt [...].

Des weiteren untersagen Wir [...] bei Strafe [...] die Ausreise von unerwünschten Personen [*Ausländern, Prostituierten, Strafgefangenen, Mauren, Juden, Lutheranern usw.*] aus Unseren Königreichen.

Alles das [...] gewähren Wir Euch, besagtem Capitán Pizarro, unter der Auflage, dass Ihr binnen 6 Monaten mit Schiffen, Ausrüstung, Proviant und allem Nötigen für die besagte Reise und Kolonisation aufbrecht, mit 250 Mann insgesamt. 150 davon aus Unseren Königreichen und die restlichen 100 von den indischen Inseln oder Tierra Firme; jedoch von Castilla del Oro nicht mehr als 20 außer denen, die Euch auf Eurer ersten und zweiten Reise nach dem Land Peru begleitet haben [...]. Nach der Ankunft in Castilla del Oro bzw. nach dem Übergang nach Panama seid Ihr gehalten, innerhalb weiterer 6 Monate die Expedition fortzusetzen und die Entdeckung und Besiedlung durchzuführen.

Außerdem müsst Ihr auf diese Reise in die neue Provinz die von Uns benannten Finanzbeamten und Geistlichen [...] auf Eure Kosten mitnehmen. [...] Wir legen es Euch sehr nahe, die

Meinung der besagten Personen [...] bei der Konquista, Entdeckung und Besiedlung jenes Landes zu berücksichtigen, [...] und betrachten eine Missachtung dieser Weisung als schwere Dienstpflichtsverletzung.

Desgleichen fordern Wir, dass Ihr Euch bei der Befriedung, Konquista und Besiedlung wie auch bei der Behandlung jener Indios [...] an die Ordenanzas und Instructiones haltet, die Wir zu diesem Zwecke erlassen haben und Euch in einem Schreiben zuschicken werden.

Wenn Ihr, besagter Francisco Pizarro, alles, was in diesem Asiento enthalten ist, befolgt, [...] versprechen Wir Euch bei unserem königlichen Wort, [...] die Einlösung aller Konzessionen anzuordnen, die Euch und den Kolonisten und Kaufleuten eingeräumt [...] worden sind [...], und zur Durchführung und Befolgung des oben gesagten, Unsererseits die erforderlichen Briefe und Provisiones zustellen zu lassen. Ihr, besagter Capitán Pizarro, [...] müsst Euch vor einem Notar zur Einhaltung der Euch in diesem Asiento auferlegten Lasten verpflichten. Toledo, den 26. Juli 1529. Ich, die Königin, gegengezeichnet Juan Vázquez [...].

Die Eroberung Perus in Augenzeugenberichten. Hrsg. und eingeleitet von Lieselotte und Theodor Engl. München 1975, S. 59-61.

2.15 Die Begegnung zwischen Pizarro und Atahualpa (1532)

Zu den eindrucksvollen Szenen der Eroberung Perus gehört die Begegnung zwischen Pizarro und Atahualpa, zwischen unterschiedlichen Kulturen, im Hochtal von Cajamarca am 16. November 1532. Einer kleinen Eroberungstruppe von knapp 200 Spaniern, z. T. mit den Inka unbekannten Pferden beritten und mit Musketen und kleinen Geschützen ausgerüstet, stand ein Heer von 20 000 Mann gegenüber. Die Augenzeugen Pedro Pizarro (a) und Francisco de Xerez (b) sowie Miguel de Estete (c) beschreiben voll Bewunderung die Prachtentfaltung des Inka:

a) Zur Stunde der Hauptmesse begann Atahualpa seine Truppen zu sammeln und sich nach Cajamarca aufzumachen. Seine Hundertschaften füllten die Ebene. Sobald der Inca die Sänfte bestieg, setzte sich der Zug in Bewegung. Voraus liefen 2000 Indios, die den Weg vor ihm säuberten. Das Kriegsvolk war auf beiden Seiten der Straße – ohne diese zu betreten – über die anliegenden Felder verteilt. Der Herr von Chincha begleitete den Inca in einer Sänfte, die der seines Herrn an Pracht nicht nachstand [...]. Der reiche Gold- und Silberschmuck gleißte betörend im Sonnenlicht. Vor Atahualpa schritt eine große Anzahl von Indios singend und tanzend einher. Für die halbe Meile Wegs zwischen den Bädern und Cajamarca brauchte der Herrscher von der Stunde der Hauptmesse an bis drei Stunden vor Einbruch der Nacht.

b) Vorausging eine Hundertschaft in bunten, mit Schachbrettmustern versehenen Livreen; sie entfernten jeden Strohhalm am Wege und kehrten ihn sauber. Drei weitere anders gekleidete Hundertschaften folgten singend und tanzend. Dann erschienen bewaffnete Männer mit goldenem und silbernem Schmuck und Kronen. Über ihren Köpfen Atahualpa selbst in einer mit Papageienfedern verschiedenster Farbe geschmückten und mit Gold und Silber beschlagenen Sänfte, die zahlreiche Indios auf ihren Schultern trugen; es folgten weitere hochgestellte Persönlichkeiten, gleichfalls in Sänften und Hängematten und eine ganze Hundertschaft mit Kronen aus Gold und Silber.

c) Um 4 Uhr kamen sie die Straße daher [...]; um 5 Uhr oder ein wenig später langten sie am Stadttor an; das ganze Vorfeld war bedeckt von Menschen; nach und nach füllte sich der Platz mit etwa 300 Menschen – es waren wohl Pagen – mit Bogen und Pfeilen, und sie sangen einen Gesang, der ganz und gar nicht angenehm in unseren Ohren klang, schon eher schrecklich; er schien uns geradezu höllisch. Sie schritten eine Runde um die Moschee (sic!) herum und machten mit den Händen Gebärden, als ob sie den Boden reinigen wollten; das schien nicht notwendig, denn die Leute in der Stadt hatten ihn zum Empfang schon gekehrt. Nach der Runde um den Tempel blieben sie stehen, und es kam eine zweite Escuadrón [*Schwadron*] von etwa 1000 Männern mit Speeren ohne Eisen, deren Spitzen angekohlt waren, alle in farbigen Livreen: Die ersten waren weiß und rot gemustert wie die Felder eines Schachbrettes. Nach der zweiten eine dritte in anderer Livree, alle mit Hämmern aus Kupfer und Silber – das ist auch eine ihrer Arten von Waffen. Mitten unter ihnen viele Herren von Adel und schließlich Atahualpa selbst in einer prachtvollen offenen Sänfte [...], von 80 Adelsherren auf den Schultern getragen; diese gingen in blauer Livree; er selbst saß, besonders reich gekleidet, mit seiner Krone auf dem Haupt und um den Hals ein Gehänge großer Smaragde, in seiner Sänfte auf einem ganz niederen, mit einem prachtvollen Kissen bedecktem Sitz.

Die Eroberung Perus in Augenzeugenberichten. Hrsg. und eingeleitet von Lieselotte und Theodor Engl, München 1975, S. 96, 98.

2.16 Die bildliche Darstellung der Begegnung zwischen Pizarro und Atahualpa

Abb. 22: Atahualpa kommt nach Cajamarca, Kolorierter Kupferstich von De Bry, 1597, aus: Hans-Joachim König, Die Entdeckung und Eroberung Amerikas. 1492-1550, Freiburg, Würzburg 1992, S. 182.

Abb. 23: Die Begegnung von Atahualpa und Pizarro, Federzeichnung des Guamán Poma de Ayala, um 1600. Die Namensangabe Hernando ist nicht korrekt. Gemeint ist Francisco, aus: Hans-Joachim König, Die Entdeckung und Eroberung Amerikas. 1492-1550, Freiburg, Würzburg 1992, S. 181.

2.17 Die Gefangennahme Atahualpas nach Verlesung des Requerimiento

Bei kaum einem Chronisten fehlt die Szene, in der nach den spanischen Spielregeln „gerechtfertigter“ Gefangennahme im Rahmen der Modalitäten von „Friedensangebot“ und „Kriegserklärung“, wie sie der Requerimiento vorsah (s. S. 148 ff.), die Gefangennahme von Atahualpa erfolgte. Sowohl Pedro Pizarro (a) und Miguel de Estete (b) als auch Guamán Poma de Ayala (c) haben, je aus ihrer Sicht, diese Szene über die Begegnung unterschiedlicher Kulturen beschrieben:

a) Sobald Don Francisco Pizarro sah, dass Atahualpa sich der Plaza näherte, schickte er den Mönch Vicente de Valverde [...], Hernando de Aldana [...] und den Dolmetscher Don Martinillo zu ihm hin. Sie sollten ihm im Namen Gottes und des Königs auffordern, sich dem Gesetze Jesu Christi und dem Dienste S.M. zu unterwerfen; der Marqués [*F. Pizzaro*] würde ihn wie einen Bruder halten und es nicht dulden, dass ihm Leid oder Schaden in seinem Land zustoße.

Als der Mönch vor Atahualpas Sänfte stand, teilte er ihm mit, wozu er gekommen sei, und predigte ihm das heilige Evangelium; der Dolmetscher übersetzte. Der Mönch las die Predigt aus dem Brevier, welches er in Händen hielt. Atahualpa verlangte es zu sehen, der Mönch reichte ihm das verschlossene Buch hinauf. Der Inca mühte sich vergebens, es zu öffnen, und warf es auf den Boden. Atahualpa rief Aldana zu, er solle näherkommen und ihm sein Schwert geben. Aldana zog es aus der Scheide, zeigte es ihm, wollte es ihm aber nicht geben. Da rief Atahualpa, sie seien Räuber und Schurken, und er werde sie alle töten.

b) [Nach Estetes Version predigt Valverde]: Jesus habe befohlen, zwischen den Seinen dürfe kein Krieg und keine Zwietracht herrschen, sondern nur vollkommener Friede; er erbitte und erflehe diesen Frieden in seinem Namen; außerdem sei man ja am vorigen Tage dabei verblieben, dass der Inca friedlich und allein ohne Kriegsvolk komme. Auf diese und viele andere Worte, die der Mönch machte, verharrte der Inca in Schweigen und gab keine Antwort; erst als der andere nicht aufhörte zu mahnen, Gottes Gebot zu gehorchen, welches in jenem Buch, das er in der Hand halte, ge-schrieben stehe, stutzte der Inca, nach meinem Gefühl wohl mehr wegen des Schriftbildes als wegen des Inhaltes, verlangte danach, öffnete es und blätterte darin, besah sich Form und Anordnung, warf es sodann unter das Volk mit zorngerötetem Antlitz und rief: „Sagt es ihnen, sie sollen herkommen! Ich weiche nicht von der Stelle, bis sie mir nicht Rechenschaft geben und für alles zahlen, was sie im Lande angerichtet haben." Als der Mönch das sah und wie seine Worte verfingen, hob er sein Buch auf und rannte mehr als er ging mit gesenktem Kopf zurück zu Pizzaro und rief ihm zu: „Seht Ihr nicht, was los ist? Wie könnt Ihr Euch noch aufhalten mit höflichem Getue und Requerimientos [*das Wort „requerimiento" verwendet Estete doppelsinnig, einmal als jenen bekannten juristischen Ausdruck für Huldigungsforderung, zum anderen als „Bittgang"*] mit jenem Hund, der vor Hochmut birst und ringsum alles voller Indios? Ich gebe Euch die Absolution!"

Die Eroberung Perus in Augenzeugenberichten. Hrsg. und eingeleitet von Lieselotte und Theodor Engl, München 1975, S. 98, 99.

c) Don Francisco Pizarro und Don Diego de Almagro und Fray Vicente vom Orden des Heiligen Franziskus. Atahualpa Inca begab sich von den Bädern in die Stadt und an den Hof von Cajamarca, und als er in all seiner Majestät und umgeben von seinen Häuptlingen mit noch viel mehr Leuten, inmitten von hunderttausend Indios, in der Stadt Cajamarca angekommen war, setzte sich Atahualpa Inca in der Mitte des öffentlichen Platzes auf seinen Thron und Stufensitz, der usno genannt wird.

Da begannen Don Francisco Pizarro und Don Diego de Almagro durch den Dolmetsch Felipe, einen Guancabilca-Indio, zu ihm zu sprechen. Er sagte ihm, er sei Botschafter und Gesandter eines großen Herrschers und er solle sein Freund werden, nur deshalb sei er gekommen.

Der Inca verfolgte mit großer Aufmerksamkeit, was Don Francisco Pizarro und dann der Dolmetsch Felipe, der Indio, sagten, und antwortete mit großer Majestät, dass es wohl wahr sein möge, dass sie aus so fernen Landen als Botschafter gekommen seien, und er glaube auch, dass sie von einem großen Herrscher kämen, doch er müsse keine Freundschaft schließen, denn auch er sei ein großer Herrscher in seinem Reich.

Nach dieser Antwort brachte Fray Vicente sein Anliegen vor, er trug in der rechten Hand ein Kreuz und in der linken das Brevier. Und er sagte zu Atahualpa Inca, auch er sei Botschafter und Gesandter eines anderen Herrschers, der ein großer Freund Gottes sei, und er solle nun dessen Freund werden und das Kreuz anbeten und an das Evangelium Gottes glauben und sonst nichts anbeten, denn alles andere sei Blendwerk.

Atahualpa Inca antwortete und sagte, er müsse nichts anbeten als die Sonne, die niemals stirbt, ebenso wenig wie ihre guacas und Götter, die sie nach ihrem Gesetz auch hätten, und das halte er ein. Darauf fragte der Inca Fray Vicente, wer ihm das denn gesagt hätte. Fray Vicente antwortete, das Evangelium, das Buch habe es ihm gesagt, und Atahualpa sagte: „Gib es mir, das Buch, damit es selbst es mir sage." Und so gab er es ihm, und er nahm es in die Hände und begann, die Blätter des Buches genau zu betrachten. Darauf sagte der Inca, mit großer Majestät auf seinem Thron sitzend: „Warum sagt es mir nichts und spricht nicht zu mir, dieses Buch?" Und Inca Atahualpa schleuderte das Buch aus seinen Händen.

Da stimmte Fray Vicente ein Geschrei an und sagte: „Hierher, Caballeros, auf sie, diese heidnischen Indios sind gegen unseren Glauben!" Und Don Francisco Pizarro und Don Diego de Almagro stimmten ihrerseits ein Geschrei an und sagten: „Kommt herbei, Caballeros, nieder mit diesen Ungläubigen, die gegen unseren christlichen Glauben und unseren Kaiser und König sind, auf sie!"

Und sogleich feuerten die Caballeros ihre Hakenbüchsen ab und begannen das Scharmützel, und die Soldaten töteten Indios wie Ameisen, und da sie erschrocken waren wegen der Hakenbüchsen und wegen des Lärms der Schellen und der Waffen und zum erstenmal nie gesehene Menschen sahen, und da der Platz von Cajamarca voller Indios war, stürzten sie die Einfriedungsmauern des Platzes von Cajamarca um.

Und sie töteten sich gegenseitig, weil sie sich dicht zusammendrängten und von den Pferden niedergestoßen und zertrampelt wurden, und es starben so viele Indios, dass man sie nicht zählen konnte. Von der Schar der Spanier starben fünf Personen aus freien Stücken, denn kein Indio wagte sich vor, weil sie vor Schreck wie gebannt waren. Man sagte auch, diese fünf Spanier hätten sich mitten unter den toten Indios befunden. Wahrscheinlich verhielten sie sich töricht und wurden wie die Indios von der Reiterei niedergetrampelt.

Und so ergriffen Don Francisco und Don Diego de Almagro besagten Atahualpa Inca und zerrten ihn von seinem Thron herab, ohne ihn zu verletzen, und er wurde in Fesseln und von Spaniern bewacht bei dem Hauptmann Don Francisco Pizarro gefangengehalten. Er war sehr traurig und tief betrübt, und seiner Majestät beraubt saß er auf dem Boden und sein Thron und sein Reich waren ihm genommen.

Emir Rodríguez Monegal (Hrsg.), Die Neue Welt. Chroniken Lateinamerikas von Kolumbus bis zu den Unabhängigkeitskriegen, Frankfurt/M.1982, S. 219-221.

2.18 Das Eroberungsmotiv Gold und Atahualpas Tod

Schon bei Atahualpas Gefangennahme und nach dem anschließenden Gemetzel hatten die Spanier reiche Beute gemacht. In dieser Goldgier, die den Indios als hervorstechender Wesenszug der Spanier auffiel und deshalb in den inkaischen Texten besonders hervorgehoben wurde, sah der gefangene Inkaherrscher einen Weg, die Freiheit wiederzuerlangen. Er bot Pizarro als Lösegeld für seine Freilassung eine immense Summe Goldes an, das in den kommenden Wochen tatsächlich zusammengetragen wurde. Poma de Ayala hat in seiner Corónica die Goldgier der Spanier und Atahualpas Ende in Wort und Bild eindrucksvoll geschildert:

[...] Nachdem sie Atahualpa Inca ergriffen hatten und er gefangen saß, raubten ihm Don Franzisco Pizarro und Don Diego de Almagro und alle anderen Soldaten und Spanier seinen ganzen Besitz. Und sie nahmen alle Reichtümer aus dem Sonnentempel, aus *Curicancha* und *Huanacauri,* so viele Millionen in Gold und Silber, dass man es nicht zählen kann, weil allein im *Curicancha* alle Wände und die Decke und der Boden und die Fenster mit Gold bedeckt waren. Und man sagt, die Personen, die ihn betraten, hätten durch das Strahlen des Goldes wie Verstorbene ausgesehen und die Farbe des Goldes angenommen.

Dazu kam das von Inca Atahualpa und allen seinen Hauptleuten und von den Fürsten dieses Reiches und die erwähnte Sänfte aus Gold und Silber, deren Platte allein mehr als [*umgerechnet*] zwanzigtausend Mark Feingold und zwanzigtausend Mark Feinsilber wog, sowie eine Million dreihundertsechsundzwanzigtausend Taler reinsten Goldes, und man nahm ihm seine Dienerschaft und sogar seine rechtmäßige Frau, die *Coya*. Und da er sich so schlecht behandelt, geschädigt und beraubt sah, ergriffen großer Kummer und Trauer sein Herz, und er weinte und aß nichts. Und da er die Herrin, die *Coya,* weinen sah, weinte auch er, und in der Stadt der Indios erhob sich desgleichen großes Wehklagen.

Er sang in dieser Weise: „Aray araui aray araui sapra aucaccho coya atihuanchic llazauanchic ma coya suclla uanoson amatac acuyraq ca cachuncho paracinan uequi payllamanta urman cam coya hinataccya." „Wird dieser niederträchtige Feind, oh Königin, uns besiegen, uns in tiefe Verzweiflung stürzen? Nein, Königin! Lieber wollen wir sterben. Möge uns das Unheil nicht erreichen! Wie ein Regen fallen die Tränen von selbst. Könntest du, oh Königin, so sein?"

Als Atahualpa Inca gefangen war, unterhielt er sich mit Don Francisco Pizarro, Don Diego de Almagro und den übrigen Spaniern und spielte mit ihnen das Schachspiel, das sie *taptana* nennen. Und er war ein sehr sanftmütiger Fürst, und so versöhnte er sich mit den Christen und gab seinen Besitz hin und wusste nicht, womit er sie zufrieden stellen und beschenken sollte.

Als Atahualpa Inca gefangen war, ließen ihn alle seine Vasallen und Indios und Hauptleute und großen Fürsten seines Reiches im Stich und dienten ihm nicht.

Atahualpa Inca versuchte, sein Leben und das seiner Hauptleute zu erkaufen, und gab Don Francisco Pizarro und Don Diego de Almagro und allen Soldaten viel Gold, denn in einem Haus kennzeichnete und bemaß Don Francisco Pizarro mit seinem eigenen Schwert eine halbe Wand, die acht Klafter lang und vier Klafter breit war. Er füllte es mit Gold und Don Francisco Pizarro und Don Diego de Almagro nahmen es, teilten es mit allen übrigen Spaniern, den ganzen Reichtum des Gemachs dem Kaiser, alles nach Spanien, jeder seinen Angehörigen und Verwandten und Freunden. [...]

Nachdem Don Francisco Pizarro Gericht gehalten und das Urteil verkündet hatte, Atahualpa Inca den Kopf abzuhauen, wollten Don Diego de Almagro und die anderen dieses Urteil nicht unterzeichnen, weil er bereits seinen ganzen Reichtum an Gold und Silber gegeben hatte, und er verurteilte ihn, obwohl alle sagten, er solle ihn als Gefangenen zum Kaiser schicken, auf dass er dort allen Reichtum dieses Reiches herausgebe.

Atahualpa Inca wurde geköpft und hingerichtet, und Don Francisco Pizarro ließ ihm den Kopf abschneiden, und dies tat er ihm über einen Dolmetsch kund, den Indio Felipe aus Guancabilca. Dieser Dolmetsch unterrichtete Don Francisco Pizarro und die anderen, denen dieses Urteil nicht gefiel, falsch, und er gab ihnen nicht zu verstehen, dass Atahualpa Inca um Gerechtigkeit und Gnade flehte, weil er [*der Dolmetscher*] in die *coya,* dessen [*Atahualpas*] rechtmäßige Frau, verliebt war. Und so war er der Grund dafür, dass man Atahualpa Inca tötete und ihm den Kopf abschlug. Und dieser starb als wahrer Christ und Märtyrer, in der Stadt Cajamarca nahm sein Leben ein Ende.

Auf Geheiß von Don Francisco Pizarro und Don Diego de Almargo und ihrer Heerführer brachen zwei Spanier auf, um die erwähnten Hauptleute Challcochima und Quisquis zu ergreifen, und man ergriff sie und verurteilte sie in Jauja, wo man Challcochima an Pfählen aufhing, so dass er starb, und die anderen Hauptleute, Quisquis, Quizoyupanqui, Ruminaui, Auapanti, Huanca Auqui und Collatupa entflohen.

Don Francisco Pizarro und Don Diego de Almagro und die übrigen Soldaten entdeckten alle Reichtümer, die verborgen waren, Gold und Silber, Juwelen und Edelsteine, und sandten sie dem Kaiser und Katholischen König von Spanien, den ganzen Reichtum der *uacas*, der Sonne, was immer sie zu fassen bekamen. Und jeder von ihnen schickte nach Hause und seiner Frau und den Kindern und Verwandten in diesem Reich und in Kastilien. Aus Habgier schifften sich viele Priester und Spanier, Frauen und Händler nach Peru ein, alles drehte sich um Peru und nochmals Peru, Indien und nochmals Indien, Gold und Silber und nochmals Gold und Silber in diesem Reich. [...]

Wegen des Reichtums sandte der Kaiser Gouverneure und Auditoren, Prälaten und Bischöfe und Priester und Ordensbrüder und Spanier und Frauen. Überall hörte man nur Peru und nochmals Peru. Zu den anfangs einhundertsechzig Spaniern und einem Kongoneger kamen nun viele Spanier hinzu, Kaufleute und Tauschhändler und Krämer und viele Dunkelhäutige; heute vermehren sich viel mehr als die Indios die Mestizen, Söhne der Priester, und trachten nach Gold und Silber in Peru. Hier siehst du, wie durch Hochmut dem Kaiser alles verdorben wird, denn wie konnte ein Caballero seinen König richten, und wenn er ihn nicht getötet hätte, so wäre der ganze Reichtum des Kaisers, und alle Minen wären entdeckt worden [...].

Die Spanier schwärmten in alle Winkel dieses Reiches aus, zu zweien, und einige auch allein, machten die Indios zu *yanaconas* (Dienern), und jeder suchte seinen Vorteil und seinen Unterhalt, wobei sie den Indios großes Leid und Schaden zufügten, Gold und Silber von ihnen verlangten und ihnen Kleider und Nahrung wegnahmen; und diese erschraken, als sie neue, nie gesehene Menschen sahen, und so versteckten sie sich und flohen vor den Christen.

Emir Rodríguez Monegal, (Hrsg.), Die Neue Welt. Chroniken Lateinamerikas von Kolumbus bis zu den Unabhängigkeitskriegen, Frankfurt/M.1982, S. 223-224, 225- 228.

2.19 Illustration zur Goldgier der Spanier

Abb. 24: „Wir essen das Gold“, Federzeichnung des Guamán Poma de Ayala, aus: Hans-Joachim König, Die Entdeckung und Eroberung Amerikas. 1492-1550, Freiburg, Würzburg 1992, S. 191.

2.20 Das Goldland Peru

Um die Verteilung des Lösegelds handhaben zu können, ließ Pizarro bis auf einige besondere Kunst- und Kultgegenstände die zahllosen Teller, Schüsseln, Gefäße, Schalen und Kunstgegenstände einschmelzen und in Silber- und Goldbarren gießen. In wochenlanger Arbeit mussten die einheimischen Goldschmiede die Erzeugnisse ihrer eigenen Kunstfertigkeit zerstören. Zeugnisse der hohen Kultur des Andenraums, Symbole der traditionellen Religion wurden zerschlagen, und mit ihnen ging ein Stück Identität der Indios verloren. Das Gesamtgewicht soll sich auf 1325 Pfund Gold = 1 326 539 Goldpesos und 26 000 Pfund Silber belaufen haben. Die Nachricht vom Goldland Peru verbreitete sich schnell in Europa. Texte und Bilder, wie der kolorierte Kupferstich von Theodor de Bry, America, 6. Buch, 1597, befassten sich mit dem Goldland:

Abb. 25: Das Lösegeld Atahualpas, kolorierter Kupferstich von De Bry, 1597, aus: Hans-Joachim König, Die Entdeckung und Eroberung Amerikas, 1492-1550, Freiburg, Würzburg 1992, S. 197.

2.21 Reaktionen der Inka. Die Spanier, eine neue Art von Menschen (1570)

Für die Inka bedeutete der Sieg der Spanier die Erschütterung ihrer Welt, so wie es Titu Kusi Yupanki, der Sohn des letzten legitimen, von Pizarro eingesetzten Inkaherrschers Manco Inka, einem Halbbruder Atahualpas, in seinem Bericht über den Kampf gegen die Spanier formulierte. In seinem um 1570 geschriebenen Bericht, der sehr schön die unterschiedlichen Kulturen vor Augen führt, gibt er mit dem Hinweis auf die angebliche Göttlichkeit der Spanier auch einen Erklärungsversuch für die eigene Niederlage:

In der Zeit, wo die Spanier in diesem Land Peru vor Anker gingen, wo sie zur Stadt Cajamarca gelangten [1532], ungefähr 190 Meilen von hier entfernt, weilte mein Vater Manco Inka in der Stadt Cuzco; dort war er mit all seiner Macht und Befehlsgewalt, die ihm sein Vater Huayna Capac [der junge Mächtige] hinterlassen hatte. Die Neuigkeit erfuhr er durch einige Boten, die sein – zwar unehelicher – Bruder namens Atahualpa ausgesandt hatte, sowie durch einige Tiefland-Indios aus dem Volk der Tallana, die an der Südseeküste wohnten, fünfzehn oder zwanzig Meilen von Cajamarca entfernt. Diese hatten erklärt, sie hätten eine bestimmte, von uns ganz verschiedene Art von Menschen bei ihnen landen sehen, die *Viracochas* zu sein schienen: mit diesem Namen bezeichneten wir früher den Schöpfer aller Dinge; wir nannten ihn *Teqsi Viracochan*, was *Ursprung* und *Urheber aller Dinge* bedeutet. Aus mehreren Gründen bezeichnete man die neuentdeckten Leute mit diesem Wort: einerseits, weil sie sich in ihrer Kleidung und äußeren Erscheinung von uns unterschieden; andererseits, weil sie auf sehr großen Tieren ritten, die überdies Silberfüße hatten: das meinte man der glitzernden Hufeisen wegen. Ein weiterer Grund zu dieser Namensgebung war der, dass man sie dabei ertappt hatte, wie sie ganz allein in eine Art Tücher hinein sprachen, so wie eine Person mit einer anderen spricht: damit bezog man sich aufs Lesen von Büchern und Briefen. Außerdem nannte man sie *Viracochas* in Anbetracht der Erhabenheit und des Aussehens ihrer Gestalt, und wegen des großen Unterschieds zwischen den einen und den anderen, denn die einen trugen schwarze Bärte, die anderen rote; dazu kam, dass man sie aus silbernem Geschirr essen sah. Ein letzter war, dass sie über *Illapas* verfügten – mit diesem Wort bezeichneten wir den Donner: damit spielte man auf die Feuerwaffen an, denn man vermutete, es handle sich um Himmelsdonner. [...]

2. Wie mein Vater ihre Botschaft vernommen hatte, geriet er außer sich und rief: „Aber wie haben denn diese Leute es wagen können, ohne meine Ermächtigung und ohne mein Einverständnis in mein Land einzudringen? Wie ist ihr Wesen und ihre Art?" Die Boten gaben zur Antwort: „Herr, es sind Leute, die sicher nichts anderes als *Viracochas* sein können, denn sie behaupten, mit dem Wind gekommen zu sein; es sind bärtige, sehr schöne und ganz weiße Leute; sie essen aus silbernen Tellern, und sogar die Schafe, große Schafe, von denen sie getragen werden, besitzen silbernes Schuhwerk. Sie feuern *Illapas* [Blitz, Donner] ab wie der Himmel. Du kannst dir selbst ausrechnen, dass Leute dieser Art, die so leben und sich verhalten, *Viracochas* sein müssen. Und wir haben mit eigenen Augen gesehen, wie sie allein in weiße Tücher hineinsprachen und einige von uns bei unseren Namen nannten, ohne dass ihnen jemand Aufschluss gegeben hätte, sondern einfach, indem sie das Tuch betrachteten, das sie vor Augen hielten. Es sind überdies Leute, bei denen nur das Gesicht und die Hände sichtbar sind. Die Gewänder, die sie tragen, sind besser als deine, denn sie enthalten Gold und Silber. Was anderes als *Viracochas* könnten Leute dieser Sorte und Art denn sein?"

Mariano Delgado (Hrsg.), Gott in Lateinamerika. Texte aus fünf Jahrhunderten. Ein Lesebuch zur Geschichte, Düsseldorf 1991, S. 62-63.

Anmerkung

1 „Jedes Reich, das in sich selbst geteilt ist, verödet."

F. Das Verhalten gegenüber der autochthonen Bevölkerung Amerikas

1. Vorbemerkung

Spanier und Portugiesen hatten keinen menschenleeren Kontinent entdeckt. Nach neueren Schätzungen zählte die vorkolumbische Bevölkerung Amerikas zwischen 35 bis 45 Millionen Menschen, die nicht nur keine Übereinstimmung mit den bislang in Europa, Afrika und Asien bekannten Völkern zeigten, sondern auch untereinander gesellschaftliche, kulturelle und sprachliche Verschiedenheiten aufwiesen sowie in geografisch und klimatisch unterschiedlich geprägten Regionen lebten. Sie alle erhielten den Sammelnamen Indier oder Indios, seit Kolumbus, der „Indien", zumindest eine der Inseln des asiatischen Indien gefunden zu haben glaubte, die Bevölkerung so benannt hatte. Die gesellschaftlich-politische Organisation reichte von den halbsesshaften Sammlern und Wildbeutern im südlichen Südamerika und in den tropischen Regenwaldgebieten über sozial und politisch gegliedertere Stammesgesellschaften und Häuptlingstümer oder Kazikenherrschaften mit Dorfansiedlungen auf den Antillen, im Amazonasbecken und an der brasilianischen Küste bis zu den gesellschaftlich und wirtschaftlich komplexen, auf Städte und einen Staatskult gestützten Eroberungsreichen der Azteken in Mexiko und der Inka im Andenraum Südamerikas sowie dem im Aufbau begriffenen Chibcha-Reich im heutigen Kolumbien und dem zerfallenen Reich der Mayavölker in Guatemala und Yucatán. Für die Europäer waren sie alle gleichermaßen fremd und befremdlich, ja barbarisch.

Tatsächlich trafen die Spanier auf den Westindischen Inseln, an den Küsten des Karibikraumes und die Portugiesen an der Ostküste Amerikas zunächst auf Menschen, die scheinbar in paradiesischer Nacktheit lebten, sexuell freizügig waren, über keine durchstrukturierten politischen oder gesellschaftlichen Ordnungen größeren Stils verfügten, nur selten in größeren Ansiedlungen lebten und in einzelnen Regionen angeblich auch Kannibalismus praktizierten, also nicht die europäischen Maßstäbe von Zivilisation erfüllten. Diese fremdartigen Züge veranlassten die Europäer dazu, die Indios in einer unstatthaften Verallgemeinerung als minderwertig abzuqualifizieren. Aus dieser angenommenen Inferiorität ergaben sich dann weitreichende Konsequenzen für das Verhalten der Europäer/Spanier gegenüber den Indios, sowohl bei den weiteren Entdeckungen und Eroberungen als auch bei der nachfolgenden Kolonisierung. Je nach Interesse der Beteiligten gab es unterschiedliche Antworten auf die Frage, wie man sich gegenüber den Indios verhalten sollte.

Das Interesse der spanischen Könige zielte naturgemäß in erster Linie auf die Erweiterung ihrer politischen und ökonomischen Macht. Allerdings konnte ihnen wenig daran gelegen sein, über Heiden oder Barbaren zu regieren, die nicht nach den europäischen Normen von Gesellschaft, Wirtschaft, Religion und Kultur lebten. Deshalb fasste die spanische Krone schon zu Beginn der Konquista, nachdem sie sehr bald die Versklavung von Indios verboten hatte, und in der anschließenden Kolonisierung in den ersten Jahrzehnten des 16. Jahrhunderts ihre Politik gegenüber den Indios trotz heftiger Diskussionen in Detailfragen als Zivilisierungs- und Europäisierungspolitik auf. Sie ordnete eine Politik der Umerziehung an, der zufolge die Indios wie die Europäer in dörflichen Siedlungen mit Häusern für die jeweiligen Familien zusammengefasst werden und in einer ihnen bislang ungewohnten Weise Ackerbau und Viehzucht betreiben sollten. Ziel dieser Umerziehung war es und blieb es auch für die folgenden drei Jahrhunderte, die Indios dazu anzuleiten, so wie die übrigen Untertanen der spanischen Könige, also europäisch, zu leben. Diese Zivilisierung bzw. Hispanisierung/Europäisierung sollte durch friedliche, wenn auch nicht ohne Druck ausgeübte Erziehung in allen Lebensbereichen erfolgen, was die gleichzeitige Christianisierung einschloss. Zugleich entwickelte die spanische Krone ein Konzept, wie mit Umerziehung und Christianisierung auch die für die Kolonisten wichtige Frage der Arbeitskräfteversorgung zu lösen war. Dies Konzept sah zunächst ein enges Miteinander von Spaniern und Indios vor, mündete dann aber in die Trennung zwischen Siedlungen der Weißen und der Indios.

Eng verbunden mit der Behandlung der Indios war auch die Frage nach der Art der Eroberung und die nach der Berechtigung der spanischen Herrschaft in der Neuen Welt. Die seit der Antike praktizierte Form der Herrschaftsbegründung durch erste Eroberung stieß immer mehr auf Kritik, weil sie von der falschen Voraussetzung eines unbewohnten Landes ausging, also die eingeborene Bevölkerung und deren legitime Herrschaft nicht berücksichtigte. Wie aber konnte die Eroberung ethisch legitimiert, wie konnten die Auswüchse entschuldigt werden? Im Zentrum der neuen Überlegungen stand entsprechend den damaligen Überzeugungen die theologische Begründung, dass die Eroberung aus dem heilbringenden Grund erfolge, die christliche Religion zu verbreiten und die Heiden zur Wahrheit des Christentums zu bekehren. Christianisierung als Ziel und Auftrag, wie sie aus den Bullen Alexanders VI. von 1493 abgeleitet werden konnte, verlieh den Eroberungszügen in den Augen der Spanier Kreuzzugscharakter und machte sie zu so genannten „gerechten Kriegen". Das bedeutete für die Indios, dass sie, obwohl sie grundsätzlich als freie Untertanen der kastilischen Krone galten, versklavt werden konnten, wenn sie Widerstand gegen die spanische Herrschaft leisteten. Gerade diese Frage des „gerechten Krieges" ist in Spanien in aller Öffentlichkeit viel und heftig und kontrovers diskutiert worden, hing davon doch das Verhalten gegenüber den Indios ab.

2. Die Indiofrage – Sklaven, Menschen, Untertanen?

2.1 Die anfängliche Ungewissheit über die Versklavung der Indios (1495)

Als Kolumbus auf den karibischen Inseln nicht in dem erhofften Umfang Gold fand, sah er im Sklavenhandel mit Indios eine einträgliche Einnahmequelle für die Entdeckungsfahrten und ließ dementsprechend mehrere Male Indios als Gefangene nach Spanien transportieren. Dadurch kam es zwischen ihm und den spanischen Königen zu unterschiedlichen Auffassungen über die Behandlung der Indios. In einem Brief der spanischen Könige Ferdinand und Isabella vom 16. April 1495 an den Bischof von Badajoz, den damaligen Beauftragten für die Kolonialfragen, verfügen diese eine Überprüfung der Angelegenheit:

In Unserem letzten Brief hatten wir Euch geschrieben, Ihr solltet die Indianer verkaufen lassen, die der Admiral Don Cristóbal Colón mit den soeben eingetroffenen Karavellen geschickt hat. Wir wollen Uns aber erst noch bei gelehrten Theologen und Kanonisten [Lehrern des geistlichen Rechtes] unterrichten, ob man diese Leute so einfach mit gutem Gewissen durch Euch verkaufen lassen kann oder nicht, und dies kann nicht geschehen, bevor Wir die Briefe des Admirals erhalten haben, um den Grund zu erfahren, warum er sie als Gefangene hierher geschickt hat [...]. Deshalb vereinbart inzwischen schon für eine kurze Zeit den Preis für diese zu verkaufenden Indianer, in dieser Zeit werden Wir erfahren, ob Wir sie verkaufen können oder nicht. Die Käufer sollen noch nichts bezahlen, sollen aber von dieser Angelegenheit auch nichts erfahren. [...]

Geschichte in Quellen, hrsg. von Wolfgang Lautemann und Manfred Schlenke. Band. III. Renaissance. Glaubenskämpfe. Absolutismus. Bearbeitet von Fritz Dickmann, München 1982, S. 67.

2.2 Verfügung der Königin Isabella über die Freiheit und Christianisierung der Indios (1503)

Seit 1495 befassten sich die spanischen Könige mit der Frage, wie die Indios zu behandeln seien und welcher ihr Status sei. Der neue Statthalter auf der Insel Hispaniola, Nicolás de Ovando, erhielt Instruktionen über die Christianisierung und Ansiedlung der Indios. In diesen Kontext gehört auch die Verfügung der Königin Isabella vom 30. Oktober 1503:

Ihr wisst, dass der König, Mein Herr, und Ich, in dem Wunsch, dass alle Einwohner der Inseln und des Festlandes am Ozean Christen werden und sich zu Unserem heiligen katholischen Glauben bekehren mögen, durch einen Unserer Briefe[1] den Befehl erlassen haben, dass niemand von denen, die kraft Unserer Anordnung auf den genannten Inseln und dem Festland leben, sich unterstehen sollte, irgend jemanden von den Indianern dieser Inseln und des Festlandes zu ergreifen und gefangenzusetzen, um sie dann hierher in Meine Königreiche [Kastilien und Aragón] oder anderswohin zu bringen, noch auch sonst ihnen irgendeinen Nachteil oder Schaden an Leib und Gut zuzufügen, unter bestimmten, in dem genannten Gesetz festgelegten Strafen. Verschiedene Personen haben nämlich einige der genannten Indianer von den Inseln entführt. Wir aber haben sie, um ihnen Gnade zu erweisen, diesen Leuten wegnehmen und sie in völlige Freiheit setzen lassen. Nach allen diesen Vorgängen haben Wir, um sie [die Eingeborenen] noch mehr zu überzeugen und zu ermutigen, dass sie Christen werden und wie vernünftige Menschen leben, einige Statthalter auf diese Inseln und Festländer geschickt und Geistliche mitgegeben, die ihnen predigen und sie in den Dingen unseres heiligen katholischen Glaubens unterrichten und ihnen ankündigen sollen, dass sie Unsere Untertanen sind.

Geschichte in Quellen, hrsg. von Wolfgang Lautemann und Manfred Schlenke. Bd. III. Renaissance. Glaubenskämpfe. Absolutismus. Bearbeitet von Fritz Dickmann. München 1982, S. 67.

2.3 Die Einführung des Repartimiento- oder Encomienda-Systems (1503)

Im Jahre 1503 berichtete der Statthalter Ovando, die Bekehrung der Eingeborenen scheitere daran, dass sie den Umgang mit den Weißen mieden, sich in die Berge zurückzögen, nicht an Arbeit zu gewöhnen seien und deshalb auch den Untertanentribut für den König nicht leisten könnten. Tatsächlich flohen die Indios vor den Spaniern, weil sie von ihnen schlecht behandelt worden waren. Auf die Klagen des Gouverneurs erging dann die Königliche Verfügung vom 20. Dezember 1503, die das System des Repartimiento, der Zuteilung, bzw. der Encomienda, der Anvertrauung, d.h. der Übergabe von Indios in die Dienstbarkeit der Spanier begründete:

Isabella, von Gottes Gnaden Königin von Kastilien und Leon etc.: Da der König, Mein Herr, und Ich durch die Instruktion, die Wir dem Don Nicolás de Ovando zur Zeit seiner Statthalterschaft auf den Inseln und dem Festland des Ozeans erteilen ließen, befohlen haben, dass die auf der Insel Española [Haiti] ansässigen Indianer freie Menschen und keiner Dienstbarkeit unterworfen sein sollten (wie das näher in der genannten Instruktion enthalten ist), Ich jetzt aber erfahren habe, dass die Indianer infolge der ihnen gegebenen reichlichen Freiheit die Christen fliehen, Gespräche und Umgang mit ihnen meiden, auch gegen Lohn nicht arbeiten wollen und sich müßig herumtreiben, geschweige denn sich dazu gewinnen lassen, belehrt und zu Unserem heiligen katholischen Glauben bekehrt zu werden, dass deshalb die dort auf der Insel wohnenden Christen keine Arbeitskräfte für ihre Farmen und für die Goldgewinnung finden können, wodurch den einen wie den anderen Schaden erwächst, und weil Wir wünschen, dass die genannten Indianer sich zu Unserem heiligen katholischen Glauben bekehren und darin unterrichtet werden, dies sich aber besser tun lässt, wenn die Indianer mit den auf der Insel wohnenden Christen in Berührung kommen, mit ihnen umgehen und zu tun haben, beide einander helfen und so die Insel kultiviert, bevölkert und ertragreich gemacht wird, auch Gold und andere Metalle gefördert werden und Meine Königreiche und deren Bewohner daraus Nutzen ziehen, so habe Ich diese Verfügung wie folgt ausfertigen lassen und befehle hiermit Euch, Unserem Gouverneur, dass Ihr von dem Tage an, wo Ihr diese Meine Verfügung erhaltet, künftig die Indianer nötigt und antreibt, mit den Christen der genannten Inseln Umgang zu pflegen, in ihren Häusern zu arbeiten, Gold und andere Metalle zu schürfen und Landarbeit für die auf der Insel ansässigen Christen zu leisten, und dass Ihr jedem für den Arbeitstag Tagelohn und Unterhalt geben lasst, wie sie Euch nach der Beschaffenheit des Bodens, des Arbeiters und der Tätigkeit angemessen erscheinen, dass Ihr jedem Kaziken [Häuptling] auferlegt, eine bestimmte Anzahl Indianer bereitzuhalten, um sie jeweils da, wo es nötig ist, zur Arbeit einsetzen zu können, und damit sie sich an den Festtagen und wann es sonst erforderlich scheint zusammenfinden, um an den dafür bestimmten Orten über die Dinge des Glaubens zu hören und darin unterrichtet zu werden, dass jeder Kazike die von Euch jeweils vorgeschriebene Zahl von Indianern beibringt und an die von Euch benannten Personen zur Arbeit überlässt, gemäß näherer Anweisung dieser Personen und gegen einen von Euch festzusetzenden Tagelohn.

Die genannten Verpflichtungen sollen sie als freie Personen leisten, die sie ja sind, nicht als Sklaven. Ihr habt dafür zu sorgen, dass diese Indianer gut behandelt werden, und zwar diejenigen unter ihnen, die Christen sind, besser als die anderen; Ihr dürft nicht dulden oder Anlass geben, dass irgend jemand ihnen Leid oder Schaden zufügt oder sie ungebührlich behandelt; dass keiner sich irgend etwas der Art unterstehe, bei Meiner Ungnade.

Geschichte in Quellen, hrsg. von Wolfgang Lautemann und Manfred Schlenke. Band. III. Renaissance. Glaubenskämpfe. Absolutismus. Bearbeitet von Fritz Dickmann, München 1982, S. 67.

2.4 Die Folgen der Dienstverpflichtung auf den Antillen (1541/42)

Die Encomenderos waren verpflichtet, die Arbeiter menschenwürdig unterzubringen, zu bekleiden, mit Lebensmitteln zu versorgen, ihnen angemessenen Lohn zu zahlen und sie in der arbeitsfreien Zeit in der christlichen Religion zu unterweisen. Arbeitskräfteversorgung, Indianererziehung und Christianisierung sollten nach der Konzeption der spanischen Krone Hand in Hand gehen; jedenfalls war dies das Bestreben der Krone, nach deren Rechtsverständnis die Indios den Status von freien Personen behalten und nicht versklavt werden sollten. In der Wirklichkeit der neuen, fern von Spanien gelegenen Regionen bedeutete das System von Repartimiento/Encomienda jedoch hemmungslose Ausbeutung der eingeborenen Bevölkerung. „Zuteilung" hieß meist, dass die Arbeitskräfte gewaltsam rekrutiert wurden, sogar Frauen und Kinder in der Landwirtschaft und beim Goldschürfen oder -waschen – der auf den Antillen vorherrschenden Form der Goldgewinnung – arbeiten mussten, berechtigter Widerstand brutal bestraft wurde und die allgemeine Versorgung nur unzureichend gewährleistet war. Bartolomé de Las Casas, der seit 1502 auf Hispaniola lebte und Augenzeuge des spanischen Vorgehens war, zu dieser Zeit sogar selbst aktiv teilnahm, hat das Sterben der Indios in seinem 1541/42 geschriebenen Kurzgefassten Bericht von der Verwüstung der Westindischen Inseln eindrucksvoll beschrieben:

Alle diese unzähligen Menschen von verschiedenem Schlage, schuf Gott einfältig, ohne Falsch und Arg. Sie waren sehr folgsam, äußerst treu, sowohl ihren ursprünglichen Herren, als den Christen, welchen sie dienten; sie waren demütig, geduldig, friedliebend und ruhig; kannten weder Streit, noch Zwietracht, noch Zank; wussten nicht einmal, dass Groll oder Hass oder Zwietracht oder Rachsucht in der Welt vorhanden sei. Es sind Leute von schwächlicher zarter Leibesbeschaffenheit, sie können nicht viel Beschwerden ertragen, und sterben leicht an der geringsten Unpässlichkeit. Fürstensöhne und Leute von Stande, die bei uns in Üppigkeit und Wohlleben erzogen wurden, sind vielleicht nicht so schwächlich, wie diejenigen, die bei ihnen unter die Klasse der Tagelöhner gerechnet werden. Sie sind hiernächst sehr arme Leute, besitzen wenig von den Gütern der Erde und trachten auch nicht darnach; deswegen sind sie auch weder stolz, noch hoffärtig, noch habsüchtig. Ihre Nahrung ist von der Art, dass selbst die heiligen Väter in der Wüste nicht spärlicher, armseliger, kümmerlicher gelebt haben mögen. Ihre Kleidung ist gewöhnlich ein Stück Fell, womit sie die Scham bedecken; wenn es hoch kommt, so tragen sie einen Mantel von baumwollenem Zeug, der etwa anderthalb oder zwei Ellen ins Geviert enthält. Ihr Lager besteht aus einer Matte von Schilf; höchstens schlafen sie in Decken, die wie Netze aufgehangen, und von den Einwohnern der Insel Hispaniola *Hamacas* genannt werden. Sie sind von schnellem, unbefangenem, durchdringendem Fassungsvermögen; gelehrig und empfänglich für gute Grundsätze, voll Fähigkeit unsern heiligen katholischen Glauben anzunehmen, und sich an gottseligen Wandel zu gewöhnen. In dieser Rücksicht findet man bei ihnen weit weniger Hindernisse als bei allen übrigen Sterblichen, die Gott auf diesem Erdball erschuf. Sobald sie nur das geringste von Glaubenssachen hören, sind sie äußerst begierig noch mehr zu lernen, bezeigen auch sehr viel Eifer im Gebrauch der Sakramente, wie in gottesdienstähnlichen Handlungen überhaupt. Ich kann mit Wahrheit sagen, dass Gott denjenigen Geistlichen, welche sie hierin befriedigen wollen, die Gabe der Geduld in vorzüglichem Maße verleihen muss. Mit einem Wort, ich habe es häufig mit angehört, dass weltliche Spanier sogar, die mehrere Jahre sich dort aufgehalten hatten, und die Gutmütigkeit dieses Volkes nicht in Abrede stellen konnten, zu sagen pflegten: Diese Leute wären die glücklichsten auf der Welt, wofern sie nur die wahre Erkenntnis Gottes besäßen.

Unter diese sanften Schafe, die ihr Schöpfer und Urheber mit oben erwähnten Eigenschaften begabte, fuhren die Spanier, sobald sie nur ihr Dasein erfuhren, wie Wölfe, Tiger und Löwen, die mehrere Tage der Hunger quälte. Seit vierzig Jahren haben sie unter ihnen nichts anders getan, und noch bis auf den heutigen Tag tun sie nichts anders, als dass sie dieselben zerfleischen, erwürgen, peinigen, martern, foltern, und sie durch tausenderlei eben so neue als seltsame Qualen, wovon man vorher nie etwas Ähnliches sah, hörte oder las, und wovon ich weiter unten einige Beispiele anführen werde, auf die grausamste Art aus der Welt vertilgen. Hierdurch brachten sie es dahin, dass gegenwärtig von mehr als drei Millionen Menschen, die ich ehedem auf der Insel *Hispaniola* mit eigenen Augen sah, nur noch zweihundert Eingeborene vorhanden sind. Die Länge der Insel *Cuba* erstreckt sich beinahe so weit als der Weg von Valladolid nach Rom; heutigen Tages ist sie fast ganz von Menschen entblößt. *San Juan* und *Jamaica* sind zwei der größten, fruchtbarsten und anmutigsten Inseln; beide liegen jetzt öde und verheert. Auf der Nordseite von Cuba und Hispaniola liegen die benachbarten *Lucayischen Eilande*, sechzig an der Zahl, ingleichen die so genannten Rieseninseln, nebst einer Menge anderer, teils großer teils kleiner Eilande. Das geringste derselben gibt dem Königlichen Garten zu Sevilla sowohl an Fruchtbarkeit als Anmut nichts nach. Es ist der gesündeste Erdstrich unter der Sonne. Ehedem lebten über fünfmalhunderttausend Seelen daselbst; gegenwärtig ist dort kein menschliches Geschöpf mehr vorhanden. Man ermordete sie entweder verräterischer Weise, oder schleppte sie nach der Insel Hispaniola, als man wahrnahm, dass sie fast ganz von Einwohnern entblößt war. Drei Jahre nach dieser großen Menschenernte segelte ein Schiff in der Absicht aus, die übriggebliebenen Stoppeln zu sammeln; denn ein guter Christ fasste den frommen Entschluss, diejenigen Einwohner, die etwa noch vorhanden sein möchten, zum christlichen Glauben zu bekehren. Da fanden sich denn nicht mehr als nur noch elf Personen, die ich mit eigenen Augen sah. Aus gleichem Grunde sind mehr als dreißig Inseln, die in der Nachbarschaft von San Juan liegen, entvölkert und öde. Zusammen betragen sie mehr als zweitausend Meilen Landes, worin man keine Spur mehr von Menschen erblickt. Was das große feste Land anbetrifft, so kann man als ausgemacht annehmen, dass unsere lieben Spanier durch ihre Grausamkeit und Schandtaten daselbst mehr als zehn Königreiche, die gegenwärtig Einöden sind, ehedem aber stark bevölkert waren, verwüstet und verheert haben. Sie waren größer als ganz Spanien, selbst Aragonien und Portugal mit eingeschlossen, und enthielten zweimal so viel Landes, als der Weg von Sevilla nach Jerusalem beträgt; welches mehr als zweitausend Meilen sind.

Wir können hier als eine gewisse und wahrhafte Tatsache anführen, dass in obgedachten vierzig Jahren durch das erwähnte tyrannische und teuflische Verfahren der Christen, mehr als zwölf Millionen Männer, Weiber und Kinder auf die ruchloseste und grausamste Weise zur Schlachtbank geführt wurden, und wir würden in der Tat nicht irren, wenn wir die Anzahl derselben auf fünfzehn Millionen angäben.

Bartolomé de Las Casas, Kurzgefasster Bericht von der Verwüstung der Westindischen Länder, Frankfurt/M. 1981, S. 9-12.

2.5 Das Ringen der Dominikaner um die Menschenrechte der Indios (1511)

Dem unchristlichen Verhalten der spanischen Kolonisten, hielt in Amerika und in Spanien eine besonders durch Missionare vertretene indiofreundliche Richtung entgegen, dass es sich bei den Indios nicht um inferiore Wesen handele, diese vielmehr mit Vernunft begabt und deshalb entwicklungsfähig und erhaltenswert seien. In zahlreichen Berichten klagten sie die Untaten und Übergriffe von Konquistadoren und Kolonisten an und gaben ihrer Befürchtung Ausdruck, dass eine uneingeschränkte Verfügungsgewalt der Kolonisten über die einheimische Bevölkerung zu deren weiterer Vernichtung führen müsste und eine Zivilisierung und Christianisierung der Indios erschweren würde. Ja, die ausgeübte Brutalität führte sogar zu den Fragen, welche Berechtigung die Spanier für die Eroberung besäßen, wie die Indios zu behandeln seien, wie die Christianisierung und die Integration in die spanisch-christliche Kultur erfolgen sollte. Es kam zu einer intensiven und öffentlich geführten Diskussion, die ab Ende des Jahres 1511 in eine erste entscheidende Phase trat, als der Dominikanerpater Antonio de Montesinos in einer Adventspredigt in der Kirche von Santo Domingo das bisherige ausbeuterische Verhalten der Encomenderos anprangerte, auf die Diskrepanz zwischen den königlichen Indioschutzgesetzen und der rauen Wirklichkeit hinwies und überhaupt nach der Berechtigung von Kriegen gegen unschuldige Völker fragte. Bartolomé de Las Casas hat die Zeitumstände, die Predigt und die Reaktion der Encomenderos in seiner „Historia de las Indias" beschrieben:

Zu dieser Zeit hatten die Mönche [Dominikaner] in Santo Domingo [auf La Española] das traurige Leben und die harte Knechtschaft der Eingeborenen dieser Insel beobachtet. Sie sahen, wie sie zugrunde gingen, ohne dass ihre spanischen Herren sich darum kümmerten, als seien es unnütze Lebewesen. Von ihrem Hinsterben nahmen sie nur insoweit Notiz, als sie ihnen in den Goldminen und bei anderen einträglichen Arbeiten fehlten; aber deshalb dachten sie nicht etwa daran, den Überlebenden mehr Mitgefühl und Menschlichkeit entgegenzubringen, sondern fuhren fort, sie in der gewohnten Weise zu unterdrücken, auszubeuten und zu verderben. Gewiss gab es unter den Spaniern Unterschiede: Die einen waren grausam, ohne Mitleid und Erbarmen und nur darauf bedacht, durch das Blut dieser Elenden selbst reich zu werden, andere weniger grausam, und wieder andere [gab es], denen man zutrauen konnte, dass sie deren Elend und Not jammerte; aber allen, den einen wie den anderen, waren ausgesprochen oder unausgesprochen ihre eigenen, privaten und diesseitigen Interessen wichtiger als das Heil, das Leben und die Errettung dieser Unglücklichen. Außer Pedro de la Rentería, über den ich, so es Gott gefällt, weiter unten berichten werde, erinnere ich [Las Casas] mich an keinen Menschen, der sich der Indios, deren er sich bediente, erbarmt hätte.

Als nun die Mönche lange Zeit hindurch sahen, beobachteten und feststellten, was die Spanier den Indios zufügten, wie wenig sie sich um deren leibliches und seelisches Wohl kümmerten, und wie groß die Unschuld, die nicht geachtete Geduld und Sanftmut der Indios war, begannen sie als geistlich gesinnte gottesfürchtige Männer die Wirklichkeit am Gesetz zu messen und miteinander über dieses schändliche und unerhört schreiende Unrecht zu reden. Sie fragten sich: „Sind das nicht Menschen? Muss man nicht an ihnen das Gebot der Liebe und Gerechtigkeit erfüllen? Hatten sie nicht ihre eigenen Länder, ihre angestammten Herren und Obrigkeiten? Haben sie uns irgend etwas zuleide getan? Sind wir nicht verpflichtet, ihnen das Gesetz Christi zu predigen und mit aller Kraft an ihrer Bekehrung zu arbeiten? Wie ist es möglich, dass die zahlreiche Bevölkerung, die, wie man uns berichtet hat, auf dieser Insel gelebt haben soll, in der kurzen Zeit von fünfzehn oder sechzehn Jahren so grausam vernichtet werden konnte?" [...] In ihrem Entsetzen über solche aller Menschlichkeit und allem christlichen Handeln hohnsprechenden Taten fassten die Brüder Mut, dieser schrecklichen Form tyrannischen Unrechts von Anfang bis Ende den Kampf anzusagen. Getragen von Eifer und Sorge für die Ehre Gottes und schmerzlich berührt über die schmähliche Missachtung der Gesetze und Gebote Gottes, über den Schaden, der dem Christentum zugefügt wird durch die Taten, die zum Himmel stinken, und voller Erbarmen für die große Zahl von Seelen, die, da sich niemand ihrer annahm, gestorben waren und weiterhin stündlich starben, flehten sie Gott an und befahlen sich ihm, beteten, fasteten und wachten, um nicht irre zu gehen in einer so wichtigen Sache; denn ihnen war klar bewusst: Diese in einen so abgrundtiefen Schlaf gesunkenen Menschen aus ihrer Gefühllosigkeit aufzuwecken, war völlig neu und musste einen gewaltigen Skandal hervorrufen. Schließlich wurden sie nach wiederholter gründlicher Beratung einig, öffentlich in der Predigt von den Kanzeln zu verkündigen und zu erklären, diejenigen unserer Landsleute, die diese Menschen in ihrer Gewalt hatten und unterdrückten, befänden sich im Stande der Sünde; sie würden, wenn sie darin stürben, am Ende für ihre Unmenschlichkeit und Habsucht ihren Lohn empfangen.

Die Gelehrtesten unter ihnen einigten sich auf Anordnung des Paters Pedro de Córdoba, ihres Vikars, eines überaus klugen Dieners des Herrn, über eine Predigt, die als erste in dieser Sache gehalten werden sollte, und bestätigten sie alle mit ihrer Namensunterschrift, damit es klar sei, dass es sich hier nicht nur um eine Sache des dazu bestimmten Predigers, sondern um ein Vorgehen nach Beratung und mit Zustimmung und Billigung aller handle.

Der Vikar bestimmte, dass diese Predigt von dem Bruder Antón Montesinos, dem hervorragendsten Kanzelredner außer ihm, gehalten werden sollte. Er war der Zweite von den Dreien, die diesen [Dominikaner-]Orden hier einführten, wie bereits oben in Buch zwei, Kapitel [54] gesagt wurde. Dieser Pater Antón Montesinos hatte eine Gabe zum Predigen; schroff verurteilte er die Laster, farbig und wirkungsvoll waren seine Predigten und Worte, und so brachte er, oder man nahm es zumindest an, reiche Frucht. Weil er stark und aufrecht war, übertrugen sie ihm die erste Predigt über diese für die Spanier auf der Insel so neue Angelegenheit. Die Neuheit bestand in nichts anderem, als zu bekräftigen: Diese Menschen zu töten sei eine größere Sünde als Wanzen zu zertreten.

Da es Vorweihnachtszeit war, beschlossen sie, dass die Predigt am vierten Adventssonntag gehalten werde, wo man das Evangelium nach St. Johannes singt: „Die Pharisäer schickten zu St. Johannes dem Täufer und ließen ihn fragen, wer er sei, und er antwortete: Ego vox clamantis in deserto [Ich bin die Stimme des Predigers in der Wüste]."

Damit die ganze Stadt Santo Domingo zu der Predigt erscheine und niemand fehle, wenigstens von den Honoratioren, suchten sie den zweiten Admiral [Diego Colón, den Sohn des Entdeckers], der damals die Insel regierte, die königlichen Beamten und alle gelehrten Juristen, die dort wohnten, persönlich auf und luden sie zu ihrer Predigt am Sonntag in die Hauptkirche ein. Sie betonten, wie wichtig ihr Erscheinen ihnen sei; denn sie hätten etwas zu verkünden, was alle angehe. Alle sagten gerne zu, einerseits sowohl wegen der ehrerbietigen Aufwartung, die sie ihnen gemacht hatten, wie auch, weil man sie wegen ihrer Tugenden und bescheidenen Lebensweise und ihrer Strenge in Glaubenssachen hochschätzte, andererseits, weil jeder hören wollte, was es denn sei, was sie alle in so hohem Maße anginge. Hätten sie geahnt, um was es ging, man wäre nicht dazu gekommen, es ihnen zu predigen, denn so etwas wollten sie nicht hören, noch hätten sie es zugelassen, dass es gepredigt würde.

Als nun der Sonntag und die Zeit der Predigt gekommen war, bestieg Pater Antón Montesinos die Kanzel und nahm als Thema und Grundlage seiner schriftlich vorbereiteten und von den übrigen Brüdern gegengezeichneten Predigt das Wort: „Ego vox clamantis in deserto." Nach den einführenden Worten, die sich auf die Adventszeit bezogen, begann er ihnen eindringlich darzulegen, wie die Gewissen der Spanier dieser Insel eine unfruchtbare Wüste seien, wie blind sie dahinlebten, in welcher Gefahr ewiger Verdammnis sie stünden, weil sie die überaus schweren Sünden gar nicht bemerkten, in die sie, ohne es zu fühlen, versunken seien und in denen sie sterben müssten. Auf seinem Thema beharrend fuhr er fort: „Um euch [Eure Sünden] vor Augen zu führen, habe ich, der ich die Stimme Christi auf dieser Insel bin, die Kanzel bestiegen; euch aber tut Not, dass ihr aufmerksam, von ganzem Herzen und mit all euren Sinnen auf sie hört; sie ist für euch so ungewohnt, so schroff, so hart, so schrecklich und gefährlich, wie ihr nie vermeintet, sie zu hören." Diese Stimme sprach über eine gute Weile eindringlich mit strafenden, erschrecklichen Worten auf sie ein; sie fingen an zu zittern und sie fühlten sich wie am Tage des Jüngsten Gerichts. Es war eine große, allumfassende gewaltige Stimme, die ihnen erklärte, was es mit dieser Stimme auf sich habe und was sie aussage. „Diese Stimme", so fuhr er fort, „sagt: Ihr seid alle in Todsünde und lebt und sterbt in ihr wegen der Grausamkeit und Tyrannei, die ihr gegen jene unschuldigen Völker gebraucht. Sagt, mit welchem Recht und mit welcher Gerechtigkeit haltet ihr jene Indios in einer so grausamen und schrecklichen Knechtschaft? Wer hat euch Vollmacht gegeben, so verabscheuungswürdige Kriege gegen diese Menschen zu führen, die ruhig und friedlich ihre Heimat bewohnten, von denen ihr unzählige durch unerhörte Mord- und Gewalttaten ausgelöscht habt? Wie könnt ihr sie so unterdrücken und plagen, ohne ihnen zu essen zu geben, noch sie in ihren Krankheiten zu pflegen, die sie sich durch das Übermaß an Arbeit, die ihr ihnen auferlegt, zuziehen, und sie dahinsterben lassen, oder deutlicher gesagt, töten, nur um täglich Gold zu graben und zu erschachern? Was tut ihr, um sie zu lehren, dass sie Gott, ihren Schöpfer, erkennen, getauft werden, Messe hören, Feiertage und Sonntage halten? Haben sie nicht vernunftbegabte Seelen? Seid ihr nicht verpflichtet, sie zu lieben wie euch selbst? Das versteht ihr nicht? Das fühlt ihr nicht? Was für ein tiefer Schlaf, welche Lethargie hält euch umfangen? Seid ihr sicher, dass ihr in diesem Zustand, worin ihr euch befindet, genauso wenig das Heil erlangen werdet wie Mauren und Türken, die den Glauben an Jesus Christus nicht haben und auch nicht danach fragen!" Solcher Art legte er ihnen die Stimme [Christi] aus. Viele waren sprachlos, einige wie von Sinnen, die anderen verstockt, manche sogar zerknirscht, aber keiner, wie ich später hörte, bekehrt.

Eberhard Schmitt (Hrsg.), Dokumente zur Geschichte der Europäischen Expansion, Bd. 3, Der Aufbau der Kolonialreiche, München 1987, S. 491-494.

2.6 Modalitäten des „Gerechten Krieges" der Spanier gegen die Indios (1513)

Die erste Konsequenz der von den Dominikanern in Amerika entfachten und in Spanien weitergeführten Diskussion waren nach langen Beratungen die „Gesetze von Burgos" von 1512/13, die noch einmal das System von Repartimiento/Encomienda bestätigten, die Regelungen zur Arbeitsverpflichtung von Indios durch zahlreiche Vorschriften in bezug auf Arbeitsschutz, Versorgung und Unterbringung, vor allem aber hinsichtlich der Verpflichtung der Encomenderos zum erzieherischen Auftrag der Zivilisierung der Eingeborenen und zur Unterweisung in der christlichen Religion ergänzten. Dies sollte vor allem durch Zusammenleben von Spaniern und Indios erfolgen, von dem man zugleich Arbeitsaufsicht, Erziehung und Christianisierung, also Kontrolle und Anleitung erwartete.

Die zweite Konsequenz, zugleich das Resultat der Diskussion über die Rechtmäßigkeit der Eroberungskriege, war der Requerimiento, ein Dokument zur Klärung der Rechtslage spanischer Herrschaft in Amerika und der Kriterien eines „gerechten Krieges", das der Kronjurist Juan López de Palacios Rubios, Mitglied der Konferenz von Burgos, auf der die Gesetze von 1512/13 erlassen worden waren, 1513 verfasste. Aktueller Anlass war die Vorbereitung einer Eroberungsexpedition auf das mittelamerikanische Festland unter Pedrarias Dávila. Der Requerimiento (a) war eine Art Mischung aus Kriegserklärung und Friedensangebot an den Gegner, also die Indios, der ihnen zur Kenntnis gebracht, meist verlesen werden sollte. Schon Zeitgenossen haben diese Art der Kriegserklärung, die in den nächsten Jahrzehnten immer wieder angewendet wurde, als ungerecht und zynisch eingeschätzt. Fernández de Oviedo, der selbst an der Expedition von Dávilas nach Darién im Jahr 1514 teilnahm und später zum offiziellen Chronisten der Eroberung ernannt wurde, schildert in seiner „Historia General" (b) die Szene der Verlesung des Requerimiento in einem menschenleeren Dorf, dessen Bewohner vor den eindringenden Spaniern geflohen waren. Bartolomé de Las Casas beschreibt in seiner „Historia de las Indias" (c) voll Bitterkeit die perfide Handhabung der Kriegserklärung:

a) Der Requerimiento des Kronjuristen Palacios Rubios

Im Namen S.M. [*Seiner Majestät*], Don N., des Königs von Kastilien etc., gebe ich, N., sein Diener, Bote und Hauptmann, euch, so gut ich vermag, kund und zu wissen, was folgt: Gott, unser Herr [...], schuf Himmel und Erde, einen Mann und eine Frau, von denen wir und ihr, alle Menschen auf der Welt abstammen, wie auch alle, die künftig nach uns kommen werden. Aber wegen der Menge der Völker und Stämme, die aus ihnen seit Erschaffung der Welt vor 5000 und mehr Jahren hervorgingen, mussten sich die einen hier- die anderen dorthin wenden und in viele Reiche und Provinzen verteilen, da sie in einem Lande sich nicht alle ernähren und erhalten konnten. Unter allen diesen Menschen beauftragte Gott unser Herr einen, den heiligen Petrus, dass er über alle Menschen auf Erden Herr und Meister sei, dem alle zu gehorchen hätten, und machte ihn zum Oberhaupt des ganzen menschlichen Geschlechtes, wo immer Menschen leben und wohnen, welchem Gesetz, welcher Sekte und welchem Glauben sie auch angehören. Und er gab ihm die ganze Erde als sein Reich und Herrschaftsgebiet und befahl ihm, seinen Sitz in Rom aufzuschlagen als einem Ort, der besonders geeignet ist, die Welt zu beherrschen, stellte es ihm aber auch frei, seinen Sitz an jedem anderen Ort der Erde zu nehmen und alle Völker zu lenken und zu richten,

Christen, Mauren, Juden, Heiden und Angehörige jeglicher Sekten oder Glaubensbekenntnisse. Den haben sie Papst genannt, das heißt verehrungswürdigen höchsten Vater und Bewahrer, denn er ist Vater und Herrscher über alle Menschen. Diesem Sankt Petrus haben die Menschen gehorcht und ihn als Herrn, König und Oberen der ganzen Welt anerkannt, und so auch alle anderen, die nach ihm zum Pontifex gewählt wurden. So hat man es bis heute gehalten und wird es halten bis zum Ende der Welt. Einer der letzten Päpste, die an seiner Stelle zu dieser Würde und auf diesen Thron gekommen sind, hat kraft seiner Herrschaft über die Welt diese Inseln und dieses ozeanische Festland den Katholischen Königen von Spanien, damals Don Fernando und Doña Ysabel glorreichen Angedenkens, und ihren Nachfolgern in diesen Königreichen, unseren Herren, mit allem, was darin ist, zum Geschenk gegeben, wie es in gewissen, darüber ausgestellten Urkunden geschrieben steht, die ihr einsehen könnt, so ihr wollt.

Nachdem nun S.M. dank dieser Schenkung König und Herr dieser Inseln und Festlandsgebiete ist, und da einige Inseln mehr, ja fast alle, diesem solchermaßen installierten König und Herrn Gehorsam geleistet haben und ihm nun dienen, wie es Untertanen obliegt, mit gutem Willen, ohne Widerstand und das geringste Zögern, da sie ferner, instruiert durch alles vorher Gesagte, die zu ihrer Missionierung zu unserem heiligen Glauben gesandten Ordensbrüder aufnahmen und ihnen gehorchten, und das alles dankbar und aus freiem Willen, und sich ohne Belohnung oder sonstige Bedingungen zu Christen bekehrten und es noch sind, und S.M. sie froh und wohlwollend annahm und sie dementsprechend wie die anderen Untertanen und Vasallen behandeln ließ, so seid ihr zu dem Gleichen gehalten und verpflichtet. Deswegen bitten und ersuchen wir euch nach bestem Vermögen, dass ihr auf unsere Rede hört und eine angemessene Weile darüber beratet, dass ihr die Kirche als Oberherrn der ganzen Welt und in ihrem Namen den Hohepriester, Papst genannt, sowie an seiner Statt Seine Majestät als Herrn und König dieser Inseln und dieses Festlandes kraft der erwähnten Schenkung anerkennt und euch einverstanden erklärt, dass die hier anwesenden Ordensbrüder euch das Gesagte erklären und verkünden. Handelt ihr danach, dann tut ihr recht und erfüllt eure Pflicht; dann werden Seine Majestät und ich in Ihrem Namen euch mit Liebe und Güte behandeln, euch eure Frauen und Kinder frei und ohne Dienstbarkeit belassen, damit ihr über sie und über euch selbst nach eurem Belieben und Gutdünken verfügen könnt. Man wird euch in diesem Falle nicht zwingen, Christen zu werden; es sei denn, dass ihr, in der Wahrheit unterwiesen, selbst den Wunsch habt, euch zu unserem heiligen katholischen Glauben zu bekennen, wie es fast alle Bewohner der anderen Inseln getan haben. Darüber hinaus wird Seine Majestät euch viele Privilegien und Vergünstigungen geben und euch viele Gnaden erweisen.

Wenn ihr das aber nicht tut und böswillig zögert, dann werde ich, das versichern wir euch, mit Gottes Hilfe gewaltsam gegen euch vorgehen, euch überall und auf alle nur mögliche Art mit Krieg überziehen, euch unter das Joch und unter den Gehorsam der Kirche und Seiner Majestät beugen, eure Frauen und Kinder zu Sklaven machen, sie verkaufen und über sie nach dem Befehl Seiner Majestät verfügen. Wir werden euch euer Eigentum nehmen, euch schädigen und euch Übles antun, soviel wir nur können, und euch als Vasallen behandeln, die ihrem Herrn nicht gehorsam und ergeben, sondern widerspenstig und aufsässig sind. Wir bezeugen feierlich, dass das Blutvergießen und die Schäden, die daraus erwachsen, allein euch zur Last fallen, nicht Seiner Majestät, nicht mir und nicht diesen Rittern, die mit mir gekommen sind. Alles, was ich euch hier gesagt und gefordert habe, bitte ich den anwesenden Notar schriftlich zu beurkunden.

[Signiert von:] Episcopus Palentiunus, comes – F. Bernardus, Trinopolitanus episcopus – F. Tomás Matienzo – F. Al. Bustillo, magister – Licenciatus de Sanctiago – El doctor Palacios Rubios – Licenciatus Sosa – Gregorius, licenciatus .

b) Die Handhabung des Requerimiento nach Gonzalo Fernández de Oviedo
[In einem von den Bewohnern fluchtartig verlassenen Dorf sagte der Notar Oviedo zu seinem Hauptmann:]
„Herr, ich habe den Eindruck, diese Indios wollen die Theologie dieses Requerimiento nicht anhören, noch habt Ihr jemanden, der es ihnen erklärt, ([denn] die Priester warten in den Schiffen). Euer Gnaden befehle daher, es aufzubewahren, bis wir einen dieser Indios in einen Käfig stecken können, damit er es langsam lerne und der Bischof es ihm auslegen kann".

Ich gab ihm das Requerimiento zurück, er nahm es und lachte schallend, und mit ihm alle, die mich gehört hatten.
[Seine Erfahrungen fasst Oviedo folgendermaßen zusammen:]
Ich wünschte, es gelänge, ihnen [den Indios] das Requerimiento zunächst einmal verständlich zu machen, aber man unternimmt nicht einmal den Versuch, da er als unnötig und überflüssig erachtet wird. Auf die gleiche Art und Weise, mit der der General [Pedrarias] zu seiner Zeit von Beginn an diese katholische Pflichtübung jedes Mal absolvierte, bevor er die Indios mit Krieg überzog, ebenso und zum Teil noch schlimmer trieben es später die verschiedenen Hauptleute bei ihren Entradas [Raubzügen].

1516 fragte ich den Doktor Palacios Rubios, der dieses Requerimiento angeordnet hatte, persönlich, ob bezüglich des Requerimiento die Christenheit nun ein ruhiges Gewissen haben könne. Er bejahte dies: Man müsse sich nur genau an das Requerimiento halten. Ich aber bemerkte, wie er wiederholt über das lachte, was ich hierzu aus eigener Erfahrung und von den Eroberungszügen anderer Hauptleute zu erzählen hatte. Ich aber hätte viel mehr Grund, über ihn und seine Traktate zu lachen, obwohl er im Ruf eines gelehrten Mannes stand und einen Sitz im Consejo Real de Castilla hatte, wenn ich mir vergegenwärtige, dass die Indios auf Anhieb verstehen sollten, was in diesem Requerimiento steht, ohne dass man ihnen eine angemessene Zeitspanne oder Jahre dafür zubilligte.

c) Die Handhabung des Requerimiento nach Las Casas
Weder Pedrarias noch alle, die mit ihm [auf den Isthmus] gekommen waren, hatten einen anderen Wunsch [...] als zu möglichst viel Gold zu kommen [...]. Pedrarias schickte in jedes Dorf, von dem er erfuhr, dass es Gold habe, einen Trupp, um es auszurauben. Der menschlichen Vernunft und den göttlichen und menschlichen Gesetzen zum Hohn befahl er – getreu den Anordnungen aus Kastilien –, den Requerimiento zu verlesen. Wie aber entledigten sich die Spanier, die er ausschickte, des Befehls zur Rechtfertigung ihrer *Entradas* [Raubzüge] – denn so nannten sie ihre frommen Vorhaben?

Sie näherten sich bei Nacht in großer Stille und mit äußerster Vorsicht, damit man sie nicht höre, ihrem Ziele eine Meile, eine halbe oder eine viertel Meile, und lasen von fern her den Requerimiento den Bäumen vor wie folgt: „Kaziken und Indios dieses Dorfes! Wir, die Christen von Kastilien, lassen Euch wissen, dass ein Gott und Papst ist ..." Dann forderte der Hauptmann den anwesenden Notar auf, schriftlich zu beurkunden, dass den Kaziken und den Indios alles vorgetragen worden sei, was Ihre Königliche Hoheit aufgetragen habe. Jene aber hätten sich geweigert, sich Ihrer Königlichen Hoheit zu unterwerfen und Christen zu werden. Anschließend bei Morgengrauen [...] überfielen sie die Bewohner des Dorfes in ihren armseligen Schlafstätten. Diese hinterhältigen Übergriffe mussten sowohl dem Herrn Bischof wie auch Pedrarias bekannt gewesen sein, denen es ja in erster Linie oblag, sie zu verhindern und zu bestrafen.

Eberhard Schmitt (Hrsg.), Dokumente zur Geschichte der Europäischen Expansion, Bd. 3, Der Aufbau der Kolonialreiche, München 1987, S. 472-475.

2.7 Der erste Versuch, die Sklaverei der Indios endgültig abzuschaffen (1530)

Schon im zweiten Jahrzehnt des 16. Jahrhunderts zeichnete sich ab, dass die halbherzige Regelung, die Indios einerseits als freie Untertanen zu betrachten, andererseits die Versklavung von in „gerechten Kriegen" gefangen genommenen Indios zu gestatten, negative Folgen zeitigte und zum Verlust von Arbeitskräften führte. In diesem Kontext steht der Erlass Karls V. vom 2. August 1530:

[...] Am Anfang, als Westindien, die Inseln und Festländer des Ozeanischen Meeres, in unserem Auftrag entdeckt wurden und sich [mit Europäern] zu besiedeln begann, wurde von den Katholischen Königen, unseren Großeltern, aus gerechtfertigten Gründen und richtiger Erwägung erlaubt, dass Indianer, die nicht den Missionaren die Predigt unseres heiligen katholischen Glaubens gestatten wollten, sondern sogar mit bewaffneter Hand den Missionaren Widerstand leisteten, bekriegt und die Gefangenen zu Sklaven derer gemacht werden, die sie fingen und gegen sie Krieg führten. Dasselbe wurde auch von uns als eine Sache geduldet, die nach dem Recht und Gesetz unserer Reiche ohne Belastung unseres Gewissens erlaubt werden könnte. Ebenso haben wir Erlaubnis gegeben, dass die spanischen Christen, die sich in Westindien niederließen, durch Tauschhandel aus dem Besitz der Eingeborenen die Sklaven erwerben können, die diese in den Kriegen untereinander nach ihren Gesetzen und Gebräuchen gemacht haben.

Indessen haben wir aber den vielen und unerträglichen Schaden erfahren, der den Eingeborenen sehr zuwider dem Gebote Gottes und unserem Willen zugefügt worden ist und jeden Tag zugefügt wird, und zwar durch die ungezügelte Habgier der Konquistadoren und anderer Personen, die danach getrachtet haben, gegen die Indianer Krieg zu führen und viele Gefangene zu Sklaven zu machen, die in Wahrheit es nicht sind, was für die Bevölkerung der Inseln und des Festlandes von Westindien sehr nachteilig gewesen ist. Abgesehen von dieser Versklavung haben viele Eingeborene den Tod, die Beraubung und andere Übel erlitten. Unter Vorgabe, feindselige Indianer zu fangen und zu versklaven, hat man friedliche Indianer mit Krieg überzogen, die unsere Untertanen nicht angegriffen haben, noch irgendetwas taten, wonach sie es verdient hätten, Sklaven zu werden, noch die Freiheit zu verlieren, die sie nach dem Naturrecht besaßen und besitzen. Nachdem die Mitglieder unseres Indienrates darüber beraten und uns ihr Gutachten vorgelegt haben, wurde zur Abstellung dieser Missstände von uns beschlossen, diesen unseren Erlass herauszugeben. Darin befehlen wir, dass weder jetzt noch in Zukunft, solange es unser Wille ist und wir nicht ausdrücklich den Inhalt dieses Erlasses rückgängig machen, keiner unserer

Gouverneure, Hauptleute, Aufseher noch irgendeine Person, welchen Standes und Amtes und welcher Würde und Stellung sie sein möge, selbst nicht in einem gerechten Krieg, der von uns oder mit unserer Vollmacht geführt werde, es wagen dürfen, die Indianer der genannten Gegenden gefangen zu nehmen, noch zu Sklaven zu machen [...]. Und was den Kauf von Sklaven angeht, die die Indianer selbst in ihrem Besitz haben, und um jeder Art von Täuschung und Betrug vorzubeugen, befehlen wir, dass vom Tage der Bekanntgabe dieses Erlasses an niemand es wagen dürfe, im Krieg oder Frieden irgendeinen Indianer zum Sklaven zu machen, noch ihn als solchen zu behalten, sei es unter Berufung auf den gerechten Krieg oder auf Tausch und Kauf, noch auf sonst einen Rechtstitel. [...] Wer dem zuwider handle, werde beim ersten Mal, wo er angetroffen wird, dass er einen Indianer zum Sklaven machte und behielt, mit dem Verlust aller seiner Habe zu Gunsten der königlichen Kasse bestraft und die Indianer werden auf Kosten derer, die sie versklavt oder als Sklaven hielten, nach ihrer Heimat zurückgebracht, wobei ihr, unsere Richter, besondere Sorgfalt tragt, mit aller Strenge gemäß dieses Erlasses Nachforschungen anzustellen und Strafen zu verhängen, bei Amtsenthebung und Zahlung von 100 000 Maravedís an die königliche Kammer für jeden, der das Gegenteil täte und in der Durchführung unseres Erlasses nachlässig wäre. Und da unsere Untertanen und Einwohner, sowohl Konquistadoren wie Siedler in dem genannten Westindien eine große Zahl von Indianern als Sklaven halten, befehlen wir, dass von dem Tag der Bekanntgabe unseres Erlasses bis zum Ende der folgenden 30 Tage die Herren und Besitzer dieser Indianersklaven gehalten und verpflichtet sind, vor unseren Richtern in jedem Gerichtsbezirk diese Sklaven anzumelden, von denen ihr eine Liste oder ein Buch anlegt über die Zahl und mit dem Namen dieser Sklaven und ihrer Herren und mit eurer Unterschrift und der des öffentlichen Schreibers beglaubigt, damit man diejenigen wisse, die wahrhaft Sklaven sind und dass künftighin nicht mehr Indianer zu Sklaven gemacht werden.

Richard Konetzke, Lateinamerika seit 1492, Stuttgart 1971, S. 22-24.

2.8 Bartolomé de Las Casas' Versuch der friedlichen Gewinnung der Indios (1537)

Die Missionare – Dominikaner und Franziskaner – stellten die Präsenz Spaniens in der Neuen Welt nicht grundsätzlich in Frage. Sie ließen keinen Zweifel an der Pflicht zur Christianisierung aufkommen, die nur durch die Ankunft der Spanier in Gang gekommen war, bedeutete doch in ihren Augen erst das Christentum die Vervollkommnung der Gesellschaft. Immerhin schlugen sie seit 1511 zu den gewaltsamen Eroberungszügen auch alternative Kolonisationsmodelle vor, die auf friedlichem Wege und mit Verständnis für die Indios den Zivilisations- und Christianisierungsauftrag erfüllen sollten. Zu den wenigen, die von der Rede Montesinos' und den Ermahnungen der Dominikaner auf Hispaniola aufgerüttelt wurden oder zumindest einen Anstoß erhielten, über ihr bisheriges Handeln nachzudenken, gehörte auch Bartolomé de las Casas. 1514 kam er, der auf Hispaniola gegen die Indios gekämpft, als Feldgeistlicher an den Eroberungszügen auf Kuba teilgenommen hatte und selbst Encomendero war, zu der Erkenntnis, dass die Ausbeutung der Arbeitskraft der Indios gegen die Menschenrechte und gegen das christliche Liebesgebot verstieß. Seit dieser Zeit setzte er sich, zumal er 1516 zum Indioprotektor (Protector de Indios) ernannt worden war, für friedliche Missionsprojekte ein, welche die Indios dem direkten Einfluss und der Ausbeutung der Kolonisten entziehen sollten. Im Jahr 1537 kam ein Vertrag zwischen dem Gouverneur von Guatemala und Bartolomé de Las Casas zustande, mit dem Las Casas die Möglichkeit erhielt, im Kriegsland Guatemala eine „friedliche Eroberung“ durchzuführen. Obwohl solche Projekte der „friedlichen Gewinnung“ letztlich scheiterten, gaben weder Las Casas noch Dominikaner und Franziskaner ihre Bemühungen auf, für die Eroberung und Kolonisierung Verbesserungsvorschläge zu machen und für eine menschenwürdige Behandlung der Indios einzutreten, obwohl oder gerade weil die Eroberer der Großreiche in Mexiko und Peru nach wie vor auf Gewalt setzten:

Vertrag des Gouverneurs von Guatemala Alonso Maldonado mit dem Dominikanervikar Bartolomé de Las Casas über die Missionierung des „Kriegslandes“, 2. Mai 1537.
Ich, der Lizenziat Alonso, Gobernador dieser Stadt und Provinz Guatemala für Seine Majestät, erkläre, dass Ihr, Pater Fray Bartolomé de Las Casas und die Ordensleute, die bei Euch sind, Euch entschlossen habt, Euch zur Ehre Gottes, zum Heil der Seelen und zum Dienst Seiner Majestät damit zu befassen und daran zu arbeiten, bestimmte Provinzen wilder Indios (*yndios naturales*) zu befrieden, die innerhalb und an den Grenzen dieser *Governación* liegen, sich aber nicht im Gehorsam des Königs unseres Herrn und im Verkehr mit den Spaniern befinden, sondern wild und kriegerisch (*de guerra*) sind, so dass kein Spanier wagen würde, sich dorthin zu begeben, wo sie sich aufhalten. Ihr beabsichtigt, sie sicher und friedlich zu machen und zur Unterwerfung unter die königliche Herrschaft und zur Anerkennung Seiner Majestät als Herrn zu bewegen, damit sie in unserem heiligen katholischen Glauben unterrichtet werden können und Ihr und die anderen Mönche, die sich damit befassen werden, ihnen die christliche Lehre predigen könnt. Ihr habt mich davon in Kenntnis gesetzt, damit ich es für gut befinde. Weil Ihr aber befürchtet, dass die genannten Indios und Provinzen, wenn sie nach ihrer Befriedung und Unterwerfung unter den König als *Encomienda* vergeben werden (*se encomendasen a Españoles*), wie gewohnt misshandelt und dadurch so verstört werden, dass sie den Glauben und die christliche Lehre nicht annehmen, habt Ihr mich im Namen Gottes und Seiner Majestät ersucht, Euch im Namen des Königs zu versprechen und zu versichern, dass ich alle Provinzen und Indios, die Ihr zu Frieden und Unterwerfung unter seine Majestät bewegt, unmittelbar Seiner königlichen Hoheit (*en su real cabeza*) unterstelle und sie nicht als *Encomienda* an irgendeinen Spanier gebe. Nur so könnt Ihr Euch damit befassen, sie zu sicheren Untertanen zu machen, und all Eure Kraft auf das genannte Ziel verwenden. Verspreche ich Euch das nicht, werdet Ihr Euch nicht damit befassen, weil Ihr so, wie Ihr sagt, nicht hoffen könnt, irgendein Ergebnis zu erzielen; weder kann man sie dann bewegen, Christen zu werden, noch sie gute Sitten lehren.

Weil dies aber ein ausgezeichnetes Werk im Dienst und zum Ruhm Gottes durch Seine Majestät und zum Wohl und Heil der wilden Indios dieser Provinzen ist, und weil Seine Majestät offensichtlich nichts mehr begehrt als die Bekehrung dieser Ungläubigen, erkläre und verspreche ich Euch und gebe mein Wort namens und seitens Seiner Majestät kraft meiner königlichen Vollmachten; wenn Ihr oder jeder andere der von Euch hier anwesenden Ordensleute, nämlich Bruder Bartolomé de Las Casas, Bruder Rodrigo de Adrada und Bruder Pedro de Angulo, Ruhe schafft und mit Eifer und Sorgfalt Provinzen und Indios, die ganz oder zum Teil zu dieser *Governación* gehören, die ich für Seine Majestät verwalte, dazu bewegt, dass sie sich friedlich verhalten, Seine Majestät als Herrn anerkennen und ihm mit mäßigem Tribut dienen, den sie nach ihren persönlichen Möglichkeiten und dem armseligen Besitz, den sie haben, geben können – in Gold, wenn es im Lande vorkommt, oder in Baumwolle oder in Mais oder in irgend etwas anderem, das sie haben, womit sie handeln oder worüber sie unter sich Verträge abschließen, dann werde ich kraft meiner königlichen Vollmachten und im Namen des Königs alle, die Ihr zu sicheren Untertanen macht, und alle ihre Provinzen unmittelbar Seiner Majestät (*en cabeça de Su Magestad*) als Vasallen unterstellen und sie niemand anderem übergeben. Ich werde sie weder jetzt noch später einem Spanier als *Encomienda* geben, und ich werde bei schwerer Strafe für fünf Jahre verbieten, dass Spanier sie belästigen und sich in ihr Land begeben, damit sie nicht beunruhigt werden, ihnen kein Ärgernis gegeben und Eure Predigt und Bekehrungsarbeit nicht gestört wird. Es sei denn, ich käme in Person, wenn es Euch gut scheint und in Eurer Begleitung, um den Willen Gottes und seiner Majestät zu erfüllen und Euch zu helfen, soviel in meinen Kräften steht, unter den Eingeborenen dieser Gebiete Frucht zu bringen, indem Ihr sie zur Erkenntnis Gottes und zum Dienst Seiner Majestät führt.

So gereichen Eure Mühen und Euer Eifer im Dienste Seiner Majestät derselben zu hoher Befriedigung. Die Zählung der besagten fünf Jahre soll mit dem Monat beginnen, in dem Ihr diese Wildnis betretet, die Tage nicht gerechnet, die ihr an den Grenzen dieser Provinz verbringen müsst, um zu Vereinbarungen mit ihnen [den Indios] zu gelangen, sie zu beeinflussen und zu informieren, um sie zuverlässiger zu machen. Alles Gesagte und mehr werde ich erfüllen und einhalten, ich werde es schriftlich geben und sowohl Seine Majestät und den königlichen Indienrat als auch den Herrn Vizekönig von Neu-Spanien ersuchen, es so, wie es ist, zu billigen, anzunehmen und zu bestätigen. Ich werde die auf den zweiten Mai eintausendfünfhundertsiebenunddreißig datierte Cédula im Namen Seiner Majestät mit meinem Namen unterzeichnen. Ich erkläre, dass ich alles oben Aufgeführte erfüllen werde, bis Seine Majestät davon Kenntnis hat und vielleicht etwas anderes anordnet, was Seinem Dienst besser gerecht wird. Ferner, dass die fünf Jahre sich auf das Einlassen von Spaniern in diese Gebiete beziehen und dass der besagte Termin entfallen soll, sobald es Euer Ehrwürden und mir gut erscheint. Der Lizenziat Maldonado.

Eberhard Schmitt (Hrsg.), Dokumente zur Geschichte der Europäischen Expansion, Bd. 3, Der Aufbau der Kolonialreiche, München 1987, S. 498-500.

2.9 Papst Paul III. und die Menschenwürde der Indios (1537)

Um den lange Zeit unter den verschiedenen Gruppen der Spanier geführten Streit hinsichtlich Glaubensfähigkeit und Menschenwürde der Indios zu beenden, bedurfte es der Autorität des Papstes. Papst Paul III. erklärt in der Bulle Sublimis Deus vom 2. Juni 1537 die Indios zu Menschen und leitet damit eine entscheidende Wende in der Indiofrage ein:

1. Der erhabene Gott neigte sich unserem Geschlecht mit solcher Liebe zu und schuf den Menschen dergestalt, dass dieser nicht bloß wie die anderen Geschöpfe am Guten teilnehmen, sondern das unzugängliche und unsichtbare höchste Gut selbst verkosten und von Angesicht zu Angesicht schauen darf. Da nun, nach dem Zeugnis der Hl. Schrift, der Mensch für das ewige Leben und die Glückseligkeit bestimmt ist, dieses ewige Leben und die Seligkeit aber nur durch den Glauben an unsern Herrn Jesus Christus erlangt werden können, muss man dem Menschen eine

derartige Beschaffenheit und Natur zuerkennen, dass er diesen Glauben an Christus zu empfangen imstande sei und dass, wer immer die menschliche Natur sich zu eigen nennt, auch die Fähigkeit zu glauben besitze. Denn es wird wohl niemand so beschränkt sein, annehmen zu wollen, ein Ziel lasse sich ohne den Einsatz der dazu notwendigen Mittel verwirklichen. Wie Wir wissen, sprach deshalb die Wahrheit selbst – und sie kann ja weder irren noch jemanden in Irrtum führen –, als sie die Prediger des Glaubens zum Amte der Verkündigung auserkor, die Worte: *Euntes docete omnes gentes*. Alle, sagte sie, ohne Ausnahme, sind doch alle fähig, im Glauben unterwiesen zu werden.

2. Scheelen Blickes sah dies der Rivale des Menschengeschlechtes, der stets allem Guten entgegenwirkt und es zu vernichten trachtet. Daraufhin ersann er eine bislang nie gehörte List, um die Verkündigung des Wortes Gottes an die Völker und damit deren Heil zu hintertreiben: Er veranlasste nämlich einige seiner Helfershelfer, die nichts anderes begehrten, als ihre Habsucht zu befriedigen, dass sie unablässig darauf hinarbeiteten, die Bewohner West- und Südindiens und andere Nationen, von denen Wir Kunde erhalten haben, wie Tiere zum Sklavendienst einzuspannen. Sie schützen dabei vor, diese Leute könnten des katholischen Glaubens nicht teilhaftig werden. Als Stellvertreter Christi, unseres Herrn, wiewohl dessen unwürdig, suchen Wir mit all Unseren Kräften, die Schafe seiner Herde, die Uns anvertraut sind und sich außerhalb seiner Herde befinden, in seinen Schafstall hineinzuführen. Wir wissen wohl, dass die Indios als wirkliche Menschen nicht allein die Fähigkeit zum christlichen Glauben besitzen, sondern zu ihm in allergrößter Bereitschaft herbeieilen, wie man es Uns wissen ließ.

3. Aus dem Verlangen, in diese Angelegenheit Ordnung zu bringen, bestimmen und erklären Wir mit diesem Schreiben und kraft Unserer apostolischen Autorität, ungeachtet all dessen, was früher in Geltung stand und etwa noch entgegensteht, dass die Indios und alle anderen Völker, die künftig mit den Christen bekannt werden, auch wenn sie den Glauben noch nicht angenommen haben, ihrer Freiheit und ihres Besitzes nicht beraubt werden dürfen; vielmehr sollen sie ungehindert und erlaubterweise das Recht auf Besitz und Freiheit ausüben und sich dessen erfreuen können. Auch ist es nicht erlaubt, sie in den Sklavenstand zu versetzen. Alles was diesen Bestimmungen zuwiderläuft, sei null und nichtig. Die Indios aber und die andern Nationen mögen durch die Verkündigung des Wortes Gottes und das Beispiel eines guten Lebens zum Glauben an Christus eingeladen werden.

Mariano Delgado (Hrsg.), Gott in Lateinamerika. Texte aus fünf Jahrhunderten. Ein Lesebuch zur Geschichte, Düsseldorf 1991, S. 151-152.

2.10 Die Umwandlung des Encomienda-Systems von direkter Arbeitsverpflichtung in Tributzahlung (1536)

Die zunehmende Akzeptanz in Bezug auf das Menschsein der Indios, aber auch der drastische Bevölkerungsrückgang, der den Verlust von Arbeitskräften und damit wirtschaftliche Einbußen bedeutete, bewogen die spanische Krone dazu, die Politik gegenüber den Indios neu zu bestimmen. Da sich erwies, dass die ursprüngliche Form der Zuteilung bzw. Anvertrauung von zur Arbeit verpflichteten Indios an Konquistadoren und Kolonisten und der erzieherische Auftrag, wie er in den Gesetzen von Burgos, 1512/13 formuliert worden war, eher zur Vernichtung der Indios als zu ihrer Umerziehung führten, bemühte sich die Krone um eine Umwandlung des Encomienda-Systems. Nach mehreren Ansätzen wurde 1536 die Institution der Encomienda dahingehend geändert, dass die Krone die „anvertrauten Indios" der direkten Ausbeutung ihrer Arbeitskraft durch die Encomenderos entzog und an diese als Ausgleich für entgangene Arbeitsleistungen den Indiotribut abtrat. Dieser Tribut war eine Steuer, die die Krone als Rechtsnachfolgerin der indigenen Herrscher in der Kontinuität vorspanischer Praxis beanspruchte und mit eigenen Beamten erhob. Die königliche Anordnung Karls V. vom 26. Mai 1536 an Antonio de Mendoza, den Vizekönig von Neu-Spanien, regelte die Festsetzung der Abgaben:

Der König. An Euch, Don Antonio de Mendoza, Unsern Vizekönig und Gouverneur von Neu-Spanien und Präsident Unserer königlichen Audiencia, die dort residiert [...].
Wir sind darüber informiert worden, dass, weil alle Indios dieses Landes verschiedenen Personen „anvertraut" sind und die von den Indios eines jeden Dorfes zu zahlenden Tribute nicht festgesetzt sind, die spanischen Encomenderos den Indios mehr weggenommen haben und noch wegnehmen als diese eigentlich abgeben müssen und auch füglich zahlen können, woraus den Ureinwohnern dieses Landes großer Schaden entstanden ist und noch entsteht. Das würde aufhören, wenn auf Unsere Anweisung hin die Abgabe eines jeden Indio festgesetzt und bekannt sei, denn dann würde nur noch diese genommen werden können, sei es von Unseren Beamten, die in Unserem Namen in den Dörfern weilen, sei es durch die Spanier und andere Privatleute, die Indios zugeteilt bekommen haben, oder auf andere Art und Weise, denn die Erfahrung hat gelehrt, dass die Schäden und Unzuträglichkeiten zum großen Teil in dem Moment verschwinden werden, nachdem die Oidoren dieser Audiencia für die Festsetzung der Tribute zuständig sind. Und damit sie von nun an vollständig verschwinden, wie in unserem Rat beraten wurde, ist man übereingekommen, dass Wir Euch dieses Unser Schreiben in dieser Angelegenheit schicken, und Wir haben es für gut gehalten. Deshalb beauftragen wir Euch und ordnen an, dass Ihr, wenn Ihr dieses Schreiben seht und die Festsetzung der von den Indios zu zahlenden Tribute noch nicht erfolgt ist, Euch in der Stadt Mexiko versammelt und gemeinsam vor allen anderen Angelegenheiten eine feierliche Messe wegen des Heiligen Geistes hört, der Euren Verstand erleuchte und Euch Gnade erweise, damit Ihr das gut, gerecht und richtig ausführt, was Euch hier durch Uns aufgetragen und befohlen wird.

Und nach der Messe sollt Ihr versprechen und feierlich vor dem Priester, der sie gehalten hat, schwören, dass Ihr gut, getreulich und ohne Hass und Parteilichkeit Euch der oben genannten Dinge annehmt; und nach dem Schwur sollt Ihr und von Euch benannte vertrauenswürdige und gottesfürchtige Leute persönlich alle befriedeten Indiodörfer dieses Landes aufsuchen, die sowohl uns als auch den Siedlern und Eroberern zugewiesen sind, und sehen, wie groß die Zahl der Ureinwohner und Bewohner jeden Dorfes ist und wie die Beschaffenheit des jeweiligen Bodens ist.

Ihr sollt Euch darüber informieren, was sie von alters her den Kaziken oder anderen Personen, die sie regierten, zu zahlen pflegten und was sie momentan Uns und den genannten Encomenderos zahlen; ferner darüber, was sie füglich und ohne Schaden jetzt und von nun an Uns und denjenigen, denen wir sie gnädigerweise anvertrauen, zahlen können und sollen. Und nachdem Ihr Euch informiert habt und alle oder die Mehrheit darüber übereingekommen ist, welchen Tribut die Indios gerechterweise und bequem als Untertanen zahlen können und sollen, dann sollt Ihr die entsprechende Höhe deklarieren, taxieren oder herabsetzen, mit Gott und Eurem Gewissen vereinbar. Dabei sollt Ihr berücksichtigen, dass die Abgaben aus den Dingen bestehen, die sie haben, die sie erzeugen oder die auf ihrem Land wachsen, dass ihnen also nicht Dinge abverlangt werden, durch deren Abgabe sie Schaden erleiden. Nach dieser Festsetzung sollt Ihr eine Liste mit den entsprechenden Dörfern, Bewohnern und Tributen zur allgemeinen Kenntnis erstellen, damit die Indios und Ureinwohner die Höhe der Abgabe erfahren, die sie an Unsere Beamten oder an die genannten Encomenderos oder an andere Personen, die wir zur Erhebung jetzt oder in Zukunft bestimmen, zu entrichten haben. Dabei sollt Ihr sie von Unserer Seite aus darüber belehren, und wir belehren sie darüber und gebieten, dass von jetzt an weder einer Unserer Beamten noch irgendeine andere Privatperson es wagen darf, weder öffentlich noch heimlich, weder direkt noch indirekt für sich oder für irgendeine Person den Indios eine andere Sache [als Tribut] wegzunehmen, als in Eurer Erklärung festgesetzt ist. [Es folgen Strafandrohungen bei Zuwiderhandlung, die vom Bußgeld an die königlichen Kassen bis zum Verlust der Encomienda reichen.]

Die Liste der Tribute sollt Ihr in jedem betroffenen Dorf den Kaziken oder Dorfältesten übergeben und sie mit einem Dolmetscher über den Inhalt informieren und auch über die Bestrafungen, die diejenigen erfahren, die ihm zuwiderhandeln; und eine Kopie sollt Ihr derjenigen Person geben, die für die Einziehung der Tribute verantwortlich ist, damit diese nicht Unwissenheit vorschützen kann. [Es folgen Regelungen zur Übertragung der Encomienda an die Witwe oder die Kinder des Encomendero].

Richard Konetzke (Hrsg.), Colección de Documentos para la Historia de la Formación Social de Hispanoamérica, 1493-1810. Vol. I (1493-1592), Madrid 1953, S. 171-174. Übersetzung HJK.

2.11 Die endgültige Abschaffung der Indiosklaverei durch die „Neuen Gesetze“ (1542/1543)

Auf Grund zahlreicher Berichte, vor allem von Dominikanern und Franziskanern, über die weiter bestehende ungerechte Behandlung der „anvertrauten“ Indios und exzessive Tributforderungen, entschloss sich die spanische Krone dazu, das Encomienda-System allmählich ganz abzuschaffen. In den so genannten „Neuen Gesetzen“ vom 20. November 1542 und den Ergänzungen vom 4. Juni 1543, die ohne Zweifel ganz wesentlich durch Las Casas' Bemühungen mit veranlasst wurden, traf Karl V. entsprechende Regelungen. Angesichts heftiger, ja bis zu offener Rebellion ausartender Proteste der Kolonisten (Peru) musste er die Bestimmungen zur Encomienda zurücknehmen. Immerhin blieben die Regelungen der „Neuen Gesetze“ bestehen, welche die Indiosklaverei endgültig aufhoben, die mit dem Requerimiento verbundenen Aussagen über den „gerechten Krieg“ außer Kraft setzten und die Indios zu freien, allerdings noch schutzbedürftigen und weiter zu erziehenden Untertanen der spanischen Krone erklärten:

[...] 7. Weil Unsere vornehmste Absicht und Unser Wille immer auf die Erhaltung und Förderung der Indianer und auch darauf gerichtet war und ist, dass sie in den Dingen unseres heiligen katholischen Glaubens unterwiesen und gelehrt und als freie Menschen und Untertanen, die sie sind, gut behandelt werden, gebieten und befehlen Wir den Mitgliedern Unseres Rates, ihre ständige Aufmerksamkeit und ihr besonderes Augenmerk vor allen Dingen dem Schutz, der guten Regierung und Behandlung der Eingeborenen zuzuwenden und sich zu überzeugen, wie Unsere

Vorschriften über die Regierung Indiens und die dortige Rechtspflege ausgeführt werden. [...]
20. Da eine der Hauptaufgaben, die die Gerichte in Unserem Dienst zu leisten haben, darin besteht, ganz besonders über die gute Behandlung und die Erhaltung der Indianer zu wachen, befehlen Wir ihnen, sich ständig über Ausschreitungen und Fälle schlechter Behandlung zu unterrichten, deren sich Beamte oder Privatpersonen jetzt oder künftig schuldig machen sollten, desgleichen darüber, wie sie die Gesetze und Verordnungen befolgen, die ihnen hinsichtlich der guten Behandlung der Indianer gegeben worden sind, und dass sie gegen begangene oder künftig vorkommende Zuwiderhandlungen einschreiten, indem sie die Schuldigen mit aller rechtlich gebotenen Strenge bestrafen. [...]
21. Wir ordnen an und befehlen, dass künftig aus keinem Grunde, sei es Krieg oder welcher sonst, weder zur Strafe für Aufruhr noch im Wege des Loskaufens noch auf andere Weise irgendein Indianer zum Sklaven gemacht werde. Wir wollen, dass sie als Unsere, der Krone von Kastilien, Untertanen behandelt werden, denn das sind sie. [...]
23. Da Wir befohlen haben, dafür zu sorgen, dass künftig die Indianer auf keine Weise mehr zu Sklaven gemacht werden, ordnen Wir an und verfügen Wir ferner hinsichtlich derer, die bisher gegen Vernunft und Recht und gegen die erlassenen Verordnungen und Befehle als solche gehalten worden sind, dass die Gerichtshöfe die Parteien vorladen, ohne langwieriges Verfahren summarisch und in aller Kürze den Tatbestand ermitteln und sie in Freiheit setzen, wenn die Personen, die sie als Sklaven gehalten haben, keinen Rechtstitel dafür vorweisen können, dass sie sie nach dem Gesetz als Sklaven halten und besitzen dürfen. Und damit die Indianer nicht mangels Leuten, die ihre Sache wahrnehmen, unrechtmäßigerweise für Sklaven angesehen werden, befehlen Wir, dass die Gerichte Personen einsetzen, die diese Angelegenheit für die Indianer betreiben und aus den gerichtlichen Strafgeldern bezahlt werden, und zwar Leute, die vertrauenswürdig und gewissenhaft sind. [...]
25. Da Uns berichtet worden ist, dass die Perlenfischerei ohne die gebührende Ordnung betrieben worden ist, was den Tod vieler Indianer und Neger zur Folge gehabt hat,[2] befehlen wir, dass bei Todesstrafe kein freier Indianer gegen seinen Willen zu solcher Fischerei gezwungen werden darf. [...]
26. Da die Übergabe von Indianern an die Vizekönige, Statthalter und deren Stellvertreter, an Unsere Beamten, an die Prälaten, Klöster, Hospitäler, Ordenshäuser, auch an Münzstätten und Schatzhäuser, an die Domänenverwalter und andere Personen, die wegen ihrer Dienste auf diese Weise begünstigt wurden, zu Ordnungswidrigkeiten in der Behandlung der Indianer geführt hat, ist es Unser Wille und Befehl, dass alle Indianer, die unter irgendeinem Rechtstitel oder aus irgendeinem Grunde im Dienst und Besitz der Vizekönige und Statthalter, ihrer Stellvertreter oder sonstigen Beamten, der Richter, Domänenverwalter, Hospitäler, Orden usw. sind, unverzüglich Unserer Königlichen Krone unterstellt werden, auch wenn ihnen die Indianer nicht als Entgelt für ihre Dienste überantwortet worden sind. Und wenn etwa die betreffenden Beamten und Statthalter den Wunsch aussprechen sollten, ihre Ämter aufzugeben und die Indianer zu behalten, soll ihnen das doch nichts helfen und die Ausführung Unserer Anordnung deshalb nicht etwa unterbleiben. [...]
28. Da Uns berichtet wurde, dass andere Personen zwar zuteilungsberechtigt sind, aber die ihnen überwiesenen Repartimientos (Zuteilungen von Indianern) enorm groß sind, befehlen wir, dass

die Gerichtshöfe, jeder in seinem Zuständigkeitsbereich, sich sehr genau und schnellstens darüber informieren, die genannten Zuteilungen auf eine gerechte und angemessene Zahl beschränken und die übrigen Indianer unverzüglich Unserer Königlichen Krone unterstellen. [...]

29. Desgleichen sollen die Gerichtshöfe sich informieren, wie die Indianer von den Personen, die sie zugeteilt erhalten haben, behandelt worden sind. Sollte sich dabei herausstellen, dass sie ihnen wegen Ausschreitungen oder nachweislich schlechter Behandlung von Rechts wegen weggenommen werden müssen, so sollen die betreffenden Indianer, wie wir hiermit anordnen, ihnen unverzüglich genommen und Unserer Königlichen Krone unterstellt werden. [...]

30. Ferner verordnen und befehlen Wir, dass kein Vizekönig, Statthalter, Richter, Entdecker noch irgendeine andere Person künftig Indianer zuteilen darf, weder im Wege der Neuzuteilung, noch durch Abtretung, Schenkung, Verkauf, noch in irgendeiner anderen Form oder auf irgendeine andere Art und Weise, auch nicht durch Testament oder Vererbung; vielmehr sollen die Indianer beim Tode ihres Dienstherrn Unserer Königlichen Krone unterstellt werden. [...]

* [...] Ebenso, weil Wir die Ureinwohner der besagten Indien, von den Inseln und vom Festland des ozeanischen Meers als unsere freien Untertanen betrachten, so wie es auch diejenigen unserer hiesigen Reiche sind, fühlen Wir uns verpflichtet anzuordnen, dass sie persönlich und ihre Habe gut behandelt werden, und es ist unsere Absicht und unser Wille, dass es so befolgt wird. Deshalb ordnen wir an und befehlen, dass besagte Indios und Ureinwohner unserer besagten Indien als unsere Untertanen und freien Personen, die sie ja sind, behandelt werden von unseren Justizbehörden, Bevollmächtigten und Beamten, die in Unserem Namen den Tribut von ihnen erheben, und von allen anderen Personen, denen sie anvertraut sind, wie überhaupt von allen unseren Untertanen und Siedlern, die in unsere besagten Indien gegangen sind und gehen; dass ferner alle diese den Indios keinen Schaden an Leib und Hab und Gut zufügen oder ihnen etwas gegen ihren Willen wegnehmen, ausgenommen den Tribut, der entsprechend unseren diesbezüglichen Verfügungen und Bestimmungen festgesetzt ist oder noch wird. Jedwede Person, die einen Indio tötet, verletzt oder sonst unrechtmäßig Hand an ihn legt oder ihm seine Frau oder seine Tochter nimmt oder ihm sonst Gewalt und Unrecht antut, soll bestraft werden gemäß den Gesetzen dieser Reiche sowie den Vorschriften und Bestimmungen, die Wir in bezug auf das oben gesagte erlassen. [...].

Geschichte in Quellen, hrsg. von Wolfgang Lautemann und Manfred Schlenke. Band. III. Renaissance. Glaubenskämpfe. Absolutismus. Bearbeitet von Fritz Dickmann, München 1982, S. 90-92. – Der mit * versehene Absatz stammt aus den Ergänzungen von 1543, aus Richard Konetzke (Hrsg.), Colección de Documentos para la Historia de la Formación Social de Hispanoamérica, 1493-1810. Vol. I (1493-1592), Madrid 1953, S. 224-225. Übersetzung HJK.

2.12 Bevölkerungstrennung zum Schutz der Indios – die Anlage von Indio-Reduktionen (1546)

Für die weitere Entwicklung der Gesellschaft allgemein und speziell der Indio-Bevölkerung wurde besonders wichtig, dass die Krone auf Grund der negativen Erfahrungen seit den 1540er-Jahren von der ursprünglichen Methode, die Europäisierung durch Zusammenleben und Nähe von Spaniern und Indios zu erreichen, abwich und zu einer Politik der räumlichen Trennung zwischen Indios und Spaniern überging, um so die Indios vor dem Zugriff der spanischen Kolo-

nisten zu schützen. Erziehung und Christianisierung sollten nun wieder ausschließlich in den Händen von Missionaren, Priestern und staatlichen Beamten liegen. Die spanische Krone organisierte nun die Erziehung der Indios über den Weg der Absonderung. In einer Reihe von Gesetzen ab 1546, zusammengefasst in der Gesetzessammlung der Gesetze in Amerika („Recopilación de Leyes de los Reinos de las Indias"), 6. Buch, 3. Titel, ordnete sie an, die vorwiegend in Streusiedlungen lebende autochthone Bevölkerung in eigenen Gemeinwesen im Abstand von einer Stunde Gehzeit zu den Siedlungen der Spanier zu konzentrieren. So entstanden im Laufe der nächsten beiden Jahrhunderte zahlreiche Indiodörfer, Pueblos de Indios, Comunidades de Indios, Resguardos de Indios oder Reduktionen, deren Anlage dem Grundriss der Siedlerstädte entsprach. Sie erhielten eigene Gemeindeordnungen, eigene kommunale Selbstverwaltung (cabildo de indios) nach spanischem Vorbild und wählten jährlich ihre Würdenträger, wie z.B. den alcalde, den Dorfrichter bzw. Bürgermeister, meist aus der kooperierenden adligen Oberschicht der Indios:

Von den Reduktionen und Indiodörfern

Mit großer Sorgfalt und besonderer Aufmerksamkeit wurde immer versucht, die geeignetsten Maßnahmen zu ergreifen, auf dass die Indios im heiligen katholischen Glauben und Evangelium unterwiesen würden und, die Irrtümer ihrer alten Riten und Zeremonien vergessend, in Harmonie und Eintracht zusammenlebten. Damit dies gelänge, traten die Mitglieder Unseres Indienrates und andere fromme Männer verschiedene Male zusammen, und die Prälaten Neu-Spaniens versammelten sich im Jahre fünfzehnhundertsechsundvierzig auf Geheiß des Kaisers Karl V., ruhmreichen Gedenkens, und beschlossen in dem Wunsch, Gott und Uns zu dienen, dass die Indios in Dörfern zusammenzuziehen seien und nicht mehr vereinzelt, durch Gebirge und Berge voneinander getrennt, sich aller geistlichen und weltlichen Wohltaten begebend, ohne den Beistand Unserer Geistlichen und die Hilfe, welche die Menschen in ihren Nöten einander gewähren müssen, leben sollten. Und weil die Zweckmäßigkeit dieses Beschlusses anerkannt war, ist durch verschiedene Befehle der Herren Könige, Unserer Vorgänger, den Vizekönigen, Präsidenten und Gouverneuren geboten worden, die Reduktion, Siedlung und Unterweisung der Indios mit großer Behutsamkeit und Mäßigung durchzuführen, mit soviel Milde und Sanftmut, und ohne in unangemessener Weise vorzugehen, dass diejenigen, die man nicht sofort ansiedeln konnte, die gute Behandlung und Behütung der bereits Zusammengezogenen sehen und sich freiwillig melden, und es wurde befohlen, dass sie nicht mehr Abgaben als angeordnet zu zahlen hätten. Da Obiges im größten Teil Unserer Indias [bereits] durchgeführt wurde, verordnen und befehlen Wir, dass es in allen übrigen Teilen ebenfalls beachtet und erfüllt werde, und dass die Encomenderos es so und gemäß den Gesetzen dieses Titels fordern.

[...]

Gesetz IV. In jeder Reduktion gebe es eine Kirche mit Tür und Schlüssel.

In sämtlichen Reduktionen, seien die Indios auch nur gering an Zahl, ist eine Kirche zu errichten, in der mit Würde die Messe gelesen werden kann. Sie soll eine Tür mit Schlüssel haben, auch wenn sie einer Pfarrei untersteht, und von dieser entfernt liegt.

[...]

Gesetz VIII. Die Reduktionen müssen gemäß diesem Gesetz [folgende] Eigenschaften aufweisen:

Die Plätze, an denen Dörfer und Reduktionen gebildet werden sollen, müssen über Wasser, Land und Wald verfügen, über Eingänge und Ausgänge und Äcker und Ejido von einer Meile Länge, wo die Indios ihr Vieh halten können, ohne dass dieses sich mit dem der Spanier vermischen kann.
Gesetz IX. Den zusammengezogenen Indios darf Land, das sie zuvor besessen haben, nicht abgenommen werden.

Die Indios werden sich bereitwilliger und eher in Siedlungen zusammenfinden, wenn ihnen die Ländereien und Landwirtschaften, die sie an den Orten haben, welche sie verlassen sollen, nicht fortgenommen werden. Wir befehlen, dass hieran nichts geändert werde und dass sie das Land so behalten dürfen, wie sie es früher hatten, damit sie es bebauen und zu ihrem Nutzen beackern.
[...]
Gesetz XV. In den Reduktionen gebe es indianische Stadtrichter und Räte.
Wir ordnen an, dass es in jedem Dorf und jeder Reduktion einen indianischen Stadtrichter aus ebendieser Reduktion gebe. Wird die Anzahl von achtzig Häusern überschritten, gebe es zwei Stadtrichter und zwei Räte, gleichfalls Indios, und auch wenn das Dorf sehr groß ist, gebe es nicht mehr als zwei Stadtrichter und vier Räte. Sind es weniger als achtzig Indios, aber mindestens vierzig, gebe es nur einen Stadtrichter und einen Rat. Diese haben in Anwesenheit der Priester zu Neujahr andere zu wählen, wie es in Dörfern von Spaniern und Indios praktiziert wird.
[...]
Gesetz XXI. In Indiodörfern dürfen keine Spanier, Schwarzen, Mestizen und Mulatten wohnen.
Wir verbieten und untersagen, dass in den Reduktionen und Indiodörfern Spanier, Schwarze, Mulatten oder Mestizen leben dürfen oder leben, denn die Erfahrung lehrt, dass einige Spanier, die unter Indios Handel treiben, Geschäfte machen, wohnen und leben, Unruhegeister sind, mit schlechtem Lebenswandel, Diebe, Spieler, lasterhafte und verirrte Männer; die Indios fliehen, um kein Unrecht zu erfahren, und verlassen ihre Dörfer und Provinzen. Neger, Mestizen und Mulatten – abgesehen davon, dass sie sie schlecht behandeln – nutzen sie aus, bringen ihnen ihre schlechten Sitten und Müßiggang bei und auch manche Fehler und Laster, die das von Uns gewünschte Ergebnis, nämlich ihre Errettung, Erhöhung und Ruhe, zunichte machen und es ins Gegenteil verkehren können. Und Wir befehlen, dass sie hart bestraft und in den Dörfern nicht geduldet werden, und die Vizekönige, Präsidenten, Gouverneure und Rechtspfleger sollen dies mit Sorgfalt, wo sie können, höchstpersönlich oder mit Hilfe integrer Beamter durchführen. Was die Mestizen und Zambaigos betrifft, die Söhne von Indiofrauen sind und unter Indios geboren wurden und deren Häuser und Höfe erben sollen, so kann bei ihnen eine Ausnahme gemacht werden, denn es wäre hart, sie von ihren Eltern zu trennen.

Eberhard Schmitt (Hrsg.), Dokumente zur Geschichte der Europäischen Expansion, Bd. 3, Der Aufbau der Kolonialreiche, München 1987, S. 312-313.

2.13 Das Konzept der aldeias in Brasilien (ab 1552)

In der Zeit vor der systematischen Kolonisierung Brasiliens, also bis 1548, bemühte sich die Krone um freundschaftliche Beziehungen zu den Eingeborenen, um sie dem Einfluss des französischen Rivalen zu entziehen, die mit den Tupís Tauschhandel von Brasilholz trieben. 1511 hatte König Manuel I. eine gute Behandlung der Indios angeordnet, und die portugiesischen

Kaufleute versicherten sich mit Freundlichkeit und Geschenken der freiwilligen Arbeitsleistungen der Indios bei Auffinden, Schlagen und Transport des Brasilholzes. Mit der Kolonisierung jedoch veränderte sich die Behandlung der brasilianischen Indios. Es verbreitete sich die Sklaverei, die die portugiesische Krone im Interesse der wirtschaftlichen Entwicklung der Kolonie in der Form des Sklavenhandels und des Arbeitseinsatzes billigte. Der König räumte den Donatarios *(s. S. 172) das Recht ein, mit Indiosklaven Handel zu treiben. Während die spanische Krone Sklavenhandel von Westindien nach Spanien untersagt hatte, sahen die Portugiesen kein Problem darin, Indios als Sklaven nach Portugal zu verschiffen.*

Wie in Spanischamerika war die Indiopolitik der portugiesischen Krone von den unterschiedlichen Interessen besonders der Missionare und der Pflanzer bestimmt, bzw. versuchte die Krone zwischen diesen Interessen zu vermitteln, wobei trotz mehrerer Ansätze zu einer Schutzgesetzgebung doch Nachsicht gegenüber den Forderungen der Pflanzer vorherrschte. Im deutlichen Unterschied zu Spanien war die Gesetzgebung eher zögerlich und unzureichend. Das Indioschutzgesetz König Sebastians von 1570 erklärte zwar die Indios für frei, nannte aber zugleich den „gerechten Krieg" und die barbarischen Sitten der Indianer als Rechtfertigung für die Versklavung. Dieses einschränkende Gesetz musste jedoch wegen des Protestes der Pflanzer und Siedler bald widerrufen werden, weil diese die indiofreundliche Gesetzgebung als Bedrohung ihrer Interessen empfanden. Ähnlich erging es dem Gesetz von 1609, das die Indiosklaverei verbot; schon 1611 wurde es zurückgenommen und konnte erst 1652 wieder in Kraft gesetzt werden.

Immerhin hatten die Jesuiten, die seit 1533 in Brasilien weilten und in ihrer Jesuitenprovinz mit Sitz in Salvador das Land sichern sollten, ihr Konzept durchsetzen können, Schutz der Indios, ihre Missionierung, Christianisierung und Zivilisierung sowie Arbeitskräfteverwaltung miteinander zu verbinden. Dazu fassten sie ab 1552 in der Nähe von Salvador de Bahía die Indios in geschlossenen Dörfern, den aldeias, zusammen, so wie es ihre Ordensbrüder auch in Spanischamerika mit den Reduktionen taten. Ein Schreiben des Jesuitenpaters A. Pires an den Provinzial des Jesuitenordens in Lissabon aus dem Jahr 1558 schildert die Organisation dieser aldeias:

Ehrwürdiger Vater, Ihr werdet bereits aus den beiden Mitteilungen, die im Verlauf dieses Jahres 1558 von hier abgegangen sind, entnommen haben, was Unser Herr in Seinem bedürftigen Weinberg durch die Patres und Brüder der Gesellschaft Jesu getan hat. Aber obwohl es nicht so sehr von dem abweicht, was in der Vergangenheit bereits berichtet wurde, möchte ich im vor-liegenden Brief etwas über die Früchte sagen, die in der Folgezeit mit göttlicher Hilfe und Gnade eingebracht werden konnten. Pater Ambrôsio Pires, der den Gouverneur Dom Duarte da Costa begleitet hat, wird in der Lage sein, mehr Einzelheiten und eingehende Informationen zu liefern.

Vor allem. Ehrwürdiger Vater, müsst Ihr wissen, dass wir allezeit die größtmögliche Mühe darauf verwenden, den hiesigen Indios die wahre Kenntnis unseres heiligen Glaubens zu vermitteln. Zu diesem Zweck suchen wir die einfachste und angenehmste Weise [der Vermittlung], denn wir erhoffen längerfristig bessere Ergebnisse unserer Bemühungen, als wir sie bisher vorfinden. Selbstverständlich aber wahren wir beim Voranschreiten unseres Werkes den Anstand, den dieses erfordert. Und auch der Gouverneur lässt in dem Eifer und guten Willen, den Gott ihm verliehen hat, nichts ungetan, was er zur Durchführung seines Auftrags für notwendig erachtet. So haben wir nach Wegen gesucht, damit mehr Indios als bisher unterrichtet und intensiver im Glauben unterwiesen werden können. Um aber diese Absicht durchzuführen, ist es zunächst notwendig, mit einigen Hindernissen fertig zu werden, die die Indios selbst aufgerichtet haben. Dabei war der erste Schritt – und er bedeutete schon einen großen Erfolg –, die Indios aus vier verstreuten Ansiedlungen zu einem großen Dorf zusammenzufassen. Während zuvor viele von uns notwendig waren, um sie zu lehren und zu unterweisen, da sie verstreut waren, werden nunmehr nach der Zusammenlegung wenige von uns gebraucht. Darüberhinaus ist es auf diese Weise einfacher, ihre Irrungen und Sünden zu bekämpfen, denen sie zuvor noch nachgingen, als sie räumlich so verteilt waren. Wir hoffen, mit dieser von Gott gegebenen guten Ordnung und Harmonie mehr Erfolg bei ihnen zu haben. Und das wird zur Ehre und zum Ruhm Seines Heiligen Namens und zum genaueren Verständnis [Seines Glaubens] gereichen.

Behinderungen, die wir inständig hoffen überwinden zu können, waren die andauernden und grausamen Kriege, die sie untereinander austragen. Ihre Unrast war das Haupthindernis für die gegenseitige Verständigung. Ihre ständigen kriegerischen Auseinandersetzungen hatten viele Tote zur Folge, und sie würden sich gegenseitig verspeisen, ein [Brauch], der sehr schwer zu unterbinden war, auch wenn sie ihm nicht länger anhängen. Zumindest ist kein Fall bekannt, dass sie es getan hätten, denn wenn es herauskommt, werden sie dafür sehr streng bestraft, wie sie es für eine solche schwerwiegende und menschlichen Gebräuchen zuwiderlaufende Sünde verdienen. Wenn dieser Fortschritt weiter so verläuft, wie er dies mit Gottes Gnade zu tun scheint, dann werden wir in der Lage sein, in der Zukunft eine noch größere Ernte einzubringen.

Ganz zu Anbeginn, als der Gouverneur beschloss, das Land zu befrieden und alle jene verbrecherischen Kriegsbräuche, wie Mord und das Essen von Menschenfleisch, zu verbieten, und als er ein Gesetz verabschiedete, um all dieses zu unterbinden, machten sich einige Indios darüber lustig. Zuvor waren sie nämlich nicht sehr [streng] für Verstöße bestraft worden, und sie stellten den Verzehr von Menschenfleisch nicht ein, auch wenn sie vortäuschten, dies zu tun. Aber sobald der Gouverneur davon erfuhr, befahl er, den nächstbesten, der Menschenfleisch aß, gefangen zu setzen. Ohne jemand weiter um Rat zu fragen außer den Heiligen Geist [...], befahl er, Soldaten und Boote bereitzustellen. Und er ordnete an, zwei Häuptlinge, Vater und Sohn, festzunehmen. Alle Indios überkam daraufhin große Angst, und noch viel größer war der Kummer des Teufels, weil ihm so viele verlorene Seelen entrissen worden waren.

Als die Dinge so standen, trug sich ein ähnliches Vorkommnis zur Zeit des Gouverneurs Dom Duarte da Costa zu. Ein anderer Indio, und zwar der hochmütigste in der ganzen Gegend, in dessen Dorf wir ein Missionsgebäude errichten wollten, lebte in solcher Ungebundenheit, dass es schien, als fürchte er niemanden. Und er war dagegen, dass das Gebäude dort errichtet würde. Darüberhinaus missdeutete er die Zeichen der Zeit, verachtete die Gesetze und aß mit seinen Anhängern an großen Festtagen Menschenfleisch.

Der Gouverneur befahl ihn aus diesem Grunde zu sich und sagte, andernfalls wolle er seine Gefangennahme anordnen. Als der Indio dies vernahm, kam er sofort. Er glaubte, er werde nunmehr hingerichtet, wie es ihm der Bote, der ihm den Befehl des Gouverneurs überbracht hatte, gesagt hatte. Bevor er seine Leute zurückließ, sprach er zu ihnen und sagte, sie sollten sich anstrengen, um gut zu werden. Sie sollten aber bleiben, wo sie waren, denn er würde für sie alle bezahlen. Als der

Indio dann in der Residenz des Gouverneurs ankam, wurde er von diesem unfreundlich empfangen. Der Indio aber warf sich dem Gouverneur zu Füßen, küsste diese, bat ihn um Vergebung und bot an, die Patres in seinem Dorf aufzunehmen und alle ihre Anforderungen auszuführen. Er brachte dies alles so bußfertig vor, dass er Gnade verdiente. [Einige Zeit später] kam ein weiterer Häuptling und tat das gleiche. Dies sind die Früchte, die der Herr von einem Acker erntet, der bisher brach lag, und im Dienste Gottes wurde beschlossen, sofort zum Dorf des Indios aufzubrechen und dort ein Gebäude zu errichten, wo die Indios unterrichtet werden konnten.

Zur gleichen Zeit wurde eine Legua von dieser Stadt [Bahía] entfernt eine Kirche gebaut. Dort wurden vier Indiodörfer, die am nächsten bei der Stadt lagen und wo wir zuvor missioniert hatten, zusammengefasst. Dies war die erste Indioreduktion, die wir errichteten, und sie trägt den Namen São Paulo [3].

Dies zeigt mit Sicherheit, dass es der Wille Unseres Herrn war, eine Tür zu öffnen, die so lange Zeit verschlossen war, nämlich neben der Unterwerfung und Einschüchterung der Indios [zu erreichen], dass sie von einigen Sünden abließen, die unter ihnen häufig sehr verbreitet waren.

Während des Kirchenbaus und der Errichtung der Missionsgebäude, in denen die Patres als Lehrer der neuen Christengemeinde die Indios versammelten, offenbarte Unser Gott Sein Wohlgefallen, denn obwohl während der regenreichen Winterzeit gebaut wurde, war die Arbeit in vier Monaten fertig. Die erste Messe wurde in dieser Kirche am Peter- und Paulstag mit größter Feierlichkeit zelebriert. Der Gouverneur, begleitet von den angesehensten Männern der Stadt, besuchte die Kirche, und es wurde für alle ein Essen gegeben. Die Feierlichkeiten begannen mit einer Erstkommunion. Zu Beginn der Messe segnete der Pater, angetan mit dem priesterlichen Ornat, die Kirche, und dann begann die feierliche Taufe, während der 84 Menschen getauft wurden. Für all diese übernahm der Gouverneur die Patenschaft. In dieser heiligen Handlung zeigte er deutlich den Eifer und den guten Willen, die er für diese Aufgabe hegte. Er stand selbst am Taufbecken, legte seinen Patenkindern die Hand auf und zeigte soviel Liebe, wie sie einer nur fühlen kann, wenn er die Rettung einer Seele erlebt. Bruder Antônio Rodrigues, ihr Lehrer und Dolmetscher, übernahm ebenfalls die Patenschaft. [...]

Im Verlauf der Feierlichkeiten ernannte der Gouverneur einen von den vornehmsten Indios zum Amtmann des Dorfes, er befahl, dass er sich hinfort standesgemäß kleiden sollte, und händigte ihm seinen Amtsstab aus. Dies rief unter [den Indios] große Heiterkeit hervor, denn es war neu. Diese gute Ordnung zog viele an, nicht nur jene, die in unserer Nähe wohnten, sondern auch solche, die zehn Leguas entfernt lebten, kamen und erbaten dieselben Gesetze. Uns aber [baten sie], sie zu unterweisen, und versprachen, uns in allen Dingen Folge zu leisten. Es hat den Anschein, als fänden sie zu einer christlichen Lebensweise.

Im Vertrauen darauf, dass der Herr uns aus der Heimat viele Arbeiter für die Aufgaben Seines Dienstes senden werde, fahren wir fort, unser Tätigkeitsfeld auszudehnen. Stets bitten wir dabei Gott um Hilfe und Unterstützung, damit wir unsere Aufgaben zur größeren Ehre und zum Ruhm Seiner Göttlichen Majestät erfüllen können.

Wir beten um Seine allerheiligste Gnade, so dass wir mit dieser Hilfe vertrauensvoll Seinen Dienst leisten können, in dessen Pflicht wir stehen. Amen.

Eberhard Schmitt (Hrsg.), Dokumente zur Geschichte der Europäischen Expansion, Bd. 3, Der Aufbau der Kolonialreiche, München 1987, S. 462-465.

2.14 Zwangsbekehrung oder friedliche Überzeugungsarbeit? (1544/45, 1551)

In Amerika und Spanien hielt die Diskussion über die Legitimität der Eroberung und der Kriege gegen die Indios sowie über die Vorgehensweise bei der Christianisierung an. Einer der Hauptverteidiger der Rechtmäßigkeit der spanischen Eroberungen und Befürworter einer harten Linie war Juan Ginés de Sepúlveda, Hofkaplan und Erzieher des Prinzen Philipp, auch Hofchronist und ein mit den Schriften des Aristoteles vertrauter Humanist. In mehreren Schriften verteidigte er die Vorgehensweise der seiner Meinung nach zivilisatorisch höher stehenden Spanier gegenüber den barbarischen Indios, so auch in dem 1544/45 geschriebenen „Dialog über die gerechten Gründe der Kriege gegen die Indios" (a). Dem hält Bartolomé de Las Casas in seiner 1551 formulierten Antwort auf das vierte Argument die universale Gleichheit der Menschen vor Gott entgegen und plädiert für eine diskursive Glaubensunterweisung ohne jede Art von Nötigung (b):

a) Juan Ginés de Sepúlveda: Über die gerechten Gründe der Kriege gegen die Indios [...]
Leopoldo: Glaubst du denn etwa, dass man kein anderes sicheres System anwenden kann, mit dem das Eindringen der Verkündigung des Evangeliums erleichtert werden könnte, als mit Waffengewalt jene Nationen zu nötigen, unsere Herrschaft anzunehmen?
Demócrates: Mehr noch, ich sehe, dass für jene dieses nicht einmal hinreichend sicher gewesen ist.
L.: Wieso? Meinst du etwa, dass sich irgendeiner um der Predigt des Evangeliums willen unter den Barbaren in Gefahr befunden hat?
D.: Ist dir denn nicht zu Ohren gekommen, dass vielerorts die predigenden Brüder, als sich die Garnison der Spanier zurückzog, in die Hände der schwerlich befriedeten Barbaren gefallen sind? Hast du ebenfalls nicht gehört, dass zwei Dominikaner in der Provinz Pirito von den Barbaren, die Feinde der christlichen Religion sind, grausam gemartert wurden? [...] Und wenn dies an unseren Aposteln geschehen ist, nachdem jene unsere Herrschaft akzeptiert hatten, und es zu einem solchen Verbrechen kommen konnte, während unsere Garnisonen die Provinz besetzt hielten, wenn auch in einiger Entfernung, was, denken wir, wäre passiert, wenn man Prediger ausgesandt hätte, um solche Barbaren zu unterrichten, die unsere Truppen nicht zu fürchten gehabt hätten und darum auch nicht vor Verbrechen und Ruchlosigkeit zurückgeschrocken wären? [...] Ich behaupte, dass die Barbaren nicht nur beherrscht werden müssen, damit sie den Predigern zuhören, sondern auch, damit sich zu Lehre und Ratschlägen die Drohungen gesellen und ihnen Schrecken eingejagt werde, was der hl. Augustinus in seinem Antwortbrief an den Donatisten Vincentius bestätigt: „Schmetterte man sie nieder, ohne sie zu unterweisen", sagt er, „käme das einer schnöden Herrschaft gleich; andererseits aber, unterwiese man sie, ohne sie niederzuschmettern, verhärteten sie sich in ihren alten Gewohnheiten und machten sich mit größerer Trägheit auf den Weg der Rettung." Viele, die wir gut kennen, dienen uns zum Beweis, wenn sie uns, nachdem sie zu Einsicht in die volle Wahrheit gelangt sind und diese ihnen durch göttliche Zeugnisse kundgetan wurde, antworten, dass sie zwar zur Gemeinschaft der katholischen Kirche gelangen wollten, sich aber vor der gewalttätigen Feindschaft der perversen Menschen fürchteten. Wenn man also dem nützlichen Schrecken die begrüßenswerte Lehre hinzufügt, damit nicht nur das Licht der Wahrheit die Finsternisse des Irrtums vertreibe, sondern auch die Gewalt des Schreckens die Fesseln der

schlechten Gewohnheit sprenge, dann werden wir, wie ich schon sagte, uns der Rettung vieler erfreuen. Und was der hl. Augustinus von den Häretikern sagt, das können wir mit allem Recht auf die Barbaren anwenden, von denen die Mehrheit, dank der Einheit von Schrecken und Lehre, die christliche Religion schon empfangen hat, jene Mehrheit, die die bloße Predigt verworfen hätte, erschreckt durch die Furcht vor ihren Priestern und Fürsten, die sehr wahrscheinlich aus eigenem Interesse und weil sie die Neuheit für verdächtig hielten, sich mit Nachdruck der neuen Religion entgegengesetzt hätten, weil sie ihren Plänen entgegensteht. Deshalb musste diese Furcht aus den Gemütern des Pöbels entfernt und ihnen die Furcht vor den Christen eingeflößt werden, wie im Buch der Sprüche geschrieben steht: „Der harte Knecht bessert sich nicht, auch wenn er versteht, gehorcht er nicht." [...]

b) Bartolomé de Las Casas: Antwort auf Sepúlvedas Argumente

[...] In Wahrheit redet Sepúlveda gottlos und begeht vielerlei Irrtümer zum Schaden seiner Seele, ganz besonders in drei Punkten: Der *erste* Irrtum besteht in der Behauptung, die Dekrete der Kirche gegen die Häretiker, veröffentlicht durch den Papst und die Kaiser, sollten auch gegen die Ungläubigen im Allgemeinen befolgt werden. Er unterlässt die Unterscheidung in vier Arten von Ungläubigen: Der ersten gehören die ungläubigen Juden und Mauren an, die unter dem Joch der Christen leben. Zur zweiten gehören die Abtrünnigen und Häretiker. Zur dritten die Türken und Mauren, die uns bekriegen. Zur vierten die ungläubigen Götzendiener, die in sehr entfernten Provinzen leben. Der *zweite* Irrtum besteht in einer gottlosen Interpretation des Gleichnisses vom Hochzeitsmahl. Der *dritte* Irrtum besteht darin, nicht zu unterscheiden zwischen Ungläubigen, die der Kirche oder den dieser angehörenden Herrschern untergeben sind, und Ungläubigen, die nicht der Kirche untergeben sind, womit er der Kirche eine Rechtsprechung in Fällen zuerkennt, in welchen sie ihr nicht zukommt. Im 6. Kapitel und den folgenden habe ich mit einleuchtenden Argumenten die Unhaltbarkeit dieser Position bewiesen.

2. Was die Hauptstreitfrage betrifft, so beweist jenes Gleichnis aus dem Evangelium überhaupt nicht, was Sepúlveda damit zu beweisen trachtet. Sepúlveda versucht zu beweisen, der Wille Christi sei es gewesen, dass die Kirche, einmal befestigt durch Macht und Fürsten, die Menschen zwinge, die Wahrheit des Evangeliums anzunehmen, nicht gerade durch die Nötigung der Taufe, sondern indem ihr Götzendienst ausgerottet und ihre Macht erschüttert werde, auf dass sie die Verkündigung des Evangeliums nicht mehr behindern könnten. Vor allem ließe ich mir von Sepúlveda gern erklären, warum Gott den Wunsch haben sollte, dass es die Kirche und die christlichen Herrscher seien, welche die Gewalt gegen die Indios anwenden, und nicht etwa die Engel, durch deren Dienst Gott häufig die Ungläubigen zur Erkenntnis seiner selbst führt (wie dies der große Dionysius sagt). Überdies frage ich, ob solcher Zwang, von dem das Gleichnis spricht, körperlicher oder materieller Art sei oder aber durch die Engel oder Gott selbst ausgeübt werden solle. [...]

Was hat die Frohe Botschaft mit den Verstümmelungen, Sklavereien, Massakern, Feuersbrünsten, Städteverwüstungen und bekannten Übeln allen Krieges zu tun? In Wahrheit würden sie [die dergestalt Evangelisierten] lieber zur Hölle fahren, als die Vorteile des Evangeliums zu genießen. Und was werden die Flüchtlinge erzählen, die aus Furcht vor den Spaniern in die Provinzen anderer Völker fliehen, mit ihren blutenden Köpfen, ihren verstümmelten Händen und ihren zerrissenen Eingeweiden? Was werden sie vom Gott der Christen halten? [...]

5. Ich bestehe darauf, dass die Spanier sich der Ausübung solcher Exzesse gegen andere Völker, wenn diese auch barbarische Götzendiener oder von allen Lastern befallen sein mögen, enthalten und von jener Sanftmut Zeugnis geben sollen, mit der sie selbst vor diesen Völkern berufen wurden. Der Grund dafür ist ganz klar, denn es gibt keinen Unterschied mehr zwischen Mann und Frau, „Griechen und Juden, Beschnittenem und Unbeschnittenem, Barbaren und Skyten, Sklaven und Freiem, weil Christus alles in allem ist" (Kol 3,11). „Da gibt es keinen Unterschied zwischen Juden und Griechen; ein und derselbe ist ja der Herr aller, reich für alle, die ihn anrufen" (Röm 10,12). [...] Da nun die Natur der Menschen in allen dieselbe ist und alle von Christus gerufen sind in derselben Weise und auch nicht auf verschiedene Art und Weise berufen werden wollen, darf man die Indios nicht auf andere Weise zum Eintritt in die Kirche einladen als alle anderen Menschen auch.

Mariano Delgado (Hrsg.), Gott in Lateinamerika. Texte aus fünf Jahrhunderten. Ein Lesebuch zur Geschichte, Düsseldorf 1991, S. 103-106; 107-112.

2.15 Das Ineinandergreifen von spanischer Besiedlung, Indioansiedlung und Christianisierung (1556)

Ab der Mitte des 16. Jahrhunderts war die spanische Krone nicht mehr an großen Eroberungszügen interessiert. Besiedlung und Kolonisierung bestimmten die Richtung der folgenden Kolonialpolitik. Dabei bedeutete Kolonisierung zugleich Ansiedlung der Indios und ihre Christianisierung, wie es Philipp II. am 13. Mai 1556 in Instruktionen an den Marqués de Cañete, Vizekönig von Peru, Gouverneur, Generalkapitän seiner Provinzen und Präsident der Audiencia, hinsichtlich Entdeckungen und Besiedlung formulierte:

[...] Tragt dafür Sorge, dass diejenigen, die sich ansiedeln, Friede und Freundschaft mit den Indianern suchen, die in jenem Lande wohnen, indem sie ihnen Gutes erweisen, sie freiwillig zum Wohnen in Dörfern nahe bei den spanischen Niederlassungen bewegen und sie verteidigen oder zu verteidigen helfen gegen die, welche ihnen irgendeinen Schaden zufügen wollen. Versucht weiter, sie zu gesitteter Lebensweise zu veranlassen, sie von Lastern, Sünden und schlechten Bräuchen abzubringen und durch Mönche und andere gutgesinnte Personen zu erreichen, dass sie freiwillig sich zu unserem heiligen katholischen Glauben und christlicher Religion bekehren. Ebenso sollt ihr die Indianer überreden, dass sie aus freiem Willen unseren heiligen katholischen Glauben und unsere Herrschaft anerkennen, wofür sie auf zehn Jahre von Tributleistungen befreit sein sollen. [...] Ihr habt euch zu bemühen, Handel und Umgang mit den benachbarten Eingeborenen herzustellen, sie mit den Sachen zu versorgen, die sie nötig haben werden, und von ihnen die Sachen zu erhalten, die den Spaniern fehlen. [...] Wenn die Eingeborenen die geplante Niederlassung nicht zulassen wollen, soll man ihnen zu verstehen geben, dass man dort nicht siedeln will, um ihnen Böses zu tun, ihnen einen Schaden zuzufügen noch ihnen ihre Besitzungen wegzunehmen, sondern um Freundschaft mit ihnen zu schließen, sie zu lehren, gesittet zu leben, Gott zu erkennen und ihnen die Lehre Jesuchristi zu bringen, wodurch sie ihre Seele retten werden. Diese Bemühung und Ermahnung habt ihr dreimal in bestimmten Zeitabständen durch eine von euch zu ernennende Person wiederholen zu lassen, wobei ihr die Meinung der Mönche hört, die zu der betreffenden Bevölkerung gehen und es ihnen durch Dolmetscher erklären. Wenn trotz alledem sie nicht die Ansiedlung der Spanier dulden wollen, werden die Siedler sie dennoch errichten und sie gegen die Eingeborenen verteidigen, ohne mehr Schaden zuzufügen, als für die Verteidigung der Niederlassung notwendig ist. Nachdem eine solche Siedlung begründet ist, habt ihr Vorsorge zu treffen, dass die Einwohner und Mönche des Ortes versuchen, sich mit den Eingeborenen in Verbindung zu setzen und Handel zu treiben und diese sich zu Freunden zu machen, wobei sie ihnen den Zweck der spanischen Niederlassung erklären. Wenn durch die guten Werke und Überredungen Freundschaft mit den benachbarten Eingeborenen geschlossen wird, so dass sie einwilligen, dass Mönche zu ihnen kommen und das Evangelium predigen können, sorgt dafür, dass die Eingeborenen für unseren Glauben gewonnen werden und dass sie uns als obersten Herrn anerkennen. Wenn die Eingeborenen und ihre Häuptlinge den Mönchen nicht den Zugang und die Predigt gestatten, nachdem ihnen, wie oben angeordnet, der Zweck erklärt worden ist, und wenn sie mehrere Male aufgefordert worden sind, die Predigt und Verkündigung von Gottes Wort zuzulassen, können die Mönche und Spanier mit bewaffneter Gewalt in die betreffende Provinz eindringen und diejenigen, die Widerstand leisten, unterwerfen und zum Gehorsam uns gegenüber bringen, wobei vor allem versucht werden soll, sie zur Anerkennung Gottes hinzuführen. [...]

Richard Konetzke, Lateinamerika seit 1492, Stuttgart, S. 11-12.

Anmerkungen

1 Wahrscheinlich die Instruktion für den Statthalter Nicolas de Ovando, der 1502 nach Westindien geschickt wurde. Sie erhielt die Weisung, die Eingeborenen als freie Untertanen der Krone zu behandeln und vor jeder Art von Knechtschaft und Dienstbarkeit zu schützen.

2 Die Eingeborenen wurden dabei als Taucher verwendet.

3 Es handelt sich nicht um das heutige São Paulo, sondern um eine Ortschaft in der Nähe von Bahía.

G. Politische und wirtschaftliche Grundlagen der Kolonisation

1. Vorbemerkung

Da Spanien und – in geringerem Maße – auch Portugal nach Entdeckung und Eroberung bald zur Besiedlung übergingen, galt es, für die friedlich oder durch militärische Eroberung in Besitz genommenen Gebiete eine staatliche Ordnung zu schaffen, die sie für die jeweiligen Kronen sicherte, also eine dauerhafte Herrschaft in der Neuen Welt und die politische Kontrolle über die unterworfene Bevölkerung ermöglichte sowie die Nutzung der wirtschaftlichen Ressourcen und der Arbeitskraft der Indios gewährleistete. Zunächst wurde die staatliche Ordnung durch die Bestimmungen geprägt, wie sie in den Verträgen zwischen Krone und Entdeckern und Eroberern niedergelegt waren. Bald aber ging zumindest die Krone in Spanien zu einer systematischeren Regelung des politischen und wirtschaftlichen Ordnungssystems über. Ziele und Strukturen dieses Ordnungssystems sind im folgenden als Kommentare beschrieben und in Karten veranschaulicht.

2. Verwaltungsstrukturen und politische Gliederung

Die Gebiete der Neuen Welt wurden in das Konglomerat der ererbten und eroberten Reiche der Krone Kastiliens als *reinos de las indias*, das heißt als gleichberechtigte und selbständige Teilreiche neben den anderen Kronländern eingegliedert. Sie besaßen formal keinen minderen Rechtsstatus und waren deshalb rein rechtlich gesehen keine Kolonien, selbst die Indios waren de jure freie Untertanen. Gleichwohl ist aufgrund der politischen und wirtschaftlichen Abhängigkeit, die sich in verschiedenen Maßnahmen wie zum Beispiel in der Errichtung des Sevillaner Handels- und Schifffahrtmonopols oder besonders im Handelsverbot mit Ausländern äußerte, die Bezeichnung Kolonialreich gerechtfertigt.

Entsprechend der staatsrechtlichen Stellung und dem königlichen Souveränitätsanspruch sollte die Verwaltung des ausgedehnten spanischen Herrschaftsgebiets vom Mutterland aus unter Aufsicht und letzter Entscheidung der spanischen Könige erfolgen. Bei den Verwaltungsinstanzen richtete man sich nach dem Vorbild von Verwaltungseinrichtungen, wie sie schon in Spanien bestanden. Zentralbehörden sollten das überseeische Reich politisch und wirtschaftlich verwalten. Zunächst hatte im Mai 1493, kurz nach Kolumbus' Rückkehr, Königin Isabella den Bischof Juan Rodríguez de Fonseca damit beauftragt, sich um die Angelegenheiten der neu entdeckten Gebiete zu kümmern. Am 20. Januar 1503 entstand dann auf königliches Geheiß in Sevilla das staatliche Handelshaus, die *Casa de la Contratación* (vgl. D 2, 4). In den folgenden Jahren erweiterte sich der

Beraterstab um Fonseca immer mehr, bis dann 1524 Karl V. mit dem in Madrid angesiedelten obersten Indienrat, dem *Consejo Real y Supremo de las Indias*, eine kollegial aufgebaute und mit geschulten Juristen und Geistlichen besetzte Ratsbehörde schuf, die gleichberechtigt neben die schon bestehenden Ratsbehörden Spaniens trat und als oberste, für die außereuropäischen Gebiete zuständige Verwaltungsbehörde und höchstes Gericht, Finanzbehörde und Leitungsinstanz für die Kirche arbeitete. Mit dem Indienrat gelang es der spanischen Krone, in den nächsten 200 Jahren ihren Herrschaftsanspruch durchzusetzen und gestützt auf eine kompetente Bürokratie die überseeischen Angelegenheiten recht erfolgreich zu verwalten.

Mit den Eroberungszügen auf das amerikanische Festland und mit zunehmenden geografischen Kenntnissen über die territorialen Ausmaße der Entdeckungen und Eroberungen entwickelten sich dann auch in Amerika nach anfänglichen Erprobungen neue Territorialverwaltungen, die sich bis zur Mitte des 16. Jahrhunderts stabilisierten und durch die sich das Kolonialreich räumlich zu gliedern begann. Allein die Größe des zu verwaltenden Gebietes erforderte eine Dezentralisierung, und die räumliche Entfernung zum Mutterland machte weitreichende Entscheidungsbefugnisse der amerikanischen Verwaltungsinstanzen unumgänglich. Anordnungen und Entscheidungen durften allerdings nur im Namen der Krone erlassen werden, der nach erfolgter Information die endgültige Entscheidung vorbehalten blieb. Letztinstanzliche Ausrichtung auf die Zentralbehörde im Mutterland und erstinstanzliche Kompetenz auf regionaler Ebene standen nebeneinander.

Im Einzelnen orientierte sich die Verwaltung in Amerika an Vorbildern im Mutterland. Schon im Jahre 1511 richtete die Krone mit Sitz in Santo Domingo auf Hispaniola, dem damaligen Aktionszentrum von Entdeckung und Eroberung, als eigenständige Verwaltungsinstanz einen Appellationsgerichtshof, eine *Audiencia*, ein. Diese war nach dem Kollegialprinzip organisiert und mit ausgebildeten Juristen besetzt; sie war zuständig für die Zivil- und Strafgerichtsbarkeit und sollte als Kontroll- und Überwachungsorgan gegenüber Rechtsentscheidungen der unteren Instanzen, hier speziell gegenüber den Entscheidungen des Gouverneurs von Hispaniola Diego Colón, dem Sohn des Entdekkers, fungieren. Beide Verwaltungseinrichtungen, das Amt des Gouverneurs, der als Einzelperson auf Provinzebene, dem *Gobierno*, Gouvernement, für die Leitung der Zivilverwaltung verantwortlich war, und die für einen größeren Jurisdiktionsbereich zuständige *Audiencia* bildeten die Grundlage für den weiteren Ausbau und Aufbau der Zentralbehörden im wachsenden Imperium in Amerika. In besonders gefährdeten Grenz-Gebieten wurden in Erweiterung der Gouvernements *Capitanias Generales,* Generalkapitanate, eingerichtet, in denen ein Generalkapitän für Zivilverwaltung und Militärwesen zuständig war. Nach den wichtigsten Eroberungen entstanden in den neuen Gebieten bald *Audiencias,* nicht nur, um die Verwaltung in den weitläufigen Gebieten zu sichern, sondern oft auch, um ein Gegengewicht und ein Kontrollorgan gegenüber mächtigen Eroberern wie z.B. Hernán Cortés in Mexico oder den Pizarros in Peru zu schaffen. In der Gründung der *Audiencias* spiegelt sich geradezu die schrittweise Expansion und Konsolidierung des Kolonialreiches wider: *Audiencias* entstanden 1527 in Mexiko, 1538 in Panamá, 1543 in

Guatemala und Lima; 1548 kamen die in Guadalajara und Bogotá, 1559 die in Charcas (heute Sucre, Bolivien), 1563 die in Quito und 1609 die in Santiago de Chile hinzu. Die *Audiencias* wurden zu wichtigen Bezugspunkten innerhalb ihres Jurisdiktionsbereiches. *Audiencia* bezeichnete dann sowohl die Behörde selbst als auch den territorialen Jurisdiktionsbereich. Dadurch, dass das von der Krone eingesetzte Richtergremium der *Audiencia* sowohl als Kontrollorgan und Justizverwaltung, aber auch als Beirat für die oberste Verwaltungsinstanz und im Falle von deren Vakanz sogar als deren Vertreter fungierte, nahmen die *Audiencias* eine einflussreiche Stellung im Kolonialreich ein. Sie wurden im Zuge der Eroberung und Kolonisierung durch weitere Instanzen auf übergeordneter politischer Ebene bzw. unterhalb der Provinzebene ergänzt.

Neben den *Audiencias* entstanden als wichtigste Instanzen die Vizekönigreiche in den Gebieten, die wegen ihrer Bevölkerungsstruktur, der naturgeografischen Ausstattung insgesamt, also wegen der beabsichtigten Inwertsetzung für Spanien am wichtigsten waren. 1535 erfolgte die Errichtung des Vizekönigreichs Neu-Spanien mit Sitz des Vizekönigs in der Stadt Mexiko, die auf den Ruinen der eroberten aztekischen Hauptstadt Tenochtitlan errichtet war, und 1543 die des Vizekönigreichs Peru mit Sitz des Vizekönigs im neugegründeten Lima. Die Vizekönigreiche waren an sich keine Verwaltungseinheiten. Die Vizekönige hatten eigentlich nur Repräsentationsfunktionen, sie sollten in den Kolonien die souveräne Gewalt des Monarchen mit entsprechenden äußerlichen königlichen Attributen stellvertretend repräsentieren. Erst dadurch, dass sie zugleich die Ämter des Gouverneurs und des Generalkapitäns in ihrem *Gobierno* und des Präsidenten der an ihrem Sitz residierenden *Audiencia* innehatten, nahmen die Vizekönige neben ihrer politischen auch administrative Funktionen in einem engeren territorialen Rahmen wahr und erhielten dadurch besonderes Gewicht, während sie in dem riesigen Gebiet des jeweiligen Vizekönigreichs lediglich eine allgemeine politische Autorität besaßen.

Auf Distrikts- bzw. lokaler Ebene richtete die Krone Munizipalbereiche als Untergliederungen der Gouvernements ein. Staatliche Beamte, die *Corregidores*, leiteten als Vorsitzende des Stadtrates, als Aufsichtsbeamte und Richter in zweiter Instanz sowohl spanische als auch indianische Munizipien. Die Munizipien, die Städte selbst, bildeten die unterste Organisationseinheit im spanischen Amerika. Ihre Verwaltung unterstand dem Vorsitz des königlichen Kommissars, des *Corregidor*, in den Händen des Stadtrats, des *Cabildo*. Seine Mitglieder, die Räte, die *Regidores*, rekrutierten sich aus den ratsfähigen Vollbürgern, die in der damaligen Terminologie *vecinos* hießen. Je nach Größe der Stadt und Art des Stadtrechts umfassten die *Cabildos* sechs bis zwölf Ratsmitglieder; diese besetzten aus ihrer Mitte oder durch Wahl die Magistratsämter, darunter auch die beiden jährlich wechselnden Stadtrichter, die *Alcaldes Ordinarios*, die die Rechtsprechung in erster Instanz ausübten. So stellten die *Cabildos* eine wichtige Ebene dar, auf der auch in Amerika geborene Nachkommen der Spanier, die Kreolen, politisch wirken konnten.

Anders als Kastilien schenkte die portugiesische Krone dem ihr zugefallenen Teil Amerikas zunächst relativ wenig Beachtung. Lediglich an der Küste entstanden einige Niederlassungen, so 1510 im Gebiet der heutigen Städte São Paulo und Bahia, sowie Handelsstützpunkte, unter denen sich das 1516 gegründete Pernambuco, das heutige

Recife, bald hervortat. Portugal war hauptsächlich in Ostindien engagiert, denn angesichts fehlender Edelmetallvorkommen und indianischer Hochkulturen war Brasilien in den ersten Jahrzehnten abgesehen vom Brasilholz wirtschaftlich uninteressant. Deshalb schenkte die portugiesische Krone über Handelsstützpunkte an der Küste hinaus, von wo aus mit den Indios der Brasilholzhandel betrieben wurde, der Erschließung des Landesinneren und einer durchorganisierten Verwaltung anfangs wenig Aufmerksamkeit.

Erst ab 1530 änderte die portugiesische Krone ihr Verhalten. Französische Kaufleute und Händler hatten unter Missachtung des Aktionsverbots in den spanischen und portugiesischen Einflussgebieten, wie es in den Bullen Alexanders VI. und im Vertrag von Tordesillas festgelegt war, an der ungeschützten brasilianischen Küste versucht, mit den Indiostämmen ebenfalls Färbholzhandel zu treiben. Durch diese Aktivitäten sah sich die portugiesische Krone zu planmäßigen Verteidigungen sowie Landnahme- und Verwaltungsanstrengungen veranlasst, um ihre Ansprüche abzusichern und die Kolonie wirtschaftlich zu nutzen. Wie die Spanier vollzog die portugiesische Krone den Übergang vom System der Handelsstützpunkte zur kontinuierlichen, vorerst küstennahen Besiedlung und ließ neue Siedlungen wie São Vicente (1532) in der Nähe des heutigen São Paulo gründen. In den Jahren 1532-1534 teilte König Johann III. das Land von der Amazonasmündung bis zum heutigen Staat Santa Catarina in 15 Gebietsstreifen (*Capitanias* oder *Donatarias*) ein, die durch von der Küste aus ins Landesinnere in West-Ost-Richtung parallel verlaufende Grenzlinien gebildet wurden, und vergab sie als Lehen an 12 meist adelige Privatpersonen, die *Donatarios.*

Für die Verpflichtung zur Kolonisierung und Besiedlung und wirtschaftlichen Nutzung durch die Kultivierung des Zuckerrohrs erhielten die *Donatarios* weitgehende wirtschaftliche und administrative Rechte; lediglich das Recht für bestimmte Steuern blieb bei der Krone. Es zeigte sich jedoch, dass die *Donatarios* wegen mangelnder Kompetenz, geringer Kolonisationserfahrung, zum Teil auch wegen Abwesenheit nicht in der Lage waren, die Gebiete zu verwalten und zu besiedeln und damit wirtschaftlich nutzbar zu machen. Die meisten *Capitanias* mit Ausnahme der von Pernambuco und São Vicente wiesen deshalb keine wirtschaftlichen Erfolge auf, und so ging die portugiesische Krone ab 1549 dazu über, die Verwaltung der Kolonie selbst zu übernehmen. Sie ließ in Bahia, einer *Capitania*, die inzwischen wegen des Todes des *Donatario* eingezogen worden war, die Stadt São Salvador da Bahía de Todos los Santos als Hauptstadt und Sitz einer Zentralverwaltung, *governo geral*, in und für Brasilien gründen. Von nun an besaß ein Generalgouverneur, der bisweilen auch den Titel eines Vizekönigs trug, die administrative Verantwortung und den militärischen Oberbefehl für ganz Brasilien. (Bis 1763 war Salvador die Hauptstadt Brasiliens.)

2.1 Die politische Gliederung Spanischamerikas im 16. Jahrhundert

Abb. 26: Die Audiencia-Distrikte im 16. Jahrhundert, aus: Handbuch der Geschichte Lateinamerikas, Bd.1, Mittel-, Südamerika und die Karibik bis 1760, hrsg. v. Horst Pietschmann, Stuttgart 1994, S. 344

Abb. 27: Die Gouvernements Spanisch-Amerikas des 16. Jahrhunderts, aus: Handbuch der Geschichte Lateinamerikas, Bd.1, Mittel-, Südamerika und die Karibik bis 1760, hrsg. von Horst Pietschmann, Stuttgart 1994, S. 346.

2.2 Die politische Gliederung Brasiliens im 16. Jahrhundert

Abb. 28: Die donatorias *zur Zeit ihrer Errichtung (1534/36), aus: Handbuch der Geschichte Lateinamerikas, Bd.1, Mittel-, Südamerika und die Karibik bis 1760, hrsg. von Horst Pietschmann, Stuttgart1994, S. 302.*

2.3 Die Anlage der Städte

Die spanische Kolonisation Amerikas war im Wesentlichen eine Stadtkolonisation. Die Stadt war in gewissem Sinn der Abschluss der Landnahme, die Sesshaftwerdung der Eroberer und ihre Umwandlung in Bürger der Stadt (vecino). Dabei entstanden die Städte in ihrer Mehrzahl gleichsam aus dem Nichts, teilweise wurden sie über den schon von den Indios angelegten, aber zerstörten Anlagen gebaut. Die spanischamerikanische Stadt besaß eine eigene Prägung mit gründungsspezifischen Besonderheiten entsprechend den jeweiligen politischen und strategischen Gesichtspunkten, sei es als Verwaltungszentrum im Landesinneren, als militärisch gesicherter Küstenstützpunkt oder als maritime Handelsstadt. In allen Fällen aber fußte sie auf einem ausdrücklichen Gründungsbeschluss des Königs und wandte einheitlich als Grundmodell das Schachbrettmuster mit einem Hauptplatz (plaza mayor) im Zentrum rechtwinklig sich kreuzender Straßen an. Dadurch ließ sich die Stadt nicht nur leicht anlegen, mit diesem Grundmuster war auch eine gerechte und gleichmäßige Zuteilung von Grund und Boden an die Bürger möglich. Die Verdienste der Berechtigten, die sie sich bei der Eroberung erworben hatten, oder die Bedeutung von Personen und Einrichtungen kamen dabei insofern zum Tragen, als sie sich in der Größe der zugewiesenen Parzellen und in der Nähe zur Plaza Mayor ausdrück-ten. Pater Bernabé Cobo beschreibt in seiner „Historia del nuevo mundo" aus dem Jahre 1628/29, im Kapitel IV den Gründungsvorgang der Stadt Lima, die Francisco Pizarro statt der alten, im Landesinneren gelegenen Inkahauptstadt Cuzco als neue Hauptstadt im Jahr 1535 gründen ließ (a); sein Bericht enthält auch das Register über die Verteilung der Bauplätze, das mit den bevorzugten Plätzen am Hauptplatz beginnt (b):

a) Bericht über die Gründung der Stadt Lima

Don Francisco Pizarro, der Gründer, gab ihr den Namen „Ciudad de los Reyes" in Anbetung und Gedenken an die drei Weisen aus dem Morgenland. In der gleichen Jahreszeit, als diese hocherfreut nach Bethlehem wanderten, um den neugeborenen Heiland anzubeten, zogen der Gouverneur und seine Gefährten unermüdlich und unverdrossen in der glühenden Sommerhitze, die in diesen Monaten in den südlichen Breiten herrscht, durch die Täler und Sandwüsten der peruanischen Küste auf der Suche nach einem geeigneten Siedlungsort. Man kam auf den Namen, weil das Dreikönigsfest zeitlich dem Gründungstag am nächsten liegt. In Gedenken daran und in Anbetung an die heiligen Schutzpatrone und Fürsprecher wird dieses Fest, seitdem der Staat besteht [...], mit großem Gepränge gefeiert.

An diesem Tag wird die königliche Standarte von derjenigen Persönlichkeit, die zu dem Ehrenamt des Fahnenträger [*Alférez*] ausersehen ist, aus dem Rathaus geholt und in großer Prozession von den Spitzen der Stadt und der Regierung, von den Caballeros, dem [*incaischen*] Adel und den Ratsdienern mit Trompetenmusik zur Hauptkirche geleitet und nach dem Hochamt mit dem gleichen Festgeleite wieder zum Rathaus zurückgebracht.

Außer dem Namen, den die Stadt bei ihrer Gründung erhielt, welcher ihr auch laut königlichem Erlass mitsamt der Verleihung des Wappens [*mit drei Königskronen*] bestätigt worden ist, hieß sie auch Lima. Das war der Name des kleinen Indianerfleckens, auf dessen Grund sie angelegt wurde; er ist ihr geblieben und wird heutzutage häufiger als der erste verwendet. Zwischen beiden besteht jedoch ein Unterschied. Weder in der Stadt selbst noch außerhalb ist bei Gesprächen und alltäglichen Geschäften die Benennung „Stadt der Könige“ so gebräuchlich und familiär wie Lima. Bei allen öffentlichen Schriftstücken, Verträgen, Prozessen und bei den Gerichten gibt man ihr im allgemeinen den Namen „Stadt der Könige“, dem ungeachtet erscheint manchmal auch in einem Amtsschreiben der Name Lima.

[...] Wir alle benutzen im Alltag den Namen Lima [...]. Niemand sagt, ich gehe zu den Königen oder ich komme von den Königen.

[...] Hier ist aber noch zu bemerken, dass das Wort Lima ebenfalls nicht ganz das ursprüngliche ist, dass ferner auch der alte indianische Name von den Einheimischen nicht überall gleich ausgesprochen wird [...]. Die Bevölkerung der Umgegend an der Küste sagt Limac, die Hochlandbewohner sagen Rimac mit einem ganz schwachen R [...]; denn ein richtiges R kann ein peruanischer Indianer überhaupt nicht aussprechen [...].

Bei der Gründung Limas ließ der Gobernador zuerst den Plan der Stadt mit den Maßen der Straßen und den Cuadras [*Gevierten*] auf Papier zeichnen. Auf diesem Plan vermerkte er auch, wie die Grundstücke an die einzelnen Siedler verteilt werden sollten, indem man den Namen jedes Einzelnen in die ihm zustehende Parzelle schrieb. Er hatte dabei nicht nur die kleine Zahl von Bürgern im Auge, mit denen er die Stadt gründete – es waren ja nicht einmal 100 –, sondern richtete seinen Blick auf die Größe, zu der die Stadt mit der Zeit ja anwachsen musste, nahm ein ausgedehntes Gelände, teilte es nach Art des Schachbrettes in 117 Inseln auf, die wir, weil sie quadratisch sind, gemeinhin Cuadras nennen. Er gab jedem Feld 450 Fuß [*ca. 125 m*] Seitenlänge und der Ansiedlung eine Größe von 13 Cuadras in der Länge und 9 in der Breite. Die Straßen legte er nach der Schnur gerade an, eine jede 40 Fuß breit. So kam eine Cuadra, wenn man die Straßenbreite dazurechnete, auf etwa 500 Fuß Seitenlänge [*ca. 140 m*] [...].

Er ließ zwischen der Stadt und dem Fluss einen Streifen von 100 Schritten Breite als städtische Weide- und Erholungsflur [*ejido*] [...].

Die Cuadras teilte er in vier gleiche Teile auf, so dass jeder Bauplatz seine Straßenecke hatte, und nannte ein solches Teilstück Solar. Er wies allen Konquistadoren und Ansiedlern bzw. Encomenderos [*Tributherren*] über Indianer einen Solar innerhalb der dem Hauptplatz zunächst liegenden Cuadras für ihre Häuserbauten zu; einigen besonders Verdienten gab er zwei Solares.

Weil aber innerhalb des Stadtgebietes viele Cuadras leer standen, vergab er neben den oben erwähnten Bauplätzen noch reichlich weitere zusätzliche Solares als Gärten oder für die Ranchos [*Hütten*] ihrer indianischen Dienstleute. Wie aus dem Liegenschaftsregister der Stadtgründung hervorgeht, gab er u.a. einem einzigen Spanier, und zwar dem Capitán Francisco de Chávez, als Ranchería [*Viehhof*] und Indianerquartier 10 Solares über das hinaus, was er schon an Gärten bekommen hatte. Die Konquistadoren bekamen die Grundstücke umsonst mit der einzigen Auflage, sie einzuzäunen und innerhalb Jahresfrist zu besiedeln; wenn sie leer stehen blieben, fielen sie an die Stadt zurück.

Der Gobernador ließ viele Grundstücke leer, damit sie das Cabildo [*die Gemeindeverwaltung*] später an Neuankömmlinge verteilen konnte. Diese mussten dafür jährlich eine bestimmte Zahl von Hühnern als Abgabe an die Stadt entrichten. Diese Übung hielt sich nur kurze Zeit, denn 5 Jahre nach der Gründung, am 26. Oktober 1540, wurde die Abgabe [...] in Geld umgewandelt, weil der Hühnerzins sich angeblich hemmend auf den Zuzug von Siedlern auswirkte. Der Wert der Hühnerabgabe wurde mit 6 Goldpesos bemessen und als einmalige Gebühr bei Zuweisung eines

Solars erhoben. Wer sich solchermaßen einkaufte, war fürderhin frei von anderen Lasten und Herr seiner Grundstücke.

Die gleichen Siedler, denen der Gobernador die ersten Solares gab, bedachte er auch mit den Ländereien in der Umgebung, über die er damals verfügte.

b) Register der Verteilung der ersten Bauplätze in Lima

Für die Kirche ein Solar.

Für den Pfarrer ein Solar, das an die Kirche angrenzt [...].

Für den Veedor García de Salcedo, Encomendero von Nazca, zwei Solares in dem gleichen Quadrat wie die Kirche mit Front zu der Plaza.

Für den Gobernador Don Francisco Pizarro, Encomendero von Atabillos und Huayllas [*Santatal*] vier Solares; das ist die Cuadra, wo heute der [*vizekönigliche*] Palast steht [...].

Für Antonio Picado, Sekretär des Gobernador Pizarro und Encomendero von Huarochirí, ein Solar [...].

Für Francisco Martín de Alcántara, Bruder des Gobernadors und Encomendero von Hananguanca in Jauja, Santa und Caraguayllo, ein Solar mit der Ecke zur Plaza [...].

Für den Capitán Hernando Pizarro, Bruder des Gobernadors, zwei Solares mit Front zur Plaza; dort stehen heute das Rathaus und das Stadtgefängnis [...].

Für Juan de Barbarán ein Solar [...].

Die Grundstücke der bis jetzt Genannten liegen in den acht Cuadras am Hauptplatz; was noch an Stadtgrund verblieb, wurde wie folgt verteilt:

Für das Hospital zwei Solares.

Für das Kloster de la Merced vier Solares.

Für das Kloster Santo Domingo zwei Solares.

Für das Kloster San Francisco zwei Solares.

Für den zukünftigen Bischof zwei Solares.

Für S.M. den König zwei Solares [...].

Für Franzisco de Ampuero ein Solar [...].

Für Pedro Alconchel [*den Trompeter von Vilcaconga*], Encomendero von Chilca und Mala, ein Solar, wo heute das Kloster der Trinidad steht.

Für Miguel de Estete ein Solar [...].

Für Alonso Martín de Don Benito [*einer der Dreierkommission, die den Platz für die Stadtgründung ausgesucht hat*] ein Solar.

Für Juan de Espinosa, den Sohn des [*Lizentiaten*] Gaspar de Espinosa [*in Panama*] ein Solar [...].

Folgende Männer bekamen noch Grundstücke:

Cañete Hurtado, der Zahlmeister [...], Palomino [*der Chronist*], der Doktor Sepúlveda [*berühmter Rechtsgelehrter und literarischer Gegner von Bartolomé de Las Casas in Spanien; er war nie in der Neuen Welt*] bekam zwei. Je ein Solar bekamen [...] Don Martín, der indianische Dolmetscher [*es ist jener Martinillo, der 1527 von den Spaniern auf der tumbesischen Balsa gefangengenommen wurde und 1528 mit Pizarro in Spanien war*], [...] ein Säbelmacher, ein Kerzengießer, [...] zwei Zimmerleute, [...] ein Notar [*usw.*].

Die Eroberung Perus in Augenzeugenberichten. Hrsg. und eingeleitet von Lieselotte und Theodor Engl, München 1975, S. 182-185; 186-187.

2.4 Die Städte als Zentren der Kolonisation

Die Spanier hatten Großräume erobert, in denen sie zahlreiche Städte wie Inseln als Ausgangspunkte zur Sicherung und Beherrschung dieser Räume oder als Bergwerksiedlungen zur Ausbeutung der Bodenschätze gründeten. Dieser Prozess der Gründungen ließ besonders in Mexiko/ Neu-Spanien, in Neu-Granada sowie in der Küsten- und Bergregion von Peru relativ schnell ein Netz von Städten entstehen. Er dauerte bis 1570; dann lief er fast vollständig aus bzw. ging bis 1700 in den Prozess der politischen Konsolidierung, der Strukturierung von Gesellschaften und der wirtschaftlichen Organisation über:

Abb. 29: Städtegründungen im 16. Jahrhundert, aus: Handbuch der Geschichte Lateinamerikas, Bd. 1, Mittel-, Südamerika und die Karibik bis 1760, hrsg. von Horst Pietschmann, Stuttgart 1994, S. 570.

2.5 Der Übergang von Expansion und Eroberung zu Siedlung und Kolonisierung (ab 1556)

Ab der Mitte des 16. Jahrhunderts war die spanische Krone nicht mehr an weiteren Eroberungen, sondern vor allem an der Konsolidierung des bisher Eroberten, das heißt an der Kolonisation der eroberten Räume interessiert. Am 13. Juli 1573 erließ Philipp II. aus 148 Paragrafen bestehende Regelungen zur Entdeckung, Besiedlung und Befriedung (Ordenanzas de descubrimiento, nueva población y pacificación de las Indias), die nur noch begrenzte Entdeckungen zuließen, den Schwerpunkt auf die Anlage von Städten nach dem Schachbrettmuster als Zentren der Zivilisation legten, auch Richtlinien für den Umgang mit den Indios formulierten und überhaupt die Richtung der folgenden Kolonialpolitik angaben. Damit wurden Muster zusammengefasst und zum Standardmodell erhoben, die schon seit Anfang des 16. Jahrhunderst praktiziert worden waren. Seit dieser Zeit wird statt Eroberung nun der Begriff Befriedung, Pacificación, gebräuchlich. Der folgende Text enthält die Regelungen zur Anlage von neuen Siedlungen, Kapitel 110-118, 120-129:

Nach Ankunft an der Stelle, wo die neue Siedlung gegründet werden soll (welche, unserem Willen und Brauch gemäß, eine unbebaute Stelle sein muss und einnehmbar, ohne dass dies den Indianern und Eingeborenen schade, oder aber mit ihrer freien Zustimmung), soll der Plan der Stadt mit ihren Plätzen, Straßen, Bauparzellen umrissen werden mittels Schnur und Messband, angefangen beim Hauptplatz, von dem aus die Straßen laufen sollen zu den Stadttoren und Hauptstraßen, wobei genügend freier Raum zu lassen ist, damit sich die Stadt, auch wenn sie wächst, stets symmetrisch ausbreiten kann. Ist einmal das gewählte Baugelände solchermaßen eingeteilt, gründe man die Siedlung in folgender Form:

– Das gewählte Baugelände soll erhöht sein; gesund; mit Möglichkeiten zur Befestigung; fruchtbar und mit reichlich Boden für den Landbau und Viehzucht, Brenn- und Bauholz; frisches Wasser, eine angestammte Bevölkerung, genug Lebensraum; Bodenschätze und bequemer Zugang und Abfluss. Es soll dem Nordwind offen stehen. Ist es an der Küste gelegen, muss darauf geachtet werden, dass die See nicht südlich oder westlich des Hafens liegt. Wenn möglich soll der Hafen nicht an Lagunen oder Marschland grenzen, worin giftige Tiere brüten und Luft und Wasser zersetzen.

– Im Falle einer Küstenstadt muss der Hauptplatz, welcher Ausgangspunkt für den Bau einer Stadt zu sein hat, nahe beim Landeplatz des Hafens gelegen sein. In Binnenstädten sollte der Hauptplatz in der Mitte der Stadt und von rechteckiger Form sein, mindestens anderthalbmal so lang wie breit, da diese Proportion die beste ist für Festlichkeiten, bei denen Pferde gebraucht werden, sowie für alle andern Feste, die es abzuhalten gilt.

– Die Größe des Hauptplatzes soll sich nach der Zahl der Einwohner richten, wobei die Tatsache zu beachten ist, dass neue Indianerstädte zweifellos wachsen müssen, was durchaus beabsichtigt ist. Daher muss der Hauptplatz hinsichtlich des möglichen Wachstums der Stadt geplant werden. Er soll weder kleiner als 200 Fuß weit und 300 Fuß lang, noch größer als 800 Fuß lang und 300 Fuß weit sein.

– Vom Platz aus müssen die vier Hauptstraßen abzweigen, je eine von der Mitte seiner Seiten aus, und zwei Straßen müssen sich an jeder seiner Ecken treffen. Die vier Ecken des Platzes blicken nach

den vier Richtungen des Kompasses, weil somit die vom Platz abzweigenden Straßen nicht direkt den vier Hauptwinden ausgesetzt sind, was große Unannehmlichkeiten mit sich brächte.
– Der ganze Platz und die von ihm abzweigenden Straßen sollen Arkaden haben, da diese höchst angenehm sind für jeden, der sein Gewerbe dorthin verlegt. Die acht Straßen, die zum Platz und zu seinen vier Ecken laufen, müssen das frei tun können, ohne durch die Arkaden des Platzes behindert zu werden. Diese Arkaden müssen an den Ecken dergestalt enden, dass die Gehsteige der Straßen mit jenen des Platzes nahtlos zusammentreffen.
– In kalten Klimazonen sollen die Straßen weit sein, in heißen eng; zur Verteidigung aber und wo Pferde gehalten werden, wären breite Straßen besser.
– Die anderen Straßen, die nachher um den Platz herum angelegt werden, seien so geplant, dass die Stadt auch bei beträchtlichem Wachstum keinem Hindernis begegnet, das ihre bisherige Anlage beeinträchtigen könnte; auch dürfen diese Straßen der Verteidigung oder Annehmlichkeit der Stadt nicht schaden.
– In gewissen Abständen müssen innerhalb der Stadt kleinere wohlproportionierte Plätze angelegt werden, an denen man die Hauptkirche, die Gemeindekirche oder das Kloster anlege, so dass die Unterweisung in der religiösen Lehre sich gleichmäßig verteile.
– Liegt die Stadt an der Küste, soll ihre Hauptkirche so platziert werden, dass sie von der Landesstelle aus sichtbar ist, und so gebaut, dass ihr Bau zur Verteidigung des Hafens selber diene.
– Sind einmal der Platz und die Straßen angelegt, müssen Bauparzellen bezeichnet werden, zunächst für die Errichtung der Hauptkirche, der Gemeindekirche und des Klosters, und diese sollen je einen ganzen Block einnehmen, so dass kein anderer Bau neben ihnen erstellt werden kann, es sei denn, er trage zu ihrer Geräumigkeit oder Schönheit bei.
– Unmittelbar darauf müssen Ort und Grundstück bestimmt werden für das königliche und städtische Rathaus, für das Zoll- und Zeughaus, welches nahe bei der Kirche und Hafen stehen muss, damit das eine im Notfall das andere beschützen kann. Das Spital für die Armen und für nichtansteckende Kranke sei an die Kirche gebaut, deren Kreuzgang bildend.
– Die Parzellen und Bauplätze für Schlachthäuser, Fischereien, Gerbereien und ähnliches Gewerbe, das Abfall produziert, sollen so gelegen sein, dass letzterer leicht vernichtet werden kann.
– Es wäre von Vorteil, wenn Binnenstädte in einiger Entfernung von Häfen, am Ufer schiffbarer Flüsse, gebaut würden, wobei man sich bemühen sollte, am Nordufer zu bauen und alles Gewerbe, das Abfall produziert, unterhalb der Stadt anzusiedeln.
– In Binnenstädten muss die Kirche nicht am Hauptplatz, sondern in einiger Entfernung davon sein, in einer Lage, wo sie für sich selber stehen kann, von andern Gebäuden getrennt, damit man sie von allen Seiten sehe. Auf diese Art kann sie schöner gebaut werden, und sie wird auch mehr Ehrfurcht einflößen. Sie sollte erhöht gebaut sein, damit die Leute eine Treppe hochzusteigen haben, um den Eingang zu erreichen. Das königliche und städtische Rathaus sowie das Zollhaus müssen gleich daneben und zwischen ihr und dem Hauptplatz errichtet werden, um die Wirkung der Kirche zu steigern, ohne sie jedoch zu behindern. Das Spital der Armen und der nichtansteckenden Kranken soll nach Norden blicken und so geplant werden, dass es Südlage genießt.
– Der gleiche Plan soll angewendet werden in allen Binnensiedlungen, wo es keine Flüsse gibt, wobei man sehr darauf achten soll, dass sie von andern wünschbaren und notwendigen Annehmlichkeiten profitieren.

– Keine Bauparzellen rund um den Hauptplatz sollen an Private abgegeben werden, denn sie sind für die Kirche zu reservieren, für das königliche und städtische Rathaus, auch für Läden und Wohnungen der Händler, was alles als erstes zu erbauen ist. Zum Erstellen der öffentlichen Bauten sollen die Siedler beitragen, und zu diesem Zweck wird alle Ware mit einer bescheidenen Steuer belegt.
– Die verbleibenden Bauparzellen werden durch Los an jene Siedler verteilt, denen es zusteht, am Hauptplatz zu bauen. Was jetzt noch übrigbleibt, ist Uns vorzubehalten, damit Wir es Siedlern überlassen können, die später kommen, oder damit Wir nach Belieben darüber verfügen. Damit der Eintrag solcher Zuweisungen besser erstellt werden könne, erstelle man den Stadtplan stets zum voraus.
– Sind Stadtplan und Zuteilung der Parzellen ausgeführt worden, muss jeder Siedler auf seiner Parzelle ein Zelt aufschlagen, sofern er eines besitzt, weshalb die Hauptleute ihre Untergebenen auffordern sollen, Zelte mit sich zu führen. Wer keines besitzt, muss Hütten aus Material bauen, wie es eben erhältlich und auffindbar ist. Alle Siedler müssen so rasch als möglich um den Hauptplatz gemeinsam eine Art Zaun errichten oder einen Graben ziehen, damit ihnen die Indianer nicht schaden können.
– Eine Allmende von angemessener Größe soll jeder Stadt zugewiesen werden, so dass auch bei großem Wachstum stets genügend freier Raum da wäre, wo die Bewohner Erholung fänden und das Vieh sein Weideland, ohne dass privater Besitz beansprucht werden müsste.

Urs Bitterli (Hrsg.), Die Entdeckung und Eroberung der Welt. Dokumente und Berichte, Bd. 1, Amerika, Afrika, München 1980, S. 73-76.

3. Wirtschaftsstrukturen und Inwertsetzung der Kolonien

So wie schon bei der Entdeckung und Eroberung die wirtschaftlichen Interessen der portugiesischen und kastilischen Krone die entscheidenden Antriebskräfte gewesen waren, bestimmte das Streben nach größtmöglicher wirtschaftlicher Nutzung der eroberten Gebiete auch für die nächsten Jahrhunderte die Politik und die Maßnahmen der beiden iberischen Kolonialmächte. Sie hofften, mit Einnahmen aus Steuern und Abgaben, die auf Handels- und Wirtschaftsaktivitäten ruhten, die Ausgaben des Staates für die Kolonisierung zu decken, mit finanziellen Gewinnen ihre Staatshaushalte zu sichern und – im Falle Spaniens – auch ihre europäische Politik zu finanzieren.

Seit Beginn der Entdeckungs- und Eroberungsunternehmen und vor allem mit der nachfolgenden Kolonisation erhoffte sich die spanische Krone hohe finanzielle Einkünfte von den Handels- und Wirtschaftsaktivitäten. Schon bei den frühen Unternehmungen begleiteten königliche Finanzbeamte, *Oficiales de entradas,* die Eroberer, um den königlichen Anteil an erobertem Gut sicher zu stellen (vgl. S. 92-97). Nach einer Stadtgründung hatten diese Finanzbeamten, nun *Oficiales Reales* genannt, verschiedene Ämter zu versehen. Als es dann um die weitere Nutzung und Inwertsetzung der eroberten Gebiete ging, ließ die Krone königliche Finanzkassen, *Cajas reales,* vor allem in den Häfen, den Hauptstädten der kolonialen Verwaltungseinheiten und in Bergbauzentren errichten. Die Leitung dieser Kassen versahen die *Oficiales Reales.* Schnell und parallel zur Stadtgründung entstand so ein dichtes Netz solcher Finanzbehörden. Diese königlichen Finanzkassen waren dafür verantwortlich, die auf Handels- und Wirtschaftsaktivitäten, auf dem Bergregal bei der Edelmetallgewinnung, auf bestimmten Staatsmonopolen ruhenden Steuern sowie den Kirchenzehnten und den Indiotribut einzuziehen. So entstanden in den einzelnen Verwaltungseinheiten meist mehrere *Cajas Reales*, die voneinander unabhängig waren und direkt der Leitung des Indienrates in Madrid unterstanden. Allerdings nahmen die Finanzkassen am Sitz der Vizekönige, Präsidenten der *Audiencias*, der Generalkapitäne und Gouverneure eine gewisse Vorrangstellung ein, sie waren sozusagen zentrale Finanzkassen, da in ihnen die Gelder des gesamten Territoriums eingesammelt wurden. Die spanische Krone versuchte mehrmals, die in Spanien erhobene allgemeine Verkaufssteuer, die *alcabala,* eine Art Mehrwertsteuer, auch in Amerika zu erheben, konnte diese Steuer jedoch erst am Ende des 16. Jahrhunderts einführen.

Zwar wurde bald nach dem Übergang von Eroberung zu Besiedlung auch die Produktion agrarischer Güter wie z.B. der Zuckerrohranbau auf den Antillen gefördert, doch zählten in Spanischamerika im 16. und noch im beginnenden 17. Jahrhundert Abbau und Verhüttung von Edelmetallen zu den wichtigsten Produktionszweigen der kolonialen Wirtschaft. Gold und Silber bildeten das Hauptausfuhrprodukt. In dieser Zeit belief sich ihr Anteil an den amerikanischen Ausfuhren nach Europa auf mehr als 80%. Bis etwa 1560 war es vorwiegend Gold, das auch auf den Antillen-Inseln als Flussgold gewaschen wurde; danach gewann Silber größere Bedeutung, das in den Gebieten der andinen Hochkulturen und Mexikos in großen Mengen lagerte, von den Indios schon verarbeitet worden war, nun aber von Spaniern, die entsprechende Konzessionen von der spanischen Krone erhielten, in großem Stil in Bergwerken abgebaut wurde. Die Krone erhielt gemäß dem Bergregal vom gewonnenen Silber den so genannten *Quinto*, d. h. den Fünften, später nur noch den Zehnten, Abgaben, die an die königlichen Finanzkassen, *Cajas Reales*, zu zahlen waren. In den Vizekönigreichen Neu-Spanien und Peru entstanden große Bergbauzentren, z.B. in Zacatecas, San Luis Potosí im Norden Mexikos oder um den berühmten Silberberg von Potosí in Hochperu, dem heutigen Bolivien. Der Abbau dort erwies sich für die Spanier unter anderem auch deshalb als günstig, weil genügend indianische Bevölkerung, d.h. Arbeitskräfte, vorhanden waren. Sie wurden in Potosí/Peru trotz der Indioschutzpolitik mit Hilfe der *mita-minera* – einer spanischen Abwandlung des inkaischen Arbeitsdienstes – zur Zwangsarbeit im Bergbau herangezogen, während man in Mexiko freie indianische Lohnarbeiter beschäftigte.

Der Bedeutung dieser Edelmetallverhüttung entsprechend ließ Karl V. 1535 parallel zur Errichtung des Vizekönigreichs Neu-Spanien in Mexiko eine erste staatliche Münzstätte, *casa de la moneda,* errichten. Weitere Einrichtungen folgten in anderen Bergbauzentren, so in Lima, Potosí und Bogotá. Sie sollten das gewonnene Edelmetall zu Münzen ausprägen und für die Monetarisierung der kolonialen Wirtschaft sorgen.

Entsprechend dem sich in Europa entwickelnden Wirtschaftssystem des Merkantilismus schufen Portugal und Spanien zwischen Mutterland und den außereuropäischen Gebieten geschlossene Wirtschafts- und Handelsräume. In diesem System war der Handel mit anderen Mächten verboten, das Handelsmonopol lag bei den Mutterländern, und der interkontinentale Handel unterlag besonders im spanischen Imperium bestimmten Regeln. Der Warenaustausch zwischen Kolonien und Mutterland war als Monopolhandel organisiert, ausländische Kaufleute und Schiffe wurden ausgeschlossen und nur privilegierten Organisationen war der Zugang zu den kolonialen Märkten vorbehalten.

Für den Handel zwischen Spanischamerika und dem Mutterland Spanien waren bestimmte Routen und Auslauf- bzw. End- und Zielhäfen festgelegt. Spaniens einziger Ausfuhrhafen war Sevilla bzw. nach 1711 Cádiz. Von da aus betrieben die führenden Sevillaner Kaufmannsfamilien den Amerikahandel. Sie erlangten 1543 von der Krone die Erlaubnis, sich zu einem *Consulado*, einer Kaufmannschaft mit eigener Gerichtsbarkeit in Handelsdingen zusammenschließen zu dürfen. Dieser *Consulado* arbeitete eng mit der *Casa de la Contratación* zusammen und erhielt als Ausgleich für Finanzierung und Schutz der auslaufenden Flotten das Monopol für den Amerikahandel sowie die Frachtplanung der zu verschiffenden Waren und die Preisgestaltung in Amerika. Die Sevillaner Großkaufleute erreichten es auch, dass ab 1543 der gefährliche Verkehr von Einzelschiffen nach Westindien verboten wurde und seitdem nur einmal jährlich das Auslaufen von mehreren Schiffen als geschlossener Konvoi-Verband, als *flota*, und unter Bedeckung von Kriegsschiffen erlaubt war. Dadurch sollte nicht nur ihr Monopol, sondern auch der Schutz vor feindlichen Nationen oder deren Piraten gewährleistet werden. 1564 wurde diese Regelung in der Weise geändert, dass die für Mexiko und Peru bestimmten Schiffe wegen der unterschiedlichen Segelbedingungen zu unterschiedlichen Zeiten und auf verschiedenen Routen aus Sevilla lossegelten, dorthin aber gemeinsam zurückkehrten. Das Konvoi-System der „Flotten und Galeonen“ funktionierte mehr oder weniger gut und pünktlich bis zum Ende des 17. Jahrhunderts.

Die privilegierten spanischen Kaufleute versorgten die amerikanischen Kolonien vor allem mit Tuchen jeder Art, vom kostbaren Luxusstoff bis zum Segeltuch, ferner mit Eisenbarren und Produkten aus Metall, von Schwertern über Nägel, Messer, Bestecke und Scheren bis zu Uhren und mechanischen Apparaten. Hinzu kamen gewerbliche Luxusprodukte verschiedenster Art wie Glas- und Tonwaren, Möbel, Schreibtische, Schuhe, Handschuhe und Hüte, Bücher und Papier. Auch Nahrungsmittel, Luxusartikel wie Wein, Branntwein, Öl, aber auch Gewürze gehörten zu den europäischen Exportprodukten. Diese Luxuserzeugnisse stammten nur zu einem Teil aus Spanien selbst; in vielen Fällen waren sie aus anderen Teilen Europas importiert worden. Die Krone erhob auf den Export aller dieser Waren nach Amerika ebenso wie auf den Import der Waren aus Amerika, also auf alle in beiden Richtungen verschifften Waren, Import- und Exportzölle, *almojarifazgo*, deren Höhe zwischen siebeneinhalb und zwei Prozent schwankte.

Zunächst war der *Consulado* in Sevilla allein für die Versorgung mit europäischen Gütern in Amerika bzw. die Lieferung amerikanischer Produkte in Europa zuständig. Doch zur Erhaltung des Warenhandels und zur Regelung des inneramerikanischen Handels führte die spanische Krone die Institution der *Consulados* nach dem Vorbild der Satzung desjenigen von Sevilla auch in Amerika ein und richtete in den Jahren 1592 und 1593 auch in Mexiko-Stadt und in Lima für die jeweiligen Vizekönigreiche zuständige *Consulados* ein. Deren Mitglieder besaßen das Handelsmonopol in ihrem Bereich und waren zusammen mit den Sevillaner Kaufleuten für den Warenverkehr zwischen Spanien und Amerika, die Abwicklung der Handelsmessen in Portobelo/Panama und Veracruz, besonders aber für den weiteren Vertrieb der Waren in Amerika verantwortlich. Nicht zuletzt die gemeinsamen Interessen der Export- und Importkaufleute der drei *Consulados* an hohen Preisen führten dazu, die Versorgung mit europäischen Gütern in Amerika bzw. die Lieferung amerikanischer Produkte in Europa gering zu halten, was eines der gravierendsten Hindernisse für das manufakturelle/industrielle Wachstum in Amerika darstellte. Bis zum Beginn des 18. Jahrhunderts besaßen die drei *Consulados* das Monopol für den kolonialen Fernhandel, der naturgemäß den Einsatz großer Kapitalien erforderlich machte.

In Portugal bildete Lissabon das Zentrum eines in Afrika, Asien und Amerika wirkenden Seereichs, doch war die Regelung der Handelsbeziehungen weniger streng. Anders als im spanischen Reich verließen lange Zeit keine geschlossenen Flottenverbände den Hafen von Lissabon. Es gab Einzelschiffsverkehr zwischen Portugal und Brasilien sowie den direkten Schiffsverkehr zwischen Brasilien und den portugiesischen Stützpunkten in Afrika, der u.a. dem Sklavenhandel gewidmet war.

In der brasilianischen Wirtschaft dominierte sehr bald die auf den Export ausgerichtete Landwirtschaft. Neben den anfänglichen Brasilholzhandel trat der Zuckerrohranbau als wirtschaftlicher Faktor; ab der Mitte des 16. Jahrhunderts entwickelte sich besonders in den Küstengebieten von Pernambuco und im Nordosten die Zuckerindustrie zum wichtigsten Motor, der die brasilianische Wirtschaft in Schwung hielt und die für die Kolonie typische wirtschaftliche und soziale Institution der *engenhos de açúcar,* den Komplex von Zuckerplantagen, Zuckersiederei, Herrenhaus und Sklavenhütten, die quasifeudale Lebensform des ländlichen Großgrundbesitzes hervorbrachte. Über 150 Jahre stellten Zuckerrohranbau und Zuckerverarbeitung den Hauptwirtschaftszweig dar.

3.1 Afrikanische Zwangseinwanderung und Anfänge der karibischen Plantagenwirtschaft (1528)

Der Bevölkerungsrückgang auf den Karibikinseln, aber auch die Fürsorge für die Indios führten schon früh dazu, deren Arbeitskraft durch Sklaven aus Afrika zu ersetzen. So wie die Auswanderung in die Neue Welt von Anfang an der Kontrolle der spanischen Krone unterstand, so bedurfte es auch für die Einfuhr schwarzer Sklaven königlicher Lizenzen, Lieferverträge, asientos, in denen Liefermenge und Lieferzeitraum festgelegt wurden. Da Spanien selbst keinen Zugang zu afrikanischen Gebieten besaß, vergab die Krone die Lizenzen auch an nichtspanische Handelsgesellschaften, wie z.B. in den 1520er Jahren an die Handelsgesellschaft der Welser. Der asiento Karls V. mit dem Handelshaus der Welser vom 12. Februar 1528 steht im Übrigen im Zusammenhang mit der Übertragung der Rechte zur Kolonisation Venezuelas:

Da ihr, Heinrich Ehinger und Hieronymus Sailer, unsere Untertanen, um uns zu dienen und unseren Untertanen auf den Inseln und dem Festland Westindiens nützlich zu sein, euch anheischig gemacht habt, auf eure Kosten 50 deutsche erfahrene Bergleute aus Deutschland nach den genannten Inseln zu bringen, damit mit ihrem Fleiß und Können die Lager und Adern von Goldmetall gefunden werden, das dort vorkommt, und da ihr ebenso es übernehmen wollt, nach den Inseln Española [Haiti], San Juan [Puerto Rico] und anderen Gegenden Westindiens 4000

Negersklaven zu transportieren, wozu wir euch die Lizenz erteilt haben, befehlen wir, Folgendes vertraglich zu vereinbaren:

Wir geben euch Erlaubnis, dass ihr oder wer eure Vollmacht hätte, 4000 Negersklaven, davon wenigstens ein Drittel weiblichen Geschlechts, nach den genannten Inseln und dem Festland bringen und dort verteilen könnt, gemäß der dafür euch ausgestellten Verordnung, wobei wir die Bedingung stellen, dass die angegebene Zahl von Sklaven innerhalb von vier Jahren ab Datum dieses Vertrages hinüberzubringen ist. Auf Grund der uns zustehenden Gerechtsamen von den Lizenzen und dem Almojarifazgo [Ein- und Ausfuhrsteuer] habt ihr uns 20 000 Golddukaten zu zahlen. [...] Wir erteilen euch die Lizenz, um die Neger von diesen unseren Reichen oder vom Königreich Portugal und dessen Inseln und Ländern auf Schiffen unserer Untertanen oder des Königs von Portugal zu transportieren. [...] Während der vereinbarten Zeit von vier Jahren oder bis ihr alle 4000 Sklaven hinübergebracht habt, werden wir keinem Stadtrat, keiner Gesellschaft oder Einzelperson die Erlaubnis geben, um Sklaven nach Westindien zu bringen, mit Ausnahme von zwei Sklaven und nicht mehr, die jeder der dorthin neu ausreisenden Siedler und Konquistadoren mit sich führen darf. [...] Ihr seid verpflichtet, auf den genannten Inseln oder dem Festland die Sklaven zum Preis von 55 Dukaten für jeden und nicht für mehr zu verkaufen.

Richard Konetzke, Lateinamerika seit 1492, Stuttgart 1971, S. 31.

3.2 Einsatz von schwarzen Sklaven auf den Plantagen

Abb. 30: Skaven, kolorierter Kupferstich von De Bry,1595, aus: Hans-Joachim König, Die Entdeckung und Eroberung Amerikas 1492-1550, Freiburg, Würzburg 1992, S. 91.

3.3 Die Anfänge der Zuckerproduktion auf der Insel Española (1535)

Zu den Pflanzen, die aus der Alten Welt in die Neue Welt eingeführt wurden und im Laufe der nächsten Jahrhunderte zu einer wichtigen Produktionsgrundlage wurden, gehört vor allem das Zuckerrohr. Über die Anfänge der Zuckerproduktion auf den ingenios, auf Española berichtet 1535 Gonzalo Fernández de Oviedo in seiner „Historia general y natural de las Indias":

Zucker gehört nun zu den gewinnversprechendsten Feldfrüchten, die man auf dieser Erde finden kann, und auf dieser Insel [La Española] findet man inzwischen sehr viel davon in guter Qualität, obwohl das Zuckerrohr erst vor kurzer Zeit hier heimisch gemacht worden ist und seine Kultivierung erst seit wenigen Jahren systematisch betrieben wird. Und obwohl die Fruchtbarkeit des Bodens, die überreiche Versorgung der Insel mit Wasserläufen und weitausgedehnten Wäldern für die Gewinnung von Feuerholz, das man zur Unterhaltung der ständig beheizten Kessel benötigt, für die Kultivierung von Zuckerrohr außerordentlich dienlich sind, kommt das Verdienst [für das Aufblühen dieses landwirtschaftlichen Sektors] vor allem jener Person zu, die als erste die Errichtung einer Mühle betrieb und allen anderen zeigte, wie sie funktionierte. Alle beteiligten Personen waren für die Möglichkeiten blind, bis der Lizentiat Gonzalo de Velosa auf eigene Kosten, unter Mobilisierung all seiner Mittel und mit großem persönlichen Einsatz Experten für die Zuckerproduktion auf diese Insel brachte, hier eine von Pferden betriebene Mühle errichtete und als erster auf dieser Insel Zucker produzierte. Ihm allein schulden wir Dank als dem hauptsächlichen Entdecker dieses reichen Handelszweiges. [...] Nachdem er eine ausgedehnte Zuckerplantage sein eigen nannte, baute er eine Zuckermühle, die von Pferden angetrieben wurde, am Ufer des Flusses Nigua, ließ Arbeiter von den Kanarischen Inseln herbeischaffen, mahlte das Rohr und produzierte Zucker vor allen anderen [...].

Als er das Geschäft der Zuckerproduktion besser verstand, gingen der Rechnungsführer Cristóbal de Tapia und dessen Bruder, der Aufseher der Festung Francisco de Tapia, mit ihm eine Partnerschaft ein. Diese drei errichteten eine Zuckermühle in Yaguate, ein und eine halbe spanische Meile vom Ufer des Flusses Nizao entfernt. Doch einige Zeit später kam es zwischen ihnen zu einem Zerwürfnis und Gonzalo de Velosa verkaufte den Tapia-Brüdern seinen Anteil. Später verkaufte der Rechnungsführer seinen Anteil an Johan de Villora, der seinerseits diesen Anteil an Francisco de Tapia veräußerte, so dass dieser zum einzigen Besitzer der einzigen Mühle auf dieser Insel anstieg. Da die Menschen in diesen frühen Tagen [der Zuckerproduktion] noch nicht so viel von den Notwendigkeiten dieses Geschäftes verstanden, wie es ihrem Tun förderlich gewesen wäre – von der Wichtigkeit weit ausgedehnter Ländereien, von einer ausreichenden Wasserversorgung, von Brennmaterial und anderen unabdingbaren Materialien für den Betrieb eines solchen Anwesens –, gab Francisco de Tapia später [bei besserer Einsicht] diese Mühle [am Fluss Nizao] auf und verlegte die Kessel, die Ausrüstung und alles andere, was er [dort] besaß, an einen besser gelegenen Ort, direkt am Ufer des Nigua, nur fünf spanische Meilen von der Stadt entfernt. Bis zu seinem Tod entwickelte sich hier eine sehr gute Mühle, eine der bedeutendsten auf dieser Insel.

Um mich nicht immer und immer wiederholen zu müssen, weise ich den Leser jetzt darauf hin, dass all das, was ich nun über diese Mühle sagen werde, in der gleichen Weise auf alle anderen zutrifft, die ähnlich ausgestattet sind: Jede dieser bedeutenden und gut ausgerüsteten Mühlen erfordert neben den Kosten für die Baulichkeiten, in denen der Zucker hergestellt wird, und anderen großen Bauten, in denen er raffiniert und gelagert wird, nicht selten eine Investition von 10.000 oder sogar 12.000 Dukaten, bevor die Einrichtung vollständig ist und der Betrieb aufgenommen werden kann. Und wenn ich die Gesamtsumme [der erforderlichen Investitionen] auf 15.000 Dukaten veranschlage, dann übertreibe ich damit keinesfalls, denn solche Plantagen benötigen wenigstens 80, besser 100 Sklaven, die ständig arbeiten müssen, und wenn man gut gerüstet sein will, sogar 100 oder 120. Und eine Herde von mindestens 2000 Stück Vieh, besser noch von 2000 bis 3000, um die Arbeiter [mit Fleisch] zu versorgen. Daneben entstehen Kosten für die Bezahlung eingearbeiteter Fachleute und Aufseher bei der Zuckerherstellung, für Karren, die Zuckerrohr aus den Feldern und Holz aus den Wäldern zur Mühle transportieren, und für Menschen, die Brot backen, die die Zuckerrohrfelder kultivieren und bewässern, und für all die anderen Dinge, die anfallen und für die Geld ausgegeben werden muss. Doch es ist ein unstrittiges Faktum, dass der Besitzer einer unbelasteten und gut ausgestatteten Mühle einen profitablen Besitz hat, der ihm reichen Gewinn und Ertrag sichert. Das war die erste Mühle, die auf dieser Insel errichtet wurde, und es sollte beachtet werden, dass bis zur Herstellung von Zucker die Schiffe leer nach Spanien segelten und dass sie nun beladen in die Heimat zurückkehren, wobei sie auf dem Heimweg eine reichere und gewinnträchtigere Fracht mit sich führen als die, die sie hier angelandet haben [...].

Der Dechant dieser Heiligen Kirche von Santo Domingo ließ in der Stadt von Azua selbst eine von Pferden getriebene Mühle errichten, die nach seinem Ableben an seine Erben fiel. Diese [von Pferden getriebenen] Mühlen sind nicht so mächtig [gebaut] wie die mit Wasser getriebenen, und sie sind im Unterhalt teurer, weil der Antrieb der Mühle nicht durch Wasser erfolgt, das die Walzen in Bewegung setzt, sondern weil für diese Arbeit die Kraft der Pferde erforderlich ist. Dieser Besitz fiel also an die Erben des Dechanten und an Pedro de Heredia, der heute der Gouverneur der Provinz Cartagena auf dem Festland ist [...].

Vierzig spanische Meilen von der Stadt Santo Domingo entfernt, in der Stadt San Juan de la Maguana, befindet sich eine weitere wichtige Mühle, die den Erben eines Bewohners jener Stadt – des Johan de León – und der deutschen Handelsgesellschaft der Welser gehört, die die Hälfte dieses Besitzes aufkaufte [...]. Elf spanische Meilen von dieser Stadt [Santo Domingo] entfernt errichteten der verstorbene Johan Villoria der Ältere und sein Stiefbruder Hieronimo de Aguero entlang des Flusses Cazuy eine sehr gute Zuckermühle. Dieser Besitz fiel an die Erben dieser beiden und auch an die Erben des Genuesen Agostin de Binaldo, dem ein Anteil an dieser Mühle gehörte [...].

Um nun diesen Bericht über die Mühlen und Plantagen auf dieser Insel zusammenzufassen: Man findet auf dieser Insel 20 wichtige Anwesen (*ingenios*), die vollständig und in Betrieb sind, sowie vier von Pferden getriebene Mühlen, und es gibt Gelegenheiten genug für die Errichtung weiterer Mühlen [...].

Die aus Spanien kommenden Schiffe kehren beladen mit Zucker von feinster Qualität zurück, und der [abgeschöpfte] Schaum und der Sirup, die auf dieser Insel vergeudet werden, würden ausreichen, um eine andere große Provinz reich zu machen.

Eberhard Schmitt (Hrsg.), Dokumente zur Geschichte der Europäischen Expansion, Bd. 4, Wirtschaft und Handel der Kolonialreiche, München 1988, S. 514-517.

3.4 Erwartungen der spanischen Krone hinsichtlich Erschließung und Inwertsetzung von Neu-Spanien (1535)

Organisation der öffentlichen Verwaltung, Christianisierung und wirtschaftliche Nutzung der neuen Gebiete gingen Hand in Hand, wie den ausführlichen Dienstanweisungen (instrucciones) Karls V. vom 25. April 1535 für den ersten Vizekönig von Neu-Spanien, Antonio de Mendoza, zu entnehmen ist:

Was Ihr, Don Antonio de Mendoza, Unser Vizekönig und General-Gouverneur der Provinz Neu-Spanien,[1] zu Diensten Gottes, Unserer selbst und des ganzen dortigen Gemeinwesens zusätzlich zu dem in den Vollmachten und Aufträgen, die Ihr von Uns erhalten habt, Enthaltenen tun sollt, ist Folgendes:

1. Sofort nach Ankunft in jenem Land, und sobald Ihr Euch ein erstes Bild davon gemacht habt, sollt Ihr Euch vor allem anderen darüber unterrichten, welche Beiträge für die geistlichen und kirchlichen Angelegenheiten gezahlt wurden und werden, besonders für die Errichtung der für den Gottesdienst notwendigen Kirchen und die Bekehrung und Unterweisung der indianischen Einwohner jenes Landes, und für andere solche Dinge, die den Dienst Gottes, Unseres Herrn, und die Entlastung Unseres königlichen Gewissens betreffen. Die Fehler, die nach Eurer Feststellung dabei aufgetreten sind, sollt Ihr mit jedem Prälaten in seiner Diözese besprechen. Dann sollt Ihr mir Bericht darüber erstatten und mir sagen, wofür nach besagter Prälaten und Eurer eigenen Meinung Vorsorge zu treffen ist, damit nach Prüfung Eurer Mitteilung und Meinung Ich die geeigneten Maßnahmen anordne. Inzwischen sollt Ihr mit besagten Prälaten in allen diesen Angelegenheiten nach Euren Möglichkeiten und Pflichten in der angemessensten Weise vorgehen.

2. Item. Ihr sollt allerschnellstens sowohl die Stadt Mexiko als auch alle anderen Städte, Dörfer, Siedlungen der ganzen Provinz visitieren, und zwar Ihr persönlich die wichtigsten und alle, die Ihr selbst bequem erreichen und visitieren könnt, und für alle jene, die Ihr persönlich nicht visitieren könnt, sollt Ihr fähige und vertrauenswürdige Personen benennen, die etwas von der Durchführung und Erfüllung des in diesem Kapitel Enthaltenen und all dessen, was damit zusammenhängt, verstehen. Ihr und jede einzelne besagter Personen sollt Euch über die Bedeutung eines jeden der Dörfer unterrichten und über die Anzahl seiner eingeborenen Bewohner und anderer, spanischer Bewohner, die es dort eventuell gibt, und darüber, was die Landesbewohner an Uns oder an die Personen, die sie in Unserem Namen in Encomienda haben, nach Eurer Feststellung in jedweder Weise zum Zeitpunkt der Visitation entrichten und zahlen. Dabei sollen Unsere Bücher über die vergangenen Visitationen herangezogen werden wie auch die Schätzungen und Beschreibungen, die Unser Präsident und die Oidores darüber angefertigt haben. Ebenso sollt Ihr Euch darüber unterrichten, ob besagte Eingeborene leicht mehr Gold, Silber oder andere Dinge, die ihnen bezeichnet und taxiert wurden, beisteuern und bezahlen können, als sie gegenwärtig zahlen. Ebenso sollt Ihr Euch darüber unterrichten, wie viel Tribut jeder Ort umgerechnet auf Gold- und Silberwert bezahlt. [...]

4. Weiterhin, nachdem Wir bezüglich der Bevölkerung besagten Landes und zur Verbesserung ihrer Lage befohlen haben, sie für gewisse Zeit und nach Unserem Gutdünken von der Alcabala und anderen Steuern und Abgaben zu befreien, [...] gebührt es nun auf Grund der großen Bedürfnisse zur Verteidigung Unserer Reiche vor den Feinden Unseres heiligen Glaubens, dass wir

von Unseren Untertanen unterstützt werden, insbesondere mit den Alcabalas und Abgaben, die seit alters her an Uns gezahlt werden in Unseren Reichen von Kastilien. [Es folgt die Anweisung, zu prüfen, ob diese Steuern auch in Amerika bezahlt werden können.].

5. Item. Denn hier ist besprochen worden, dass die hauptsächliche und beste Weise, wie Wir Uns des Landes bedienen können, und zwar bei weniger Drangsal seiner Bewohner [naturales], besonders derjenigen, die nicht die Möglichkeit haben, die Tribute und Abgaben, die sie Uns zu entrichten haben, in Gold zu bezahlen, in ihrem persönlichen Dienst besteht: In den Dörfern, die unter Unserer Verwaltung stehen, sollten sie verpflichtet sein, Personen aus ihrer Mitte für die Arbeit in den von Uns bezeichneten Gold- und Silberminen einzuteilen. [...]

7. In vielen Petitionen, die aus besagtem Land seit einigen Jahren hierher gelangt sind, ist Uns berichtet worden, dass ein großer Teil des Handels zwischen Spaniern und Eingeborenen besagten Landes aufgehört habe und aufhöre und dass beim Verkaufen und Kaufen den einen wie den anderen viel Schaden und Verlust entstehe, weil dort keine Gold-, Silber- und Vellón-Münzen [2] geprägt würden. [...] Nachdem Wir dies festgestellt haben, sind Wir übereingekommen, dass in jenem Land Münzen geprägt werden [sollen], und [zwar] gegenwärtig nur Silber- und Vellónmünzen. Deshalb befehle ich Euch, entsprechend der Anordnung, die Euch von Meinem Indienrat erteilt werden wird, und den Dienstanweisungen, die dieserhalb ergehen werden, Münzen prägen zu lassen. [...]

9. Item. Ihr sollt Euch darüber unterrichten, wie viele Konquistadoren am Leben sind und in Neu-Spanien wohnen oder sich dort mit Unserer oder der in Unserem Namen vom Präsidenten und von den Oidores ausgesprochenen Genehmigung nicht mehr aufhalten, und wie viele verstorben sind, deren Erben im dortigen Neu-Spanien leben, und wie viele andere Siedler es dort gibt und über ihrer aller Eigenschaften und wie viele Uns gedient haben und über die Vorteile, die sie seit ihrer Ankunft in besagtem Land gehabt haben, sowohl durch Gnadenerweise, die sie von Euch erfahren haben, als auch durch Abtretung [von Land oder Indios] oder auf jedwede andere Weise. [...]

13. Weiterhin sind Wir darüber unterrichtet, dass es in vielen Gegenden der Provinz große und sehr ergiebige Gold- und Silberminen und andere Erzgruben gibt, und dass Uns, abgesehen vom Fünften, den Uns die mit Unserer Konzession und Genehmigung dort fördernden Privatpersonen gezahlt haben und zahlen, sehr gedient wäre und Unsere königlichen Einkünfte erhöht würden, wenn Unsere Beamten für Uns und in Unserem Namen eine beträchtliche Anzahl schwarzer Sklaven oder derjenigen Indios, die berechtigterweise als Sklaven erworben und gehalten werden, in den Minen arbeiten ließen. [...]

14. Weiterhin sind Wir darüber unterrichtet, dass die Provinz oder ihr größter Teil sehr fruchtbar und ergiebig ist, und dass sie eine Vielfalt an Erzeugnissen *(cosas)* hervorbringt, die Uns dienlich und den Landesbewohnern und Siedlern verdienstbringend sein könnten, wenn man sie sich mit Geschick und Sorgfalt zunutze zu machen verstünde. Deshalb beauftrage und befehle Ich Euch, der Ihr Uns dadurch sehr zu Diensten sein werdet, darüber Auskunft und Kenntnisse einzuholen, welche von den Produkten von solcher Güte sind, dass sie jetzt oder künftig Unsere Steuereinnahmen und Unser königliches Patrimonium vermehren können. Und Ihr sollt Verantwortung und Verwaltung jedes einzelnen dieser Produkte Unseren Beamten und anderen Personen übertragen. [...]

18. Weiterhin sollt Ihr Euch über die Klöster unterrichten, die es in der Provinz schon gibt oder die im Bau sind, und über diejenigen, die zur besseren Unterweisung der Landesbewohner in Unserem heiligen Glauben sinnvollerweise neu zu errichten seien. Und Ihr sollt dafür sorgen, dass diese mit Hilfe besagter Indios und den geringsten Kosten für Uns, aber ohne ihre Drangsalierung oder Bedrückung errichtet werden. [...]
19. Weiterhin sollt Ihr Euch über die Festungen und Forts unterrichten, die es in Mexiko und an anderen Orten der Provinz gibt, und über diejenigen, die zweckmäßigerweise neu zu errichten seien, sowohl in den Häfen als auch an anderen Orten des Landes. Und die Ihr für uns dienlich und für die Sicherheit und Verteidigung des Landes für notwendig erachten mögt, sollt Ihr zu bauen befehlen, wie schon gesagt, mit Hilfe der Indios und ohne sie zu drangsalieren und zu be-drücken. [...]
22. Weiterhin sollt Ihr Euch über die Siedlungen unterrichten, die in Oaxaca, Puebla de los Angeles, Santa Fé und Michoacán errichtet wurden, und ob sie Gott und Uns frommen, und ob es sinnvoll ist, sie zu erhalten oder zu vergrößern oder zu verlegen oder diesbezüglich irgendetwas anzuordnen. Und Ihr sollt alles so versehen, wie es Euch zu Gottes und Unserem Frommen und zum Wohle für das Gemeinwesen jedes einzelnen dieser Dörfer am besten zu sein scheint. [...]
23. Weiterhin sollt Ihr Euch darüber unterrichten, in welchen Gegenden und Orten der Provinz es angebracht ist, einige Dörfer von Spaniern zu gründen, oder ob es zur Bekehrung der Landesbewohner zu Unserem heiligen Glauben und für ihre gute Behandlung gut wäre, wenn es in den Dörfern, wo sie wohnen, spanische Bürger und Bewohner gäbe. [...]
26. Item. Wisset, dass Ich befohlen habe, einen gewissen *Asiento* und eine gewisse *Capitulación* mit Micer [3] Enrique und Alberto Aion, Deutsche, zu schließen über Zucht und Anbau von Weid [4] und Safran in Neu-Spanien, dessen Abschrift Euch zu Eurer Unterrichtung übermittelt wird.
Zu Barcelona, am 25. April 1535. Ich, der König. Auf Geheiß Seiner Majestät, Cobos, *Comendador Mayor.* Gezeichnet von dem Grafen und Beltrán und Suárez und Mercado.

Eberhard Schmitt (Hrsg.), Dokumente zur Geschichte der Europäischen Expansion, Bd. 3, Der Aufbau der Kolonialreiche, München 1987, S. 151-156.

3.5 Die Handelsrouten im spanischen Amerikahandel (1543,1564)

Seit 1543 und dann endgültig ab 1564 vollzog sich der Amerikahandel auf festgelegten Routen. Die Mexikoflotte, die flota, stach im April von Sevilla aus in See. Sie passierte nach der Atlantiküberquerung die kleinen Antillen in Höhe von Dominica, segelte südlich an den großen Antillen vorbei, entließ einzelne Schiffe in die dortigen Häfen San Juan, Santo Domingo, Santiago und landete schließlich im Zielhafen Veracruz, von wo aus der Warentransport weiter ins Landesinnere von Neu-Spanien erfolgte bzw. wo die Schiffe mit den mexikanischen Waren und dem Silber beladen wurden. Die im August aufbrechende Peruflotte, die nach dem Typ des spanischen kombinierten Kriegs- und Handelsschiffes, der Galeone, benannte galeones, fuhr auf einer südlichen Route in den Karibikraum, nördlich an Trinidad vorbei, segelte dann an der venezolanischen und neu-granadinischen Karibikküste entlang, entließ unterwegs Schiffe in die dortigen Häfen Maracaibo, Santa Marta, landete dann in Cartagena de Indias/Neu-Granada und schließlich am eigentlichen Zielhafen Nombre de Dios/Portobelo auf dem Isthmus von

Panama. Dort wurden die für Peru bestimmten Waren entladen bzw. die von dort kommenden Güter, die Silbertransporte, geladen. Diese Güter wurden auf dem Landweg über die mittelamerikanische Landenge von bzw. nach Panamá an der Pazifikküste auf Maultieren transportiert. Den Transport zwischen Panama und Callao, dem Hafen von Lima, erledigte die so genannte südliche Armada, die armada del sur. Beide Atlantikflotten überwinterten in den jeweiligen Zielhäfen. Zur gemeinsamen Rückfahrt über den Atlantik trafen sie sich dann im März/April in Havanna auf Kuba, wo noch einmal gebunkert wurde und von wo aus sie mit ihrer wertvollen Fracht die gefährliche, d.h. wegen der Piraten gefährdete Rückreise gemeinsam antraten:

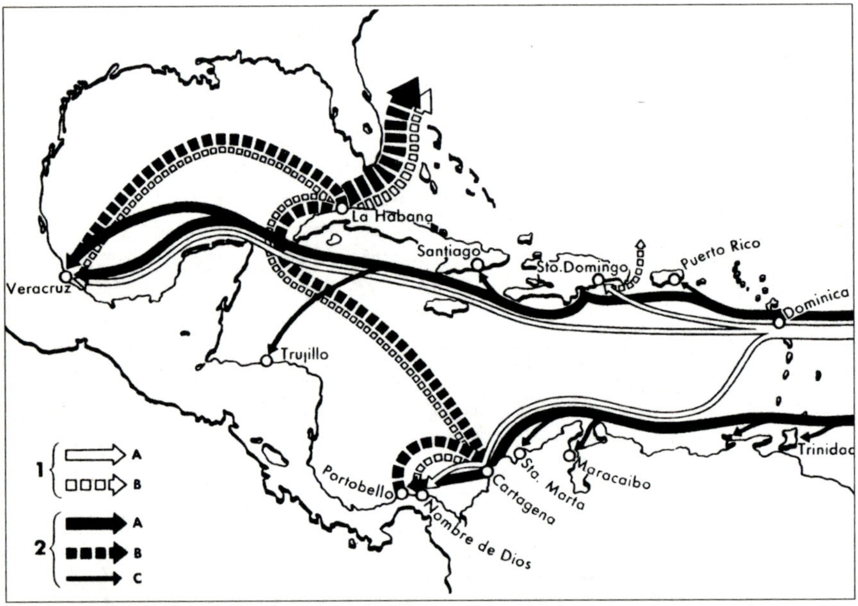

Abb. 31: Weg der Flotas durch das Karibische Meer (1 = 1543-1564. – 2 = nach 1564. – A = Hinfahrt. – B = Rückfahrt. – C = auf der Hinfahrt detachierte, also für besondere Aufgaben abkommandierte Schiffe), aus: Wolfgang Reinhard, Geschichte der europäischen Expansion, Bd.2, Die Neue Welt, Stuttgart, Berlin, Köln, Mainz 1985, S. 101.

Anmerkungen

1 Die Provinz Neu-Spanien, der Jurisdiktionsbezirk der Audiencia von Mexico, entsprach etwa dem Gebiet von Zentralmexiko.
2 Kupfermünzen mit geringem Silberzusatz wurden als Vellón-Münzen bezeichnet.
3 „Micer" ist ein vom italienischen Wort „Messere" abgeleiteter Ehrentitel, der für bürgerliche Vornehme, Gebildete und Rechtsgelehrte verwendet wurde.
4 Pflanzliches Färbemittel

H. Literaturhinweise

Die folgenden Angaben enthalten zusätzlich zu der schon erwähnten Literatur eine Auswahl aus wichtigen Darstellungen zu den in diesem Teil angesprochenen historischen Ereignissen und Problemen. Eine erste allgemeine Einführung bietet zu allen behandelten Aspekten der Band 1 des Handbuchs der Geschichte Lateinamerikas. Mittel-, Südamerika und die Karibik bis 1760, hrsg. von Horst Pietschmann, Stuttgart 1994.

Zu den Motiven siehe vor allem Dokumente zur Geschichte der europäischen Expansion, Bd. 1, Die mittelalterlichen Ursprünge der europäischen Expansion, hrsg. von Charles Verlinden und Eberhard Schmitt, München 1986; sowie die informative Gesamtdarstellung von Wolfgang Reinhard, Geschichte der europäischen Expansion, Bd. 1, Die Alte Welt bis 1818, Bd. 2, Die Neue Welt, Stuttgart, Berlin, Köln, Mainz 1983, 1985. Ferner wichtig Pierre Chaunu, L'expansion européenne du XIIIe au XVe siècle, Paris 1969 und öfter. Frederic Mauro, Die europäische Expansion, Stuttgart 1984. John H. Parry, Das Zeitalter der Entdeckungen, München 1978. Urs Bitterli, Die Entdeckung Amerikas. Von Kolumbus bis Alexander von Humboldt, München 1991.

Den portugiesischen Ausgriff schildert Charles R. Boxer, The Portuguese Seaborne Empire, 1415-1825, London 1969. Den Hintergrund der spanischen Entwicklung beschreiben Roger B. Merriman, The rise of the Spanish Empire in the Old World and the New, 4 Bde, New York 1918-34, Ndr. 1962; ferner A. Domínguez Ortiz, The Golden Age of Spain, 1516-1659, London 1971; John H. Elliott, Imperial Spain, 1469-1716, London 1963; sowie John Lynch, Spain under the Habsburgs, 2 Bde, Oxford 1981. Einen guten Überblick über die spanischen Unternehmungen geben für den deutschsprachigen Raum immer noch Georg Friederici, Der Charakter der Entdeckung und Eroberung Amerikas durch die Europäer. 3 Bde, 1925-1936, Ndr. Osnabrück 1969, sowie Richard Konetzke, Entdecker und Eroberer Amerikas. Von Christoph Kolumbus bis Hernán Cortés, Frankfurt/M. 1963. Ferner Charles Gibson, Spain in America, New York 1966. Francisco Morales Padron, Historia general de América, Madrid 1975. John H. Parry, The Spanish Seaborn Empire, London 1966. Immer noch nützlich William H. Prescott, History of the conquest of Mexico, 3 Bde, New York 1843, und ders., History of the conquest of Peru, 2 Bde, London 1847.

Zur rechtlichen Grundlage der Eroberung und der öffentlichen Diskussion über die Indiopolitik siehe A. García Gallo, Las bulas de Alejandro VI y el ordenamiento jurídico de la expansión portuguesa y castellana en Africa e Indias, Madrid 1957/58 (Anuario de Historia del derecho español. T. XXVII y XXVIII). Jörg Fisch, Die europäische Expansion und das Völkerrecht. Die Auseinandersetzung um den Status der überseeischen Gebiete seit dem

15. Jahrhundert bis zur Gegenwart, Stuttgart 1984. Lewis Hanke, The Spanish Struggle for Justice in the Conquest of America, 7. Auflage, Boston 1965; ders., Aristotle and the American Indian. A Study in the Race Prejudice in the Modern World, Bloomington, London 1959, Ndr. 1975. Joseph Höffner, Kolonialismus und Evangelium. Spanische Kolonialethik im Goldenen Zeitalter, 3. verbesserte Auflage, Trier 1972. Eberhard Straub, Das bellum iustum des Hernán Cortés in Mexiko, Wien, Köln 1976. Tzvetan Todorov, Die Eroberung Amerikas. Das Problem des Anderen, Frankfurt 1985 (Franz. Originalausgabe 1982). Benno M. Biermann OP., Las Casas und seine Sendung. Das Evangelium und die Rechte des Menschen, Mainz 1968. Felix Becker, Indianermission und Entwicklungsgedanke unter spanischer Kolonialherrschaft, in: I. Buisson und M. Mols (Hrsg.), Entwicklungsstrategien in Lateinamerika in Vergangenheit und Gegenwart, Paderborn, München, Wien, Zürich 1983, S. 45-66.

Einen guten Einblick in die Grundzüge der frühen staatlichen Organisation und Institutionen in Amerika vermitteln Silvio A. Zavala, La encomienda indiana, Madrid 1935, 2. edición rev. y aumentada, México 1973. Charles H. Haring, The Spanish Empire in America, New York 1947. Richard Konetzke, Süd- und Mittelamerika I, Die Indianerkulturen Altamerikas und die spanisch-portugiesische Kolonialherrschaft, Frankfurt/M. 1965 (FWG 22). John H. Elliott, The Old World and the New. 1492-1650, Cambridge 1970. Horst Pietschmann, Staat und staatliche Entwicklung am Beginn der spanischen Kolonisation Amerikas, Münster 1980 (Span. Forschungen der Görresgesellschaft. 2. Reihe, 19. Band); ders., Die staatliche Organisation des kolonialen Iberoamerika, Stuttgart 1980.

Zu den Problemen des Kulturkontakts, der Begegnung zwischen unterschiedlichen Kulturen und der Rezeption von Entdeckung und Eroberung Amerikas in Europa siehe Edmundo O'Gorman, The invention of America, Bloomington 1961. Fredi Chiappelli (Hrsg.), First Images of America, 2 Bde, Berkeley, Los Angeles, London 1976. Urs Bitterli, Die „Wilden" und die „Zivilisierten". Grundzüge einer Geistes- und Kulturgeschichte der europäisch-überseeischen Begegnung, München 1976; ders., Alte Welt – Neue Welt. Formen des europäisch-überseeischen Kulturkontakts vom 15. bis zum 18. Jahrhundert, München 1986. K.-H. Kohl (Hrsg.), Mythen der Neuen Welt. Zur Entdeckungsgeschichte Lateinamerikas, Berlin 1882. Frauke Gewecke, Wie die neue Welt in die alte kam, Stuttgart 1986. Hans-Joachim König, Barbar oder Symbol der Freiheit? Unmündiger oder Staatsbürger? Indiobild und Indianerpolitik in Hispanoamerika, in: Der europäische Beobachter außereuropäischer Kulturen. Zur Problematik der Wirklichkeitswahrnehmung, hrsg. von H.-J. König, W. Reinhard und R. Wendt, Berlin 1989 (Zeitschrift für Historische Forschung, Beiheft 7), S. 97-118.

Zur Verarbeitung der Eroberung durch die Indios siehe Nathan Wachtel, La Vision des vaincus. Les Indiens du Pérou devant la conquète espagnole, 1530-1570, Paris 1971. Rückkehr der Götter. Die Aufzeichnungen der Azteken über den Untergang ihres Reiches. Hrsg. von Miguel León-Portilla und Renate Heuer, Frankfurt/M. 1986.

III. Die iberischen Reiche im 17. und 18. Jahrhundert

A. Vorbemerkung

Nach den Eroberungen und dem ersten Aufbau der Kolonialreiche schien um 1570 zumindest für den spanischen Teil Amerikas eine gewisse Konsolidierung vor allem des Herrschaftssystems erreicht. Um dieses Jahr herum wurde im Vizekönigreich Peru der letzte Inka Túpac Amaru hingerichtet, kamen die Inquisition und die Jesuiten nach Spanisch-Amerika und wurden die weiteren Eroberungen, die man nun „Befriedung" (*Pacificación*) nannte, durch königliche Weisungen (*Ordenanzas*) zumindest theoretisch neu festgelegt.

Diese Ereignisse sind Wegmarken für den Beginn einer neuen Epoche der Kolonialzeit. Einer Zeit, die auf den ersten Blick im Zeichen der Konsolidierung der iberischen Herrschaft auf Kosten der indigenen Bevölkerung zu stehen schien. Ein genauerer Blick zeigt, dass den Menschen in Amerika mehr oder weniger große Handlungsspielräume erhalten blieben, die sie im Rahmen ihrer Möglichkeiten aktiv nutzten. Das koloniale Amerika wurde durch die iberische Kolonialherrschaft nicht vereinheitlicht, es wurde nicht zum Ableger Europas. Durch die Zuwanderung von Europäern und Afrikanern sowie durch die Mischung der unterschiedlichen ethnischen Gruppen nahm die ohnehin schon bestehende kulturelle Vielfalt zu. Auch die Institutionen, die Spanier und Portugiesen nach Amerika verpflanzten und die auf den ersten Blick denen in Europa glichen, passten sich den regionalen Gegebenheiten an. Sie nahmen unterschiedliche Ausprägungen in den einzelnen Regionen an. Ferner blieben die iberischen Mächte nicht mehr allein. Franzosen, Engländer und Niederländer unterliefen erfolgreich deren Monopolansprüche und richteten dauerhaft eigene Herrschaftsgebiete ein. Im 17. Jahrhundert entwickelten die Ereignisse in Amerika eine Eigendynamik, die sich dem Zugriff der iberischen Herrschaftszentralen zunehmend entzog.

Um 1700 ergab sich dann aber erneut eine Trendwende. Nach dem Tod Karls II., des letzten spanischen Königs aus der Dynastie der Habsburger, und der Thronfolge des Philipp von Anjou (1700-1746), einem Enkel des Sonnenkönigs Ludwig XIV., kamen die Bourbonen in Spanien an die Macht. Mit ihnen verband sich ein Reformprojekt im Zeichen des aufgeklärten Absolutismus auch für Amerika. Durch den blutigen Erbfolgekrieg (1701-1713/14) verzögerten sich die Reformen, jedoch wurden sie danach schrittweise umgesetzt mit dem Ziel, die Macht des Königs im Mutterland und in Amerika zu stärken. Der Höhepunkt der Reformtätigkeit wurde dann in Spanien während der Regierungszeit Karls III. (1759-1788) und in Portugal unter dem Premierminister Marquis de Pombal (1750-1777) erreicht. Die Maßnahmen waren umfassend und vereinigten unter anderem verwaltungstechnische, militärische und handelspolitische Elemente. Ihr Ziel war es, die Zügel in den Beziehungen zu Amerika, das nun auch direkt als „Kolonie" bezeichnet wurde, straffer zu ziehen. Amerika sollte nun wieder stärker als im 17. Jahrhundert als untergeordneter Lieferant von Rohstoffen und Edelmetallen den Reichtum der Mutterländer mehren. Doch blieben die Maßnahmen nicht unwidersprochen. Vielerorts regte sich Widerstand. Die Opposition speiste sich aus unterschiedlichen Quellen, war aber noch nicht auf die Abschaffung des Kolonialsystems ausgerichtet.

B. Das lange 17. Jahrhundert

1. Vorbemerkung

Das 17. Jahrhundert ist eine Phase der Kolonialgeschichte, über die die Meinungen der Historiker weit auseinandergehen. Zunächst schien der Zeitraum wenig interessant zu sein. Die sensationellen Entdeckungen und turbulenten Eroberungen fremder Völker und Reiche waren abgeschlossen, die berühmten Helden (oder Schurken) Moctezuma, Atahualpa, Cortés und Pizarro waren längst tot. Die neuen Helden der Unabhängigkeitskämpfe waren noch nicht geboren.

Der US-amerikanische Historiker Woodrow Borah gab der Forschung einen neuen Anstoß, als er 1951 die These aufstellte, dass das 17. Jahrhundert wegen des stetigen Rückgangs der indigenen Bevölkerung im Vizekönigreich Neu-Spanien ein Jahrhundert der Krise war.[1] Nach Borah führte der Bevölkerungsrückgang zu einem Arbeitskräftemangel, der langfristig eine allgemeine wirtschaftliche Flaute und dann auch politische und soziale Probleme hervorrief. Spätere Arbeiten von François Chevalier, Pierre Chaunu und Murdo MacLeod schienen diese These zu bestätigen.[2]

Im Einzelnen haben diese und andere Arbeiten die Krise zumeist an folgenden Faktoren festgemacht:

a) am Rückgang der indigenen Bevölkerung;
b) an der Entstehung des Großgrundbesitzes, die teils eine Rückkehr zur Selbstversorgungswirtschaft zur Folge hatte;
c) am Rückgang des transatlantischen Handels zwischen Spanien und Amerika;
d) am Verfall der Preise für wichtige Güter;
e) am Rückgang der Produktionsziffern im Bergbau;
f) an der zunehmenden Korruption in der Verwaltung des Kolonialreichs.

Diese Thesen blieben aber nicht unwidersprochen. Kritiker der Krisenthese wie John Lynch, Ruggiero Romano oder Peter Bakewell zeigten, dass in vielen angesprochenen Bereichen nicht von einer dauerhaften, das ganze Jahrhundert umfassenden Krise gesprochen werden kann.[3] Vor allem führten sie ins Feld, dass die unbestreitbaren Probleme des Mutterlands Spanien, das in diesem Jahrhundert seine Vormachtstellung in Europa endgültig verlor, sich für Amerika eher günstig ausgewirkt hätten: Sie hätten zu einer Lockerung des Zugriffs der Metropole und damit zu einer eigenständigeren Entwicklung in den Kolonien geführt, die innerhalb des spanischen Reichsverbands an Bedeutung gewannen. Aus dieser Perspektive stellt sich das 17. Jahrhundert dann eher als ein Jahrhundert des relativen Wohlstands, des Friedens und der positiven Entwicklung für Amerika dar.

Die Forschungen zum 17. Jahrhundert haben in den letzten Jahrzehnten erheblich zugenommen. Dabei wurden auch lokale und regionale Entwicklungen genauer überprüft. Die Ergebnisse zeigen, dass die Extrempositionen Wohlstand oder Krise meist zu relativieren sind. Überall wechselten sich Perioden von Boom und Krise ab. Während einzelne amerikanische Regionen langfristig von der neuen Situation profitierten, litten andere darunter.[4]

2. Krise des 17. Jahrhunderts? Eine Forschungskontroverse

2.1 Jonathan I. Israel, „Mexiko in der allgemeinen Krise des 17. Jahrhunderts" (1974)

Der englische Historiker Jonathan I. Israel, der den Fall Mexikos und speziell die Unruhen von 1620 bis 1664 untersucht hatte, bestätigte die These von einer Krise in Amerika im 17. Jahrhundert, die nicht zuletzt aus den Problemen der Metropole resultiert hätte und sich an wirtschaftlichen Schwierigkeiten, Bevölkerungsrückgang und sozialen Unruhen festmachen ließe:

[...] Allem Anschein nach durchlebte Mexiko im 17. Jahrhundert eine tiefe wirtschaftliche Krise, hatten führende Unternehmer – Bergwerksbesitzer, wohlhabende Kaufleute und Bauern, die für die städtischen Märkte produzierten – zunehmende Schwierigkeiten, wurden diese Schwierigkeiten zumindest teilweise dadurch hervorgerufen, dass sie sich innerhalb eines sozialen und politischen Rahmens bewegen mussten, der ihren Interessen grundsätzlich abträglich war; allem Anschein nach unterstützten sie die Seite, die das herrschende System auf eine Art zu ändern suchte, die ihren Interessen entsprach – wenn sie diese Seite nicht sogar anführten, was sich an der Haltung des kreolischen Stadtrats und der großen Landbesitzer zeigt. Hinsichtlich der Suche nach den tieferliegenden Ursachen der „allgemeinen Krise" des 17. Jahrhunderts sind die Umstände des mexikanischen Aufruhrs von 1620-1664 nicht hilfreich beziehungsweise erfordern sie, wenn sich die Spannungen im Mexiko des 17. Jahrhunderts vom frühkolonialen Kontext denn trennen lassen, einen komplexen Ansatz, der Elemente aller Theorien aufnimmt, die bis jetzt formuliert wurden.

Die mexikanischen Unruhen von 1620-1664 sind [...] mit der europäischen Krise des 17. Jahrhunderts durch einige wichtige Faktoren verbunden. Erstens trugen die wirtschaftliche Rezession, die nachlassende Nachfrage für spanische Güter und die Zurückhaltung von Silber für die Verteidigung des Reichs in der Karibik und im Pazifik stark zur hispanoamerikanischen Handelsflaute bei, die in den 1620ern begann und schließlich auch zum Wertrückgang der mexikanischen Überweisungen nach Spanien in einer Periode führte, in der die spanische Monarchie ihre größte militärische und finanzielle Notlage in Europa erlebte. Zweitens führten Madrids Anstrengungen, die spanische Vorherrschaft in Westeuropa trotz wachsender Probleme und stärker werdenden Widerstands zu erhalten, zu einer nachdrücklichen Eskalation des Steuerdrucks in Mexiko und der Eingriffe in den mexikanischen Handel, was dazu führte, dass die Spannungen im mexikanischen Staatswesen sich zuspitzten und höchstwahrscheinlich zu den wirtschaftlichen Problemen beitrugen. Drittens wurde die Kampagne zur Bekämpfung der offiziellen Korruption, die in Spanien durch [den Staatsmann] Olivares begonnen wurde und Parallelen in anderen Teilen Europas hatte, mit wichtigen Konsequenzen durch solche herausragenden Standartenträger der spanischen Reichsidee wie [die Vizekönige] Gelves, Palafox und Albuquerque nach Mexiko gebracht. Und viertens und letztens verursachten die kumulativen Auswirkungen dieser drei Faktoren [...] eine lang andauernde politische Instabilität im Vizekönigreich, die in vielen wichtigen Faktoren und insbesondere mit Blick auf die Spannungen zwischen der Verwaltung und Teilen der Gesellschaft an die vielfältigen politischen Krisen im Europa des 17. Jahrhunderts erinnern.

Jonathan I. Israel, Mexico in the General Crisis of the Seventeenth Century, in: Past & Present 63 (1974), S. 56-57.

2.2 Kenneth J. Andrien, „Krise und Abstieg des Vizekönigreichs Peru im 17. Jahrhundert" (1985)

Ähnlich wie Israel bestätigt auch der US-amerikanische Historiker Kenneth J. Andrien die Krisenthese für das Vizekönigreich Peru:

Der allgemeine Abstieg Spaniens in Europa während des 17. Jahrhunderts war im wesentlichen auf die Unfähigkeit der Krone zurückzuführen, die Kontrolle über die wirtschaftlichen Ressourcen der Monarchie zu steigern. Selbst die zögerlichen Anstrengungen von Olivares, [das Konzept des] „ein König, ein Gesetz, eine Münze" zu etablieren, provozierte breite Opposition in den spanischen Königreichen. Obwohl die Unruhen in Katalonien, Portugal, Sizilien, Neapel und Mexiko jeweils eigene unterschiedliche Ursachen hatten, war ein gemeinsamer Faktor bei allen der wachsende Steuerdruck aus Madrid. Im Vizekönigreich Peru führten diese königlichen Forderungen zwar zu politischen Unruhen, aber zu keiner ernsthaften Bedrohung des Friedens. Solche Aktionen waren einfach nicht notwendig. Die peruanischen Eliten und ihre Verbündeten in der königlichen Bürokratie konnten den Reformdruck auch umgehen, ohne zu solch drastischen Maßnahmen zu greifen. Das Scheitern der neuen Steuern und die daraus resultierende Finanzkrise führten zu einem Kontrollverlust der Krone über einen Großteil der Ressourcen des Vizekönigreichs. [...] Die Finanzkrise hatte auch tiefgreifende politische und wirtschaftliche Folgen im Vizekönigreich Peru. Der Verlust an öffentlichen Einnahmen bis 1700 schwächte die vizekönigliche Regierung und ließ sie verarmen. Diese generelle Schwächung des Reichssystems untergrub die wirtschaftliche Zentralität Limas. Die Eliten der Hauptstadt hatten endlich das Reformprogramm der Krone überwunden, aber es war ein Pyrrhussieg. Die Stadt brauchte eine tatkräftige Zentralregierung, um die Handelsmonopole durchzusetzen, auf der ihre wirtschaftliche Vorherrschaft im Vizekönigreich basierte. Der finanzielle und politische Abstieg der königlichen Regierung, die nachlassende Produktivität der Bergwerke, die Rezession im Atlantikhandel, die Diversifizierung der kolonialen Wirtschaft und die katastrophalen Auswirkungen des Erdbebens von 1687 zusammengenommen untergruben die Macht der Eliten aus Lima im Vizekönigreich. Das Endergebnis war ein um 1700 stärker gegliedertes Vizekönigreich, das aus Regionen bestand, die weniger von Lima oder Madrid abhingen als früher. Eine neue Dynastie und ein weiteres großes Reformprogramm im 18. Jahrhundert waren nötig, damit das Reichssystem in Peru sich vom Schaden erholen konnte, der durch die erste Finanzkrise ausgelöst worden war.

Kenneth J. Andrien, Crisis and Decline: The Viceroyalty of Peru in the Seventeenth Century, Albuquerque (New Mexico) 1985, S. 204-206.

2.3 John Lynch, „Die spanische Welt in Krise und Wandel" (1992)

Der englische Historiker John Lynch schränkte die Krisenthese ein, indem er zwischen einem relativen Abstieg Spaniens und einem Aufstieg Amerikas im spanischen Herrschaftssystem unterscheidet:

Die Neuausrichtung der spanischen Welt in den Jahren nach 1600 ist in der europäischen Geschichtsschreibung kaum beachtet worden. Die Beobachter waren so beeindruckt vom Rückgang der spanischen Macht in Europa, dass sie dazu neigten, dies rein im Zusammenhang mit der Wirtschaftskrise und der Entvölkerung innerhalb der Halbinsel, der selbstmörderischen Außenpolitik von Spaniens Herrschern zwischen 1621 und 1658 und dem relativen Machtzuwachs anderer Staaten zu sehen. Wie können wir aber in diesem Zusammenhang die undiskutierbaren Tatsachen erklären, dass ein geschwächtes Herrschaftszentrum sein amerikanisches Reich ohne Verluste zwei weitere Jahrhunderte lang halten konnte und dass die Einheit der spanischen Welt alle Anfechtungen bis 1810 überstand? Der Grund dafür liegt natürlich darin, dass dies ein großer Komplex an Reichtum und Macht blieb, obwohl das Gravitationszentrum sich auf die andere Seite des Atlantiks verlagert hatte. In der Tat schützte Amerika sein eigenes Territorium selbst und verteidigte darüber hinaus noch die Kommunikationsverbindungen im Reichssystem. Amerika wurde nun zum Hüter des Reiches. Nicht der Abstieg der spanischen Welt, sondern der Rückgang Spaniens innerhalb dieser Welt prägt die Geschichte des 17. Jahrhunderts.

John Lynch, The Hispanic World in Crisis and Change, 1598 –1700, Oxford 1992, S. 16.

2.4 Ruggiero Romano, „Gegensätzliche Konjunkturen in Amerika und Europa im 17. Jahrhundert" (1993)

Ruggiero Romano, ein italienischer Historiker, stützt in seinem Essay über die „Gegensätzlichen Konjunkturen" die Auffassung von Lynch und macht konkrete Angaben zum amerikanischen Kontext. Romano geht insbesondere auf die Möglichkeiten der Indios ein, durch die Schwäche der spanischen Herrschaft in diesem Zeitraum ein höheres Maß an Bewegungsfreiheit zu gewinnen:

Alles in allem stehen wir im amerikanischen Kontext vor einer Konsolidierung des Systems und nicht vor einer Infragestellung desselben. Alle, Weiße und Indios, scheinen zu versuchen, ihren Platz im Inneren [dieses Kontextes] zu finden; einige nehmen Posten in der Verwaltung ein; andere (die Indios) finden innerhalb der allgemeinen Ruhe die Möglichkeit verwaltungsmäßig zu „verschwinden", was eine unter vielen Arten war, Freiheit – wenn auch nur eine relative – zu bekommen. Das Übergewicht des Kreolen im Kontinent festigt sich in unterschiedlichen Ausprägungen in ganz Amerika. Natürlich änderte dies nichts am tiefsitzenden Dominanzcharakter, aber [...] im Laufe des 17. Jahrhunderts wird diese Dominanz nicht grundsätzlich in Frage gestellt. Die Steuerrevolten der Weißen und die große Rebellion von Túpac Amaru [II.] und Túpac Katari im 18. Jahrhundert zeigen uns mit aller Deutlichkeit, dass [erst] der Übergang von einer Epoche der Ohnmacht des Zentralstaats (und der daraus resultierenden lokalen „Freiheit") zu einer Epoche der Autorität unerträglich wurde.

In wirtschaftlicher Perspektive ist die Situation in Amerika quantitativ betrachtet sehr positiv [...]; [...] die Lage in Europa und in Hispanoamerika [lässt sich] in einer kleinen synoptischen Tabelle [...] darstellen.

Wirtschaftliche Aspekte	Europa	Hispanoamerika
Bevölkerung	–	+
Ländliche Bevölkerung	–	+
Bewirtschaftung des Bodens	–	+
Agrarpreise	–	+
Preise im produzierenden Gewerbe	– oder =	+
Löhne	+	–
Geldumlauf	– oder =	+
Gewerbliche Produktion	– oder =	+
Produktion im Bergbau	– oder =	+
Binnenhandel	– oder =	+
Internationaler Handel	+	+

Kurz und gut, auf allen Ebenen bis auf der letzten sehen wir uns gegensätzlichen Konjunkturen zwischen den beiden Kontinentalmassen gegenüber.

Ruggiero Romano, Coyunturas opuestas: La crisis del siglo XVII en Europa e Hispanoamérica, Mexiko 1993, S. 166-167.

3. Die Entwicklung der Bevölkerung

Die demografische Entwicklung in Amerika lässt sich ab 1570 genauer beschreiben, da dank der Bestandsaufnahmen der spanischen Krone aus der damaligen Zeit im Vergleich zur Epoche der Eroberung genauere, wenn auch keineswegs sichere Zahlenangaben über die Bevölkerung vorliegen. Die Bevölkerungsentwicklung wurde in diesem Zeitraum durch zwei Faktoren geprägt: Einerseits dauerte der dramatische Rückgang der indigenen Bevölkerung bis etwa zur Mitte des 17. Jahrhunderts fort. Andererseits kam es zu einem Bevölkerungszuwachs durch die Einwanderung aus Europa, durch die zunehmende Zwangseinwanderung afrikanischer Sklaven und durch die ethnische Vermischung.

3.1 Der dramatische Rückgang der indigenen Bevölkerung in Amerika

Die Tabelle zur Entwicklung der indigenen Bevölkerung in Amerika basiert auf Schätzungen, die insbesondere für die Frühphase sehr umstritten sind. Sie zeigt, dass sich der dramatische Bevölkerungsrückgang noch bis zur Mitte des 17. Jahrhunderts fortsetzte. Erst nach 1650 kam es in einzelnen Regionen aufgrund einer Vielzahl von Faktoren zu einer dauerhaften Erholung der indigenen Bevölkerung, wobei die Ausbildung von Resistenzen gegen die aus Europa eingeschleppten Krankheiten das entscheidende Element war:

	1492	1570	1650	1492	1570	1650
	(in Mill. Einwohner)			*(Anteil in Prozent)*		
Mexiko	12,00	3,72	0,900	34	42	23
Zentralamerika	2,93	0,44	0,200	8	5	5
Karibik	1,00	0,02	0,001	3		
Kolumbien	3,28	0,98	0,550	10	11	14
Venezuela	0,49	0,24	0,200	1	3	5
Ecuador	1,57	0,47	0,350	4	5	9
Peru	9,00	1,29	0,600	26	15	15
Bolivien	2,85	0,57	0,400	8	7	10
Paraguay	0,74	0,37	0,250	2	4	6
Argentinien	0,48	0,29	0,250	1	3	6
Uruguay	0,04	0,02	0,005			
Chile	1,10	0,44	0,300	3	5	7
Summe	35,48	8,85	4,006	100	100	100

Tab. 2: Anteil einzelner Länder an der indigenen Gesamtbevölkerung, aus: Renate Pieper, Die demographische Entwicklung, in: Handbuch der Geschichte Lateinamerikas, Bd. 1, Stuttgart 1994, S. 318.

3.2 Das große Sterben der Indios

Der Historiker Noble David Cook hat unterschiedliche Stimmen zum großen Sterben der indigenen Bevölkerung zusammengetragen. Die erste Perspektive stammt aus den so genannten Büchern des Chilam Balam. Dies sind Sammlungen kolonialzeitlicher Maya-Texte aus unterschiedlichen Ortschaften (hier Chuyamel). Sie gehen angeblich zurück auf einen Jaguar-Priester und Wahrsager (Chilam) namens Balam aus der vorspanischen Zeit, wurden dann in der Kolonialzeit neu niedergeschrieben und durch neue Kapitel angereichert:

Groß war der Gestank der Toten. Nachdem unsere Väter und Großväter der Krankheit erlegen waren, floh die Hälfte der Leute in die Felder. Die Hunde und Geier fraßen die Leichen. Die Sterblichkeit war schrecklich. Eure Großeltern starben und ihre Brüder und Verwandten. So wurden wir alle Waisen, oh meine Söhne! Und wir wurden dies, als wir noch jung waren. Wir waren alle noch jung. Wir waren geboren, um zu sterben.

Zitiert nach Noble David Cook, Born to Die: Disease and New World Conquest, 1492-1650, Cambridge 1999, S. 215.

Der englische Dominikaner und Missionar Thomas Gage beschrieb in seinem Reisebericht eine Typhusepidemie, die von Läusen übertragen wurde und nach einer Inkubationszeit von 10 bis 14 Tagen Fieber auslöste, auf das ein dunkler Hautausschlag am Brustkasten folgte:

Das ganze Land war infiziert mit einer Art ansteckender Krankheit, die fast ebenso virulent war wie die Pest und die sie *tabardillo* nennen; und [sie] war ein Fieber im Inneren des Körpers und in den Eingeweiden, das selten bis zum siebten Tag andauerte, sondern sie meistens am dritten oder fünften Tag von der Welt ins Grab brachte. Der ungesunde Geruch und Gestank, den diejenigen ausströmten, die an dieser Krankheit erkrankt waren, war ausreichend, um das ganze Haus und alle Besucher anzustecken. [Die Krankheit] zerstörte ihre Münder und Zungen und ließ sie so schwarz wie Kohle werden, bevor sie starben. Nur äußerst wenige Spanier infizierten sich mit dieser ansteckenden Krankheit; aber die Indios waren allgemein davon betroffen.

Thomas Gage, The English American: A New Survey of the West Indies, London 1928, S. 291. Zitiert nach Noble David Cook, *Born to Die*, 1998, S. 174.

3.3 Der Bericht eines spanischen Einwanderers (ca. 1573)

Die größte Auswanderungswelle von der iberischen Halbinsel, darunter auch viele Frauen, fand zwischen 1560 und 1650 statt. Die Zahl der Auswanderer wurde jedoch im 17. Jahrhundert zunehmend von den bereits in Amerika geborenen Spaniern, den so genannten Kreolen, übertroffen. Nach den Schätzungen der Chronisten Juan López de Velasco von 1574 und Antonio Vázquez de Espinosa von 1628 stieg die Anzahl der spanischen „Vecinos“ in diesem Zeitraum von 2 600 auf 7 000. Die moderne Forschung hat daraus einen Anstieg der gesamten weißen Bevölkerung von rund 15 000 um das Jahr 1570 auf rund 50 000 um 1650 und 70 000 um 1700 abgeleitet.[5] *Das entsprach jeweils nur einem geringen Anteil an der Gesamtbevölkerung des kolonialzeitlichen Amerika, aber die „Weißen“ stellten die privilegierte Herrenschicht Amerikas. Daher wollten viele Auswanderer ihr Glück in Amerika machen und nahmen hohe Risiken in Kauf, wie der Brief des Gerbers Alonso Ortiz aus Mexiko an seine Frau Leonora González in Zafra in Spanien zeigt:*

[...] Ich habe große Mühsal durchlebt, bevor mich Gott hierher geführt hat, wo ich bin und bleiben werde. Und alles, was ich seit meiner Ankunft erlitten habe, ist nichts, weil die Ärgernisse, die du und meine Kinder erlitten habt, mir große Traurigkeit und Qualen verursachen, so wie auch die deines Vater und deiner Mutter und deiner Geschwister. Und das fühle ich nun stärker denn je, weil Gott mich Gerber hat werden lassen und es hier keinen besseren Beruf gibt. Außerdem habe ich die großen Erwartungen, die ich mit hierher brachte, [noch immer]. Um die Gesundheit, mit der Gott mich gesegnet hat, gut zu nutzen und damit diese Zeit nicht verloren wird, habe ich gearbeitet und arbeite weiter mit großer Sorgfalt. Ich versuche, mein Geld nicht verschwenderisch auszugeben, und ich verdiene viel mehr, als ich für den Lebensunterhalt brauche. An allem diesem ist nur ein Fehler, und der ist, dass ich dich und die Kinder nicht bei mir habe, denn wenn ich dich hier hätte und Gott mir Gesundheit schenkte, würde ich mich nicht damit zufrieden geben, jedes Jahr sogar tausend kastilische Dukaten zu sparen. [...] Ich habe ein Haus mit Gerberei vom 1. April 1573 bis Ende März 1574 gemietet. Es kostet mich 90 Pesos [...] und die habe ich schon vier Monate vor dem Fälligwerden bezahlt. Und jetzt, seit dem 1. April 1574, habe ich noch ein Haus gemietet. [...] Außerdem habe ich sechs bis acht Indios, die für mich arbeiten, und jeder, den ich habe, bringt mir dreißig, zwanzig, fünfzehn und einige auch nur zehn Pesos ein. Über diese werde ich nicht mehr sagen, als dass ich sie jede Woche für das bezahle, was sie tun. Ich erzähle dir das alles, damit du berücksichtigst, dass ich hier, wo ich leide, auch sehr viel verdiene.

Gott hat mir auch einen Partner gebracht, damit ich nicht mehr Zeit verliere. Er sah meine Lage sofort und die Sorgen, die ich wegen meiner Frau und Kinder habe, und er sah, wie sehr mich das schmerzt. Und als ich die Partnerschaft mit ihm einging, stellte ich keine andere Bedingung, als dass ich innerhalb der drei Jahre unseres Vertrags nach Kastilien abreisen könnte, wenn ich es wünschte. Er, der nicht abreisen wird, weil er sieht, dass ich viel über den Lebensunterhalt hinaus verdiene, stimmte zu, über einen seiner Kaufmannsfreunde 150 Pesos nach Sevilla zu schicken. Eine Summe, die nur für dich bestimmt ist, damit du und die Kinder kommen könnt. Diese Pesos sind für dein Essen bestimmt und für die Vorbereitung deiner Besitzungen und Organisation der Reise und für alle damit zusammenhängenden Dinge. [...] Und den Männern, denen ich Geld schulde, könnt ihr sagen, dass ich mit einer weiteren Flotte einhundert Häute schicken werde, die genug wert sind, um alle zu bezahlen.

Enrique Otte (Hrsg.), Cartas privadas de emigrantes de Indias, 1540-1616, Sevilla 1988, S. 81.

3.4 Die Verteilung der Sklavenbevölkerung in Amerika (ca. 1650)

Im Lauf des 17. Jahrhunderts nahm die Zahl der afrikanischen Sklaven in Amerika erheblich zu. Vor allem auf zahlreichen Inseln in der Karibik, aber auch in Brasilien wurden sie zu einem wichtigen, vielerorts zum entscheidenden Bevölkerungselement. In Hispanoamerika waren sie in den zentralen Regionen Mexikos und Perus sowie in den Warenumschlagplätzen Panama, Neu Granada und Venezuela sehr zahlreich:

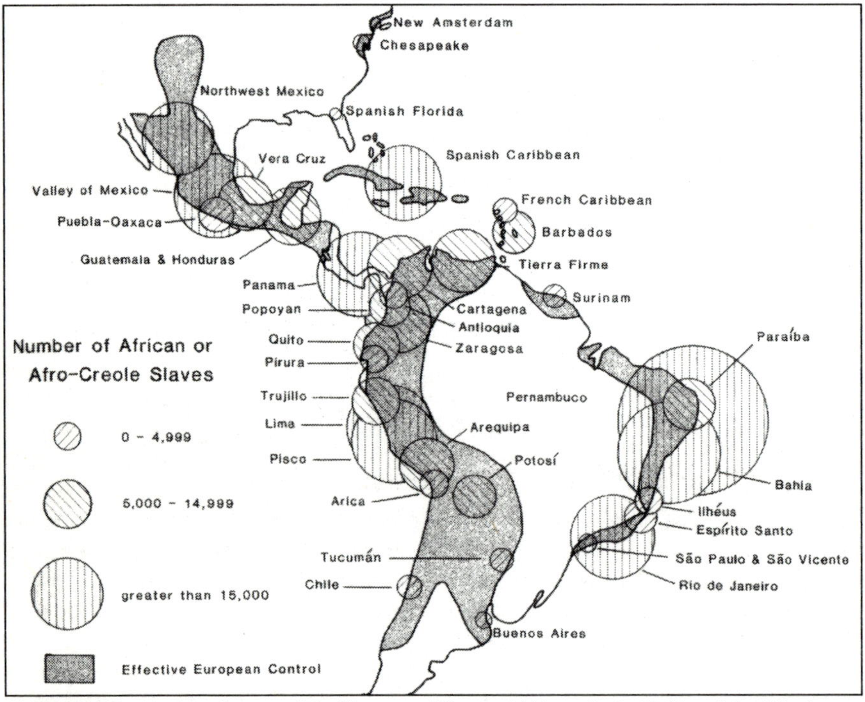

Abb. 33: Sklaven in Amerika, aus: John Thornton, Africa and Africans in the Making of the Atlantic World, 1400-1800, Cambridge ²1998, S. XIII.

3.5 Die *Castas* im spanischen Amerika (1570 und 1650)

Im Lauf des 17. Jahrhunderts nahm die Zahl der Mischbevölkerung aus den unterschiedlichen Ethnien stark zu, und es setzte sich der Begriff „Casta" für sie durch. Diesen Begriff hatten die Portugiesen aus Indien mitgebracht, doch bezeichnete er in der Neuen Welt etwas Anderes als in Südasien. Er bezog sich auf alle Nicht-Weißen, die nicht eindeutig Indios waren. D.h. bis auf Weiße (Kreolen und Europaspanier) und „reine" Indios wurden der Theorie nach alle anderen, also auch die schwarzen Sklaven, zu den Castas gezählt:

	1570	1650		
	Castas gesamt	Schwarze	Mestizen	Mulatten
Mexiko	25.000	30.000	150.000	20.000
Zentralamerika	10.000	20.000	30.000	10.000
Karibik	56.000	400.000	10.000	114.000
Kolumbien	15.000	60.000	20.000	20.000
Venezuela	5.000	30.000	20.000	10.000
Ekuador	10.000	60.000	20.000	10.000
Peru	60.000	60.000	40.000	30.000
Bolivien	30.000	30.000	15.000	5.000
Chile	10.000	5.000	8.000	2.000
Paraguay	5.000	10.000	15.000	5.000
Argentinien	4.000	10.000	20.000	10.000
Zwischensumme (1650) + % d. Gesamtbevölkerung		715.000 6,90 %	348.000 3,36 %	236.000 2,28 %
Gesamtsumme	230.000	1.299.000		
% d. Gesamtbevölkerung	2,45 %	12,54 %		

Tab. 2: Castas, *Schätzungen von Alejandro Rosenblat von 1952, aus: Wolfgang Reinhard, Geschichte der europäischen Expansion, Bd. 2, Stuttgart 1985, S. 63.*

4. Verwaltung und Herrschaft

Die seit Mitte des 17. Jahrhunderts stetig wachsende Bevölkerung in Amerika sollte der Theorie nach von der Krone und ihren Beamten regiert werden, wobei es galt, widerstrebende Kräfte vor Ort zu kontrollieren. Der königliche Herrschaftsanspruch war ungebrochen. Grundsätzlich war mit dem Ende des 16. Jahrhunderts der Aufbau des eng an die Strukturen des Mutterlands angelehnten Herrschafts- und Verwaltungssystems im spanischen Amerika abgeschlossen. Die regionale Einteilung in Vizekönigreiche und *Audiencias* blieb bis zum 18. Jahrhundert im Wesentlichen unverändert. Auch die Tendenz zur Ausweitung der Bürokratie und zur Verrechtlichung des Lebens vertiefte sich. Im portugiesischen Amerika verlief die Entwicklung insofern anders, als der Prozess der Eroberung hier noch andauerte und viele dauerhafte Strukturen erst nach der Auflösung der Personalunion mit Spanien 1640 entstanden.[6]

4.1 Die Bedeutung der Einnahmen aus Amerika (1617)

Das wichtigste Ziel der Amerikapolitik der spanischen Krone blieb die Steigerung der Einkünfte, wie der Erlass König Philipps III. an seine Beamten in Amerika von 1617 zeigt:

Wir befehlen Unseren Vizekönigen, Präsidenten, Gouverneuren und Ministern Unseres königlichen Schatzamts, dass sie die größte Sorgfalt darauf verwenden sollen, Profit und Wachstum von allem zu mehren, was Uns in den ihnen unterstehenden Provinzen gehört; und dass sie ihre vollständige Aufmerksamkeit und Arbeitsfreude in diesen Königreichen auf die Ausbeutung und den Betrieb der Bergwerke, das Eintreiben Unserer Königlichen Steuern und die Versendung all dessen richten, was eingesammelt wird; [...] Die gute Verwaltung und das rechtmäßige Wachstum Unseres Königlichen Einkommens (die Uns aufs höchste erfreuen wird) entspricht dem Dienst an Gott, unserem Herrn, und [dient] dem Erhalt dieser Königreiche. Und wir beauftragen Unsere Vizekönige und Präsidenten, dass [...] sie mit den Wirtschaftsprüfern, Königlichen Beamten, Ministern [...], zusammenkommen und dass sie diese Dinge sowie die Verringerung der Ausgaben [...] besprechen und beraten, damit [...] Unsere Königlichen Einkünfte gesteigert werden. [...]

Recopilación de leyes de los reinos de las Indias, mandadas imprimir, y publicar, por la Magestad Católica del Rey Don Carlos II, Bd. 3, Madrid 1973, S. 46-47 (8. Buch, 8. Kapitel, 1. Gesetz).

4.2 Der Vizekönig: Repräsentant der Macht (ca. 1716)

An der Spitze der Hierarchie in Amerika standen die beiden Vizekönige in Mexiko (seit 1535) und Lima (seit 1543), die vor allem repräsentative Zwecke erfüllten. Wirkliche Macht konnten sie nur dadurch ausüben, dass sie gleichzeitig wichtige Ämter für den Bereich ihrer Hauptstadt und deren Umland innehatten. Selten verließ ein Vizekönig seine Residenzstadt. Das Gemälde „Entrada del Arzobispo Virrey Morcillo a Potosí" (Museo de América, Madrid) stammt von Melchor Pérez de Holguín, einem bekannten Maler aus Potosí.

Abb. 35: Einzug des Erzbischofs Vizekönig Morcillo in Potosí, aus: Richard L. Kagan, Urban Images of the Hispanic World, 1493-1793, New Haven 2000, S. 190.

4.3 Herrschaftsausübung vor Ort

Auf der untersten Ebene auf dem Land, in den „pueblos de indios", stützte sich die koloniale Verwaltung weiterhin auf indigene Kaziken. Die Abbildung zeigt einen mit Silber beschlagenen Amts- und Zeremonialstab aus dem Hochperu des 17. Jahrhunderts.

4.4 Probleme der Herrschaft in der Provinz Esmeraldas (1599)

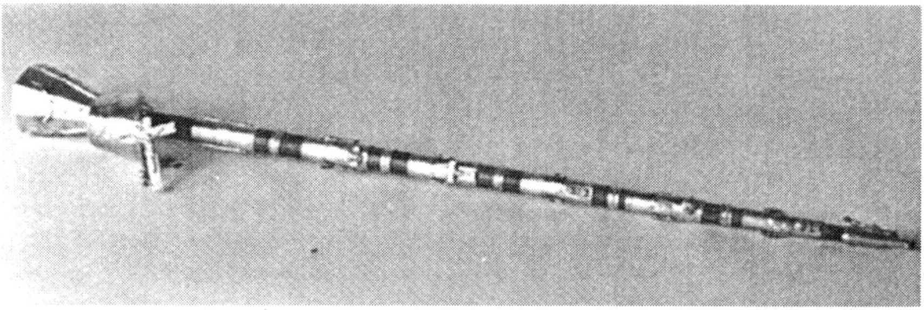

Abb. 36: Amts- und Zeremonialstab aus Hochperu, aus: Gold und Macht: Spanien in der Neuen Welt, Rosenheim 1987, S. 344.

In vielen Regionen Amerikas konnten die Spanier ihre Herrschaftsansprüche im 17. Jh. noch nicht durchsetzen, sondern mussten sich mit geflohenen Sklaven oder indigenen Gruppen arrangieren. Das Gemälde (Museo de América, Madrid) des Andrés Sánchez Galque, eines in Quito geborenen Indio, zeigt Don Francisco de Arobe (56) und seine Söhne Pedro (22) und Domingo (18) aus der Provinz Esmeraldas im Norden des heutigen Ecuador. Don Francisco war einer von vielen kleineren Machthabern in dieser umkämpften Region. Das Bild entstand anlässlich seines Besuches in Quito 1599 im Auftrag des Richters Juan del Barrio de Sepúlveda.

Abb. 37: Don Francisco de Arobe und seine Söhne, aus: Gold und Macht, Rosenheim 1987, S. 152.

4.5 Günstlingswirtschaft seitens der Vizekönige (1663)

Die Herrschafts- und Verwaltungswirklichkeit unterschied sich erheblich von der Theorie. Im gesamten 17. Jahrhundert blieb die Korruption ein großes und sich verschärfendes Problem der spanischen Kolonialverwaltung. Sie fing auf höchster Ebene an. Der Bischof von Oaxaca (Mexiko) klagte darüber am 26. November 1663 in einem Schreiben an den Stadtrat:

Wenn die Vizekönige in diese Provinzen kommen, bringen sie eine enorme Anzahl von Gefolgsleuten und Abhängigen mit [...], und diese versorgen sie, indem sie ihnen die wichtigsten Verwaltungsposten zuteilen, die ihnen die Mittel geben, Profit zu machen und sogar den gesamten Wohlstand eines Distrikts oder doch das meiste davon herauszuziehen, [...]; und in manchen Fällen werden diese Ämter an Mitglieder der Familie des Vizekönigs verteilt, so wie es zur Zeit mit dem *corregimiento* von Villa Alta im Gebiet dieser Diözese der Fall ist, einem der ansehnlichsten [Ämter], das der Vizekönig zur Verfügung hat und von dem riesige Summen nur darauf warten, genommen zu werden, und das der Vizekönig, Conde de Baños, seinem ältesten Sohn, Don Pedro de Leyva, zugewiesen hat, der es durch einen Vertreter, ein Mitglied seines Haushalts, verwaltet, welcher im Auftrag von Don Pedro Handel treibt und vorgeht und mehr Profite von dieser Stellung einheimst als seine Vorgänger, obwohl die auch schon habgierig waren.

Zit. nach: Mariano Cuevas, Historia de la iglesia en México, Bd. 3, Mexiko 1946, S. 459.

4.6 Ämterkauf in Peru (1595)

Nach dem spanischen Staatsbankrott von 1557 erlaubte Philipp II. den Verkauf öffentlicher Ämter auch in Amerika, wie dieser Brief des Bergbauunternehmers Nicolás de Guevara an einen Verwandten in Spanien vom 4. April 1595 zeigt. Aufgrund der wachsenden Finanznot der Krone wurde diese Praxis im 17. Jahrhundert ausgeweitet:

Dieser Brief an Euch gibt mir Gelegenheit, Euch einen kurzen Abriss meines Lebens [seit meiner Ankunft in Peru] zu geben. Ich kam im Jahr 1581 nach Peru und machte mich bald auf nach Potosí, wo ich die zurückliegenden Jahre verbracht habe, vollauf mit der Silbergewinnung beschäftigt. Ich habe viele, sehr gute Erzlagerstätten im Cerro Rico und eine Mühle, in der ich das Erz mahlen lasse. Ich habe für mich auch das Amt eines Sekretärs des Stadtrates und des städtischen Notars erworben, für 42 000 Dukaten in barem Geld. Es ist hier bei weitem das profitabelste Amt, ihm obliegt die Kontrolle und die Ausführung von Erlassen und Verfügungen, die der König auf allen Gebieten ergehen läßt. Was die Ehre anlangt, ist dieses Amt sicher das beste von allen hier. [...]

Eberhard Schmitt (Hrsg.), Dokumente zur Geschichte der europäischen Expansion, Bd. 4, München 1988, S. 443.

5. Wirtschaft

Für die Wirtschaft Amerikas blieb das um die Mitte des 16. Jahrhunderts geschaffene rigide Monopolsystem der Spanier und das etwas flexiblere System der Portugiesen bis ins 18. Jahrhundert hinein bestehen. Doch wich – ähnlich wie in der Verwaltung – die Wirklichkeit stark von den Idealvorstellungen der europäischen Mutterländer ab. Im Überseehandel wie auch in der

Binnenwirtschaft ergaben sich z.B. durch Steuerhinterziehungen, Schwankungen in der Bergbauproduktion und Schmuggel aus Sicht der Krone vielfältige Probleme. Aus der Perspektive Amerikas wurden diese Entwicklungen jedoch häufig weniger als Schwierigkeiten denn als Veränderungen eingeschätzt, die man teils zum eigenen Vorteil zu nutzen verstand. So entstanden neue, zunehmend eigenständige Wirtschaftsräume in Amerika, die zur Grundlage für die im Vergleich zur iberischen Halbinsel positive wirtschaftliche Entwicklung wurden. Das soll nicht heißen, dass sich Amerika vom atlantischen System abkoppelte. Doch basierte dieses im 17. Jahrhundert eben nicht nur auf dem offiziell registrierten, sondern auch auf dem vielfältigen illegalen oder halblegalen Handel.

Abb. 38: Der Silberberg von Potosí, aus: Felipe Guamán Poma de Ayala, El primer nueva crónica y buen gobierno, hrsg. von John V. Murra, Rolena Adorno und Jorge L. Urioste, Bd. 3, Mexiko 1987, S. 1140-1141 [fol. 1057].

5.1 Der „reiche Berg" von Potosí (1615)

Bodenschätze und vor allem Edelmetalle bildeten ein zentrales Motiv des europäischen Interesses an Amerika. Seit Mitte des 16. Jahrhunderts begann die Ausbeutung des Silbers im „Cerro Rico", dem „reichen Berg", von Potosí im heutigen Bolivien, der damals größten Stadt der Amerikas. Felipe Guamán Poma de Ayala hat die Stadt in einer Abbildung seiner Chronik von 1615 dargestellt. Der Kommentar lautet übersetzt: „Stadt: Die Reiche und Kaiserliche Stadt Potosí wegen derer Minen Kastilien Kastilien ist, Rom Rom ist, der Papst Papst ist, der König der Monarch der Welt ist und die Heilige Kirche verteidigt wird."

5.2 Methoden der Silbergewinnung in Potosí (Ende 16. Jh.)

Grundlage der bedeutenden Silberproduktion des 17. Jahrhunderts war die Amalgamierung des Silbererzes mit Quecksilber. Die Abbildung, eine anonyme Zeichnung wahrscheinlich aus dem späten 16. Jahrhundert, zeigt eine mit Wasserkraft betriebene Verarbeitungsanlage für Silber, ein „ingenio", in Potosí. In der Anlage selbst lassen sich ein Wasserrad und ein Hammerwerk zum Mahlen und Zerkleinern der Silbererze sowie Haufen mit bereits gemahlenen Erzen erkennen. Links unten sind Behälter zu sehen, in denen das pulverisierte Erz mit Quecksilber versetzt wird. In der Hofmitte steht ein Fass zum Waschen des bearbeiteten Amalgams. Überall haben sich Pfützen mit Rückständen gebildet.

Abb. 39: Methoden der Silbergewinnung in Potosí, aus: Peter Bakewell, Miners of the Red Mountain: Indian Labor in Potosí, 1545-1650, Albuquerque 1984, S. 31.

5.3 Brasilianische Zuckerplantagen im 17. Jahrhundert

Im portugiesischen Amerika waren Zuckerplantagen im 17. Jh. die Hauptquelle des Reichtums. Um 1600 war Brasilien der größte Zuckerproduzent der Welt. Im Lauf des 17. Jh. wurde die Produktion vor allem auf den fruchtbaren Böden im Nordosten des Landes weiter ausgedehnt. Die Plantagenwirtschaft wurde zunehmend mit afrikanischen Sklaven betrieben und war daher sehr kapitalintensiv. Einen Großbetrieb mit Zuckermühle, Herrenhaus, Sklavenhütten usw. stellte Zacharias Wagner in seinem Buch „Brasiliensia Documenta" (ca. 1636) dar:

Abb. 40:
Brasilianische Zuckerplantage, aus: Eberhard Schmitt, Dokumente zur Geschichte der europäischen Expansion, Bd. 4, München 1988, S. 523.

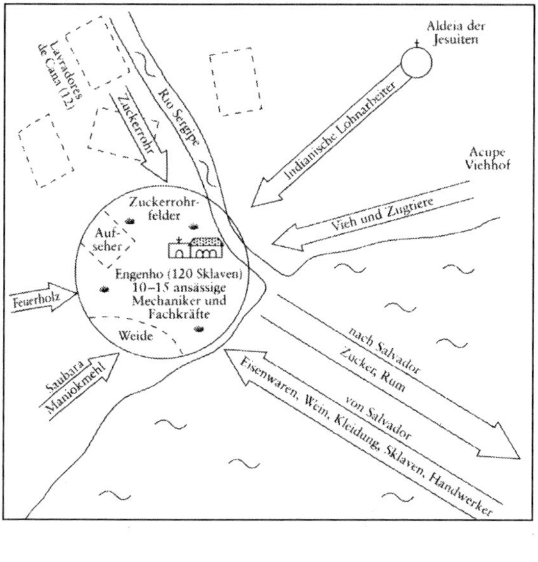

Abb. 41:
Der bekannteste „engenho" der Kolonialzeit, Sergipe do Conde, aus: Georg Thomas, Das portugiesische Amerika (1549-1695), in: Handbuch der Geschichte Lateinamerikas, Stuttgart 1994, Bd. 1, S. 623.

5.4 Legale und illegale Handelsströme in Amerika (16.-18. Jh.)

Im Lauf des 17. Jahrhunderts konnten die iberischen Mächte ihr Handelsmonopol mit Amerika immer weniger verteidigen, da sich Holländer, Engländer und Franzosen erfolgreich in der Region festsetzten. Der Handel zwischen Spanien und Amerika ging beständig zurück und die Flottenkonvois segelten immer unregelmäßiger. Eine ausreichende Versorgung Amerikas war nicht mehr möglich. Daher blühte der Schmuggelhandel und der zum Teil ebenfalls illegale Küstenhandel zwischen den amerikanischen Regionen. Amerika wurde zunehmend zum Selbstversorger. Die Karte zeigt die wichtigsten Seehandelsrouten der Kolonialzeit:

Abb. 42: Handelsströme in Amerika, aus: Eberhard Schmitt, Dokumente zur Geschichte der europäischen Expansion, Bd. 4, München 1988, S. 623.

5.5 Schmuggel im Südatlantik (1672)

Ein Zentrum des Schmuggelhandels im spanischen Amerika war wegen seiner besonders abgelegenen Lage von den offiziellen Warenströmen und der fehlenden Kontrollmöglichkeiten die Stadt Buenos Aires. Der baskische Kaufmann Acarete du Biscay schilderte die Eindrücke seiner Handelsreise 1654 bis 1659 in einem 1672 in Paris veröffentlichten Bericht:

Während dieser Ereignisse [der Seekrieg der Engländer gegen die Spanier ab 1655] entsandten die Holländer, die ihren Vorteil aus den Schwierigkeiten zu ziehen suchten, in denen sich die Spanier befanden, mehrere Schiffe zum Rio de la Plata. Diese Schiffe waren mit verschiedensten Gütern beladen, außerdem aber mit Sklaven, die sie in Angola und im Kongo aufgekauft hatten.

Nachdem diese Schiffe das Delta dieses Flußes erreicht hatten und ihre Reise nach Buenos Aires fortsetzten, bestürmten die Einwohner dieses Handelsplatzes, die seit langem von den Versorgungsgütern abgeschnitten waren, die ihnen normalerweise auf den spanischen Galeonen [über Portobelo] übersandt wurden, den spanischen Gouverneur. Da die Engländer die spanischen Flotten am Auslaufen zu ihren regulären Fahrten hinderten, litten die Einwohner großen Mangel an Sklaven und an verschiedenen anderen Gütern, und sie setzten daher durch, daß die Holländer für eine bestimmte Geldsumme, die sie an den Gouverneur zu entrichten hatten, und nach Bezahlung der dem spanischen König zustehenden Abgaben, in den Hafen einlaufen und ihre Handelsgeschäfte abwickeln durften.

In der Zwischenzeit rangen sich die spanischen Kronbeamten dazu durch, einigen ihrer Kaufleute Lizenzen für den Handel mit den amerikanischen Kolonien – auf eigenes Risiko und eigene Rechnung – zu erteilen, denn sie bemerkten wohl, daß die Unterbrechung des offiziellen Handelsverkehrs und die Knappheit an europäischen Gütern in diesen Teilen der Welt die Bewohner der Kolonien geradezu dazu zwingen mußte, Handel mit Ausländern zu treiben; und es lag im ureigensten Interesse der spanischen Behörden, gerade das zu verhindern. Ein spanischer Edelmann erwarb eine dieser Lizenzen und rüstete ein Schiff für die Reise in Cádiz aus, wo ich mich damals gerade aufhielt. Ich entschloß mich umgehend, diese Reise mitzumachen, und ich traf diese Entscheidung umso lieber, als ich schon in früheren Jahren mit dem betreffenden spanischen Kaufmann Handelsgeschäfte abgewickelt hatte. Er stimmte liebenswürdigerweise meinem Vorschlag zu, mich als seinen Neffen an Bord zu nehmen, wodurch ich meine nicht-spanische Abstammung kaschieren konnte. Wäre meine ausländische Herkunft bekannt geworden, wäre meine Reise schon vor Antritt beendet gewesen, denn die spanische Krone erlaubt nur spanischen Bürgern die Einreise in ihre Herrschaftsgebiete in Amerika. Spät im Dezember des Jahres 1657 setzten wir Segel, auf einem Schiff von 450 Tonnen, und erreichten in 105 Tagen die Mündung des Rio de la Plata. Dort stießen wir auf eine französische Fregatte, unter dem Kommando von Kapitän Foran. Sie verwickelte uns in ein Gefecht, aber wir konnten uns von ihr befreien und segelten weiter nach Buenos Aires. Bei unserer Ankunft lagen dort bereits 22 holländische Schiffe vor Anker und außerdem zwei englische, sie hatten bereits ihre Rückfracht an Bord genommen, die aus Rinderhäuten, Silberbarren und Vicuña-Wolle bestand, die sie als Bezahlung für ihre Waren erhalten hatten. [...]

Sobald wir auf der Höhe des Kaps von Buenos Aires angelangt waren, benachrichtigten wir den spanischen Gouverneur von unserer bevorstehenden Ankunft. Nachdem er sich davon überzeugt

hatte, daß wir über eine königliche Lizenz für die Reise nach Buenos Aires verfügten – ohne die er uns keine Einlaufgenehmigung in den Hafen hätte erteilen können, wenn er nicht gegen seine ausdrücklichen Anweisungen verstoßen wollte – schickte er ganz dem herrschenden Brauch entsprechend die Beamten der Zollbehörde an Bord unseres Schiffes. Nachdem sie ihre Inspektion abgeschlossen hatten, brachten wir unsere Handelswaren an Land und deponierten sie in einem Lagerhaus, das zu diesem Zweck für die Dauer unseres Aufenthalts angemietet worden war. Unsere Ladung bestand vor allem aus Leinenstoffen, vor allem aus den Fertigungsstätten in Rouen, die sich ganz vorzüglich in dieser Gegend absetzen ließen, außerdem enthielt sie Seidenstoffe aller Art, Borten, Garne, Nadeln, Schwerter, Hufeisen und andere Eisenwaren, Werkzeuge in allen Größen und von allen Sorten, Arzneien, Gewürze, Seiden- und Wollstrümpfe, wollene Bekleidungsstücke, Sergestoffe und andere Wollstoffe, und im übrigen jede Sorte von Kleidungsstücken; denn wir hatten vor unserer Abreise die Information erhalten, daß diese Arten von Handelsgütern in diesem Teil der Welt besonders begehrt seien. Sobald nun ein lizenziertes Schiff – also ein Schiff mit ausdrücklicher königlicher Erlaubnis – in den Hafen von Buenos Aires einläuft, ist es Brauch, daß der Befehlshaber des Ortes oder aber der Kapitän des Schiffes einen Boten nach Peru schickt, der Briefe aus Spanien dorthin bringt, sofern welche an Bord sind; außerdem soll er aber die Kaufleute dort von der Ankunft des Schiffes in Kenntnis setzen. In der Regel brechen dann zumindest einige von ihnen selbst nach Buenos Aires auf, zumindest lassen sie dann aber ihren Agenten vor Ort Kaufaufträge für die Waren zugehen, die für ihre Zwecke besonders geeignet sind. [...]
[Acarete de Biscay schildert im folgenden seine Handelsreisen im Landesinneren, die ihn bis nach Potosí führten.]

Bald nach meinem Eintreffen [in Buenos Aires] entschlossen wir uns zur Rückfahrt nach Spanien. Es schien uns ratsam, erst einmal nur jene sperrigen Waren an Bord zu schaffen, die viel Platz in Anspruch nehmen wie Vicuña-Wolle und verschiedenste Sorten Leder, darunter auch insgesamt 16 000 Rinderhäute, denn an Bord sollte nichts gefunden werden, was als Anlaß für Konfiszierungen dienen konnte, wenn die königlichen Beamten unserem Schiff den üblichen Inspektionsbesuch abstatten würden, bevor es den Hafen verließ.

Zu diesen sperrigen Gütern zählten auch eine große Anzahl von Kisten und Ballen, die verschiedenen Passagieren gehörten, die mit uns nach Spanien zurückreisen wollten; außerdem ein Betrag von 30 000 Kronen in Silber, das ist der zulässige Höchstbetrag, der ausgeführt werden darf, um alle auf der Fahrt eventuell anfallenden Kosten bezahlen zu können, eingeschlossen die Transportgebühren für den Eigner. Nach dem Besuch der Kronbeamten luden wir jedoch noch das Silber zu, das wir in der Zwischenzeit versteckt hatten, zusammen mit der übrigen Ladung belief sich der Wert der Fracht sicher auf über drei Millionen Livres. Wir verließen Buenos Aires im Mai 1659, in Begleitung eines holländischen Schiffes unter dem Kommando von Isaac de Brac, das ebenfalls eine reiche Ladung mit sich führte. [...]

[Wegen der Gefahr durch englische Freibeuter läuft das Schiff nicht wie üblich Cádiz, sondern einen Ausweichhafen an.] Und da die spanischen Kronbeamten, die man hierher zur Flotte gesandt hatte, noch immer im Hafen weilten, schien es uns unumgänglich, mit ihnen in Verhandlungen zu treten: sowohl um die Geldbuße zu vermeiden, die wir uns dadurch eingehandelt hatten, daß wir nicht zu dem Hafen zurückgekehrt waren, aus dem wir ausgelaufen waren, als auch um von vornherein zu vermeiden, daß sie sich auf eine Inspektion unseres Schiffes versteiften. Und für die

Summe von 4000 Patagonen, die wir ihnen überließen, wurden wir von allen Verfehlungen freigesprochen und von jeder Durchsuchung ausgenommen. Daher brachten wir unser Silber und auch andere Waren an Land; ein Teil davon wurde später nach Balboa versandt, und ein anderer Teil nach San Sebastian, wo sie innerhalb kürzester Zeit an verschiedene Kaufleute verkauft und abgeliefert wurden. [...]

[Acarete du Biscay schätzte den Reingewinn der Reise auf mindestens 250 Prozent].

Eberhard Schmitt, Dokumente zur Geschichte der europäischen Expansion, Bd. 4, München 1988, S. 60ff.

5.6 Selbstversorgungswirtschaft in Mexiko (1579)

In weiten Teilen Amerikas und insbesondere in den Gebieten mit einer großen indigenen Bevölkerung herrschte Selbstversorgungswirtschaft vor. Der Bericht des Corregidors Diego de Avendaño aus Texupa in Oaxaca im Süden Mexikos vom 20. Oktober 1579 war die Antwort auf einen detaillierten Fragebogen, mit dem die spanische Krone 1577 genaue Angaben über die Lage vor Ort in Amerika anforderte.

Die Nahrungsmittel, die sie früher im allgemeinen aßen: trockene Tortillas, Chilischoten, Insekten, Mäuse, Eidechsen und Schlangen. Zu Festlichkeiten aßen ihre Adligen einheimische Hühner, Wild, Menschenfleisch, Hunde und Insekten. Jetzt isst das gemeine Volk zumeist Tortillas, Chilischoten und viele andere Gemüsearten, und die Adligen essen Hühnerfleisch, Wild, Rindfleisch, Hammelfleisch und andere Dinge, und die, die es bekommen können, essen Weißbrot. Sie waren früher gesünder, als sie es heute sind. Man weiß nicht den Grund dafür, aber man denkt, dass sie [früher] länger lebten, weil sie weniger und weniger fetthaltige Lebensmittel aßen.

In besagtem Ort wachsen Maulbeerbäume in größerer Anzahl, die zur Seidenraupenzucht genutzt werden, wenngleich nur in geringem Umfang. Der Grund dafür ist, dass, als der Marquis [Hernán Cortés] zur Eroberung hierher kam, in diesem Ort noch 12 000 Indios lebten, und heute sind es weniger als 750. Es gibt auch einige ertragreiche Bäume, die man Kirschen nennt; auch weiße Sapoten und die Früchte vom Feigenkaktus. Spanische Bäume gibt es hier: Birnen, Äpfel und Pfirsiche. Diese Fruchtarten gedeihen sehr gut. Kopfsalat, Rettich, Kohl, breite Bohnen, Kichererbsen und Zwiebeln wachsen auch sehr gut.

Mais gedeiht in diesem Ort und ein wenig Weizen. Sehr wenig Seide wird produziert, und keine Koschenille, kein Wein und kein Olivenöl.

Es gibt in diesem Ort ein paar Schafe und Ziegen und einige Schweine. Wenn man sich um die Aufzucht bemühte, würden sie sich vervielfachen, denn das Land ist dafür gut geeignet. Einige Indios haben Maulesel, Maultiere und Pferde zu ihrer Verfügung.

Es gibt in diesem Ort keine Salzvorkommen. Sie bekommen ihr Salz von den Indios aus Teposcolula und anderen Orten. Sie beziehen Wolle und Baumwolle für ihre Kleidung von außerhalb. [...]

Jeglicher Handel und landwirtschaftliche Ertrag, den die Eingeborenen dieses Ortes haben, geht auf den Ackerbau zurück. Jeder verheiratete Indio zahlt einen Silberpeso und eine halbe *fanega* [rund 27,75 l] Mais an Eure Majestät. Und sie profitieren vom Ertrag der Seidenzucht. [...]

Papeles de Nueva España, Segunda Serie, Geografia y estadística, Bd. 4, Relaciones geográficas de la diócesis de Tlaxcala, hrsg. von Francisco del Paso y Troncoso, Madrid 1905, S. 55-57.

5.7 Markthandel der Indios in Peru (1653)

Ein Teil der dörflichen Produktion wurde auf lokalen und regionalen Märkten verkauft. Der Jesuit Bernabé Cobo hat in seinen 1653 veröffentlichten Beobachtungen das Marktverhalten der indigenen Bevölkerung in Peru geschildert:

In fast allen Indio-Dörfern dieses Königreiches [Peru] kann man heutzutage beobachten, dass die Frauen an den Festtagen mit ihren Waren zum Tauschhandel auf die Marktplätze kommen. Manche bringen Obst mit, andere Mais, wiederum andere Schmorfleisch oder Fisch, rohes, in Stücke geschnittenes Fleisch, Salz, Koka, Aji-Pfeffer und anderes dergleichen mehr, womit sie Handel treiben. Sie machen ihre Tauschgeschäfte, indem die eine Frau einen Teller mit Obst gegen einen anderen Teller mit Geschmortem, eine andere Frau Aji gegen Salz, wieder eine andere Mais gegen Fleisch eintauscht. So ist es mit allem übrigen. Im Tausch gegen ihre Überschüsse versorgen sich somit alle mit dem Notwendigen.

In der Tat, für die anwesenden Spanier ist es ein angenehmer Zeitvertreib, dem Ablauf dieser Handels- und Tauschgeschäfte zuzuschauen. Ich habe einige Male mitangesehen, wie diese Leute dabei einen ganz besonderen Modus beachten, und zwar folgenden: Die Indias breiten ihre gesamte Ware oder einen Teil davon aus. Wenn es Obst oder etwas Ähnliches ist, reihen sie davon Häufchen aneinander – jedes Häufchen im Wert von einem halben oder einem ganzen Real, wenn es Fleisch ist, aufgeteilt in Portionen von gleichem Wert, und in der gleichen Weise die übrigen Waren. Die India, die nun kommt und mit Mais anstelle von Geld kaufen will, lässt sich ganz gemächlich bei der Verkäuferin nieder und schüttet ein Maishäufchen hin, das sie als Preis für das, was sie kaufen will, zu zahlen gedenkt.

Dabei wechseln die beiden Frauen kein Wort. Die Verkäuferin heftet ihren Blick auf den Mais. Solange sie dies tut, gibt sie zu verstehen, dass sie mit dem [bis dahin gebotenen] Preis unzufrieden ist. Die Käuferin ihrerseits hat ihren Blick auf die Verkäuferin gerichtet und schüttet, solange sie diese in ihrem Verhalten unverändert sieht, einige Maiskörner mehr auf ihr Häufchen, jedoch nicht viele. Bleibt jene aber weiterhin unzufrieden, dann schüttet sie noch einmal oder noch einige Male hinzu, aber stets nur sehr wenig. Ist die Verkäuferin schließlich mit dem Preisangebot einverstanden, bekundet sie ihre Zustimmung nicht mit Worten – von Anfang bis Ende wird nämlich nichts gesprochen, selbst wenn die Übereinkunft eine halbe Stunde dauern sollte –, sondern durch die Tat, indem sie die Hand ausstreckt und den Mais an sich nimmt.

In keiner Weise achten sie bei diesem Tauschgeschäft darauf, ob das arithmetische Verhältnis zu beidseitigem Recht eingehalten wird oder nicht. Auch haben sie niemals Skrupel, mehr, als es dem gerechten Preis entspräche, an sich genommen zu haben. Ebenso wenig fühlen sie sich verpflichtet, das Übermaß zurückzuerstatten, ganz zu schweigen von dem, was sie sich irgendwie vom Nächsten widerrechtlich angeeignet haben, und wäre es offenkundiger Wucher, Diebstahl oder Raub. Zu diesem Verhalten treibt sie wohl mit Macht ihre natürliche Veranlagung; denn einmal im Besitz des fremden Gutes, kommt es ihnen nicht in den Sinn, ihr Gewissen zu entlasten.

Eberhard Schmitt, Dokumente zur Geschichte der europäischen Expansion, Bd. 5, Wiesbaden 2003, S. 49-51.

6. Soziale Ungleichheit

Die Gesellschaften im Amerika des 17. Jahrhunderts zeichneten sich wie die europäischen Gesellschaften dieser Zeit durch tiefe soziale Ungleichheit aus. Im Wesentlichen handelte es sich um eine zweigeteilte Gesellschaft mit einer dünnen europäischen oder europäisierten Oberschicht und einer großen Masse mehr oder weniger rechtloser Indios, Schwarzer und „Castas", die in vielfältige Zwangsarbeits- und Ausbeutungsmechanismen eingespannt waren. Allerdings gab es erhebliche Unterschiede innerhalb der verschiedenen Regionen Amerikas und auch innerhalb der sozialen Schichten. Neben den auch in Europa bekannten Kriterien wie Herkunft, Reichtum und Ansehen gliederten sich die amerikanischen Gesellschaften auch noch nach dem Kriterium der ethnischen Abstammung und Zugehörigkeit. Zugleich gab es in Amerika vergleichsweise größere Möglichkeiten, zu gesellschaftlichem Erfolg und Aufstieg zu gelangen, aber eben auch zu scheitern und abzustürzen. Insgesamt gesehen beschleunigte sich im 17. Jahrhundert vor allem aufgrund der zunehmenden Bevölkerungsmischung und der Zunahme der schwarzen Sklavenbevölkerung die Entwicklung hin zu neuartigen Gesellschaften, die nicht mehr in europäische Kategorien passten.

6.1 Indigene Zwangsarbeit im Bergwerk (1607)

Die vielfältigen Formen der Zwangsarbeit blieben charakteristisch für das Leben der indigenen Bevölkerung. Die Folgen der Arbeit im Quecksilberbergbau beschrieb der Dominikaner Reginaldo de Lizárraga in seinem 1607 veröffentlichten Reisebericht „Descripción breve de toda la tierra del Perú" (Kurze Beschreibung des gesamten Landes Peru):

Das Quecksilber rafft viele Indios dahin. Früher gewann man [...] das Erz im Tagebau, und diese Arbeitsmethode war nicht schädlich für die Leute [...]. Seit einigen Jahren – ich glaube, es sind nicht mehr als acht – arbeiten sie im Stollen, und das bedeutet die völlige Vernichtung der unglücklichen Indios. Die Arbeit unter Erde geschieht nämlich in Stollen, für die keinerlei Entlüftung vorgesehen ist, durch die der Quecksilberdampf oder -staub abziehen könnte. Die Dämpfe und der Staub dringen den Indios in Mund, Augen, Nase und Ohren. Sowohl der Erzstaub wie die Dämpfe verursachen Quecksilbervergiftung. So vergiftet kommen die Armen aus der Mine; keiner heilt sie; krank erreichen sie die Heimat; keinen läßt diese Krankheit wieder los, die er sich in Huancavelica geholt hat. Die Betroffenen leben noch sechs oder acht Monate, vielleicht ein oder eineinhalb Jahre mit schlimmem Druck auf der Brust. So siechen sie dahin und sterben [...]. Es ist die reine Wahrheit, was ich hier sage: bei den meisten, die ich in den zwei Jahren hier im Dorfe Chongo zu Grabe geleitet habe, kommt es vom Quecksilber. [...] Solches vor Augen, fliehen die Unglücklichen, um nicht nach Huancavelica zu müssen; es ist ja nur natürlich, daß man vor dem Tode flieht.

Lieselotte und Theodor Engl (Hrsg.), Lust an der Geschichte: Die Eroberung Perus, München 1991, S. 361f.

6.2 Arbeit in den Textilmühlen von Quito (1681)

Auch die Indios, die als „freie" Lohnarbeiter beschäftigt waren, wurden häufig Opfer von Ausbeutungsmechanismen. Ein Beispiel dafür ist die Arbeit in den Textilbetrieben von Quito, die im 17. Jahrhundert einen großen Aufschwung nahm. Die Missstände hat der Franziskaner Antonio Rodrigues, der seit 50 Jahren in der Stadt lebte, in einem Brief an den König vom 24. Februar 1681 beschrieben:

Man muß sich darüber im klaren sein, daß die Probleme und die Ungerechtigkeiten gegenüber den Indios in den großen privaten und in den öffentlichen Mühlen verbreitet sind, denn die Arbeiter werden praktisch in diese Tätigkeit gepreßt, und die Arbeitskräfte werden dort wie Gefängnisinsassen behandelt. [...] So müssen die Indios nun zwei Tage für ihr Soll aufwenden, bekommen aber nur einen Tag bezahlt, erhalten dafür aber unzählige Schläge. Aus diesem Grund und wegen des Verlustes von einem Tageslohn sollten die Entlohnungssätze angehoben und die Prügelstrafen gemindert werden. Wenn die Indios irgendetwas benötigen oder hungrig sind, gewähren ihnen die von der Krone eingesetzten Stadträte [*corregidores*] oder die Pächter der Mühlen Hilfe durch das Stellen von Korn, Brot, Fleisch und anderen Dingen, aber sie tun es zu so hohen Preisen, daß sie über diese Preise hohe Gewinne in die eigene Tasche wirtschaften können. Die bedauernswerten Indios haben diese Güter also in einer Notlage zu kaufen, und so sind sie am Zahltag so hoch verschuldet, daß sie auf lange Zeit Schuldner bleiben müssen.

Eine Verbesserung läge sicher darin, daß man sie in Silber und nicht mit Naturalien bezahlt. Es treibt einem die Schamröte ins Gesicht, wenn man in den Werkstätten Gefangene sterben sieht, weil die Eigner sie in das Betriebsgefängnis gesteckt haben, schon auf Grund von ganz geringen Schulden, die sie leicht und schnell abzahlen könnten, doch die Eigner stecken sie aus eigener Machtvollkommenheit solange ins Gefängnis, wie es ihnen paßt. Hier könnte man dadurch eine Verbesserung erzielen, daß die Indios nur unter Hinzuziehung der lokalen Beamten eingesperrt werden dürfen. [...]

Mißbräuchen und Ungerechtigkeiten sind die Indios auch bei der Tributleistung ausgesetzt. Sowohl für den Zehnten als auch für die Tribute handelt es sich bei den Eintreibern bei ihrem Dienstantritt um arme Männer, doch schon nach kürzester Zeit kommen sie zu Reichtum, und das rührt sicher nicht von ihren Gehältern von 50 Realen im Monat her, sondern vom Blut der geschundenen Indios. Letztlich machen sich alle *corregidores* der gleichen Mißgriffe schuldig; die Ursache liegt einfach darin, daß diese Posten an Halunken, an Männer vergeben werden, die zu ehrlicher Arbeit nicht fähig sind; darum sind diese Posten und andere, ähnliche Ämter nichts anderes als eine offizielle Erlaubnis zum Diebstahl.

Eberhard Schmitt (Hrsg.), Dokumente zur Geschichte der europäischen Expansion, Bd. 5, Wiesbaden 2003, S. 63-65.

6.3 Die Last mit den Kaziken (1615)

Häufig wurde die indigene Bevölkerung auch Opfer der Ausbeutung durch ihre eigenen Häuptlinge, die ihren Status aus der vorspanischen Zeit halten wollten. Guamán Poma de Ayala hat sie in seiner Chronik als schmarotzerische „Mäuse" beschrieben:

Indios, die aus niederem Rang zuerst zu Kaziken über fünf oder zehn Indios und dann zum Kuraka aufgestiegen sind: Diese sind bei den armen Indios gefürchtet, denn sie sind Mäuse. Sie nagen Tag und Nacht am Eigentum [der Armen], ohne dass es irgendwer merkt und es wegnimmt. Sie [die

Maus] verlangt überreichlich aus der Schale, den Darreichungen, dem Körbchen: Früchte und andere Nahrungsmittel; und sie verschwendet auch das Geld und Gut der Gemeinschaft, so viel sie kann; und das bedeutet mehr [Schaden] als der, den alle [anderen] Tiere[7] anrichten, weil sie Tag und Nacht nie aufhört; und es gibt kein Gegenmittel für die armen Indios dieses Reiches.

Felipe Guamán Poma de Ayala, El primer nueva crónica y buen gobierno, hrsg. von John V. Murra, Rolena Adorno und Jorge L. Urioste, Bd. 2, Mexiko 1987, S. 750 [fol. 695].

6.4 Die Ausbeutung der indigenen Frauen (1615)

Indigene Frauen waren zusätzlicher Ausbeutung unterworfen, wie Guamán Poma zeigte:

Die genannten Gerichtsbeamten und *Corregidores* und Priester und Offiziere der Städte und befestigten Orte, mit geringer Furcht vor Gott und der Gerechtigkeit und dem christlichen Gebot, streichen herum und betrachten die Schamteile von verheirateten Frauen und Jungfrauen und vornehmen Männern. Und sie bemächtigen sich ihrer Habe und huren mit den verheirateten Frauen und entjungfern die Mädchen. Und so sind diese verloren und werden zu Huren und bringen viele Mestizen zur Welt und die Zahl der Indios nimmt nicht mehr zu.

Abb. 43:
Ausbeutung indigener Frauen, aus: Felipe Guamán Poma de Ayala, El primer nueva crónica y buen gobierno, hrsg. von John V. Murra, Rolena Adorno und Jorge L. Urioste, Bd. 2, Mexiko 1987, S. 515 (fol. 504). Übersetzung nach Dieter Janik, Die neuen Menschen der Neuen Welt, in: ders. (Hrsg.), Die langen Folgen der kurzen Conquista: Auswirkungen der spanischen Kolonisierung Amerikas bis heute, Frankfurt/M. 1994, S. 58.

6.5 Die Entstehung des Großgrundbesitzes (1591)

Für die Sozialgeschichte Lateinamerikas war die Entstehung des Großgrundbesitzes ein zentraler Faktor, der im 17. Jahrhundert immer wichtiger wurde. Dem Besitzer brachte er Prestige, dem – oft indigenen – Landarbeiter ein Leben in Schuldknechtschaft, das vielen aber immer noch attraktiver erschien als etwa die Arbeit in den Bergwerken oder Textilwerkstätten. Wie in diesem Erlass König Philipps II. an den Vizekönig von Peru vom 1. November 1591, bemühte sich die spanische Krone wiederholt erfolglos darum, die Ausdehnung des Großgrundbesitzes in Amerika zu verhindern und eine gerechtere Landverteilung durchzusetzen:

Da ich vollständig in der Herrschaft nachgefolgt bin, die in Amerika die früheren Herren hatten, gehört meiner königlichen Krone die Verfügung über Brachland, Grund und Boden, sofern darüber durch die Könige, meine Vorgänger, oder durch mich nicht bereits Landzuteilungen gewährt worden sind, zumal ich immer willens gewesen und es weiterhin bin, meine königliche Gunst zu erweisen und gerecht Nutz- und Brachland den Ortschaften und Stadtverwaltungen zuzuweisen, damit sie je nach ihrer besonderen Lage hinreichend Gemeindegut und Gemarkung haben, und ebenso an Indios und Spanier Ländereien zu vergeben, damit sie Ackerbau und Viehzucht treiben können. Aber es erfolgten viele Überschreitungen der Vorschriften durch Schuld und Versäumnis der früheren Vizekönige, *Audiencias* und Gouverneure. Denn diese ließen zu, daß einige auf Grund einer Landanweisung viele andere Ländereien unrechtmäßig sich angeeignet haben und andere sich Besitztitel von denen erschlichen haben, die gar nicht befugt waren, sie auszustellen. Dies ist der Grund, daß der beste und größte Teil des Landes okkupiert worden ist, ohne daß die Stadtgemeinden und Indios das für sie notwendige Land erhalten haben, das niemand zu Recht in Besitz genommen hat. Nachdem diese Angelegenheit in meinem Indienrat behandelt und mir sein Gutachten überreicht worden ist, habe ich entschieden, daß das gesamte Land, das ohne wirkliche Rechtstitel in Besitz genommen ist, mir zurückerstattet wird, wie es rechtlich mir gehört, damit vor allem davon reserviert wird, was euch für öffentliche Plätze, Gemeindetrift, Weiden und Brachland der besiedelten Ortschaften gegenwärtig und bei deren künftigem Wachstum als notwendig erscheint. Ebenfalls soll an die Indios verteilt werden, was sie an Land üblicherweise nötig hätten, wobei ihnen bestätigt werden soll, was sie gegenwärtig besitzen und neu erhalten. Alles übrige Land bleibt zu meiner freien Verfügung.

Richard Konetzke, Lateinamerika seit 1492, Stuttgart 1971, S. 19.

6.6 Das Leiden der Sklaven in der Audiencia von Bogotá (1627)

In seinem Missionshandbuch „De instauranda Aethiopum salute" von 1627 beschrieb der spanische Jesuit Alonso de Sandoval das alltägliche Leid der Sklaven in Amerika, das er als Seelsorger der Schwarzen im Sklavenhafen Cartagena de Indias hautnah erlebt hatte. Das hinderte die Jesuiten aber nicht daran, auf ihren Haciendas selbst Sklaven einzusetzen:

1. [...] Es scheint also, daß sich an den Schwarzen bewahrheitet, was Aristoteles sagte, daß es nämlich Menschen gebe, die von Natur aus als Sklaven und Untertanen anderer geboren seien. Wir wollen aber diese Übel, zwar nicht als geringere, aber doch als gemeinhin bekannte, beiseite lassen und

werden uns mit denen befassen, die ihnen das Schicksal beschert, welches sich ihnen so knauserig zeigte, indem es sie zu Sklaven von Menschen machte, oder besser gesagt zuließ, daß sie Sklaven von Menschen seien, die im Umgang mit ihnen sich eher als Bestien denn als Menschen erwiesen.

2. Die Art nämlich, in welcher sie sie behandeln, besteht darin, sie für gewöhnlich wegen unbedeutender Kleinigkeiten zu teeren, mit Fett zu übergießen, ja sogar ihnen die Haut abzuziehen und ihnen so das Leben zu nehmen unter grausamen Auspeitschungen und schwersten Folterungen; oder sie verfaulen am lebendigen Leib und werden von Würmern zerfressen. Zeugnis dafür legen die täglichen Informationen der Gerichte ab; auch ich persönlich bin mit meinen eigenen Augen Zeuge dessen geworden, so daß mir vor Schmerz und Tränen Augen und Herz übergingen. Wem geschähe nicht so beim Anblick einer armen Schwarzen, deren große Wunden mit Würmern übersät waren, die sich vor lauter Prügel nicht bewegen konnte. [...]

3. Wer könnte, einmal abgesehen von den Prügeln, von denen man ohne Ende erzählen könnte, all das beschreiben, die Mißhandlung mit Fesseln, mit eisernen Ketten, Fuß- und Handschellen, Halsstöcken, aneinandergeketteten Fußeisen, Halskragen und anderen Erfindungen, mit welchen sie sie einschüchtern, unter Druck setzen und strafen? [...] Wenn sie sie dabei wenigstens mit Worten gut behandelten, könnten sie ihnen alles andere vergeben, denn mehr als alles andere spüren sie für gewöhnlich, daß sie kaum anders denn als Hund, wildes Tier, Pferd gerufen und mit anderen unzähligen Beschimpfungen belegt werden. Damit bringt der Sklavenhalter seine eigene Seele in die Hölle, während der Sklave, wenn er gut ist, viel Lob verdienen wird, und wenn er böse ist, der Gefahr ausgesetzt wird, ebenfalls in der Hölle zu landen.

4. Viele müssen ganze Nachtschichten leisten, damit die Hacienda gut geht. [...] Die unermeßlichen Arbeiten und Qualen der Holzschneider lasse ich beiseite; die Leiden und Lebensgefahren der Perltaucher vom Rio de la Hacha und anderen Orten, der Ruderer vom großen Rio de la Magdalena lassen sich in Worten nicht beschreiben. [...] Ohne Zweifel fand man unter ihnen eine größere Sorge um die Tiere als um die Menschen. Man sehe sich bloß die Stallungen der Tiere und die Unterkünfte der Schwarzen an, um den offensichtlichen Beweis für die Richtigkeit dessen zu finden, was ich hier vorbringe. [...]

Mariano Delgado (Hrsg.), Gott in Lateinamerika. Texte aus fünf Jahrhunderten, Düsseldorf 1991, S. 270-272.

6.7 Reglementierung der Sklaven auf Kuba (1668)

Die Sklaverei in Hispanoamerika hatte viele Gesichter. Wie in Brasilien gab es auch hier große Plantagen. Sklaven wurden auch im Bergbau und in vielen anderen Bereichen eingesetzt. Typisch war ferner die Sklavenarbeit in den Städten. Hier übten Sklaven vielerlei Tätigkeiten aus und verfügten z.T. über relativ große Freiräume. Manche weißen Herren förderten dies zwar, nahmen es aber auch als Bedrohung wahr. Im Lauf der Kolonialzeit wurden daher immer wieder strenge Bestimmungen wie diese Dienstanweisung für die Städte auf Kuba erlassen:

52. Kein unfreier Schwarzer darf ein Schwert, ein Messer oder sonstige Waffen tragen, selbst wenn er mit seinem Herrn geht; nur wenn er des Nachts mit seinem Herrn geht und nicht in anderer

Weise, oder wenn er tags mit seinem Herrn aufs Feld geht. Beim ersten Verstoß soll er der mitgeführten Waffe verlustig gehen, und beim zweiten Mal soll er der Waffen verlustig gehen und zwanzig Peitschenhiebe am Baum, am Pranger oder an der Kerkertür erhalten. [...]

54. Weil viele Bürger Schwarze – Männer und Frauen – zum Geldverdienen schicken und solche Frauen in verschiedenen Dingen tätig werden und wie Freie umhergehen und arbeiten [...] und nach einer Woche oder einem Monat ihren Herren den Lohn aushändigen [...] und weil es noch weitere Unannehmlichkeiten gibt: Darum verordnen und befehlen wir, daß niemand einen Schwarzen oder eine Schwarze zum Geldverdienen schicken oder ihnen ein Gasthaus einrichten darf oder sonstige Dinge, ohne dies vorher im Rat [...] genehmigen zu lassen. [...]

55. Kein unfreier Schwarzer darf eine eigene Hütte zum Schlafen haben, auch wenn er Geld verdient, sondern er soll im Hause seiner Herren schlafen, [...] ; auch dürfen sie von niemandem eine Hütte mieten oder von ihren Herren erhalten. [...]

56. Kein unfreier Schwarzer darf sich nach dem Abendläuten der Glocken außerhalb des Hauses seines Herrn oder der Person, der er dient, aufhalten, sofern er nicht von seinem Herrn geschickt wurde. [...]

60. Weil viele ihre Sklaven ausnutzen und ihnen weder Essen noch Kleidung, ihre Blöße zu bedecken, geben, woraus folgt, daß solche Sklaven auf den benachbarten Farmen stehlen, um zu essen zu haben, und auf Grund solch schlechter Behandlung verwildern und fliehen, darum verordnen und befehlen wir, daß alle, die Schwarze auf Farmen, Weideflächen, Schweinezüchtereien und anderen Stellen haben, ihnen für ihre Arbeit ausreichend zu essen geben müssen. Ebenso müssen sie ihnen jährlich mindestens zwei Hosen und Hemden aus Hanf geben. Sie dürfen ihnen keine übermäßigen, grausamen Strafen erteilen. [...]

Eberhard Schmitt (Hrsg.), Dokumente zur Geschichte der europäischen Expansion, Bd. 3, München 1988, S. 330-332.

6.8 Ein Königreich der Sklaven: Palmares (Ende 17. Jh.)

Eine effektive Form des Widerstands gegen die Sklaverei war die Flucht. Siedlungen entlaufener Sklaven im unzugänglichen Hinterland (port.: quilombo oder mocambo; span.: palenque) entstanden überall in Amerika. Der anonyme Text aus dem späten 17. Jahrhundert berichtet über das berühmteste Beispiel eines Netzwerkes solcher Siedlungen, Palmares in Nordostbrasilien, das sich von ca. 1600 bis 1695 gegen die Portugiesen behaupten konnte:

[...] Sie nannten ihren König Gangasuma [...]. Dieser König lebte in der königlichen Stadt, die sie Macaco nannten. Dies war die Hauptstadt unter den anderen Orten oder *mocambos,* und sie war komplett mit einer Mauer aus Erde und Holzpfählen umgeben.

[...] Wie diese standen auch die anderen Städte unter dem von Herrschern und mächtigen Häuptlingen, die dort lebten und sie regierten.

Sucupira, die Kriegskommandozentrale, wo die Verteidigungskräfte und Wachtposten ausgebildet wurden, war ebenfalls befestigt, aber mit Holz und Stein. Fast eine Meile lang, enthielt der Ort drei stattliche Berge und einen Fluss. [...]

Vor der Rückeroberung Pernambucos von den Holländern [1654] entsandte man 25 Expeditionen in die Gegend, die große Verluste erlitten aber die Geheimnisse dieses mutigen Volkes nicht aufdecken konnten [wegen] des schwierigen Terrains, der Unzugänglichkeit der Wege und der fehlenden Möglichkeit, die Ausrüstung durch unbekanntes Gelände zu transportieren. [...]

[Nach 1654] wurden sofort die besten Kämpfer und die im Krieg gegen die Holländer am meisten erprobten Offiziere mit immensem Aufwand und Leiden zu diesem Zweck eingesetzt, aber sehr wenig wurde erreicht.

Die Einwohner von Alagoâs, Porto Calvo und Penedo wurden ständig angegriffen und ihre Häuser und Plantagen wurden von den Schwarzen aus Palmares beraubt. Die Schwarzen töteten ihr Vieh und verschleppten ihre Sklaven, um ihre *quilombos* zu vergrößern und die Zahl ihrer Verteidiger zu erhöhen. [...]

[Ab Januar 1674 werden die Kämpfe durch den portugiesischen Hauptmann Pedro de Almeida erneut und dieses Mal erfolgreicher intensiviert.]

Don Pedro [...] folgerte daher vernünftigerweise, dass die *quilombos* von Palmares zerstört waren und dass die übrig gebliebenen Schwarzen orientierungslos herumwanderten. Daher dachte er sich einen Plan aus, sie zusammenzurufen und ihnen Frieden anzubieten als Mittel, um die vollständige Befriedung zu erreichen.

[Der Gangasuma nahm das Friedensangebot an und schickte eine Gesandtschaft mit zwei seiner Söhne nach Recife, die am 18. Juni 1678 dort eintraf.]

Die Erscheinung dieser Barbaren rief Erstaunen hervor, weil sie nackt waren und nur ihre Scham bedeckt hatten. Einige hatten ihre Bärte geflochten, andere trugen falsche Bärte und Schnurrbärte, wieder andere waren rasiert und sonst nichts. Alle waren stämmig und kräftig, bewaffnet mit Pfeil und Bogen, und sie trugen nur eine Feuerwaffe bei sich. [...]

Am nächsten Tag rief Gouverneur Ayres de Sousa einen Rat der führenden Männer zusammen, um zu beraten, wie man den Frieden am besten dauerhaft machen könne. [...] Sie einigten sich darauf, dass sie Frieden mit dem König von Palmares machen wollten und seine Unterwerfung anerkannten, dass sie [die Schwarzen] den Ort erhalten sollten, an dem sie siedeln wollten und der für Häuser und Höfe passend war, dass sie binnen dreier Monate dort wohnen mussten, dass die, die in Palmares geboren werden, frei sein sollten, dass sie alle Flüchtlinge von unseren Siedlungen zurückbringen sollten, dass sie Handel und freundlichen Austausch mit den Weißen pflegen sollten, dass sie die Privilegien der Vasallen des Königs erhalten sollten, dass sie den Anordnungen der Regierung Folge leisten sollten, dass der König der Herrscher dieses gesamten Volkes bleiben sollte und dass die Frauen des Königs und aller anderen Unterführer wieder zurückgegeben werden sollten. Es gab einige Zweifel unter den Ratsmitgliedern, ob der König Gangasuma genügend Macht habe, aufrührerische Flüchtlinge zu beherrschen, die weiter weg von seinen *macombos* lebten; da entgegnete einer seiner Söhne, dass der König mit allen fertig werden würde und dass [...] er sie niederwerfen [oder] Führer stellen werde, um unsere Truppen zu ihnen zu führen. [...] Und er zeigte ihnen sofort den Ort, der ihnen für ihre Siedlung am geeignetsten erschien. [...] Nachdem diese Angelegenheiten geklärt waren, wurde der Frieden angenommen, der erwünschte Ort gewährt und der Rat war beendet. [...]

Pedro Paulino da Fonseca, Memoria dos feitos que se deram durante os primeiros annos da guerra com os negros quilombolas dos Palmares, seu destroço e paz aceita em Junho de 1678, in: Revista do Instituto Histórico e Geográfico Brasileiro 39 (1876), Teil I, S. 293-321.

6.9 Die *Castas* als Problem in Peru (1615)

Die Castas wurden im 17. Jahrhundert immer mehr ausgegrenzt und diskriminiert, wie der Text aus Guamán Pomas Chronik zeigt:

Heilige Katholische Königliche Majestät: Es wäre ein großer Dienst an Gott unserem Herrn und für Eure Majestät und zur Mehrung der Indios in diesem Königreich, daß kein Spanier, Mestize, *Cholo*, Mulatte, *Zambo*, oder Mischlinge aus diesen, außer wenn sie von Indios wären, hier bei uns sein sollen; vertreibt sie, die Kleinen, die Großen, die Verheirateten. Mit ihren Frauen vertreibt sie in die Städte, die festen Orte, wo sie bleiben mögen; sie sollen keinen Tag länger in den *tambos* dieser Königreiche bleiben.

Übersetzung nach Dieter Janik, Die neuen Menschen der Neuen Welt, in: ders. (Hrsg.), Die langen Folgen der kurzen Conquista: Auswirkungen der spanischen Kolonisierung Amerikas bis heute, Frankfurt /M. 1994, S. 58.

Abb. 44: Tischgesellschaft in Peru, um 1600. Mit dieser Zeichnung wird kritisiert, dass der Corregidor mit Casta-Angehörigen (Mestizen, Mulatten) an einem Tisch sitzt und mit ihnen gemeinsame Sache macht, obwohl dies verpönt war, Felipe Guamán Poma de Ayala, El primer nueva crónica y buen gobierno, hrsg. von John V. Murra, Rolena Adorno und Jorge L. Urioste, Bd. 2, Mexiko 1987, S. 517 [fol. 505].

6.10 Hungerunruhen in Mexiko-Stadt (1692)

Wurden die Lebensbedingungen unerträglich, kam es in den Städten aber auch auf dem Land wiederholt zu lokal begrenzten Unruhen. Über die Hungerrevolte in der Stadt Mexiko vom Juni 1692 berichtete als Augenzeuge der gelehrte Kreole Carlos Sigüenza y Góngora:

Obwohl ich den Krach auf der Straße teilweise vernommen hatte, kam ich nicht darauf, die Glaseinsätze des Fensters meines Arbeitszimmers zu öffnen, um zu schauen, worum es ging, weil wir durch die gewöhnliche Trunkenheit der Indios dauernd an derartige Störungen gewöhnt sind; erst als ein vor Aufregung stammelnder Diener hereinkam und rief: „Señor, ein Aufruhr!", öffnete ich das Fenster in aller Eile, und, da ich sah, dass eine unzählige Menschenmenge zur *Plaza* lief, ging auch ich halb angezogen und fast rennend inmitten derer, die riefen: „Tod dem Vizekönig und dem *Corregidor*, die uns den Mais vorenthalten und uns vor Hunger sterben lassen." In einem Moment war ich an der Straßenecke und, ohne zu wagen weiterzugehen, stand ich verblüfft da. Die Zahl der Menschen war so überaus groß – nicht nur Indios, sondern aus allen Castas – ihre Rufe und ihr Geheul so ausfallend und so dicht war der Steinhagel, der auf den Palast niederging, dass der Krach, den die Wurfgeschosse auf den Türen und Fenstern verursachten, den von hundert gleichzeitig geschlagenen Kriegstrommeln übertraf. [...]

Durch die Straße, wo ich stand, [...] kamen dauernd Gruppen von Männern sich gegenseitig vorwärts drängend. Spanier hielten ihre Schwerter gezückt und als sie dasselbe Spektakel sahen, das mich in seinen Bann schlug, hielten sie an. Aber die Schwarzen, die Mulatten und alles, aus dem sich die Masse zusammensetzt, schrien: „Tod dem Vizekönig und denen, die ihn verteidigen!" Und die Indios: „Tod den Spaniern und den *Gachupines* (das sind die, die aus Spanien kommen), die uns unseren Mais wegessen!" Und sie feuerten sich gegenseitig an, Mut zu haben, weil es nun keinen Cortés mehr gebe, der sie unterwerfe; so stürzten sie sich auf die *Plaza*, um den anderen beizustehen und Steine zu werfen. „Ach, meine Herren", so sprachen die Indias zueinander in ihrer eigenen Sprache, „lasst uns mit Freude in diesen Krieg ziehen, und wenn Gott will, dass die Spanier darin ausgelöscht werden, macht es nichts, wenn wir ohne Beichte sterben! Ist dies nicht unser Land? Was wollen dann die Spanier darin? [...]"

Da sie mit ihren Steinwürfen nichts erreichten, außer ihre Arme ohne irgendeine Wirkung zu ermüden, entschieden sie sich, den Palast [des Vizekönigs] an allen Seiten in Brand zu stecken. Da es mit dem Riedgras und den Palmblättern, aus denen die Marktstände und Hütten bestanden, mehr als genug Material dafür gab, begannen allein die Indios und Indias sie zu zerstören und Haufen aufzurichten, die sie vor die Tore des Palastes schoben und anzündeten. Dies geschah binnen eines Augenblicks. Das Feuer begann – warum, weiß ich nicht – beim zweiten Stand, der nahe der Palastbrücke war, ohne auf die anderen überzugreifen. Da nur Zucker darin war, waren die Flammen sofort groß und heftig.

[Sigüenza y Góngora beschreibt, wie die Menge auch noch die Einrichtungen des Stadtrats und Haus und Kutsche des *Corregidors* zerstört.]

[...] Auf dem ganzen Platz hörte man nichts als: „Hoch lebe das heilige Sakrament!" „Hoch lebe die Jungfrau von Rosario!" „Hoch lebe der König!" „Hoch leben die *Santiaguinos*!" „Hoch lebe der *pulque*!" Aber zu all diesen Ausrufen [...] fügten sie hinzu: „Tod dem Vizekönig!" „Tod der Vizekönigin!" „Tod dem *Corregidor*!" All dies wurde nicht nur so einfach gerufen, wie ich es hier niederschreibe, sondern unter Hinzufügung derart schamloser Bemerkungen, Schimpfnamen und Flüche gegen diese Fürsten, dass mir scheint, dass vernünftige Wesen nie zuvor derartiges geäußert haben. In dieser Sünde starben sie alle; das weiß ich sehr gut, denn ich war ja mittendrin; aber nur die Indios starben in der Sünde, die Gebäude des Stadtrats, der Verwaltung und den Palast verbrannt zu haben. [...]

Ich habe schon gesagt, dass die *Zaramullos* die Indios [von Anfang an] begleiteten. [...] Sie konnten keine bessere Gelegenheit als diese finden, etwas zu bekommen, mit dem sie nicht nur ein paar Tage, sondern jahrelang genug zu essen und zum Glücksspiel hätten. Und, während die Indios Feuer legten, begannen sie [die *Zaramullos*] (wie jemand, der durch lange Anwesenheit auf der *Plaza* genau weiß, welches die am besten bestückten Geschäfte sind) damit, die Türen und Dächer, die sehr schwach waren, aufzubrechen und sich mit den Waren und dem Geld zu beladen, das sie dort fanden.

Es schien den Indios, die dies ohne Zweifel beobachteten, nicht, dass sie besonders gut dabei abschneiden würden, wenn sie sich nicht an einem solch ansehnlichen Raub beteiligten. Und sie schlossen sich den *Zaramullos* und all den anderen Mulatten, Schwarzen, *Chinos*, Mestizen, *Lobos* und abgrundtiefbösen Spaniern – *Gachupines* und Kreolen gleichermaßen – an, die auch da waren. Und sie stürzten sich alle auf Geschäfte, in denen es Eisen und Eisengegenstände gab, um sowohl Äxte und Stangen, mit denen weitere Geschäfte aufgebrochen werden sollten, als auch Macheten und Messer zu bekommen, mit denen sich die bewaffneten, die noch keine hatten. Von diesem Punkt an erinnerten sich diese Leute weder an die Schamlosigkeiten, die sie gerufen hatten, noch erinnerten sich die Indios und Indias daran, das Feuer an den städtischen Gebäuden und am Palast zu schüren oder um Mais zu schreien, weil sie nun nicht genug davon bekommen konnten zu rauben.

[...] Es offenbarte sich mir eine Ansicht, die in etwa so war, wie die von Troja gewesen sein muss, als die Griechen es niederbrannten.

Carlos Sigüenza y Góngora, Alboroto y motín de los indios de México, in: ders., Seis obras, hrsg. von Irving A. Leonard und William G. Bryant, Caracas 1984, S. 123-127.

7. Kirche und Mission

In Politik, Wirtschaft und Kultur, kurz: in allen Lebensbereichen war der Einfluss der katholischen Kirche in den iberischen Reichen wichtig. Kreolische Elemente machten sich dabei im 17. Jahrhundert immer stärker bemerkbar. Einerseits hatten sich die Utopien der Anfangsphase aufgelöst, und es begann eine Ära kirchlicher Routine in Amerika. Bis 1700 entstand ein dichtgeknüpftes Netz von Erzdiözesen, Pfarreien, Klöstern, Schulen, Universitäten, Bruderschaften, Hilfsorganisationen, christlichen Indiodörfern, Missionen, usw. Andererseits ergaben sich auch neue Ansätze gerade im Bereich der Mission. Diese zentrale Herausforderung für die kirchliche Tätigkeit in Amerika blieb in diesem Zeitraum eine Aufgabe, die keineswegs gelöst wurde. So überlebten indigene und afrikanische Formen von Religiosität, blieben allerdings ebenfalls nicht unberührt vom Kulturkontakt und veränderten sich. Die „geistliche Eroberung" Amerikas war im 17. Jahrhundert noch längst nicht abgeschlossen.

7.1 Kirchenbau als Gemeinschaftsaufgabe (1678)

Vielerorts wurden die älteren einfachen Missionskirchen durch prächtige barocke Kathedralen ersetzt. Das Gemälde des guatemaltekischen Kreolen Antonio Ramírez aus dem Jahr 1678 (Privatbesitz, Mexiko) zeigt den im Bau befindlichen Dom von Santiago de los Caballeros, das heutige Antigua, der kolonialzeitlichen Hauptstadt von Guatemala:

Abb. 45: Bau des Domes von Santiago de los Caballeros, Guatemala, aus: Richard L. Kagan, Urban Images of the Hispanic World, 1493-1793, New Haven 2000, S. 139.

7.2 Die Inquisition in Mexiko-Stadt (1603)

Im spanischen Amerika, nicht aber in Brasilien wurden ab 1569 drei Inquisitionstribunale eingerichtet. Ihre Aufgabe war es vor allem, die Einhaltung der Gebote des Glaubens und der Moral zu überwachen. Der folgende Text ist die Urteilsbegründung für ein Autodafé in Mexiko-Stadt vom 20. April 1603:

[...] 3. Jerónima de Quesada, ein elfjähriges Mädchen von der Insel Gran Canaria: Sie hat, von ihrer Mutter Bernardina de Perdomo überredet, gegen einen gewissen Mann einen falschen Schwur abgelegt und behauptet, sie habe ihn sagen hören, es sei keine Sünde, wenn jemand in wilder Ehe lebt. Gott Vater habe ja auch mit Unserer Lieben Frau so gelebt, die keine Jungfrau sei, da sie kraft des Mannes empfangen habe. Weiterhin hat sie auf Gott geflucht, ein Gnadenbild zertreten, und die Lehre, unser Herr Jesus Christus habe gelitten, als Erfindung der Menschen und als Lüge abgetan. *Auto:* Büßermütze [*coroza*] wegen falscher Zeugenaussage, vierjährige Haft zwecks Erlernung guter Sitten. Keine weiteren Strafen wegen ihres zarten Alters. [...]
12. [Luis Mimbreno hat behauptet, wenn er die Absicht habe, sich mit einer ledigen oder verheirateten Frau zu versündigen, sei dies keine Todsünde.] *Auto:* einfaches Abschwören, Verbannung aus Mexiko-Stadt für genau vier Jahre, ebenso aus der Ortschaft Tecamachalco, wo er die besagten Irrtümer verkündete und verteidigte. Er erhielt keine weiteren Strafen, da er ein einfacher und hilfreicher Mensch war. [...]
18. Für Juana Magdalena, Mulattin aus den Bergen von Pabalcingo [...], ansässig in den Minen von Tetelan des Erzbischofs von Mexiko: Sie hat behauptet, die Kleriker, die die heilige Messe lesen, wollten sich nur betrinken und den Kelchwein bis zur Neige leeren. Nichts anderes tue man da, als ein wenig Brot essen und den Wein leer trinken. Weiterhin hat sie behauptet, es gebe keine Hölle und hat gestanden, dies geglaubt und Gegenteiliges für einen Witz gehalten zu haben. *Auto*: Bußgewand, Beschlagnahme des Vermögens, in Anbetracht ihrer geringen Auffassungsgabe und ihrer Unwissenheit Unterricht in den Dingen Unseres Heiligen Katholischen Glaubens an einem hierfür geeigneten Ort, Abnahme ihres Bußgewandes bei der Rückkehr vom Schafott. [...]
19. Francisco Hernández, Mulatte, von der Inquisition wiederholt wegen Gotteslästerung bestraft, Sklave von Francisco López Hidalgo, Gerber und Bürger von Mexiko: Er hat mit dem Teufel einen Pakt geschlossen, dessen Gestalt sich auf den Arm und den Namen Jesu voll Verachtung an die Füße der besagten Teufelsgestalt gemalt. So fluchte und lästerte er über ihn jedes Mal, wenn er ihn anschaute und zugleich die Teufelsgestalt ehrerbietig küßte. Für mächtiger als Gott hielt er nämlich den Teufel, der ihn bei der Ausübung seines Gewerbes, dem Kerzenverkauf, Unterstützung gewähren sollte. Dies tat er, obgleich er um die Allmacht Gottes und die seinem Glauben entgegengesetzte Haltung der Kirche wußte. *Auto*: Büßergewand, unerläßliche lebenslängliche Kerkerhaft, zweihundert Peitschenhiebe, vier Jahre unbezahltes Galeerenrudern, nach Ablauf der Galeerenzeit Verbüßung seiner Strafe in lebenslänglicher Kerkerhaft der Inquisition zu Sevilla. [...]
21. Pedro, Seemann aus der Stadt Argou in Flandern: Er hat der Sekte Calvins angehangen und dem widersprochen, daß der Papst das Haupt der Kirche sei und Vergebungen und Lossprechungen gewähren könne. Er hat Fleisch an den verbotenen Tagen gegessen und behauptet, man müsse seine Schuld allein vor Gott und nicht vor den Priestern bekennen. [...] Weiterhin hat er gesagt, die Unzucht mit Tieren und der bloße Geschlechtsverkehr sei keine Sünde, sondern allein der Ehebruch. Er hat mit Erdklumpen und Brotstücken ein Kreuz beworfen und geschändet und hat zudem beabsichtigt, zu flüchten und über China in seine Heimat zurückzukehren, um seinen sektiererischen Glauben ausüben zu können. *Auto*: Kerze, Strick, Bußgewand und unwiderruflich lebenslange Kerkerhaft, Beschlagnahme des Vermögens, zweihundert Peitschenhiebe, zwei Jahre Galeere und nach dieser Zeit Verbüßung seiner Strafe in lebenslänglicher Kerkerhaft der Inquisition zu Sevilla. [...]

22. Rodrigo del Campo, königlicher und öffentlicher Amtsschreiber von Mexiko, gebürtig aus dem Städtchen Quintanar, vom Orden im Königreich Toledo im Priorat von Urles, [...] Kaufmann und Bürger der besagten Stadt, wiederversöhnt wegen Befolgung des mosaischen Gesetzes,[8] von der Gattung und Generation der Neuchristen und von jüdischer Abstammung: Er hat das besagte Gesetz, unterrichtet von seinen Eltern, vom elften bis zum achtzehnten Lebensjahr befolgt und hat seine Riten und Zeremonien in Erwartung des Messias durchgeführt, indem er die Sabbate einhielt, saubere Hemden anzog, Gebete und Psalmen sprach, Waschungen und andere Zeremonien vollzog, die seine Frömmigkeit gestaltete. Darüber legte er ein umfangreiches und zufriedenstellendes Bekenntnis beim ersten Verhör ab, dem er unterzogen wurde. *Auto*: Gewand der Versöhnung, Konfiszierung des Vermögens und Abnahme des besagten Gewandes bei der Rückkehr vom Schafott.

Eberhard Schmitt (Hrsg.), Dokumente zur Geschichte der europäischen Expansion, Bd. 5, Wiesbaden 2003, S. 329-334.

7.3 Naturkatastrophe und Frömmigkeit in Cuzco (1650)

Naturkatastrophen wie das verheerende Erdbeben von Cuzco vom 31. März 1650 waren in Teilen Amerikas eine ständige Bedrohung und gaben Anlass zu den unterschiedlichsten Formen der Volksfrömmigkeit. Dieses Votivgemälde (Kathedrale von Cuzco) gab der Spanier Alonso de Monroy – im Bild unten rechts – bei Diego Quispe in Auftrag:

Abb. 46: Kathedrale von Cuzco, aus: Richard L. Kagan, Urban Images of the Hispanic World, 1493-1793, New Haven 2000, S. 179.

7.4 Die Idealvorstellung: Eine Indioreduktion in Guatemala (ca. 1680)

Dieses Gemälde (Museo de América, Madrid) eines anonymen Künstlers circa aus dem Jahr 1680 zeigt die Franziskaner-Reduktion San Pedro de Alcántara in Guatemala:

Abb. 47: Franziskaner-Reduktion San Pedro de Alcántara, Guatemala, aus: Richard L. Kagan, Urban Images of the Hispanic World, 1493-1793, New Haven 2000, S. 38.

7.5 Die Spanier als schlechtes Vorbild (1615)

Nach der Chronik von Guamán Poma – wie in den Augen vieler anderer zeitgenössischer Beobachter – waren die Spanier – und zwar Laien und viele Geistliche gleichermaßen – ein schlechtes Vorbild und behinderten dadurch die Missionsbemühungen:

Hier siehst du, Christenmensch, das ganze gute und böse Gesetz. Nun, christlicher Leser, teile in zwei Teile, das Böse, tu es zur Seite, damit es zur Strafe werde, und mit dem Guten diene Gott und seiner Majestät.

Christlicher Leser, hier siehst du das ganze christliche Gesetz, denn ich habe weder Indios gefunden, die so gierig nach Gold und Silber sind, noch einen, der hundert Pesos schuldet, noch Lügner, noch Spieler, noch Faulenzer, noch Huren, noch Schufte, noch daß sie sich gegenseitig etwas wegnehmen.

Ihr dagegen habt alle Laster und lebt in Ungehorsam gegen Vater und Mutter und Prälat und König, und wenn ihr Gott verleugnet, so verleugnet ihr ihn ohne den Schatten eines Zweifels. Alles habt ihr, und alles lehrt ihr die armen Indios. Ihr sagt, wenn ihr euch gegenseitig schröpft, und viel mehr noch die armen Indios, sagt ihr, daß ihr es zurückgeben werdet. Ich sehe nicht, daß ihr es im

Leben noch im Tode zurückgebt. Mir scheint, Christenmensch, daß ihr alle auch zur Hölle verdammt seid. Seine Majestät ist ein so großer Heiliger, daß er allen Prälaten und Vizekönigen die armen Eingeborenen anempfiehlt, doch selbst die Prälaten, die weit über das Meer die Gunst zu den armen Indios bringen sollen, handeln, sobald sie an Land gegangen sind, wider die armen Indios unseres Herrn Jesus Christus.

Erschrecke nicht, christlicher Leser, darüber, daß die althergebrachten Götzendienste und Irrlehren die alten Indios in die Irre geführt haben, denn sie verfehlten den wahren Weg als Heiden, so wie die Spanier auch Götzen hatten, [...] und so weinten auch die Indios als Barbaren und Heiden um ihre Götzenbilder, als man sie ihnen zur Zeit der Eroberung zerschlug.

Und ihr habt euren Besitz und euer Silber auf der ganzen Welt zu Götzenbildern.

Felipe Guamán Poma de Ayala, El primer nueva crónica y buen gobierno, hrsg. von John V. Murra, Rolena Adorno und Jorge L. Urioste, Bd. 1, Mexiko 1987, S. 370-372 [fol. 367]. Übersetzung nach Emir Rodríguez Monegal (Hrsg.), Die Neue Welt: Chroniken Lateinamerikas von Kolumbus bis zu den Unabhängigkeitskriegen, Frankfurt/M. 1982, S. 215.

7.6 Indigene Religiosität und ihre Bekämpfung (1621)

Der Bericht des Jesuiten Pablo José de Arriaga (Extirpación de la Idolatría del Perú) war Teil der Kampagne zur Ausrottung des Götzendienstes, die seit ca. 1610 im Andenraum wieder eifrig betrieben wurde. Arriaga beschrieb die religiösen Praktiken der Indios in Peru sehr genau und stellte dann Richtlinien zu ihrer Bekämpfung in Form von Generalvisitationen auf:

Vielerorts (besonders im Gebirge) beten sie [die Indios] die Sonne an unter dem Namen *Punchao*, was soviel wie Tag bedeutet, und auch unter ihrem eigenen Namen *Inti*. Auch den Mond, der *Quilla* heißt, und andere Sterne, besonders *Oncoy* (das ist das Siebengestirn). Im Gebirge ist es sehr geläufig, *Libiac*, den Blitz, anzubeten, und so benutzen viele den Namen und Familiennamen von *Libiac* oder *Hillapa*, was auf dasselbe hinausläuft. Diese Dinge beten sie nicht alle Tage an, sondern zu bestimmten Zeiten, in denen sie ihnen Feste widmen, und wenn sie sich in irgendeiner Hinsicht bedürftig oder krank fühlen oder eine bestimmte Reise zu machen haben, dann erheben sie die Hände, zupfen sich die Augenbrauen und pusten sie in die Höhe, dabei sprechen sie zur Sonne oder zu *Libiac*, nennen ihn ihren Schöpfer und Gott und bitten ihn, er möge ihnen zu Hilfe kommen. Auf dieselbe Weise rufen sie *Mamacocha*, das Meer, an; das tun alle, die vom Gebirge in die Ebenen kommen, um sie zu sehen, und sie bitten sie insbesondere darum, daß sie sie nicht erkranken lassen möge, daß sie rasch und gesund und mit Geld von der *Mita* zurückkehren, und dabei fehlen nicht einmal die Allerjüngsten. Auch *Mamapacha*, der Erde, erweisen sie die Ehre, besonders die Frauen zur Zeit der Aussaat, dann sprechen sie mit ihr, sie möge ihnen reiche Ernte schenken, dazu vergießen sie *Chicha* und gemahlenen Mais; das tun sie selbst oder durch ihre Zauberer. [...]

Viele Jahre ist es her [...], daß ein Pater vom hl. Dominikus durch diese Provinz zog; unter den Alten lebt noch die Erinnerung und Kenntnis von ihm; er hieß Fray Francisco (andere nennen ihn Miguel) Cano, der viele *Huacas* entfernte und verbrannte. Mancherorts, so haben wir herausgefunden, verehrten sie die Namen der verbrannten *Huacas* und andernorts die Stücke der *Huacas*, die man nicht verbrennen konnte; und so ist man sehr darauf bedacht, daß all das, was das Feuer übrig läßt, dort versteckt wird, wo es nicht mehr gefunden werden kann. [...] Andernorts wirft man sie heimlich in die Flüsse, und es erweist sich als notwendig, sie mit großer Vorsicht zu zerstreuen, sie einzugraben oder sie dort zu verstecken, wo es die Indios weder sehen noch bemerken können. Dies wird wohl sehr viel Mühe kosten, und man darf keinem Indio trauen, wenn er auch noch so gut und treu ist. Denn man hat verläßlich erfahren, daß die Indios von Huaylas [...] bis zur Brücke von Lima kamen, um rituelle Verbeugungen zu machen, weil man dort einige der *Huacas* in den Fluß geworfen hatte, die ihnen von Fray Francisco Cano fortgenommen worden waren. [...]

Nachdem die Visitation abgeschlossen ist, die in diesem Dorf bezüglich besagten Götzendienstes durchgeführt wurde, damit in demselben die Gelegenheit beseitigt werde, in diesen zurückzufallen, und so der Beleidigung unseres Herrgotts Einhalt geboten werde, hat er durch die Abordnung des Ehrwürdigsten Herrn N.N. dazu folgende Richtlinien erlassen und befohlen:

Zum ersten: Wenn von jetzt an irgendein Indio oder irgendeine India in den Götzendienst zurückfiele, Huacas anzubeten, Berggipfel oder den Blitz, die Sonne, den Mond und die Sterne, oder irgendwelche der alten Zeremonien vollzöge, so soll der Vikar oder Pfarrer der Glaubensschule die Angelegenheit schriftlich festhalten, sie verfahrensreif machen und an den Ehrwürdigsten Herrn N. N.[...] oder an seinen Provisor senden, und zwar mit den Beschuldigten, damit er sie verurteile; darum ist es von Vorteil, daß Seine Ehrwürdigste Gnaden die Rückfälligen kennt, um die angeratenen Mittel zu ergreifen; und wenn der Rückfällige ein erwiesener Zauberer des Götzendienstes wäre, so wird man diese Anordnung mit besonderer Sorgfalt beachten.

Desgleichen soll sich von jetzt an kein Indio und keine India mehr mit Namen von Huacas oder nach dem Blitz nennen, und es soll sich auch niemand mehr Curi, Manco, Misa, Chacpa, noch Libiac, noch Santiago [der Blitz wurde auch so genannt], höchstens Diego nennen können; gegen denjenigen aber, der sein Kind mit einem dieser Namen versieht, werden hundert Peitschenhiebe in der Öffentlichkeit verhängt werden; und der Pfarrer oder Vikar dieser Glaubensschule wird gegen ihn wie gegen einen rückfälligen Götzendiener vorgehen. Denjenigen aber, die sich bisher mit irgendwelchen jener Namen benannt haben, befehle ich, diese abzulegen und sich zu bequemen, andere Zunamen von den Spaniern oder nach den Heiligen anzunehmen.

Desgleichen soll der von diesem Dorf unterhaltene Pfarrer besonders darauf bedacht sein, die *Mingas* zu stören, welche die Indios zur Zeit der Aussaat trinkend und tanzend veranstalten, von welchen außerordentliche Beleidigungen Gottes, unseres Herrn, ausgehen etc. Er wird mit aller Sorgfalt darauf bedacht sein, daß bei diesen Mingas die Beteiligten zu essen haben, nicht aber in dem bisher geschehenen frevelhaften Exzeß trinken können. [...]

Desgleichen soll der Pfarrer dieses Dorfes die Maßnahmen genauestens überwachen, die der hervorragendste aller Könige gegen die Besäufnisse und die *Chicha* [...] verabschiedet hat. Darin liegt nämlich das wirksamste Mittel zur Zerstörung der Götzendienerei, mit allen Mitteln der Strenge und Strafe sowie unter Predigt und Belehrung die Besäufnisse unter den Kaziken auszumerzen. So soll verboten werden, daß man während der Mingas, zu Ostern und an den Tagen der Anbetung, in den Dörfern öffentliche und geheime Versammlungen abhält, bei denen sich die Indios betrinken; ebenfalls sollen die Indios, die sich betrinken, streng und in der Öffentlichkeit bestraft und es sollen auch den Kaziken gegenüber die vorgesehenen Strafen verhängt werden, auf daß sie sich bessern und dem guten Beispiel der anderen Indios folgen.[...]

Ebensowenig sollen in Zukunft die Indios dieses Dorfes irgendwelche gekochten oder gebratenen Sachen auf die Gräber ihrer Verstorbenen legen, was einem verbreiteten Irrtum der Indios entspricht, in dem sie bis auf den heutigen Tag verharren. Sie glauben nämlich, daß die Seelen der Verstorbenen essen und trinken. Der Pfarrer dieses Dorfes soll ganz besonders aufmerksam darauf achten, daß die Kirchentüren gut verschlossen, beaufsichtigt und bewacht sind, sowie darauf, daß die Schlüssel nur Vertrauenspersonen ausgehändigt werden. Die Erfahrung hat nämlich gezeigt, daß sie die Leichname der verstorbenen Christen exhumieren und sie aus den Kirchen zu den Grabstätten ihrer heidnischen Vorfahren fortschleppen. Gegen den Zuwiderhandelnden wird man wie gegen einen rückfälligen Götzendiener vorgehen.

Desgleichen sollen in Zukunft kein Indio und keine India mehr ihrem Kind in den bisher veranstalteten Zeremonien das Haupthaar, das sie *Huarca* nennen, schneiden. Indio oder India, die ein Kind mit solchem Haar haben, sollen es dem Pfarrer präsentieren, damit der es durch einen seiner Helfer schneiden lasse und damit der Zeremonie zuvorkommt. Zuwiderhandelnde werden mit hundert Peitschenhieben bestraft. [...]

Mariano Delgado (Hrsg.), Gott in Lateinamerika. Texte aus fünf Jahrhunderten, Düsseldorf 1991, S. 218-224.

7.7 Mission bei den Guaraní (1698)

In vielen Regionen im Hinterland fing die Mission im 17. Jahrhundert überhaupt erst an. In seinen 1698 gedruckten „Reisebeschreibungen" berichtete der Jesuit Anton T. Sepp von Rechegg von der Arbeit in den „Reduktionen" der Guaraní-Indios in der Jesuitenprovinz Paraguay:

Diese Dörfer liegen [...] fast alle oben auf einem Hügel an den sehr fischreichen Flüssen Uruguay oder Paraná. Sie zählen je nach Stärke der Völkerschaft, Familien oder Behausungen sieben-, acht-, neunhundert, viele sogar tausend und mehr Familien. Unter einer Familie versteht sich: Vater und Mutter, Tochter und Sohn samt allen Kindern. So kommen sieben-, acht- oder noch mehr tausend Seelen auf ein Dorf, denn die Indios sind sehr fruchtbar. Das Dorf hat bei der Kirche einen überaus großen, schönen Platz zum Promenieren, der vierhundert Fuß breit und ebenso lang ist. Die Häuser werden an breiten Straßen verteilt wie in den Städten Europas, doch mit diesem großen Unterschied: Sie sind sehr niedrig, und die Indios wohnen darin ganz ohne Estrich oder hölzernen Boden auf der nackten Erde. Die Mauern bestehen nicht aus Steinen, sondern aus gestampfter Erde. Das Dach ist mit Stroh bedeckt [...]. Weder Fenster noch Rauchfang oder Kamin haben die Häuser und sind deshalb kohlschwarz und den ganzen Tag voller Rauch, so daß ich, wenn ich meine Kranken besuche, [...] wegen des Rauches schier ersticken muß und mir neulich die Augen vierzehn Tage lang dermaßen wehgetan, gebrannt oder geträNt haben, daß ich vermeinte, das Augenlicht zu verlieren. Aber drinnen in den Häusern – wo ist da die Stube? Wo die Schlafkammer? Wo die Küche? Der Keller? Die Brotkammer? Wo das Brot in der Speisekammer, wo die Töpfe und die zinnernen Schüsseln in der Küche, wo das Bett im Schlafzimmer? Alles dies ist bei den Indios in einem Raum zusammen. Sie brauchen nicht weit von der Kammer in die Stube zu gehen, der Keller ist ein ausgehöhlter Kürbis; in diesem holen sie Wasser aus dem Fluß und trinken daraus. Das Bett dessen, der reich ist [...], ist ein geflochtenes langes Fischernetz aus Palmfasern, das zwischen zwei Bäumen hängt. Diejenigen, die sich dieses nicht leisten können, liegen auf einer Tiger- oder Kuhhaut auf dem nackten Boden. [...]

Doch [ungeachtet der unerträglichen Gerüche in den engen Hütten] muß einer täglich bis zu zwanzig oder dreißig Bettlägerige und Alte in einem solchen Palast aufsuchen: ihnen die Sakramente geben, den Sterbenden beistehen, den Hausvater und die Hausmutter trösten. So sind diese Besuche. Wahrlich, wahrlich, ehrwürdige Patres, geliebte Brüder, in diesen armen, verlassenen Indios finde ich wirklich meinen armen, leidenden Jesus. Hier wird mein Herz mit unaussprechlichem Trost erfüllt, so oft ich in dergleichen Krippe meines Herrn Jesu hineingehe. Hier zerfließt meine Seele, wenn ich diese armen Tröpfe aufsuche und ansehe; [...] ich habe in Europa viele sterben gesehen, auch Geistliche, aber sehr wenige wie diese. Es ist nicht zu beschreiben, mit welch einem Frieden, welcher Ruhe des Gewissens, Sittsamkeit des Leibes und der Seele diese dahinscheiden. [...] Mit einem Wort, es scheint unter der Sonne kein Geschlecht zu geben, das so sittsam und ruhig das Zeitliche segnet als diese von der Welt verachteten und verlassenen armen, einfältigen Indios.

Es wird mich hier aber einer fragen: Mein Pater Antonio, wenn dies so ist, wie ich es gern glauben will, denn du hast es mit eigenen Augen gesehen, wogegen sündigen dann die Indios? Eine fürwitzige Frage, die ich dennoch beantworten will. [...] Wenn ein Mädchen das 14. oder 15. Jahr und der Knabe das 16. Jahr erreicht, ist es schon Zeit für die heilige Ehe. Und wir warten auch deshalb nicht länger, alles Übel hiermit zu verhüten: Keiner Indiofrau wird deshalb erlaubt, einige Jahre im Jungfrauenstand zu verbleiben. Und desgleichen auch die Knaben, denn diese sind, wie schon die ersten Missionare erfuhren, wenn sie in die Jahre gekommen sind, nicht zu halten. [...]

Emir Rodríguez Monegal (Hrsg.), Die Neue Welt: Chroniken Lateinamerikas von Kolumbus bis zu den Unabhängigkeitskriegen, Frankfurt/M. 1982, S. 319-322.

7.8 Die Jungfrau von Guadalupe (ca. 1653)

Eine sehr wichtige Form der Frömmigkeit war die Marienverehrung, bei der indianische Kulte und Riten integriert wurden. Ein gutes Beispiel ist die Verehrung der Jungfrau von Guadalupe in Mexiko. Das Gemälde (Basilica de Guadalupe, Mexiko) wurde von prominenten Kreolen 1653 in Auftrag gegeben:

Abb. 48: Die Jungfrau von Guadalupe, aus: Richard L. Kagan, Urban Images of the Hispanic World, 1493-1793, New Haven 2000, S. 164f.

8. Kulturen und Identitäten

Versteht man unter Kultur nicht nur eine „Hochkultur" der Oberschichten, sondern die symbolischen Ausdrucksformen, mit denen Menschen aller sozialen Schichten ihrem Leben Sinn und Bedeutung verleihen, dann wird deutlich, dass in Amerika unterschiedliche indigene, europäische und afrikanische Elemente zusammenflossen und dadurch Neuartiges hervorbrachten. Die amerikanische Besonderheit lag in der Mischung. Die Menschen in Amerika wurden sich im 17. Jahrhundert dieser Eigenart zunehmend bewusst.

8.1 Volksfest in Mexiko (17. Jh.)

Öffentliche Feste waren in der kolonialen Gesellschaft sehr häufig. Das anonyme Gemälde mit dem Titel „El palo volador" (Museo de América, Madrid) aus Mexiko im 17. Jahrhundert, Teil einer zehnteiligen spanischen Wand, zeigt ein Dorffest mit typisch indigenen Vergnügungen:

Abb. 49: Indianisches Volksfest in Mexiko, aus: Gold und Macht: Spanien in der Neuen Welt, Rosenheim 1987, S. 147.

8.2 Fronleichnam in Cuzco (1680)

Religiöse Feiertage gaben der indigenen Bevölkerung eine Gelegenheit zur öffentlichen Selbstdarstellung wie in diesem Gemälde (Museo de Arte Religioso, Cuzco) eines unbekannten Malers aus Cuzco:

Abb. 50: Fronleichnam in Cuzco, aus: Richard L. Kagan, Urban Images of the Hispanic World, 1493-1793, New Haven 2000, S. 182.

8.3 Der Durst nach Wissen: Schwester Juana de la Cruz (1691)

Eine der bedeutendsten gelehrten Persönlichkeiten Amerikas war die in Mexiko unehelich geborene Juana Ramírez de Asbaje, besser bekannt unter ihrem Ordensnamen Sor [Schwester] Juana Inés de la Cruz (1648/51-1695). In ihrem berühmten Brief „Antwort an Schwester Filotea" (ein Pseudonym, hinter dem sich der Bischof Fernández de Santa Cruz verbarg) vom 1. März 1691 beschrieb sie ihren Lebensweg:

Nicht aus eigenem Antrieb habe ich geschrieben, sondern weil andere mich bedrängten. [...] Ich werde niemals abstreiten (zum einen, weil es allen bekannt ist, zum anderen, weil Gott mir [...] große Wahrheitsliebe gab), daß, seit mich der erste Strahl der Vernunft traf, die Liebe zu den Wissenschaften so gewaltig und mächtig war, daß weder Vorwürfe anderer [...] noch eigene Gedanken [...] genügten, mich von diesem natürlichen Drang, den Gott mir gab, abzubringen. Seine Majestät weiß warum und wozu: Er weiß auch, daß ich Ihn gebeten habe, er möge das Licht meines Verstandes auslöschen und mir nur soviel lassen, wie genügt, um Sein Gesetz zu befolgen; denn alles andere ist, wie manche sagen, bei einer Frau überflüssig. Einige meinen sogar, daß es zum Verderben führt. Seine Majestät weiß auch, daß ich, als meine Bitten vergeblich blieben, versucht habe, zusammen mit meinem Namen auch meinen Verstand zu begraben und ihn dem zu opfern, der ihn mir gab. Nur aus diesem Grund bin ich in den Orden eingetreten, obwohl die geistlichen Übungen und das Gemeinschaftsleben für die Ungezwungenheit und Ruhe, die meine Studien erfordern, hinderlich waren. Die Anstrengung, die ich unternommen habe, nach meinem Eintritt ins Kloster meinen Namen zu verbergen, allein Gott kennt sie und auf der Welt nur der, der sie kennen sollte [*ihr Beichtvater*], und der gab mir keine Erlaubnis und sagte, es sei Versuchung. Und ich glaube, die war es wohl auch. Wenn ich, gnädige Frau, etwas von meiner Schuld Euch gegenüber abtragen könnte, so nur, wie mir scheint, indem ich Euch davon Mitteilung machte; denn bis jetzt ist noch kein Wort darüber aus meinem Mund gedrungen, außer für den, für den es entweichen mußte. Da ich die Pforten meines Herzens weit geöffnet habe, um Euch seine versiegelten Geheimnisse zu offenbaren, sollt Ihr vor allem wissen, daß dies dem Vertrauen, das ich Eurer verehrungswürdigen Person und den außergewöhnlichen Gunsterweisungen schuldig bin, nicht entgegensteht. [...]

Ich erinnere mich, daß ich damals – obwohl ich naschhaft war, wie Kinder in diesem Alter zu sein pflegen – aufhörte, Käse zu essen, weil mir zu Ohren gekommen war, er mache dumm; das Verlangen zu wissen war größer als das zu essen, obwohl die Eßlust bei Kindern doch so stark ist. Als ich sechs oder sieben Jahre alt war und schon lesen und schreiben konnte und auch die Hand- und Näharbeiten, die man den Mädchen beibrachte, beherrschte, hörte ich, daß es in der Stadt Mexiko eine Universität und Schulen gab, an denen man die Wissenschaften studieren konnte. Kaum hatte ich davon erfahren, begann ich meine Mutter mit lästigen Bitten und ständigem Betteln zu bedrängen, meine Kleider gegen Knabenkleider auszutauschen und mich in die Hauptstadt zu ihren Verwandten zu schicken, damit ich die Universität besuchen könne. Sie gab nicht nach und tat gut daran. Ich aber stillte mein Verlangen, indem ich zahlreiche Bücher über verschiedene Themen aus der Bibliothek meines Großvaters las, ohne daß Strafen und Rügen mich davon abhalten konnten. Als ich dann nach Mexiko kam, staunte man weniger über meinen Verstand als vielmehr über mein Gedächtnis und die Kenntnisse, die ich in einem Alter besaß, in dem ich doch kaum Zeit gehabt zu haben schien, sprechen zu lernen.

Ich begann Latein zu lernen und glaube nicht, daß ich mehr als zwanzig Unterrichtsstunden darin erhielt. Meine Lernbegierde war so brennend, daß ich mir das Haar, das doch bei Frauen – besonders in der blühenden Jugend – ein so schätzenswerter natürlicher Schmuck ist, um drei oder sechs Finger breit abschnitt, nachdem ich vorher abgemessen hatte, wie lang es war, und mir selbst das Gebot gab, es noch einmal abzuschneiden, wenn es auf die gleiche Länge gewachsen wäre, bevor ich dies oder jenes wußte, was zu wissen ich mir vorgenommen hatte, aus Strafe für meine Dummheit. Und so geschah es: Das Haar wuchs, und ich wußte noch nicht, was ich mir vorgenommen hatte, denn das Haar wuchs schnell, und ich lernte langsam. Ich schnitt es mir wirklich, um mich zu bestrafen, denn mir schien, daß ein Kopf nicht mit Haaren geschmückt zu sein verdiente, der bar allen Wissens war, das für mich ein weit erstrebenswerteres Gut bedeutete. Ich trat ins Kloster ein, obwohl ich wußte, daß dieser Stand Dinge [...] mit sich brachte, die meinem Charakter widersprechen mußten. Aber da ich eine tiefe Abneigung gegen den Ehestand hatte, schien jener diesem gegenüber weniger große Nachteile mit sich zu bringen. Er war die angemessenere Wahl, um mein Seelenheil, das zu erlangen ich erstrebte, mit größerer Sicherheit zu gewinnen. Dieser letzten und wichtigsten Überlegung wichen und unterwarfen sich alle lästigen Launen meines Charakters: der Wunsch, allein zu leben, keine Verpflichtung zu haben, die die Freiheit meiner Studien beeinträchtigte, nicht den Lärm der Mitschwestern zu hören, der die friedliche Stille meiner Bücher störte. Ich schwankte etwas in meiner Entscheidung, bis ich mit Hilfe gelehrter Personen erkannte, daß ich einer Versuchung erlegen war. Mit Gottes Beistand besiegte ich sie und nahm den Schleier, dessen ich so unwürdig bin. Ich glaubte, mir entfliehen zu können, aber ich Armselige brachte mich selbst mit und mit mir meinen ärgsten Feind, diese Leidenschaft, von der ich nicht weiß, ob sie ein Geschenk oder eine Strafe des Himmels ist. Denn da sie durch die vielen geistlichen Übungen, die das Klosterleben mit sich bringt, unterdrückt oder behindert wurde, explodierte sie wie ein Pulverfaß. [...]

Es werden mehr Kenntnisse verlangt, als die glauben, die mit mageren Lateinkenntnissen oder vier Begriffen aus der Logik die Bibel auslegen wollen und sich an das „Lasset die Frauen schweigen in der Gemeinde“ klammern, ohne zu wissen, wie man den Satz zu verstehen hat. Und auch eine andere Stelle – „Eine Frau lerne in der Stille“ – ergreift eher Partei für die Frauen als gegen sie, denn sie befiehlt ihnen zu lernen, und daß sie während des Lernens schweigen müssen, versteht sich von selbst. [...]

Wenn das Übel darin liegen soll, daß eine Frau Verse macht, so hat man ja gesehen, wie viele sie in löblicher Weise angewandt haben, worin liegt es dann bei mir? Ich bekenne sogleich meine Verdorbenheit und Schlechtigkeit; aber ich behaupte, daß man keine ungebührliche Strophe von mir gesehen hat.

Sor Juana Inés de la Cruz, Die Antwort an Schwester Philothea, übers. von Hildegard Heredia, Frankfurt/M. 1991, S. 26-30, 62-63, 68.

8.4 Das Selbstverständnis des Guamán Poma de Ayala (1615)

Felipe Guamán Poma de Ayala hat mit seiner bereits mehrfach zitierten Chronik eines der wichtigsten Werke der Kolonialzeit hinterlassen. Die Sprache, die er benutzte, war eine Mischung aus dem kastilischen Spanisch der Eroberer und seiner Muttersprache Quechua. Guamán Poma zählte damit zu den kulturellen Mittlern zwischen den Welten:

Wer [außer mir] könnte einem so großen christlichen und katholischen Herrn wie Eurer Heiligen Katholischen und Königlichen Majestät schreiben oder zu ihm sprechen oder sich ihm nähern?

Und so habe ich geschrieben als Vasall Eurer Königlichen Krone und als Euer Ritter dieses Reiches der Indias der Neuen Welt und auch als Prinz, das heißt *auqui*, dieses Reiches, als Enkelsohn des zehnten Königs, Túpac Inca Yupanqui, und legitimer Sohn der Doña Juana – der Curi Ocllo Coya, das heißt einer Königin von Peru.

8.5 Der Mestize El Inca Garcilaso de la Vega an seine Leser (1609)

Der Autor wurde als Gómez Suárez de Figueroa 1539 in Cuzco geboren. Er war der Sohn des spanischen Hauptmanns Garcilaso de la Vega, der aktiv an der Eroberung Perus teilgenommen

Abb. 51: Selbstbildnis des Guamán Poma de Ayala mit seinem Sohn, seinem Pferd und zwei Hunden, aus: Felipe Guamán Poma de Ayala, El primer nueva crónica y buen gobierno, hrsg. von John V. Murra, Rolena Adorno und Jorge L. Urioste, Bd. 3, Mexiko 1987, S. 1198 (fol. 1128) [Text] und S. 1177 (fol. 1095) [Abb.]

hatte, und einer Inka-Prinzessin. Später nahm er den Nachnamen seines Vaters und den Künstlernamen „el Inca“ an, um die vornehme Abstammung mütterlicherseits zu betonen. Sein Vater erkannte ihn als legitimen Sohn an und vermachte ihm ein Erbe, durch das er 1560 nach Spanien übersiedeln konnte. Dort lebte er bis zu seinem Tod 1616 als wohlhabender Schriftsteller. Seine Geschichte der Inkas und der Eroberung Perus durch die Spanier mit dem Titel „Comentarios reales“ erschien erstmals 1609 in Lissabon:

Obschon gelehrte Spanier die Staaten der Neuen Welt wie die von Mexiko und Peru und anderer Reiche jener Heidenwelt beschrieben haben, sind deren Mitteilungen doch nicht so vollständig, wie sie sein könnten, was mir sonderlich bei den Dingen aufgefallen ist, die man über Peru geschrieben hat und von denen ich, da aus der Stadt Cuzco gebürtig, die in jenem Reich ein zweites Rom war, umfänglichere und klarere Kunde habe, als sie Schriftsteller bis heute geliefert haben. Zwar erwähnen sie viel Großes, das jener Staat besaß, doch sie beschreiben es so kurz, daß ich sogar Dinge, die mir ganz geläufig sind, (so wie sie sie darstellen) nicht richtig verstehe. Weshalb ich, von natürlicher Vaterlandsliebe getrieben, es unternommen habe, diese „Kommentare" zu schreiben, in denen klar und deutlich zu sehen sein wird, wie es vor den Spaniern in jenem Staat zuging, bei den Riten seiner untauglichen Religion, bei der Herrschaft, die seine Könige in Kriegs- und Friedenszeiten ausübten, und bei allem anderen, was sich von jenen Indianern sagen läßt, vom Niedersten des Vasallendienstes bis zum Höchsten der königlichen Krone. [...] Im Laufe der Geschichte bekennen wir die Wahrheit über sie und werden nichts von Bedeutung sagen, ohne es mit ebenjenen spanischen Historikern zu belegen, die es ganz oder teilweise behandelt haben; denn es ist nicht meine Absicht, ihnen zu widersprechen, vielmehr ihnen mit Kommentar und Erläuterung zu dienen sowie viele indianische Wörter zu dolmetschen, die sie als Fremdlinge in jener Sprache unrichtig gedeutet haben, wie man ausführlich im Verlaufe der Geschichte sehen wird, welche ich der Nachsicht dessen, der sie liest, anheim stelle, zu dem einzigen Zweck, dem christlichen Staat zu dienen, auf daß Unserem Herrn, Jesus Christus, und der Jungfrau Maria, seiner Mutter, gedankt werde, durch deren Verdienst und Fürsprache die Ewige Majestät geruht hat, so viele und so große Völkerschaften aus dem Abgrund des Götzendienstes zu reißen und in den Schoß ihrer römisch-katholischen Kirche, Unserer Mutter und Herrin, zu führen. [...]

El Inca Garcilaso de la Vega, Wahrhaftige Kommentare zum Reich der Inka, hrsg. von Ursula Thiemer-Sachse, Berlin 1983, S. 9-10.

8.6 Amerikanische Identitäten im 17. Jahrhundert?

Inwiefern ein Eigenbewusstsein der Amerikaner in Abgrenzung vom Mutterland sich schon im 17. Jahrhundert herausgebildet hatte, das dann Ende des 19. Jahrhunderts zur Grundlage der Unabhängigkeitsbewegungen werden sollte, ist in der Forschung umstritten, wie die Auszüge aus den Arbeiten von drei englischen Historikern zeigen:

Identität entwickelte sich in der spanisch-amerikanischen Welt auf unterschiedliche Art, in unterschiedlichen Perioden und in Reaktion auf unterschiedliche Ereignisse in den vielfältigen Kolonien. Die dort geborene, kreolische Elite in Mexiko und Peru [...] hatte schon um die Mitte des 17. Jahrhunderts eine klare Vorstellung der Zugehörigkeit zu einer Kultur, die in vielen – wenn auch noch nicht in allen – Aspekten unabhängig vom „Mutterland" war.

Anthony Pagden, Identity Formation in Spanish America, in: Nicolas Canny und Anthony Pagden (Hrsg.), Colonial Identity in the Atlantic World, 1500-1800, Princeton 1987, S. 51.

Im frühen 17. Jahrhundert kam der kreolische Patriotismus erstmals zum Vorschein. [...] Zu diesem Zeitpunkt wurden die Nachkommen der Eroberer und ersten Siedler von einer alles durchdringenden Furcht vor Enteignung heimgesucht, einem Gefühl, dass sie ihr Geburtsrecht verloren hatten, nämlich die Herrschaft über die Länder, die ihre Vorfahren für die Katholischen Könige gewonnen hatten. In dieser Epoche bestürmten die in Amerika geborenen Spanier die Krone mit der Bitte um die Ernennung zu den hohen Ämtern in Kirche und Staat. [...] Aber in den neuen Wellen von Einwanderern aus der [iberischen] Halbinsel sahen sich die Kreolen gewaltigen Rivalen gegenüber, deren Übernahme der Kontrolle im Handel und deren schnellen Erwerb von Reichtum und Ehren sie erbittert ablehnten. In dieser Zeit vertiefte sich die kreolische Nostalgie sowohl für die Epoche der Conquista als auch für die exotische Großartigkeit der indigenen Reiche.

David Brading, The First America: The Spanish Monarchy, Creoles Patriots, and the Liberal State, Cambridge 1991, S. 2.

Der Begriff Oligarchie wurde hin und wieder für die führenden Gruppen von Kreolen in Amerika verwendet. Aber er ist zu stark. Die Oligarchien in Spanien mit ihren vielen Adligen verfügten über eine Selbstsicherheit, die sich auf die tiefe Verbundenheit mit der Geschichte von Familie und Provinz stützte und die den Kreolen noch fehlte. Die in den Kolonien lebenden Menschen suchten ihr Selbstwertgefühl und ihre Vorstellungen von sozialem Wert letzten Endes noch in einem spanischen Rahmen; daher stammt zum Teil ihr Streben nach hohen Ämtern und Adelstiteln. Sie waren sich auch – wenngleich vielleicht in den meisten Fällen nur unbewusst – darüber klar, dass ihre Stellung vollkommen von der Herrschaftspräsenz Spaniens in Amerika abhängig war. Es gibt im Amerika des 17. Jahrhunderts nur einen kaum erkennbaren Schein von Separatismus – nichts, was man auch nur entfernt mit den Anschauungen Kataloniens oder irgendeiner anderen iberischen Region vergleichen könnte, die durch Kastiliens Forderungen und Vorhaben überlastet war. Die Untreue der Kreolen war darauf beschränkt, sich auf Kosten der Monarchie schadlos zu halten und die Regierung zu ihren eigenen Gunsten zu unterlaufen. Und die meisten hätten den Vorwurf der Treulosigkeit vehement zurückgewiesen, betrachteten sie doch ihre Gewinne als etwas, was ihnen zustand als Führungsschicht der Kolonialgesellschaft – der spanischen Kolonialgesellschaft.

Peter J. Bakewell, A History of Latin America: Empires and Sequels, 1450-1930, Oxford 1997, S. 221.

9. Das umkämpfte Amerika

Die internationale Lage Amerikas war im Wesentlichen geprägt durch zwei Faktoren: Erstens nahmen die Grenzkonflikte zwischen Portugal und Spanien in vielen Regionen zu. Zweitens unterliefen andere europäische Mächte die Monopolansprüche der iberischen Mächte aufgrund des lockenden Reichtums und der unzureichenden Verteidigung der riesigen Gebiete. Die Niederlande, England und Frankreich bemühten sich erfolgreich darum, ihren Teil der Beute zu erlangen. Amerika wurde zum Spielball europäischer Mächterivalitäten und zum Schauplatz für die Fortsetzung europäischer Kriege. Oft übernahmen halbstaatliche Handelskompanien oder auch Freibeuter, die sich allerdings nur schwer kontrollieren ließen, die Initiative im Auftrag der Regierungen. Im Lauf des 17. Jahrhunderts gingen die europäischen Rivalen dann vermehrt zu einem regelrechten Kolonialerwerb über und setzten sich langfristig in Amerika fest.

9.1 Die Expansion der Portugiesen bis ca. 1700

Die Karte zeigt das Ausgreifen der Portugiesen ins Hinterland bis Ende des 17. Jahrhunderts. Die Hauptstoßrichtungen waren das Amazonasgebiet im Nordwesten und das heutige Südbrasilien. Beide Regionen lagen jenseits der Grenzlinie von Tordesillas (Abb. 52).

9.2 Übergriffe auf die Indioreduktionen (1629)

Trotz der Personalunion zwischen Spanien und Portugal (1580-1640) kam es zu Rivalitäten in den Grenzregionen Amerikas. Dabei taten sich vor allem Bewohner São Paulos hervor, die „Bandeiras" in das Landesinnere unternahmen, um dort Indios zu versklaven. Eine Großexpedition dieser Art unter dem Befehl des António Rapóso Tavares griff 1628/29 auf die Jesuitenreduktionen über. Die Jesuiten Justo Mancilla und Simón Maseta begleiteten ihre versklavten Schützlinge nach São Paulo und berichteten dem König im Oktober 1629:

Vierzig Jahre lang haben die Einwohner von São Paulo die Gesetze des Königs, unseres Herrn verhöhnt und mißachtet und Gott beleidigt, ohne an die Bestrafung zu denken, die ihrer harrt. Fortwährend nehmen sie bei ihren Überfällen freie und gleichberechtigte Indianer mit Waffengewalt gefangen und verschleppen sie, um sie selbst als Sklaven zu halten oder zu verkaufen. Kürzlich waren sie sogar noch dreister als in den vergangenen Jahren und dies hauptsächlich aus zwei Gründen: Dieses Mal sind sie in noch größerer Anzahl denn je losgezogen, ermutigt durch gar keine oder nur geringfügige Bestrafung für ihre ständigen und unrechtmäßigen *Entradas* in der Vergangenheit; sie haben die Reduktionen der Jesuitenpater der Provinz Paraguay angegriffen und all jene, die wir unterweisen, mitgenommen.

Alle Männer wurden in vier Kompanien aufgeteilt und ihre Hauptleute und Kriegsoffiziere hißten ihre Fahnen, als ob sie sich zur Meuterei gegen die königliche Krone erhoben hätten. Die Fahnen, die sie trugen, zeigten nicht die Waffen des Königs, sondern andere Insignien. António Rapóso Tavares wurde zum Oberhauptmann der Kompanie erklärt. [...]

[...] Die Männer der Kompanie von António Rapóso Tavares, die das Unrecht begingen, von dem wir hier berichten, hatten – bevor sie von São Paulo aus loszogen – öfters gesagt, daß sie beschlossen hatten, unsere Siedlungen zu plündern und zu zerstören, und deshalb nahmen sie absichtlich den Weg zu den Ebenen des Iguaçu. Weit weg von den Städten der Spanier und isoliert in den einsamen Regionen, hatten wir hier schon zwölf Reduktionen oder indianische Siedlungen gebaut. [...]

Nachdem diese Banditen dann am 8. September desselben Jahres 1628 den Tibajiva-Fluß überquert hatten, bauten sie ihre Palisade oder ihr Fort aus Holzpfählen in der Nähe unserer Dörfer. [...] [Der] falsche Frieden dauerte an, bis ein großer Kazike mit dem Namen Tatabrana, der den Simão Alvares, ein Bürger von São Paulo, einige Jahre vorher gefangen genommen hatte, der aber in seinem Freiheitsdrang bald floh und auf sein Land zurückkehrte, mit all seinen Leuten zu eben diesem Pater [Pedro] Mola kam, um sich ihm zu überantworten. Sie waren Christen, die wir, kurz bevor die Portugiesen in diese Gegenden gekommen waren, mit Geschenken und Feiern zu ihren Ehren überzeugt hatten, als sie in unsere Dörfer gekommen waren, angezogen von den Berichten über die Zufriedenheit und den Frieden der Indianer, die bei uns lebten.

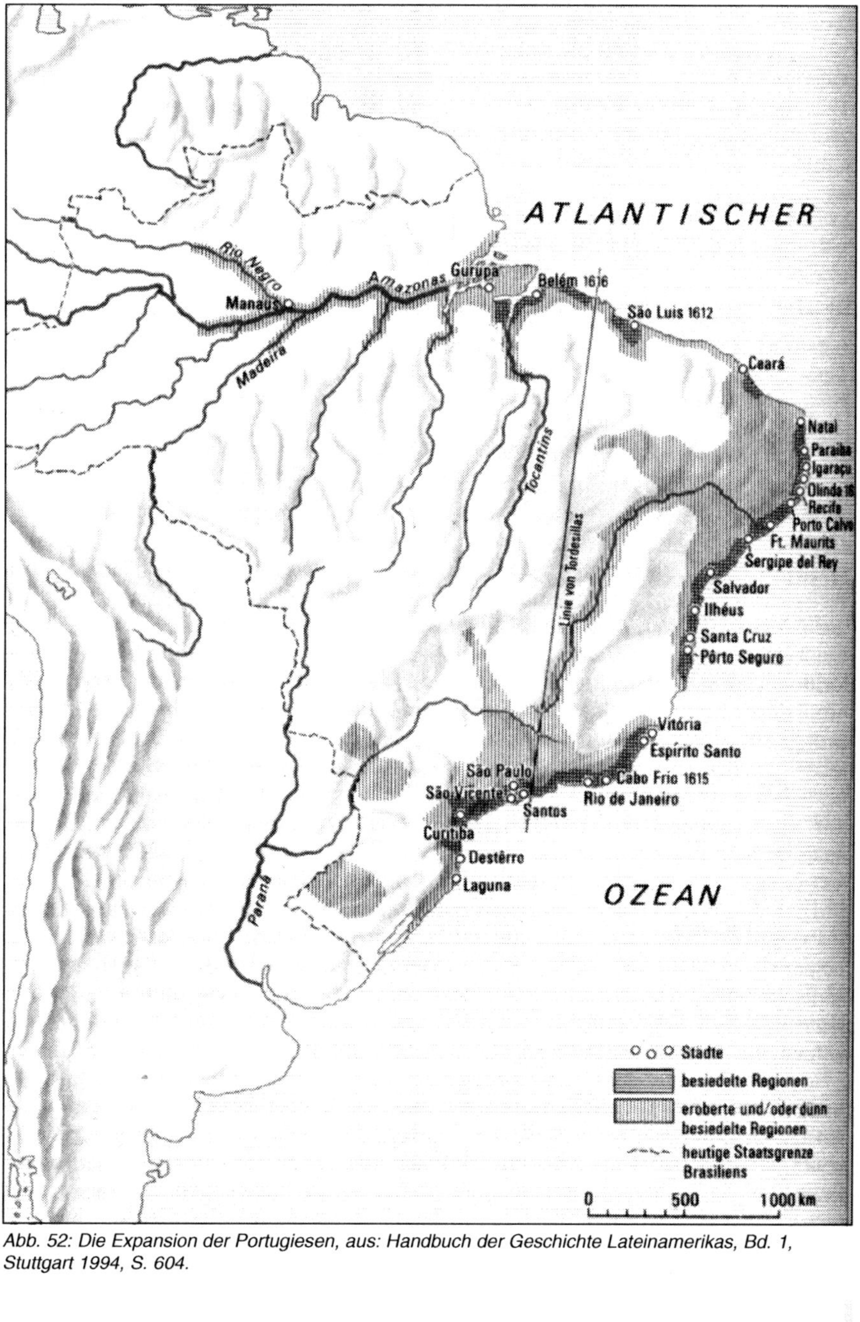

Abb. 52: Die Expansion der Portugiesen, aus: Handbuch der Geschichte Lateinamerikas, Bd. 1, Stuttgart 1994, S. 604.

Da die Portugiesen dachten, daß sie nun einen Vorwand hätten, um ihre bösen Absichten durchzuführen, forderten sie Tatabrana von dem Pater zurück. Doch der Pater antwortete, daß er ihnen nicht ausgeliefert werden könne, da er frei und in seinem eigenen Land sei, und sie baten Oberhauptmann António Rapôso Tavares um seine Zustimmung. Am 30. Januar 1629 kamen sie und nahmen nicht nur Tatabrana, sondern alle, die der Pater in San Antonio unterwies, in ihre Gewalt. Wie sie selbst zugeben, nahmen sie viertausend Indianer oder Lastenträger und viele andere mit, zerstörten das ganze Dorf, verbrannten viele Häuser, plünderten die Kirche und das Haus des Paters und entweihten ein Bild unserer Herrin. Gewaltsam trieben sie die indianischen Frauen und Männer aus dem Haus des Paters, wo diese Zuflucht genommen hatten, und sie töteten einen Indianer vor der Tür des Hauses und zehn oder zwölf Personen im Dorf selbst. Sie nahmen fast die ganze persönliche Habe des Paters mit. [...]

Emir Rodríguez Monegal (Hrsg.), Die Neue Welt: Chroniken Lateinamerikas von Kolumbus bis zu den Unabhängigkeitskriegen, Frankfurt /M. 1982, S. 319-322.

9.3 Die Niederländer und das Salz aus Venezuela (1621)

Seit Ende des 16. Jahrhunderts wurden die Niederländer in Amerika im Zusammenhang mit ihrem Befreiungskampf aktiv. Wegen des Verlusts der Salzzufuhr aus Spanien, von der die niederländische Fischwirtschaft abhing, griff man ab 1600 immer wieder auf die reichen Salzvorkommen an der Küste Venezuelas zu. Von den kriegerischen Auseinandersetzungen berichtete der spanische Gouverneur am 31. Januar 1622 der Casa de la Contratación:

Am 20. September [1621] kam ein Flottenverband, bestehend aus sechs großen holländischen Schiffen, zur Saline nach Araya. Sie errichteten dort sogleich ein Fort, in dem sie zum Schutz ihrer Leute sechs Artilleriegeschütze aufstellten. Dann kamen sie, um vom Fluß von Bordones, zwei Meilen [ca. 11 km] von dieser Stadt [Cumaná] entfernt, Trinkwasser zu holen. Doch ich hatte bereits [die Trinkwasserstelle] vorsorglich durch Kriegsvolk besetzen lassen und verteidigte sie energisch, was [den Holländern] beträchtlichen Schaden und viele Tote einbrachte. Ich sandte dann auch Leute zur Ausspähung des Forts aus, um es später erobern und die Besatzung überrennen zu können. Doch die Kundschafter wurden entdeckt, und [die Holländer] bekamen es mit der Angst zu tun, verluden ihre Artillerie und fuhren weiter zur Küste von Puerto Rico, wo sie großen Schaden angerichtet haben.

Nach fünf Tagen fuhr ich mit 30 Einwohnern der Stadt in vier Einbäumen zur Saline, um jene [von den Holländern errichtete] Stellung daraufhin zu untersuchen, wie sie mir fortan von Nutzen sein könnte und um das Fort niederzureißen, damit diejenigen [holländischen Salztransporter], die noch kämen, es nicht zu ihrem Vorteil besetzen könnten. Als wir gerade damit beschäftigt waren, es zu schleifen, drohte mir durch das Herannahen einer anderen holländischen Flotte mit zehn Schiffen ein vernichtender Angriff. Gerade als ich das Fort zerstört und verbrannt hatte, fuhren jene [Schiffe] in den Hafen ein; ich zog [daher] ab und kehrte in die Stadt zurück.

Nach zwei Tagen kamen sie [die Holländer] mit drei Schiffen und viel Kriegsvolk von den anderen Schiffen, um bei dem bereits genannten Fluß ihre Wasservorräte zu ergänzen. Sie feuerten zahllose Artillerie- und Musketenschüsse ab und schleuderten Steinbrocken von den Mastkörben. Auf diese Weise fegten sie die Erhebung und den Strand leer, dann stürmte ein großer Trupp

Kriegsvolk auf den Strand, um einen von mir angelegten Schützengraben einzunehmen und um sich seiner und der Wasserstelle zu bemächtigen. Ich leistete ihnen jedoch heftigen Widerstand und zwang sie so, sich zurückzuziehen und sich in Schimpf und Schande unverrichteterdinge einzuschiffen. Dabei tötete ich viele ihrer Leute, unter anderem auch ihren Anführer. Doch wegen des andauernden Musketenbeschusses von Land her konnten die Schiffe die Anker nicht lichten. Sie lagen nämlich sehr nahe an Land, da die Küste zum Ankern geeignet ist und mußten die nächtliche Dunkelheit abwarten, um in See stechen zu können. Die Taue und Anker auf der Landseite ließen sie zurück. Ich habe sie holen und in die Stadt bringen lassen. [...]

Am 15. des jetzigen Monats Januar kamen zwei Lastschiffe, um Salz zu holen. Ich ließ auskundschaften, über welche Streitkraft sie verfügten, welche Ladefähigkeit sie aufwiesen und wie viele Geschütze sie an Bord hatten. Nach dem Eintreffen des Kundschafterberichts machte ich mich mit 40 Einwohnern der Stadt und einigen wenigen indianischen Bogenschützen auf und legte ihnen einen Hinterhalt. Dreizehn Flamen wurden getötet und neun gefangengenommen; ich brachte sie in diese Stadt, wo ich sie noch gefangen halte. Bei ihrer Befragung habe ich unter anderem die wichtige Information erhalten, daß ganz Flandern [d.h. die Niederlande] in Bewegung sei, um von hier Salz zu holen.

Einen Tag nach diesem Vorfall fuhren 27 Schiffe in den besagten Hafen bei der Saline ein, die meisten davon waren sehr groß. Sogleich stürmten ungefähr 500 Arkebusiere und Musketiere an Land. Sie errichteten zwei Forts: Das eine mit mehr als 50 Mann Besatzung liegt dicht bei der Saline (in der sie dreizehn Geschütze aufgestellt haben), das andere befindet sich auf halbem Weg zwischen der Saline und dem Meer, bestückt mit fünf Geschützen. Gegen all dieses Kriegsvolk stehen mir nicht einmal 120 Mann zur Verfügung, und das an einem großen und offenen Ort, eine Viertelmeile vom Meer und zwei Meilen von der Stelle entfernt, wo sich jene [Holländer] befinden. Außer all diesen Nachteilen [ist unsere Lage auch dadurch schwierig], daß wir über keinerlei Gefechtsmunition verfügen, was ich hiermit bezeuge. Seine Majestät ersuche ich um möglichst schnelle und angemessene Hilfe zur Abwendung so großer Schäden, wie sie noch entstehen können und wie sie aus der Meldung, die ich von allem mache, hervorgehen. Denn wenn der Feind Stellungen ausbaut, wird er sich zum Beherrscher dieser Provinz machen und sie ebenso in Besitz nehmen wie die Insel La Margarita und Caracas, weil diese Besitzungen auf seiner Windseite liegen, und sogar Cartagena und Portobelo, da man höchstens sechs Tage benötigt, um dorthin zu segeln. Selbst die Silbergaleonen sind nicht sicher. [...]

Eberhard Schmitt, Dokumente zur Geschichte der europäischen Expansion, Bd. 4, München 1988, S. 85-87.

9.4 Piet Heyn kapert die spanische Silberflotte (1628)

Ein Sensationserfolg für die Holländer war die Kaperung der spanischen Silberflotte durch den Generalkapitän der Westindischen Kompanie Piet Heyn im September 1628. Das Ereignis bedeutete einen enormen Prestigeverlust für die Spanier. Dem Kommandanten des Flottenverbands wurde in Spanien der Prozess gemacht. In diesem Zusammenhang kam es im Januar 1629 auch zu folgender Zeugenaussage in der Casa de la Contratación in Sevilla:

Bei Anbruch des besagten Tages, am achten September, entdeckten die besagten *Capitana* und die *Almiranta* unserer Flotte, nur begleitet vom Schiff des Fernando Guerra, von dem des Don Juan de Gil, auf dem sich bekanntlich dieser Zeuge befand, vom Begleitschiff der *Almiranta* und noch von einem anderen Schiff von etwa dreihundert Tonnen, das einem gewissen Flores von den [Kanarischen] Inseln gehörte, in einer Entfernung von ungefähr drei Leguas die holländische Flotte. [...]

Um neun Uhr des Tages steuerten unsere *Capitana* und *Almiranta* und die übrigen besagten Begleitschiffe geradewegs in die Bucht von Matanzas [Kuba], nachdem man den feindlichen Flottenverband erkannt hatte. Es war eine große Streitmacht, denn man erblickte sechsundzwanzig oder achtundzwanzig Schiffe. Gegen ein Uhr nachts liefen [unsere Schiffe] im besagten Hafen von Matanzas auf Strand, wobei der Feind ihnen stets nachfolgte. Zunächst war die *Capitana* gestrandet, danach die *Almiranta* und alle übrigen [Schiffe], ohne daß dieser Zeuge sah, daß vor dem Stranden oder danach durch diese besagte *Capitana* oder die übrigen [Schiffe] irgendwelche Vorbereitungen zum Gefecht getroffen worden wären. Er hat nur von den besagten *Capitana* und *Almiranta* einige wirkungslose Kanonenschüsse vernommen.

In größtmöglicher Eile stürzten die Besatzungen an Land, woraus man die große Furcht und Verwirrung, die alle ergriffen hatte, ablesen konnte so wie auch die Sorglosigkeit und Ratlosigkeit, jenen Vorfall zu meistern, obwohl er doch so schwerwiegend war. Denn wenn der General den Plan hegte, mit allen Leuten an Land zu eilen – wie er es ja auch tat – und weder zu fechten, noch dem Feind die Stirn zu bieten, dann hätte er doch Zeit genug gehabt, um auf seiner *Capitana* und *Almiranta* und auf den übrigen Schiffen, die er bei sich hatte, die Order zu geben, all das Silber, das Gold und die wertvollsten Waren, die sie an Bord hatten, aus den Lagerräumen an Deck zu bringen – eine Maßnahme, die man von dem Augenblick an hätte ergreifen können, da man zu fliehen begann. Als man dann auf Grund lief, hätte man alles ins Wasser werfen können. Hätte er das getan, wäre, was das Silber und Gold betrifft, nichts verloren gegangen; danach hätte man es herausgefischt. Der Feind hätte so keinen Nutzen daraus gezogen. Aber er [der General] tat es nicht und gab auch keine Order an irgendein Schiff aus. Dies beobachtete man auf dem Schiff, wo der Zeuge an Bord war, denn keine einzige Order ward ihnen [der Besatzung] gegeben.

Als dann vom Feind bemerkt wurde, daß sie auf Grund gelaufen waren, schickte er Kriegsvolk in Booten aus und griff alle Schiffe unserer Flotte an. Da er diese jedoch verlassen und ohne Besatzung vorfand, bemächtigte er sich der besagten Schiffe samt ihrer Schätze und Reichtümer, die an Bord waren und auch der Waffen und der Artillerie, womit die Schiffe ausgestattet waren. [...]

Was nun das Wichtigste im Prozeßverfahren betrifft, die Frage nämlich, ob der besagte General und sein Stellvertreter und die übrige Mannschaft, die an Land stürzte, Gold, Silber, Edelsteine und andere Sachen mitgenommen oder ob sie sie ins Meer geworfen haben, danach zurückkamen und es bei genauer Protokollführung herausholten; [...] so [konnte] dieser Zeuge nicht sehen [...], ob der besagte General und die Mannschaft, die mit ihm an Land stürzte, Silber oder Gold mitgenommen hätten; hätte er dies allerdings gewollt, dann hätten er und ebenso die anderen es tun können. [...]

Eberhard Schmitt, Dokumente zur Geschichte der europäischen Expansion, Bd. 4, München 1988, S. 469-470.

9.5 Henry Morgan plündert Portobelo (1668)

Seit dem frühen 17. Jahrhundert operierten Piraten aus vielen Ländern von den Inseln der Karibik aus und waren eine ständige Bedrohung für die Spanier. Manche agierten auf eigene Rechnung, andere im Auftrag einer Regierung. In Europa wurden Bücher wie Alexandre Olivier Exquemelins „De Americaensche Zee-Rovers" (Amsterdam 1678) zum Verkaufsschlager. Es war der Bericht eines Augenzeugen, der einige Jahre unter den Piraten gelebt hatte. Exquemelin beschreibt hier die Plünderung Portobelos durch den englischen Korsaren Henry Morgan, der 1674 offiziell zum Gouverneur der englischen Kolonie Jamaica ernannt wurde:

[...] Morgan verfügte nun über vierhundert Mann auf neun Schiffen und steuerte das Festland an, ohne seine Absicht laut werden zu lassen. Erst vor der Küste von Costa Rica teilte er mit, er werde Portobelo überfallen und plündern. Auf alle Einwendungen, sie seien nicht stark genug, entgegnete er: „Da wir wenige sind, wird der Anteil des einzelnen umso größer sein."

Portobelo [...] ist die stärkste Festung nach Havanna und Cartagena, über die der König von Spanien in Westindien verfügt. Zwei Kastelle sichern die Hafeneinfahrt, die ständige Garnison beträgt dreihundert Mann. Vierhundert Bürger haben dort ihren Wohnsitz, dazu kommen die Kaufleute, die mit ihrem Silber aus Panama hierher kommen, wenn Silberschiffe aus Spanien zu erwarten sind. [...]

Niemand hatte geglaubt, daß die Räuber die Frechheit besitzen würden, Portobelo anzugreifen; deshalb lag die Bürgerschaft noch im Schlaf, als die Räuber schon in die Stadt eindrangen. Die Leute warfen nun ihre Habe in die Brunnen, weil sie hofften, man könne der Eindringlinge bald Herr werden. Der Gouverneur hatte sich in ein Kastell zurückgezogen. Ein Teil der Räuber besetzte die Klöster und nahm die Geistlichkeit gefangen, die anderen wendeten sich gegen die Kastelle, um die bald ein heftiges Feuergefecht entbrannte. [...]

Nun ließ Morgan große Leitern bauen, auf denen vier Mann nebeneinander hinaufklettern konnten, und zwang die Mönche und Nonnen, die Sturmleitern zum Kastell zu schleppen und an die Mauer anzulegen. Er setzte alles daran, dieses Kastell in seine Gewalt zu bekommen, weil sich dorthin die Vornehmsten der Stadt mit allen Schätzen [...] zurückgezogen hatten. Er nahm an, daß der Gouverneur wenigstens seine eigenen Leute schonen würde, doch der dachte gar nicht daran. Er ließ ohne Rücksicht in die wehklagenden Mönche hineinschießen. Als die Leitern standen [...] unternahmen [die Seeräuber] immer neue Angriffe, bis der Widerstand der Spanier endlich erlahmte. [...] Am Abend war das Kastell erobert. Frauen und Männer wurden in getrennten Gebäuden in Gewahrsam genommen, dann begann ein lustiges Treiben mit Wein und Weibern. Fünfzig tapfere Männer hätten in dieser Nacht alle Räuber ins Jenseits befördern können.

Am nächsten Tag trugen die Räuber die Beute zusammen, durchsuchten die Häuser und ließen sich die reichsten Gefangenen zeigen. Diese befragten sie nach ihren versteckten Gütern und folterten sie so lange, bis sie entweder starben oder aussagten. Die Räuber verschonten nur diejenigen, welche sie zu den Verstecken führten.

Inzwischen hatte der Resident von Panama von dem Handstreich erfahren und rüstete zum Gegenschlag. Die Räuber wurden durch einige Gefangene gewarnt, ließen sich aber nicht beunruhigen, weil sie ja ihre Schiffe hatten. Bei Gefahr hätten sie die Stadt angezündet und wären abgefahren. Nach vierzehn Tagen aber brach unter ihnen eine Seuche aus, teils wegen der vielen

Leichen, teils wegen der Ausschweifungen, denen sie sich hingaben. [...] Da der Resident nicht stark genug war, Morgan zu überwältigen, blieb er untätig, bis die Bürger hunderttausend Piaster aufgebracht hatten [die Morgan als Gegenleistung für die Verschonung von Brandschatzung gefordert hatte].

Nachdem Morgan seine Schiffe mit Lebensmitteln und reichlicher Ausrüstung versehen hatte, zog er ab. [...] In Cuba wurde die Beute geteilt. Sie hatten Geld, Juwelen und Silbergerät im Gesamtwert von 215000 Piastern erbeutet, dazu Leinwand, Seidenstoffe und dergleichen mehr. Die Rückkehr nach Jamaica gestaltete sich für Morgan zu einem Triumphzug.

Alexandre Olivier Exquemelin, Das Piratenbuch von 1678, Tübingen 1969, S. 185-191.

9.6 Englische und französische Besitzungen in der Karibik im 17. Jh.

Die Karte zeigt die Ausbreitung der Engländer und Franzosen in der strategisch und wirtschaftlich zunehmend wichtigen Karibik im 17. Jh. Zuckerplantagen, Sklavenhandel und Schmuggel mit den Bewohnern der iberischen Reiche machten diese Region besonders attraktiv.

Abb. 53: Englische und französische Besitzungen in der Karibik, aus: Handbuch der Geschichte Lateinamerikas, Bd. 1, Stuttgart 1994, S. 720.

9.7 Auswirkungen auf die Wirtschaft Bahias (1687)

Die Expansion der portugiesischen Rivalen in der Karibik wirkte sich negativ auf die Wirtschaft Brasiliens aus, da diese vom Zuckerexport und von der Sklaveneinfuhr abhängig war und nun in beiden Bereichen starke Konkurrenz bekam. Die Auswirkungen schilderte der Stadtrat von Bahia in einem Brief an den portugiesischen König vom 12. August 1687:

Auf Verlangen der führenden Bürger der Stadt Bahia und angetrieben von unserer Pflicht als Haupt dieser Stadt kommen wir vor den königlichen Thron Eurer Majestät, um Euch unsere große Betrübnis über die allgemeine Krise vor Augen zu führen, in die die wichtigsten Handelsgüter von Brasilien – Zucker und Tabak – geraten sind. Es ist allgemein bekannt, daß Ausländer keinen Bedarf an diesen Produkten mehr haben, weil sie inzwischen auf ihren Plantagen in der Karibik selbst einen erheblichen Überschuß produzieren, den sie selbst ins Ausland verkaufen: raffinierten Zucker nach Italien und Tabak nach Indien. [...]

Nachdem der Markt sich in einem solchen Engpaß befindet, scheint es, als müßten wir den Brasilienhandel als aufgegeben und verloren betrachten, und auch Euer Majestät können sich die Dinge kaum anders darstellen. [...]

Diejenigen, die die Gründe für diese prekäre Lage zu eruieren suchen, kommen einhellig zu dem Schluß, daß sowohl in Brasilien als auch in Portugal der Zusammenbruch des Zuckermarktes durch die Abgaben verursacht worden ist. [...] Und was den Tabak anlangt, so macht man dafür das strenge Monopol verantwortlich, aber auch die Abgaben. [...] [Es wird auch vorgebracht], daß, [...] wenn die Preise für unseren Zucker und unseren Tabak [...] auf ein vernünftiges, [für die Käufer] erträgliches Niveau gesenkt worden wären, dann wäre es durchaus vorstellbar, daß diese anderen Nationen nicht so eilfertig dazu übergegangen wären, diese Produkte selbst anzupflanzen [und zu verarbeiten]. [...] Doch es wurde nichts unternommen, und so müssen wir heute feststellen, daß dieser Handelszweig für uns verloren ist.

Aus diesem Grund, Herr, flehen wir Euch, ausgestreckt zu Füßen Eurer Majestät, an, daß Ihr anordnen möget, in Eurem Überseerat über Heilmittel für diesen Notstand beraten zu lassen, damit dieses Gemeinwesen [in Brasilien] nicht völlig zugrunde geht, ebenso wie der Staat Angola und die wohlverstandenen Interessen Portugals und Eurer Majestät, die im Bereich dieser beiden Eroberungen auf dem Spiele stehen. Denn wenn es in Brasilien keinen Bedarf mehr für Plantagenarbeit gibt, dann wird in naher Zukunft auch Angola absterben. Das liegt auf der Hand.

Eberhard Schmitt, Dokumente zur Geschichte der europäischen Expansion, Bd. 4, München 1988, S. 98f.

Anmerkungen

1 Woodrow Borah, New Spain's Century of Depression, Berkeley 1951.

2 Francois Chevalier, La formación de los latifundios en México, Mexiko 1975; Pierre Chaunu, Séville et l'Atlantique, Bd. 7 und 8, Paris 1959; Murdo J. MacLeod, Spanish Central America: A Socioeconomic History, 1520-1720, Berkeley 1973.

3 John Lynch, The Hispanic World in Crisis and Change, 1598-1700, Oxford 1992; Ruggiero Romano, Coyunturas opuestas: La crisis del siglo XVII en Europa e Hispanoamérica, Mexiko 1993; Peter J. Bakewell, A History of Latin America: Empires and Sequels, 1450-1930, 2. Aufl. Oxford 2004.

4 Herbert S. Klein, The Great Shift. The Rise of Mexico and the Decline of Peru in Spanish American Colonial Public Finance, in: Revista de Historia Económica 13 (1/1995), S. 35-61.

5 Renate Pieper, Die demographische Entwicklung, in: Handbuch der Geschichte Lateinamerikas, Stuttgart 1994, Bd. 1, S. 325.

6 1580 hatte Philipp II. von Spanien mit Waffengewalt seine Erbansprüche auf die portugiesische Krone durchgesetzt. 1640 kam nach einem Aufstand in Portugal die Dynastie Bragança an die Macht.

7 Guamán Poma hatte zuvor die spanischen Beamten und Pfarrer ebenfalls als räuberische Tiere beschrieben, die die Indios ausbeuten.

8 Auf die Religion des Alten Testaments bezogene, sprich jüdische Gesetzeslehre.

C. Reformen und Widerstand: Das 18. Jahrhundert

1. Vorbemerkung

In der Geschichtsschreibung wurde das 18. Jahrhundert in der Regel positiv vom 17. und auch vom 19. Jahrhundert abgehoben. Das 18. Jahrhundert galt als Jahrhundert der Aufklärung und des wirtschaftlichen Wachstums, das im Gegensatz zum vorhergehenden und zum folgenden durch Wohlstand und Ordnung geprägt war, weil die Krone ihren Machtanspruch wieder wirkungsvoll durchsetzen konnte. Im spanischen Amerika bezeichnete man diese Epoche als Ära der bourbonischen Reformen und interpretierte sie als umwälzenden Neuanfang. Schon im 18. Jahrhundert sprach man deshalb von der „zweiten Eroberung" Amerikas. Für das portugiesische Amerika prägte der US-amerikanische Historiker Charles R. Boxer nicht zuletzt wegen der Edelmetallfunde im Hinterland, die eine günstige wirtschaftliche Entwicklung auslösten, den Begriff des „goldenen Zeitalters".[1]

In den letzten Jahrzehnten wurde diese positive Bewertung relativiert. Anthony McFarlane, ein englischer Historiker, hat darauf hingewiesen, dass der Wechsel der Dynastien keinen grundsätzlichen Bruch bedeutete, sondern dass viele Wandlungsprozesse schon im 17. Jahrhundert begonnen hatten und dass sich der staatliche Reformimpuls in Amerika erst langsam und spät nachhaltig bemerkbar machte.[2] Auch die Bedeutung der Reformen etwa in Hinblick auf das wirtschaftliche Wachstum ist in der jüngeren Forschung relativiert worden. So haben Geschichtswissenschaftler herausgearbeitet, dass die positiven Entwicklungen eher von Faktoren innerhalb Amerikas wie vor allem vom Bevölkerungswachstum ausgingen. Die Reformmaßnahmen kamen demnach einfach nur zu einem günstigen Zeitpunkt, haben den Wandel aber nicht erst in Gang gebracht. Der spanische Historiker Pedro Pérez Herrero äußerte für den Fall Mexiko darüber hinaus grundsätzliche Kritik an den oft fehlerhaften Zahlen, die aus ideologischen Gründen von Kritikern der Unabhängigkeit zitiert wurden, um zu zeigen, dass unter den Vizekönigen alles besser war als in der unabhängigen Republik, und die von späteren Historikern oft unkritisch übernommen wurden. Die Thesen vom umfassenden Wohlstand, von Ordnung und Entwicklung im 18. Jahrhundert, die daraus abgeleitet werden, sind laut Pérez Herrero nicht haltbar.[3]

So sprechen Historiker wie der US-Amerikaner Eric Van Young für das spanische Amerika heute von einem „Jahrhundert der Gegensätze", das geprägt war von Licht und Schatten.[4] Die von außen herangetragenen Reformen, die im Zusammenhang der Projekte des aufgeklärten Absolutismus in ganz Europa zu sehen sind, und die inneren Umwälzungen durch das Wachstum der Bevölkerung und das zunehmende Eigenbewusstsein der Amerikaner beeinflussten sich gegenseitig.

2. Bewertungen

2.1 Tulio Halperín Donghi, Das Ende des alten „Kolonialpakts" (1991)

Der argentinische Historiker Tulio Halperín Donghi wertet die Reformen der bourbonischen Ära als Wandel im „Kolonialpakt" zwischen Spanien und Amerika:

[Der] Kolonialpakt, der im 16. und 17. Jahrhundert mühsam herangereift war, begann sich im 18. Jahrhundert zu verändern. Bedingt wurde diese Entwicklung nicht so sehr durch die Stagnation im Bergbau [...] als durch die Entscheidung des Mutterlandes, in der Organisation der kolonialen Wirtschaft eine neue Rolle zu übernehmen. Diese Entscheidung schlug sich gesetzlich in den von 1778 bis 1782 durchgeführten Reformen des Handelssystems nieder, wonach der Freihandel zwischen der Iberischen Halbinsel und den westindischen Besitzungen eingeführt wurde.

Was verbarg sich hinter diesen Reformen? Zum einen die Sanktionierung der Tatsache, daß der Metallschatz nicht der einzige mögliche Beitrag der Kolonien zur wirtschaftlichen Unterstützung des Mutterlandes war; zum anderen [...] die Entdeckung der Kolonien als potentielle Verbrauchermärkte. Beide Entwicklungen mußten das schwierige interregionale Gleichgewicht der westindischen Besitzungen Spaniens beeinträchtigen; die neuen direkten Verbindungen zwischen dem Mutterland und den Kolonien ließen diese jetzt als [...] Konkurrenten derjenigen Kolonien auftreten, die sich zu sekundären Zentren des vorherigen Handelssystems entwickelt hatten. Diese Erfahrung machten die Kolonialhandelsexperten von der Karibik bis zum Rio de la Plata: von den großen Antillen, die mit ihrer Viehzucht zuvor auf den mexikanischen Markt ausgerichtet waren, jetzt jedoch infolge des Tabak- und Zuckerrohranbaus sich der Iberischen Halbinsel zuwandten, bis zur venezolanischen Küstenregion, die ihre Kakaoexporte von Mexiko auf Spanien umlenkte, und zur Pampa der La Plata-Region, in der sich eine Viehzucht entwickelte, die für ihre Häute auch Absatz in der Metropole fand.

In all diesen Fällen führte die direkte Verbindung mit Spanien zu einem Auseinanderfallen des hispanoamerikanischen Wirtschaftsraums in Monokultur-Gebiete, die schließlich eine bessere Verbindung mit ihrem überseeischen Mutterland als mit ihren benachbarten Territorien haben sollten. Diese Fragmentierung war auf lange Sicht politisch gefährlich; zwar schien sie die Bande zwischen Hispanoamerika und seinem Mutterland zu verstärken, zerstörte jedoch gleichzeitig die Verbindungen, die in der Vergangenheit zwischen den verschiedenen Regionen der spanischen Besitzungen gewachsen waren. [...]

Tulio Halperín Donghi, Geschichte Lateinamerikas von der Unabhängigkeit bis zur Gegenwart, Frankfurt/ M. 1991 [1. Auflage in ital. Sprache 1967], S. 26-28.

2.2 Eric Van Young, Licht und Schatten des 18. Jahrhunderts (1988)

Der US-amerikanische Historiker Eric Van Young nennt das 18. Jahrhundert mit Blick auf Neu-Spanien ein „paradoxes Jahrhundert":

Wirtschaftlich gab das 18. Jahrhundert ein Bild von einem großen Mischmasch ab und war ein Modellfall von Licht und Schatten. [...] Während der architektonische Glanz des Barocks im Stil *churrigueresco* in Taxco, Tepotzotlán, Guanajuato und anderen Orten erbaut wurde, bevölkerten immer mehr Bettler die Straßen derselben Städte und Banditen die der Vororte. Der koloniale Handel nahm zu, aber die fiskalische Reichsmaschinerie presste ständig wachsende Geldsummen heraus, um sowohl die Ausgaben der lokalen und hauptstädtischen Regierung als auch die Verteidigungsausgaben zu decken. Die gebildete weiße Bevölkerung der Städte drang in die weite [...] Welt der Wissenschaft, der Ideen und der Politik vor, während die Landbewohner auf das Innenleben ihrer Dörfer schauten und hartnäckig kämpften, um ihre traditionelle Lebensweise zu erhalten.

Eric Van Young, A modo de conclusión: el siglo paradójico, in: Arij Ouweneel und Cristina Torales Pacheco (Hrsg.), Empresarios, indios y estado: Perfil de la economía mexicana (siglo XVIII), Amsterdam 1988, S. 207.

2.3 Pedro Pérez Herrero, Zum Wirtschaftswachstum Mexikos (1989)

Pedro Pérez Herrero, ein Historiker der Universität Complutense in Madrid, kritisiert die Statistiken, aufgrund derer das 18. Jahrhundert in Mexiko lange als Jahrhundert des Wirtschaftswachstums gewertet wurde:

[...] Man muss die Zahlen, derer man sich bedient, genau untersuchen, denn bis heute [...] werden immer wieder Datensätze verwendet, die nach unserem Dafürhalten nicht besonders zuverlässig sind. Während der Regierung des Vizekönigs Revillagigedo (1789-1794) entstand aufgrund der Kontroverse über die Auswirkungen der Einverleibung Neu-Spaniens in das Freihandelssystem ein heftiger Kampf zwischen den Verfechtern der „neuen Ideen“ und der von ihnen so genannten „Traditionalisten“. Die erste Gruppe bemühte sich, statistisches Material zu sammeln, das ihre These stützte. [...] Diese Zahlen wurden im Wesentlichen von Alexander von Humboldt kopiert – wenngleich mit einigen wichtigen Fehlern – und wegen der anerkannten Autorität des deutschen „Gelehrten“ ohne weitere Kritik verbreitet. Später griff sie der konservative Politiker Lucas Alamán wieder für sich auf, um zu zeigen, dass die koloniale „Ordnung“ der durch die Unabhängigkeit hervorgerufenen Anarchie vorzuziehen sei. Vom aufgeklärten Vizekönig, über den gelehrten deutschen Reisenden zum [...] Konservativen wurden die Zahlen, die einer hitzigen Polemik entstammten, gleichsam „heilig gesprochen“. Dieselben [Zahlen] werden von zahlreichen Historikern immer wieder fast kritiklos verwendet. [...]

Ein Argument, das man immer wieder wiederholt hat, ist, dass die Einkünfte der königlichen Kasse in der zweiten Hälfte des 18. Jahrhunderts um das Zehnfache angestiegen seien. Die Zahlen, derer man sich bedient, sind eindeutig, aber sie erfordern einige Kommentare. Erstens [...] muss man die Inflationsrate abrechnen, um die Einkünfte vom Beginn des Jahrhunderts mit denen vom Ende der Kolonialzeit vergleichen zu können. [...] Wenn man dies tut, lässt sich zeigen, dass die letzteren sich ziemlich stark verringern, weil der inflationäre Prozess gerade in den letzten Jahren des 18. Jahrhunderts besonders intensiv war.

Zweitens, wenn man sie als wirtschaftliche Indikatoren anwendet, wird es schwierig die Zahlen [...] der bourbonischen Epoche mit denen aus der Zeit der Habsburger zu vergleichen, weil man aufgrund des Reformplans im 18. Jahrhundert eine höhere Effektivität in der Verwaltung erreichte.

Drittens muss man sich bewusst sein, dass, wenn auch die Gesamterträge stiegen, das nicht in allen Gebiete gleichermaßen der Fall war. Die Einkünfte aus dem Bergbau stiegen während des 18. Jahrhunderts nur um zwischen 20 und 27 %. In den letzten Jahren des 18. Jahrhunderts überwogen die fiskalischen Einkünfte aus Handel und Landwirtschaft die aus dem Bergbau, womit der Handel schließlich zur wichtigsten Einkunftsquelle der königlichen Kasse wurde. [...]

Pedro Pérez Herrero, El crecimiento económico novohispano durante el siglo XVIII: Una revisión, in: Revista de Historia Económica 7 (1/1989), S. 69-110.

2.4 Anthony McFarlane, Die Umsetzung der Reformen im spanischen Amerika (1994)

Der englische Historiker Anthony McFarlane betont die lange Dauer, die die wirksame Umsetzung der bourbonischen Reformen im 18. Jahrhundert in Anspruch nahm:

Mitte des [18.] Jahrhunderts war also der von den Habsburgern übernommene „Kolonialpakt" im großen und ganzen noch intakt; die Wirtschaftseliten verteidigten ihr geschwächtes Handelsmonopol, während die Verflechtungen zwischen Oberschicht und Kolonialbeamten weiterhin dafür sorgten, dass der Verwaltungsapparat eher privaten als staatlichen Interessen diente. Unter Ensenadas[5] Führung allerdings schien die spanische Regierung entschlossener denn je, die Kontrolle über die finanziellen wirtschaftlichen Ressourcen der Kolonien zurückzugewinnen, was bereits den reformerischen Elan unter Karl III. ankündigte. Nachdem Spanien mit seiner militärischen Niederlage 1762/63 wieder einmal seine Unterlegenheit gegenüber anderen Kolonialmächten unter Beweis gestellt hatte, wurde die vorsichtige, schrittweise Reformpolitik der ersten bourbonischen Regierungen zugunsten einer zielstrebigeren und radikaleren Vorgehensweise aufgegeben. Man unternahm gemeinsame Anstrengungen, um die Zentralregierung zu stärken, die Steuereinnahmen zu erhöhen und die kolonialen Ressourcen für die Wirtschaft des Mutterlandes zu erschließen. Wenn spanische Denker und Staatsmänner von einer „zweiten Eroberung" Amerikas am Anfang des 18. Jahrhunderts geträumt hatten, so waren es schließlich die Minister Karls III., die sich unmittelbar und beharrlich dafür einsetzten, dieses Ziel Wirklichkeit werden zu lassen.

Anthony McFarlane, Hispanoamerika, in: Handbuch der Geschichte Lateinamerikas, Bd. 1, Stuttgart 1994, S. 788.

3. Demografischer, wirtschaftlicher und sozialer Wandel

Das 18. Jahrhundert war eine Epoche allgemeinen Bevölkerungswachstums. Dieses wiederum ebenso wie die steigende Nachfrage in Europa, wo die Bevölkerung regelrecht explodierte, stimulierten die Wirtschaft in vielen Regionen. Im spanischen Amerika wurden nun auch die Regionen stärker in das transatlantische System eingebunden, die nicht über Edelmetalle verfügten. Marktwirtschaft und Geldwirtschaft verdrängten zunehmend den Tauschhandel. Die wirtschaftlichen Entwicklungen förderten die Entstehung großer Vermögen und es gab Chancen zum sozialen Aufstieg. Andererseits schuf die demografische Gesamtentwicklung vielerorts sozialen Druck, der durch das weitere Vordringen der Hazienda und die wachsenden Steuerlasten noch verstärkt wurde. Das führte zur Vertiefung der Armut breiter Bevölkerungsschichten und so wurde die Lage für viele Menschen problematischer als zuvor.

3.1 Die Bevölkerung des iberischen Amerika um 1800

Im Lauf des 18. Jahrhunderts wuchs die indigene Bevölkerung in vielen Regionen des spanischen Amerika stark an. Auch die Zahl der anderen Bevölkerungsgruppen stieg, wobei sich bei den „Spaniern" das Übergewicht der Kreolen gegenüber den Europaspaniern weiter verstärkte. Um 1800 betrug die Gesamtbevölkerung des iberischen Amerika rund 15,8 Mio. Menschen. Vergleicht man dies mit der geschätzten Zahl von rund 35,5 Mio. nur für das spanische Amerika von 1492, dann wird deutlich, wie langsam der demografische Erholungsprozess vor sich ging:

Region	Bevölkerungszahl	in Prozent d. Gesamtbevölkerung
Mexiko	5.840.000	36,9
Zentralamerika	1.160.000	7,3
Spanische Karibik	550.000	3,5
Neu-Granada	1.100.000	7,0
Venezuela	780.000	4,9
Quito	500.000	3,2
Peru	1.100.000	7,0
Charcas	560.000	3,5
Chile	550.000	3,5
Buenos Aires und Tucumán	310.000	1,9
Paraguay	100.000	0,6
Uruguay	30.000	0,2
Brasilien	3.250.000	20,5
Gesamt	15.830.000	100,0

Tab. 4: Die Bevölkerung des iberischen Amerika1800, aus: Für das spanische Amerika s. Peter Bakewell, A History of Latin America, 2. A. Oxford 2004, S. 274; für Brasilien vgl. John R. Fisher, Iberische Kolonialpolitik seit 1760, in: Handbuch der Geschichte Lateinamerikas, Bd. 2, Stuttgart 1992, S. 30.

3.2 Sklaven und freie Schwarze am Ende des 18. Jahrhunderts

War die Zahl der Sklaven in Amerika schon im 17. Jahrhundert stark angestiegen, so vervielfachte sie sich im 18. Jahrhundert, da vor allem die Nachfrage in der Karibik enorm stieg. In vielen Teilen des spanischen Amerika ging der Einsatz von Sklaven dagegen zurück:

Region	Sklaven	Freigelassene
Gesamte Karibik	1.122.000	212.000
Französische Besitzungen	575.000	30.000
Britische Besitzungen	467.000	13.000
Spanische Besitzungen	80.000	169.000
Weiteres Hispanoamerika Gesamt	271.000	650.000
Mexiko und Zentralamerika	19.000	
Panama	4.000	
Neu-Granada	54.000	

Venezuela	64.000	
Ekuador	8.000	
Chile	12.000	
Río de la Plata	21.000	
Brasilien	1.000.000	399.000
Gesamt	2.393.000	1.261.000

Tab. 5: Sklaven und freie Schwarze, aus: Herbert S. Klein, African Slavery in Latin America and the Caribbean, Oxford 1986, S. 295.

3.3 Die Bestrafung von Sklaven in Brasilien (1758)

Mit der zunehmenden Zahl der Sklaven insbesondere in der Karibik und in Brasilien stieg die Angst vor einem Sklavenaufstand und damit auch die Bereitschaft zur Abschreckung durch besonders brutale Strafen. Der Pfarrer Manoel Ribeiro Rocha protestierte in einer 1758 in Lissabon veröffentlichten Schrift gegen die Exzesse dieser Bestrafungen:

Es besteht kein Zweifel, dass die Besitzer von Sklaven diese bestrafen und ihre Fehler korrigieren sollen, wenn sie aus Erfahrung wissen, dass ihre Worte allein nicht wirksam sind. Wenn ein Sklave einen guten Charakter hat, wird er selten etwas Falsches tun und, um ihn zu verbessern, wird es ausreichend sein, ihn zu schimpfen. Wenn er jedoch faul und unregierbar ist, wird er sich immer schlecht aufführen; und wenn man ihn korrigiert, wird es unabdingbar sein, das Schimpfen mit einer Strafe zu verbinden. [...]

[...] Damit die Strafe im guten Sinn angebracht wird, muss zunächst erst einmal zuvor ein Vergehen vorhanden sein. [...]

In den Plantagen, Mühlen und Minen gibt es Männer, die sogar heute noch so unmenschlich sind, dass die erste Tat, die sie an ihren Sklaven vollführen, wenn sie ihnen erstmals nach dem Kauf vorgeführt werden, eine schlimme Auspeitschung ist, ohne irgendeinen anderen Grund als ihr Wunsch dies zu tun; und sie rühmen sich sogar damit, so als ob sie sagen wollten, dass nur sie mit dem Recht geboren wurden, über Sklaven zu herrschen, und so als ob sie dadurch Furcht und Respekt gewinnen wollten. Und wenn ihr Beichtvater oder sonst ein vernünftiger Mensch dagegen protestiert und versucht, sie zum Nachdenken zu bewegen, dann antworten sie, dass solch eine Vorsichtsmaßnahme vernünftig ist, um die unter ihrer Kontrolle befindlichen Sklaven davon abzuhalten, sich schlecht aufzuführen. [...] Sie fügen außerdem hinzu, dass, wenn die Sklaven ihnen gehören, das Gesetz in Kraft tritt, wonach jeder mit seinem Besitz machen kann, was er will. [...]

Wenn man mit der Peitsche straft, ist es nicht gehörig hinterher die Haut einzuschneiden oder das Gesäß aufzustechen, womit eine Blutung verursacht wird, durch die angeblich die inneren Blutungen abgelassen werden sollen, damit diese keine Abszesse bilden. Es stimmt, dass man Leute, die diese Taten vollbringen, auf unseren Plantagen, Mühlen und Minen findet, und dass sie keine Menschen sind, sondern Wölfe und Bären. Dieser Wahnsinn, dieser Grimm, diese Raserei und Brutalität sind vom menschlichen Niveau auf ein tierisches herabgesunken. [...]

Manoel Ribeiro Rocha, Etíope resgatado, empenhado, sustentado, corrigido, instruído e libertado: Discurso teológico-jurídico sobre a libertaçao dos escravos no Brasil de 1758, hrsg. von Paulo Suess, Petrópolis 1992, S. 90-98.

3.4 Das Problem der Castas (Ende 18. Jh.)

Ein wichtiger Faktor für das Bevölkerungswachstum war der starke Anstieg der Mischlingsbevölkerung. Um 1800 zählten von den ca. 17 Mio. Einwohnern Lateinamerikas schon rund ein Drittel dazu. Die große Vielfalt unterschiedlichster Mischformen wurde im Lauf der Zeit immer unüberschaubarer. Im 18. Jahrhundert versuchte die gesellschaftliche Oberschicht wieder Ordnung in das gesellschaftliche Gefüge zu bringen. Die Beliebtheit des Genres der Casta-Gemälde bei reichen Kreolen und Europaspaniern zeugt davon. Dieses Gemälde, wahrscheinlich aus dem letzten Drittel des 18. Jahrhunderts, stammt von einem unbekannten Künstler aus Mexiko. Es zeigt und bezeichnet zahlreiche Mischformen der neuspanischen Bevölkerung (s. Abb. 56).

3.5 Krieg und Schmuggel in Chile und Peru (1708)

Der spanische Erbfolgekrieg (1701-1713/14) schwächte die internationale Stellung Spaniens weiter und wirkte sich negativ auf die Handelsverbindungen zu Amerika aus, die zunehmend von Frankreich kontrolliert wurden. Der Kaufmann Bervau aus Brest wusste die Situation zu seinem Vorteil zu nutzen. Er berichtete 1708 über seine Handelsreise nach Chile und Peru:

[...] Ich habe noch nichts von der Aufnahme berichtet, die uns in Valparaiso zuteil wurde. Alles verlief sehr gut: Es gibt dort eine Festung, der wir mit sieben Schüssen Salut begegneten, die uns erwidert wurden; wir bewirteten den Gouverneur [an Bord], man trank zusammen auf das Wohl der Könige von Frankreich und von Spanien unter dem Dröhnen der Kanonen, man machte sich gegenseitig Geschenke, und alle waren rundherum zufrieden. Der Herr Gouverneur strich eine schöne Summe Geldes ein, denn um die gefällige Duldung der Handelsgeschäfte [durch diese Beamten] zu gewährleisten, darf man nicht am falschen Ende sparen. [...]

Am 7. Juni erreichten wir dank eines lebhaften Windes, der mit heftigen Regenfällen verbunden war, die Stadt Coquimbo [*Chile*]. An der Einfahrt zum Hafen sahen wir praktisch unüberwindbare Felsen, auf denen sich – wie auch auf dem gesamten Küstenstreifen – viele Menschen und Truppenteile versammelt hatten, die wild durcheinander liefen und uns genau in Augenschein nahmen. Sobald wir einen geeigneten Ankerplatz erreicht hatten, warfen wir Anker und entsandten in einem kleinen Boot einen Offizier, den man bei Annäherung an den Strand befragte, woher er komme, ob er in friedlicher Absicht komme und wen man hochleben lassen solle. Er gab zur Antwort: „Ich bin Franzose, ich komme in Frieden, und Philipp V. soll leben." Darauf feuerten über 200 bewaffnete Soldaten, die den Strand gesäumt hatten, ihre Musketen auf einen Schlag ab, wir beantworteten ihren Salut mit fünf Kanonenböllern. [...]

[Von Coquimbo reist Bervau weiter nach Peru und beschreibt seine Reisen im Landesinneren.]

Nach dem Aufenthalt in Quilca machten wir Station in Pisco. In dieser kleinen Stadt, die nur eine Viertelmeile vom Meer entfernt liegt, empfing uns der Gouverneur überaus freundlich und beglückwünschte uns, daß wir nun endlich im *degolladero*, also im Flaschenhals, angekommen seien. Er nannte seinen Hafen so, weil er der letzte auf der üblichen Route ist und weil viele Händler [...] dort ihre Handelsfahrt beenden. Trotzdem verfügte ich noch über ein reichhaltiges Warenangebot, das ich dem erstaunten Gouverneur unterbreitete, dem es scheinen wollte, als ob ich mit der

Abb. 56: Casta-Gemälde aus dem letzten Drittel des 18. Jahrhunderts, aus: María Concepción García Sáiz (Hrsg.), Las castas mexicanas: Un género pictório americano Mailand 1989, S. 181.

Handelsfahrt erst begänne: „Ihr seid von den anderen Händlern ganz verschieden, die hier in aller Regel nur noch den jämmerlichen Rest ihrer Ladung, die Ladenhüter, die sie sonst nirgends losgeworden sind, losschlagen möchten. Und zudem sind Eure Waren nicht einmal teuer." Das hörte ich nur zu gern, und ich hatte das Vergnügen, nichts von dem, was noch in den Laderäumen war, mit nach Frankreich zurücknehmen zu müssen. Allerdings profitierte ich dabei von einer kurzen Zeitspanne, in der ich allein im Hafen lag, ich setzte zu jedem Preis ab und hatte damit Erfolg. Der Gouverneur machte zwar zuerst der Form halber noch einige Schwierigkeiten, wegen der Auflagen der Regierung und der Nähe zu Lima, doch dann sagte er mir: „Ich liebe die Franzosen und schließe die Augen." Der gute Mann hatte allerdings zu einem solchen Verhalten gute Gründe, denn er erhielt vier Prozent aller Verkaufserlöse, und diese kleine Abgabe hatte ihm bereits erhebliche Summen vonseiten der Händler eingebracht, die in großer Zahl vor mir angelegt hatten. Innerhalb von fünf Monaten setzte ich für über 100 000 Piaster Waren ab. [...]

[*Bervau reist einige Zeit nach Lima und kehrt dann zurück.*]

Nach meiner Rückkehr in Pisco fand ich dort drei Schiffe der Ostindienkompanie mit einem zusammengewürfelten Warenangebot vor. Sie hatten sich an den Vizekönig gewandt, um eine Erlaubnis zur Weiterfahrt nach Callao zu erhalten. Doch er hatte ihnen antworten lassen, dieses Vorhaben widerspreche den Befehlen, die er von seinem Herrn, dem König, habe. Er verweigerte ihnen seine Zustimmung auf so freundliche und so höfliche Art und Weise, daß er sie für sein Verhalten fast um Verzeihung zu bitten schien. Dieser Brief wurde allerdings von einem Richter übergeben, der strikte Anweisung hatte, jeden Handel zwischen Franzosen und Spaniern zu unterbinden; den letztgenannten wurden schwerste Strafen angedroht wie die Konfiszierung ihres Besitzes und die Verbannung nach Valdivia für Privatpersonen, Einziehung der Waren und Verbannung aus Peru für Priester und Mönche und 200 Peitschenhiebe und Verbannung auf die Insel Callao für Indios und Mulatten. Mein Handel war jedoch abgeschlossen, und diese Härten brauchten mich daher nicht mehr zu kümmern [...].

Eberhard Schmitt (Hrsg.), Dokumente zur Geschichte der europäischen Expansion, Bd. 4, München 1988, S. 108-112.

3.6 Goldrausch in Brasilien (1711)

Im 17. Jahrhundert intensivierte man die Suche nach Edelmetallen im Hinterland Brasiliens, und es stellte sich eher zufällig der Erfolg ein. Der italienische Jesuit André João Antonil war während des Goldrauschs in Brasilien und hielt seine Eindrücke in dem 1711 veröffentlichten Bericht „Cultura e opulencia do Brasil par suas drogas e minas" fest:

Erst vor wenigen Jahren entdeckten sie [...] die Hauptminen von Cataguás [im südlichen Minendistrikt]. Es wird berichtet, der Erstentdecker sei ein Mulatte gewesen, der zuvor in den Minen von Paranaguá und Curitiba gearbeitet habe. Er hatte einige Paulistas [Einwohner São Paulos] in das Landesinnere begleitet, wo sie Indios aufspüren und fangen wollten. Als sie auf dem Berg Tripui angelangt waren, ging er zum Flußufer, um sich mit einer hölzernen Schale Wasser aus dem Fluß zu holen, der heute den Namen Ouro Preto trägt. Als er seine Schale durch das Wasser zog, sah er beim Herausnehmen, daß sie einige grau-bläuliche, kleine Körner enthielt, die er nicht identifizieren konnte. Auch seine Begleiter, denen er die Körner vorlegte, vermochten nicht zu erkennen, was es mit diesen Körnern auf sich hatte, aber sie maßen einer Sache, die so leicht entdeckt worden war, keine Bedeutung bei. Sie vermuteten nur, es handle sich um ein noch unbekanntes, merkwürdig geformtes Metall. Als sie später nach Taubaté kamen, erkundigten sie sich jedoch, worum es sich bei ihrem Fund handeln könnte. Ohne weitere Untersuchung verkauften sie einige Körner [...]. Weder wußten die Verkäufer, was sie verkauften, noch wußte der Käufer, was er erwarb, bis entschieden wurde, einige wenige Körner an den Gouverneur von Rio de Janeiro zu senden. [...] Er ordnete ihre Untersuchung an, und es stellte sich heraus, daß sie von feinstem Gold waren. [...]

Die unersättliche Gier nach Gold bewog so viele, ihre Heimat zu verlassen und sich auf so unwegsame Pfade wie die im Minengebiet zu begeben, daß man nur schwer die Anzahl derer genau angeben kann, die sich gegenwärtig dort aufhalten. Indessen sagen diejenigen, die während der letzten Jahre lange Zeit dort waren und die ganze Gegend bereist haben, daß mehr als 30 000 Menschen dort arbeiten: Die einen graben in den goldführenden Flüssen, die anderen lassen graben; wieder andere treiben Handel, kaufen und verkaufen nicht nur Lebensnotwendiges, sondern auch Überflüssiges in größerem Umfang als in den Seehäfen. Jedes Jahr kommen mit den Flotten eine Menge Portugiesen und Ausländer, um nach Minas [dem Gebiet der Goldfunde] zu ziehen. Aus großen und kleinen Städten, von der Küste und aus dem Hinterland Brasiliens kommen Weiße, Mulatten und Schwarze sowie viele Indios, derer sich die Paulistas bedienen. Es ist ein Mischmasch aller Arten von Menschen: Männer und Frauen, Junge und Alte, Arme und Reiche, Adlige und gemeines Volk, Weltliche und Geistliche, von denen viele in Brasilien weder Kloster noch Haus besitzen.

Eberhard Schmitt, Dokumente zur Geschichte der europäischen Expansion, Bd. 4, München 1988, S. 486-488.

3.7 Kritik an der Mita (1718)

Immer wieder gab es wie in diesem Gutachten des Indienrates vom 4. Mai 1718 für König Philipp V. Kritik am ausbeuterischen System der indigenen Zwangsarbeit, der Mita in Potosí:

In wiederholten Befehlen haben Eure Majestät und ihre glorreichen Vorgänger angeordnet, daß man mit großer Sorgfalt auf die Erhaltung dieser elenden und einfachen Leute [der Indios] bedacht sei [...], wobei die Könige darauf hinwiesen, daß sie mehr die Gesundheit und Erhaltung der Indios schätzten als das Gold und Silber, das ihre Arbeit einbringen könne. Aber nichts davon ist in diesem Fall tatsächlich getan worden. Denn die Sache ist so, daß der Vizekönig von Peru [...] im Jahre 1568 es für angebracht hielt, daß für die Arbeit in den Bergwerken von Potosí 95 000 Indios aus den 16 benachbarten Provinzen zugeteilt werden, aus denen Mitas oder Schichtkolonnen gebildet werden, so daß aus allen diesen Provinzen jährlich 13 500 Indios zu stellen sind, welche ein Jahr lang in Potosí zu verbleiben haben. Jeweilig arbeiten 4500 und ruhen die übrigen aus, dergestalt daß der Indio, der eine Woche arbeitete, zwei Wochen Ruhe hatte und die dritte Woche wieder zur Arbeit ging, bis das Jahr herum war. Darauf kehrten sie nach Hause zurück, und ihnen folgten andere in der Mita, so daß sie nur alle sieben Jahre an die Reihe kamen. Der angemessene Lohn wurde ihnen sowohl für die Arbeitszeit wie für die Tage des Hin- und Rückweges festgesetzt.[...] [Mißbräuchliche Ausnutzung der Mita weckte das christliche Gewissen.] Melchior de Liñán, der Vizekönig und Erzbischof von Lima war, hielt für gewiß, daß jene Edelmetalle so im Blut der Indios gebadet waren, daß, wenn man das daraus gewonnene Geld ausdrückte, mehr Blut als Silber herauskommen müßte, und daß, wenn man den Zwang der Mita nicht abschaffe, die Provinzen völlig zugrunde gerichtet würden, was eine schwere Belastung des königlichen Gewissens wäre. [...] [Abgesehen von den gesundheitlichen Gefahren der Bergwerksarbeit] durch schädliche Ausdünstungen und Grundwasser in den Stollen, das bis an die Knie reicht, treibt man die Indios mit Peitschen an, daß sie mehr arbeiten, als ihre Kräfte es zulassen. Überdies zahlt man diesen elenden Menschen auch nicht für die Tage des Hin- und Rückweges, wo sie doch 100 und selbst 200 Meilen mit Frauen und Kindern zurückzulegen haben. Da durch die übermäßige Arbeitslast die Zahl der Indios in den für die Mita bestimmten Provinzen stark zurückging, dehnte man die Mita auf andere noch entferntere Provinzen aus. [...] [Die Bergwerksbesitzer behaupten], daß, wenn die Reichtümer Potosís und folglich die Perus fehlten, würde es den Ruin jener [amerikanischen] Reiche und der gesamten Monarchie zur Folge haben, aber Eure Majestät hat in Neuspanien viele Bergwerke, ohne daß dort eine ähnliche Tyrannei der Mita praktiziert wird, wie ja auch nicht in ganz Peru, sondern nur in Potosí und in einem oder anderen Bergwerk in der Nähe. [...] Wenn man solche entsetzlichen Arbeitsforderungen vor Behörden der heidnischen Vorzeit vorgebracht hätte, würde es einen großen Skandal als etwas, das gegen die Natur ist, hervorgerufen haben, berichten doch die alten Geschichten, daß diese armen Indios, obgleich sie in ihrer heidnischen Zeit in großer Unterwürfigkeit von ihren Fürsten gehalten wurden und deren Herrschaft so grobschlächtig war, niemals zu so unerträglichen Arbeiten gezwungen worden waren, wie [...] in der Zeit [...], als sie katholischen Königen untertan gewesen sind.[...] Der Indienrat kann zur Entlastung des königlichen Gewissens und des der Minister nicht umhin, Eurer Majestät darzulegen, daß man weder vor dem Gewissen noch vor dem Recht weiter zulassen darf, daß die Bergwerke mit Hilfe von Mita-Indios ausgebeutet werden.

Richard Konetzke, Lateinamerika seit 1492, Stuttgart 1971, S. 27-28.

3.8 Die Arbeitsleistung der Indios (1749)

Die zentrale Bedeutung der von der indigenen Bevölkerung erbrachten Arbeit musste allen unvoreingenommenen Beobachtern in Amerika bewusst sein. Selten wurde dies jedoch so klar auf den Punkt gebracht wie durch die beiden königlichen Gesandten Jorge Juan und Antonio de Ulloa im geheimen Teil ihres Reiseberichts:

Ohne irgendeine Sache anzunehmen, die nicht sicher wäre, oder eine Überlegung anzustellen, die unsere Erzählung von der Wahrheit abweichen ließe, können wir als nicht hinterfragbare Tatsache feststellen, dass alle Reichtümer, die in Amerika produziert werden – selbst das, was dort verbraucht wird – von der Arbeit der Indios kommen, weil, wenn man es recht bedenkt, mit ihnen die Gold- und Silberminen bearbeitet werden, mit ihnen der Boden kultiviert wird; weil sie das Vieh bewachen und aufziehen und weil, um es in einem Wort zu sagen, es keine harte Arbeit gibt, in der man sie nicht verwendet. Für all das werden sie so schlecht bezahlt, dass, wollte man herausfinden, welches die Gratifikationen seitens der Spanier sind, man nichts weiter finden würde als andauernde und grausame Strafen, die weniger barmherzig sind als die, die auf den Galeeren ausgeteilt werden. [...] Das Gold und Silber, das sie mit Mühen und harter Arbeit gewinnen, bleibt nie in ihren Händen. Die Früchte, die der Boden dank ihrer Anstrengungen hervorbringt, oder das Vieh, das sie hüten und aufziehen, steht ihnen fast nie oder sehr selten zu ihrer Ernährung zur Verfügung. Und schließlich haben sie auch keine Möglichkeit die Waren, die aus Spanien kommen, zu benutzen. Ihr ganzer Lebensunterhalt besteht aus wildem Mais und Kräutern. Die ärmliche und geringe Kleidung, mit der sie sich anziehen, wird aus einfachen Stoffen von ihren Frauen hergestellt, und sie übertrifft in nichts die, die sie in der Zeit ihres Heidentums trugen. In jeglicher Hinsicht lässt sich beweisen, dass alles, was auch immer Amerika produziert, Ergebnis der Arbeit der Indios ist, und dass diejenigen, die diese Arbeit leisten, die sind, die sich am wenigsten daran erfreuen und die am wenigsten für die Mühen ihrer Arbeit entlohnt werden.

Luis J. Ramos Gómez (Hrsg.), Las „Noticias secretas de América" de Jorge Juan y Antonio de Ulloa (1735-1745), Bd. 2, Madrid 1985, S. 211-212.

4. Die Reformbemühungen der Krone

Der Regierungsantritt der Bourbonen in Spanien brachte nicht sofort einen Bruch in der Politik gegenüber Amerika. Ein Reformplan lag zunächst nicht vor. Zwar standen die entsprechenden Ideen seit Beginn des Jahrhunderts und teils schon seit dem 17. Jahrhundert im Raum, doch die Umsetzung scheiterte an vielen Widerständen äußerer und innerer Art. Erst unter dem Minister Marquis de la Ensenada (1743-54) wurde ein umfassendes Programm formuliert und ansatzweise umgesetzt. Es legte den Grundstein für den Höhepunkt der bourbonischen Reformen unter König Karl III. (1759-88), die tief in die Wirtschaft, Verwaltung und Gesellschaft Amerikas eingriffen.

4.1 Das Programm des José del Campillo y Cossío (1743)

Ein zukunftsweisendes Reformprogramm stellte der spanische Minister José del Campillo y Cossío in seiner 1743 verfassten Schrift „Nuevo sistema de gobierno económico para la América" vor, die zunächst nur als Manuskript unter Eingeweihten zirkulierte und erst 1779 als zweiter Teil von Bernardo Wards Buch „Proyecto económico" veröffentlicht wurde:

Kap. I, Einsichtige Überlegungen, die zeigen, wie wichtig es ist, in Amerika eine neue Wirtschaftspolitik einzuführen

1. Alles, was man in jenem großen Teil der spanischen Monarchie sieht, schreit mit Recht die Notwendigkeit heraus, eine neue Herrschaftsform einzuführen, damit dieser so reiche Besitz uns den Nutzen bringt, der im rechten Verhältnis zur Ausdehnung dieser Gebiete und zum Wert ihrer Produkte steht. [...]

6. In las Indias (Amerika) muss man wie in anderen Teilen des Reiches in Bezug auf die Regierung das Politisch-Administrative und das Wirtschaftliche bedenken. Unter Wirtschaftsystem versteht man gute Verwaltung, die Regelungen über den Handel, die Art, sich der Menschen zivilisiert und gerecht zu bedienen, das Feld bestellen, die Früchte und Erträge verbessern und schließlich und endlich alles das, was dazu führt, den größten Nutzen aus einem Land zu ziehen. [...]

15. Wir müssen Amerika unter zwei Aspekten betrachten. Zum einen, insoweit es Abnehmer für unsere Produkte und Waren ist; und zum anderen, insoweit es einen beachtlichen Teil der Monarchie darstellt, in dem die gleiche Verbesserung zu erfolgen hat wie in Spanien.

19. Wie das Blut den menschlichen Körper, so ernährt der Handel den Staatskörper; aber in Amerika, wo der Handel nicht fließt, kann er nur Krankheiten und politischen Ruin hervorrufen.
[...]
Kap. IX, letztes Kapitel.
1. In seiner Grundsubstanz besteht die neue Wirtschaftspolitik für Amerika in zwei Hauptpunkten.
2. Der erste: Aus den Indios nützliche und ertragbringende Untertanen machen.
3. Der zweite: Dafür Sorge tragen, daß der enorme Konsumzuwachs, der mit dem ersten Punkt vornehmlich in der Neuen Welt eintritt, einzig und allein von Spanien genutzt wird, ohne daß irgend eine andere Nation sich daran beteiligt.

José del Campillo y Cossío, Nuevo sistema de gobierno económico para la América: Con los malos y daños que le cause el que hoy tiene, de los que participa copiosamente España: y remedios universales para que la primera tenga considerables ventajas, y la segunda mayores intereses, Madrid 1789, passim.

4.2 Eine kritische Bestandsaufnahme (1749)

Um sich ein genaues Bild über die Zustände in Amerika machen zu können, ließ die spanische Krone im 18. Jahrhundert auf unterschiedliche Art Informationen einholen. So berichteten u.a. die beiden jungen Offiziere Jorge Juan und Antonio de Ulloa von ihrer Amerikareise von 1735 bis 1745. Der Teil ihres Berichts, in dem sie die Missstände in Amerika schilderten, die so genannten „Noticias secretas de América", wurde geheim gehalten:

Amerika ist verschwenderisch, reich und blühend. Als solches ist es auch der Trägheit und dem Luxus ausgesetzt. Weit weg vom König und seinen hohen Ministern und regiert von Leuten, die sich oft um keine anderen Interessen kümmern als um ihre eigenen, sind diese Regionen jetzt in einem schlechten Zustand wegen der langen Dauer und der tiefen Verwurzelung des Übels. Weder hat die Gerechtigkeit genügend Gewicht noch die Vernunft genügend Macht, um Unordnung und Laster zu unterbinden. Infolgedessen ist es kein Wunder, dass sich Missstände in allen Angelegenheiten des Staatswesens eingeschlichen haben: Schäden durch die Nicht-Befolgung von Gesetzen oder die Einführung wenig gerechter Gewohnheiten, Ausschweifungen in der Amtsführung der Minister und Mächtigen mit schwerwiegenden Folgen für die Schwachen und Hilflosen, Skandale in der ausschweifenden Lebensweise aller und ein fast unaufhörliches und allgemeines Abweichen vom Recht und von allem, was man in wohlgeordneten Staaten erstrebt und begehrt. Da den einen das gute Beispiel fehlt und den anderen sinnlos Schaden zugefügt wird, ist es kein Wunder, dass sie alle davon angesteckt werden oder kaum die Macht haben, aus sich heraus die Dinge wieder so einzurichten, wie sie sein sollten. [...]

[...] Die besonderen Punkte dieser Abhandlung sind für die geheime Unterrichtung der Minister und derjenigen, die es wissen müssen, bestimmt. Dies geschieht nicht aus Freude am Schaden Anderer oder damit das zum Gegenstand der Herabsetzung werde, was eigentlich Gegenstand der Aufmerksamkeit und des Mitleids sein sollte, sondern vielmehr, um unablässig über die Mittel zu unterrichten, mit denen man zum gewünschten Ziel kommt, jene Länder zu reformieren und von allem [Übel] zu bessern, Religion und Gerechtigkeit in ihnen wieder auf den angemessenen Thron zu setzen, zu bewerkstelligen, dass alle jene Vasallen sogar aus einer so großen Entfernung die wohltuenden Einflüsse und die lebendige Wärme fühlen, mit denen die politische

Weisheit unserer Könige sie umsorgt und ihnen zustatten kommt, und schließlich die beste Regierung und gerechteste Verwaltung unter diesen Untertanen zu perfektionieren, damit [...] man die Missbräuche ausrottet und jene lasterhaften Einrichtungen vollständig auflöst, die immer wieder die gefährlichsten Auswirkungen auf die Staaten haben und manchmal zu den Werkzeugen werden, mit denen ihr Ruin und Niedergang herbeigeführt wird.

Luis J. Ramos Gómez (Hrsg.), Las „Noticias secretas de América" de Jorge Juan y Antonio de Ulloa (1735-1745), Bd. 2, Madrid 1985, S. 29-31.

4.3 Beharren und Wandel im Handelssystem (1749)

Aus der Perspektive vieler Amerikaner war das spanische Handelssystem dringend reformbedürftig. Der Bericht von Juan und Ulloa, zeigt, dass man an diesem System in den 1740er-Jahren zwar im Allgemeinen noch festhielt, dass im Einzelnen aber auf Druck der einflussreichen Kaufleute Veränderungen vorgenommen wurden, allerdings ohne dem Grundproblem des Schmuggels wirksam Herr zu werden:

Wenn man über den illegalen Handel in Amerika schreiben will, kann man davon ausgehen, dass jeder Hafen, jede Stadt und jeder Ort an diesem Übel erkrankt ist, mit dem einzigen Unterschied, dass er in einigen Ortschaften größer ist als in anderen. Dieser Missstand verwandelt sogar die Maßnahmen und Mittel in Betrug, die ihn zerstören und ausrotten sollen. [...]

[...] Nach langen Überlegungen, wie man den weit verbreiteten [illegalen] Handel, den die nördlichen Provinzen in Cartagena betrieben, verhindern könnte, eliminierte man das Motiv für den illegalen Handel, indem man den Galeonen, die nach Cartagena kamen, erlaubte, ihre Waren frei an die Kaufleute aus den drei Provinzen Santa Fé, Popayán und Quito[6] zu verkaufen. Das ermöglichte es den Händlern aus dem Binnenland, die Waren zu kaufen, die sie benötigten, und wurde als einziger Weg angesehen, den Schmuggel entlang der Küste zu beenden. Man erkannte, dass es ungerecht ist, diese Händler aus dem Binnenland zu zwingen, ihre Geschäfte wie zuvor auf der Messe in Portobelo mit den Handelsinteressen aus Peru gemeinsam abzuwickeln. [...] Neben den hohen Reisekosten waren sie auch den offenkundigen Gefahren bei der Überquerung von Strömen und hohen Bergen ausgesetzt. Das machte den Handel undurchführbar. Da die Händler diesen Weg nicht nutzten, blieben diese Provinzen auf die Waren der zurückkehrenden Galeonen angewiesen, die auf der Messe übriggeblieben waren und oft von schlechtester Qualität waren und auch die Mengen reichten oft nicht aus. [...] Daher gingen diese Händler an die Küste und handelten Schmuggelware ein. [...]

Aufgrund dieser Überlegungen wurde 1730 ein neues System eingeführt. Die Händler der drei Provinzen erhielten die Erlaubnis, bei ihrer ersten Ankunft in Cartagena bereits unbeschränkten Handel mit den Galeonen zu treiben. Diese Maßnahme machte sich in Peru fühlbar bemerkbar, denn wenn Händler aus den drei Provinzen nach Lima gingen, um Waren zu verkaufen, während die peruanischen Händler noch in Portobelo waren, dann würden die Peruaner bei ihrer Rückkehr feststellen, dass ihre Waren nicht mehr so viel wert waren. [...] Man löste dieses Problem, indem man anordnete, dass von dem Moment an, an dem die Ankunft der Galeonen in Cartagena bekannt gemacht wurde, der Handel mit Stoffen und anderen Waren zwischen Quito und Lima bei schwerer Strafe [...] verboten sei. [...] Aber obwohl die Anordnung so bewundernswert war, war sie doch nicht wirksam genug, um den entscheidenden Punkt zu verhindern, [...] weil es schwer war, den Schmugglern die schlechten Angewohnheiten auszutreiben, die der allgemeine Schmuggel in dieser Region überall hat einreißen lassen, was man im Folgenden klar erkennen kann:

1738 [...] kamen Händler der drei Provinzen mit viel Geld nach Cartagena [...] und kauften circa für die Hälfte legal Waren im Hafen. Dann nahmen sie das übriggebliebene Geld mit an die Küste außerhalb der Stadt, wo sie alle notwendigen Waren fanden, um ihre Einkäufe abzuschließen. Unter dem Schutz der Papiere [...] ihrer legalen Güter vertrauten sie darauf, dass sie die geschmuggelten Waren vor den Beamten der Gebiete verstecken konnten, die sie durchqueren mussten. In Quito gaben sie diese Praktiken offen zu. [...]

Luis J. Ramos Gómez (Hrsg.), Las „Noticias secretas de América" de Jorge Juan y Antonio de Ulloa (1735-1745), Bd. 2, Madrid 1985, S. 119-121.

4.4 Freier Handel für Amerika? (1778)

Um Handel und Produktion zu steigern, den Schmuggel in den Griff zu bekommen und die Steuereinnahmen zu steigern, wurde die Liberalisierung des Handels seit 1765 schrittweise weitergeführt und das Monopol von Cádiz abgeschafft. In der berühmten Schrift „Gesetze und Zollabgaben für den freien Handel zwischen Spanien und Spanisch-Amerika" vom 12. Oktober 1778 wurden die bis dahin gewährten Zugeständnisse zusammengefasst:

Da seit meiner [*Karls III.*] Erhebung auf den Thron Spaniens das Glück meiner geliebten Vasallen dieser Reiche und jener Amerikas immer das erste Ziel meiner Aufmerksamkeit und Sorgen war, habe ich den einen wie den anderen die vielen Gnaden und Wohltaten gewährt, die sie in ihrer Erinnerung und ihrem Bewusstsein immer bewahren sollen. Und ich habe erkannt, dass nur ein freier Handel zwischen den Europa-Spaniern und den Amerikanern in meinen Herrschaftsgebieten die Landwirtschaft, das Gewerbe und die Bevölkerung wieder in ihre alte Stärke zurückversetzen kann. [...]

1. Der Charakter der Schiffe für diesen Handel: Alle Schiffe, die für diesen Handel bestimmt sind, müssen vollständig und ohne einen Anteil irgendwelcher Ausländer meinen Vasallen gehören. [...]

2. Berechtigte Häfen in Spanien, Mallorca und auf den Kanaren: Ich habe für den freien Handel mit Amerika folgende Häfen Spaniens zugelassen: Sevilla, Cádiz, Málaga, Almería, Cartagena, Alicante, Alfaques de Tortosa, Barcelona, Santander, Gijón und Coruña; und die von Palma und Santa Cruz von Teneriffa von den Inseln Mallorca und der Kanaren nach den Bestimmungen ihrer jeweiligen Konzessionen, nach denen nur die Einwohner dieser Städte ermächtigt sind, in ihren Schiffen die Produkte und Waren derselben Inseln zu transportieren unter absolutem Verbot des Transports ausländischer Waren. [...]

3. Bestimmungshäfen in Amerika: In den Herrschaftsgebieten Amerikas hat man auf dieselbe Weise als Bestimmungshäfen der Schiffe dieses Handels die von San Juan de Puerto Rico, Santo Domingo und Monte-Christi auf der Insel Hispaniola, Santiago de Cuba, Trinidad, Batabanó und Havanna auf der Insel Kuba, die zwei von Margarita und Trinidad, Campeche in der Provinz Yucatán; der Golf von Santo Tomás de Castilla und der Hafen von Omoa in Guatemala; Cartagena, Santa Marta, Río de la Hacha, Portobelo und Chagre in Santa Fé und Tierra Firme; (mit der derzeit noch geltenden Ausnahme der Häfen von Venezuela, Cumaná, Guayana und

Maracaybo, die der Caracas-Gesellschaft ohne Exklusivrecht übergeben wurden); Montevideo und Buenos Aires am Río de la Plata; Valparaíso und Concepción in Chile; und Arica, Callao und Guayaquil in Peru. [...]

Reglamento y aranceles reales para el comercio libre de España a Indias de 12. de octubre de 1778, Sevilla 1978, S. 1-4.

4.5 Veränderungen in der territorialen Gliederung Amerikas im 18. Jh.

Die Reformmaßnahmen der spanischen Krone schlugen sich unter anderem in der Gründung von zwei neuen Vizekönigreichen Neu-Granada (1717) und Río de la Plata (1776) nieder, die aus dem riesigen Vizekönigreich Peru ausgegliedert wurden. In Brasilien trugen die höchsten Beamten seit 1720 ebenfalls den Titel Vizekönig und 1763 wurde die Hauptstadt nach Rio de Janeiro verlegt (Abb. 57, S. 266).

4.6 Eine neue Sozialpolitik (1769)

Als königlicher Inspektor während der großen Visitation Neu-Spaniens (1765-71) und später als Minister für Amerikaangelegenheiten (1776-87) war José de Gálvez einer der wichtigsten Akteure bei der Umsetzung der bourbonischen Reformen. In seine Zeit in Mexiko fällt ein Erlass vom 2. Juni 1769, mit dem die Löhne und die Schuldknechtschaft in der Provinz Sonora (Mexiko) auf eine neue Grundlage gestellt werden sollten:

Um sicherzustellen, dass es nicht an Arbeitern für die Ackerbau- und Viehwirtschaft fehlt, habe ich in Absprache mit den Bergwerks- und Haziendabesitzern eine Maßnahme beschlossen, die den Armen zugute kommen und die öffentliche Wohlfahrt fördern wird, nämlich eine feste Quote auf die Geld- und Naturalleistungen festzusetzen, die in Zukunft in den Provinzen unter dieser Gerichtsbarkeit für Arbeiter, Lohnarbeiter und Diener der folgenden Ordnungen gelten wird:
1. Die Anführer, Hauptleute und Vorarbeiter in den Bergwerksbetrieben, die Aufseher in den Haciendas und Ranchos für Ackerbau und Viehwirtschaft sollen von ihren Herren Löhne und Naturalleistungen bekommen, sodass sie mit diesen verhandeln können gemäß ihren Kenntnissen und den Umständen eines jeden, mit der unerlässlichen Anforderung, dass diese Löhne in *reales* oder in Silber ausgezahlt werden müssen. [...]
2. Arbeiter in den Bergwerken und andere, die ähnliche Arbeiten durchführen, sollen monatlich wenigstens sieben Pesos als Geldzahlung bekommen, und jede Woche sollen sie zwei *almudes* [ca. 9,3 l] Mais und ein halbes *arroba* [ca. 2,88 kg] frisches Fleisch oder ein viertel *arroba* Trockenfleisch erhalten, ob sie verheiratet oder alleinstehend sind. [...]
5. In Übereinstimmung mit den Gesetzen verbiete ich Landstreicherei in diesen Provinzen und befehle, dass jeder eine Arbeit oder ein Amt haben muss unter Androhung einer Strafe von einem Monat Gefängnis beim ersten Zuwiderhandeln, egal ob er Spanier, Indio, oder kein Indio ist. [...] Und bei jeglicher Wiederholung des Vergehens wird der Landstreicher öffentlichen oder königlichen [Zwangs-] Arbeiten zugeteilt, mit Rationen, aber ohne Lohn für zwei Monate. [...]
6. Knechte haben die natürliche Freiheit, ihren Herrn zu verlassen, um sich mit einem anderen zu einigen, aber diese Freiheit wird von einigen mit solcher Unverschämtheit und zu einem solchen

Abb. 57: Neue territoriale Gliederung Amerikas im 18. Jahrhundert, aus: Handbuch der Geschichte Lateinamerikas, Bd. 2, Stuttgart 1992, S. 14.

Übermaß ausgenutzt, dass die Sache eine wirksame Korrektur erfordert. Es gibt auch das entgegengesetzte Extrem, wonach Knechte gezwungen werden für Herren zu arbeiten, die sie nicht gut behandeln oder ihnen nicht die vereinbarten Löhne bezahlen. Um beide Übel zu beheben, erkläre ich und befehle, dass ein Arbeiter, der bei seinem Herrn verschuldet ist, ihn nicht verlassen kann, ohne zuvor seinen Vertrag erfüllt zu haben und kein anderer Arbeitgeber soll ihn annehmen, ohne die Versicherung zu haben, dass dies so ist, in Form einer schriftlichen Bestätigung des früheren Arbeitgebers. Und kein Herr soll die Löhne seiner Arbeiter und Knechte mehr als zwei Monate im voraus bezahlen. [...]

Legislación del trabajo en los siglos XVI, XVII y XVIII, Mexiko 1938, S. 156-157.

4.7 Auswirkungen der Militärreform (1780)

Unter dem Eindruck der Niederlage Spaniens im Siebenjährigen Krieg stand die Verbesserung der Verteidigung im Mittelpunkt der Reformbemühungen. Eine wichtige Maßnahme in Amerika war die Gründung neuer Milizen. Dabei griff man auf Rekruten aus allen Schichten und Ethnien zurück. Die Bewaffnung der Unterschichten und Castas löste allerdings gemischte Gefühle aus. Der königliche Generalinspektor Juan Francisco Gutiérrez de Piñeres kritisierte die Maßnahme in einem Brief an den Indienminister José de Gálvez aus Santa Fé de Bogotá vom 31. März 1780:

Ich habe schon einmal gesagt und ich wiederhole es, dass die Demut, die die Farbigen hier bis jetzt an den Tag legen, und die Macht, die die wenigen Weißen und Spanier über sie besitzen, der wichtigste oder vielleicht der einzige Grund für die Unterordnung des Pöbels sind; und die Erhaltung der guten Ordnung genügte vollauf, damit diese Leute die Dunkelheit ihrer Herkunft verstanden und den Adel, die Vornehmen und sogar jeden einfachen Spanier derart respektierten, dass sie es nicht wagten, ihnen zu widersprechen; und mit einer [gemeinsamen] Stimme flößten sie [die Spanier] ihnen eine ehrerbietige Furcht ein, die sie leicht von jeder schädlichen oder unseligen Handlung abhielt. Was dem Pöbel am meisten Angst machte, waren Feuerwaffen, da ihnen die Verwendung vollkommen verboten war, und sie sahen das Recht, diese Waffen zu benutzen, als ein spezielles und lobenswertes Privileg der Weißen an.

Mit der Einrichtung der Miliz werden diese Ideen zerstört. Der gemeinste Schwarze, Mulatte oder sonstige Mischling [tercerón] fühlt sich nun einem jeden Weißen ebenbürtig, anstatt den Adel wie zuvor zu respektieren; er stellt sich mit ihm sogar auf eine Stufe; [oder] wenigstens hat die Unterordnung, die so gut dazu gedient hatte, die aus der Hierarchie resultierende Harmonie zu bewahren, sich ebenso verflüchtigt wie die Macht die sie erhalten hat.

Von dem Moment an, in dem der Farbige sich bei der Miliz meldet, erwachen in ihm kriegerische Gefühle, die er nicht kannte oder nicht auszudrücken wagte; er wird andauernd an die Privilegien und Ausnahmen erinnert, die er nun genießt. Er hat fast die vollständige Unabhängigkeit von der normalen Gerichtsbarkeit. Er wird in der Verwendung von Waffen unterrichtet, die ihm verboten waren. In einem Wort, man bringt ihm bei zu erkennen, was er alles kann, und seine natürlichen Fähigkeiten zu entwickeln, die er glücklicherweise zuvor nicht kannte oder nur sehr unvollständig besaß, weil er sie nicht ausüben konnte.

Allan J. Kuethe, Military Reform and Society in New Granada, 1773-1808, Gainesville 1973, S. 81.

5. Amerikanische Identitäten

Das kreolische Selbstbewusstsein, das Verständnis, Amerikaner und darauf stolz zu sein, war bereits im 17. Jahrhundert gewachsen. Bis Ende des 18. Jahrhunderts nahm dieses Bewusstsein weiter zu. Es äußerte sich in der Erkenntnis einer auf die jeweilige Verwaltungseinheit bezogenen regionalen Eigenart. Dabei vertiefte sich zugleich die Vorstellung des Gegensatzes zu den Europaspaniern, die nun im Zuge der bourbonischen Reformen in zunehmenden Maß die höchsten Ämter in Amerika einnahmen.

5.1 Eine Bruderschaft für Schwarze und Mulatten (1757)

Im frühen 18. Jahrhundert breiteten sich katholische Laienbruderschaften für Schwarze und Mulatten in Amerika aus. Diese Bruderschaften erfüllten nicht nur geistliche Zwecke, sondern waren auch soziale und kulturelle Selbsthilfeorganisationen sowie Zentren der Identitätsbildung für die ausgegrenzten Unterschichten und Castas. Der Dominikaner Diego Domingos de Loreto Couto berichtete 1757 in seinem Werk „Desagravos do Brasil e glorias de Pernambuco" über die Bruderschaft von Unserer Lieben Frau vom Rosenkranz in Recife (Brasilien):

Die farbigen Bürger und die Sklaven der Stadt [Recife] haben sich so sehr dem Dienst an der Mutter Gottes, Unserer Lieben Frau vom Rosenkranz, verschrieben, daß sie sich trotz ihrer Armut dazu entschlossen, eine prachtvolle Kirche zu bauen, in der sie allein Stifter und Verwalter sind. Dieses Kirchengebäude hat eine auffallende und beeindruckende Struktur, seine Fassade ist ein wunderbares Bauwerk aus weißem Stein, ein bewundernswertes Beispiel geistlicher Architektur. Unsere Liebe Frau vom Rosenkranz ist die Zuflucht und der Trost dieser Bevölkerungsgruppe, denn nach getaner Arbeit suchen sie alle Zuspruch bei der glorreichen Himmelskönigin. Und mit solcher Gläubigkeit und Hingabe suchen sie sie auf und erfahren ihre Gnadenbeweise, daß sie vom Ort ihrer Präsenz, wo sie ihre Gebete sprechen, nur widerstrebend scheiden. Es ist ebenso inspirierend wie anrührend, Zeuge ihres religiösen Eifers, ihrer Inbrunst und ihres Aufwandes zu werden, mit denen sie Unserer Lieben Frau dienen. An jedem Tag des Jahres singen sie, wenn nicht irgendetwas Außergewöhnliches geschieht, den dritten Teil des Rosenkranzes. Am Samstagnachmittag um 5 Uhr singen sie einen geistlichen Choral und um 7 Uhr abends noch einmal den dritten Teil des Rosenkranzes. An allen Feiertagen nehmen sie an den Messen ihres Kaplans teil, die sie mit ihren Wechselgesängen verschönern, mit ihrem Singen des Rosenkranzes und mit ihrem Altardienst. Um drei Uhr nachmittags singen sie [bei diesen Gelegenheiten] einen anderen Rosenkranz und am Abend, an der Tür der Kirche, noch einen dritten. Am zweiten Samstag im Oktober feiern sie das Fest Unserer Lieben Frau mit großer Feierlichkeit, und sie steigern dabei noch den Eifer ihrer Verehrung, sie beginnen zu tanzen und huldigen anderen züchtigen Formen der Unterhaltung, mit denen sie die Herzen der Bevölkerung erfreuen.

In den fünf Kapellen der Kirche finden sich die Bildnisse Unserer Lieben Frau vom Rosenkranz, die die Schutzherrin dieses Hauses ist; aber auch die von Unserer Lieben Frau der Guten Stunde und vom Heiligen Dominikus, außerdem die von den schwarzen Heiligen Estebão, Moises, Benedito, Antonio de Catalagirona, E[u]figenia und von Seiner Heiligkeit König Balthasar. Jedermann ist erfreut von den prächtigen Feierlichkeiten, die Unserem Herrn gewidmet sind, der gesungenen Messe und der Predigt. [...] Jeden Samstag und am ersten Sonntag des Monats ziehen sie durch die Straßen und singen dabei den Rosenkranz mit solch einem gefälligen Zusammenklang der Stimmen, daß sich daraus ein sanfter Gleichklang ergibt, der sowohl dem Ohr angenehm wie für die Seele erbauend ist.

Eberhard Schmitt (Hrsg.), Dokumente zur Geschichte der europäischen Expansion, Bd. 5, Wiesbaden 2003, S. 379-380.

5.2 Die Auseinandersetzung mit der indigenen Vergangenheit (1780)

Insbesondere in Mexiko und Peru wurde die präkolumbische Vergangenheit von den kreolischen Oberschichten als Quelle einer amerikanischen Identität entdeckt. Die indigenen Hochkulturen wurden quasi zur Antike Amerikas verklärt. Das spiegelt sich im Werk „Historia antigua de México" (1780) von Francisco Javier Clavijero wider. Clavijero war ein im italienischen Exil lebender Jesuit, der mit diesem Werk auch die europäischen Autoren angriff, die Amerika und seine Bewohner als minderwertig und degeneriert darstellten:

Widmung für die Universität Mexiko:
Eine von einem Mexikaner geschriebene Geschichte Mexikos, die keinen Beschützer sucht, der sie verteidigt, sondern einen Führer, der sie führt, und einen Meister, der sie erhellt, muss zweifelsohne der am meisten respektierten, der in mexikanischer Geschichte am höchsten gelehrten und für die Entscheidung über den Wert dieses Werkes und die Korrektur seiner Fehler am besten geeigneten literarischen Körperschaft dieser Neuen Welt gewidmet werden. [...]

Ich hoffe, dass ihr, die ihr in jenem Reich die Bewahrer der Wissenschaften seid, versuchen werdet, die Überreste der Altertümer unseres Vaterlands zu erhalten, indem ihr im wundervollen Gebäude der Universität ein Museum gründet, das nicht weniger nützlich als kurios sein wird, wo die alten Statuen, die Waffen, die Mosaikarbeiten und andere ähnliche Objekte gesammelt werden, die man erhalten hat oder die man bei den Ausgrabungen entdecken wird; die mexikanischen Malereien, die an allen möglichen Orten zerstreut sind, und vor allem die Manuskripte sowohl der Missionare und anderer alter Spanier als auch der Indios selbst, die man in den Bibliotheken einiger Klöster finden kann und von denen man Kopien machen muss, ehe die Motten sie fressen oder sie durch ein anderes Unglück verloren gehen.

[In zahlreichen Kapiteln schildert Clavijero die Natur Mexikos, die Geschichte der Azteken mitsamt der indigenen Religion und sozialen Ordnung sowie die Conquista. Der zweite Teil seines Buches beginnt dann mit folgender Vorrede an den Leser:]

Die Abhandlungen, welche wir jetzt der Öffentlichkeit vorlegen, sind nicht nur nützlich, sondern auch nötig, um die „Historia antigua de México" in ein deutlicheres Licht zu stellen und die Wahrheit verschiedener darin behaupteter Dinge zu bestätigen. [...] Die [Abhandlungen] sind sämtlich aus der Betrachtung wichtig, dass sie leichtgläubige Leser vor Irrtümern und falschen Vorspiegelungen warnen sollen, wozu sie sonst durch viele neuere Autoren verleitet werden, die ohne ausreichende Kenntnisse über das Land, die Tiere und die Menschen Amerikas geschrieben haben.

Warum füllen sich die Köpfe [der Leser] mit tausend unmöglichen und gegen die Wahrheit meiner „Historia" sprechenden Ideen, wenn sie zum Beispiel das Werk von [Cornelius de] Pauw, „Recherches philosophiques sur les Américains" [Berlin 1768] lesen? Er ist ein Philosoph nach der jetzigen Mode und gelehrt insbesondere in einigen Dingen, von denen er besser keine Kenntnis gehabt hätte oder über die er wenigstens besser nicht gesprochen hätte. Er mischt Possen und Beleidigungen unter seine Schrift und macht so alles lächerlich, was es an Respektablem in der Kirche Gottes gibt, und greift ohne Achtung der Wahrheit oder Redlichkeit jeden an, der sich gegen seine „Recherches" stellt. Er entscheidet dreist, und in gebieterischem Ton zitiert er alle drei Worte die Autoren Amerikas und behauptet, dass sein Werk die Frucht von zehn Jahren Arbeit sei. All dies lässt den Autor vielen Lesern unseres Jahrhunderts sehr lobenswert erscheinen. [...]

Pauw will die Welt davon überzeugen, dass die Natur in Amerika in all ihren Elementen, den Pflanzen, Tieren und Menschen degeneriert sei. Der Boden, sagt er, ist teils mit hohen Bergen und Felsen, teils mit von stehenden und schädlichen Gewässern überschwemmten Ebenen bedeckt. Er ist, sagt er, im allgemeinen sehr unfruchtbar und bringt mehr giftige Pflanzen hervor als der Rest der Welt. Die ungesunde Luft ist viel kälter als in anderen Kontinenten. Das Klima ist der Fortpflanzung der Tiere ungünstig. Alle Tierarten Amerikas sind kleiner, ungestalter, schwächlicher, feiger und dümmer als die der Alten Welt, und die, die von dort in den anderen Erdteil eingeführt wurden, sind ebenso wie die von Europa nach Amerika eingeführten Pflanzen sofort degeneriert.

Die Menschen unterscheiden sich kaum von den Tieren, ausgenommen in der Gestalt; aber auch in dieser kann man viele Merkmale von Degeneration erkennen: die Olivenfarbe, ein sehr grober Kopf mit grobem Haar bedeckt und der ganze Körper völlig ohne Haare. Sie sind grobschlächtig und schwächlich und leiden unter vielen seltsamen Krankheiten, die das ungesunde Klima hervorruft. Aber auch wenn ihr Körper so ist, so sind ihre Gemüter sogar noch weit mangelhafter: sie haben kein Gedächtnis, so dass sie heute vergessen, was sie gestern taten. Sie können weder überlegen noch ihre Gedanken ordnen noch sie verbessern noch denken, weil in ihren Gehirnen nur schleimige und grobe Flüssigkeiten sind. Ihr Gemüt ist den Reizen der Liebe oder irgendeiner anderen Leidenschaft gegenüber empfindungslos. Ihre Schwerfälligkeit hält sie in einem Zustand der Wildheit. Ihre Feigheit hat sich bei der Conquista gezeigt. Ihre moralischen Fehler entsprechen diesen körperlichen Mängeln. [...]

Dies ist eine kleine Skizze des abscheulichen Gemäldes, das Pauw von Amerika malt. Ich stelle es nicht vollständig dar und lasse all das weg, was andere schlecht informierte oder, wie er, voreingenommene Autoren gemacht haben, weil ich nicht die Geduld habe, so viel Unsinn abzuschreiben. Um einen Fehler oder eine Lüge niederzuschreiben, genügen zwei Zeilen, aber um dies zu entkräften, braucht man manchmal zwei Seiten. Wie viele wären nötig, um derartig viele Hunderte von Fehlern zu entkräften?

Francisco de Clavijero, Historia antigua de México, hrsg. von Mariano Cuevas, 5. Aufl. Mexiko 1986, S. XVII-XVIII und 422-423.

5.3 Brief eines Guaraní-*Corregidors* an den Gouverneur von Buenos Aires (1753)

1750 einigten sich Spanien und Portugal im Vertrag von Madrid auf eine neue Grenzziehung in Amerika, die der wirklichen Besiedlung Rechnung tragen sollte. Eine Folge war, dass in den Gebieten der Guaraní-Reduktionen eine Umsiedlung von sieben Ortschaften angeordnet wurde, die die betroffenen Jesuiten und Indios nicht hinnehmen wollten, so dass es zwischen

1753 und 1756 zum Krieg kam. In diesem Brief vom 20. Juli 1753 begründete der Corregidor der Reduktion La Concepción, Nicolás Ñenguirú, seine Haltung:

Herr Gouverneur,
Deinen Brief zu hören, hat uns viel Angst gemacht. Wir können nicht glauben, dass das heilige Herz unseres Königs uns befiehlt umzuziehen – eine äußerst schwierige Sache. Und so sagen wir, dass dies nicht der Wille unseres Königs ist. Die Portugiesen jedoch, so sagen wir euch, die Feinde unseres Wohlergehens sind, wollen uns aus bösem Willen dazu bringen umzuziehen. Wir haben auch noch einen anderen Brief von unserem König, in dem der verstorbene Vater unseres Königs uns sehr gut den Willen seines Herzens zu verstehen gibt und die Liebe, die er für uns verspürt. Er stimmt unserer Lebensart, unserer Kirche und auch dem zu, was wir im Krieg [im Dienst des Königs] getan haben, und er ist getröstet durch das, was wir in allen Dingen so bereitwillig seinen Wünschen gemäß getan haben. [...] Wie und warum kann es sein, dass diese zwei Briefe des Königs nicht gleich sind und sich unterscheiden? Unser König würde sich in seinen Worten nie irren. Warum sollte er uns nun verfolgen und belasten, uns die wir nicht gefehlt haben? Warum sollte er uns in tiefe Armut stürzen, indem er uns von unserem Land vertreibt und unseren Besitz und alles, für das wir gearbeitet haben, in die Hände der Portugiesen gibt? Um uns einfach so zu verlieren? Dies, Herr, können wir nicht glauben und wissen nicht, wie wir es glauben sollen. Daher sagen wir: dies ist nicht der Wille des Königs. Wenn er davon wüsste, wenn er unsere Worte hören könnte, wäre er ärgerlich und würde dies nicht als gute Sache ansehen und er würde dem Umzug nicht zustimmen.

Wir haben uns niemals gegen unseren König oder gegen Euch, Herr, vergangen. Das wisst ihr sehr gut. Mit ganzem Herzen haben wir euren Befehlen Folge geleistet und haben sie immer sehr gut befolgt. Für eure Liebe haben wir unsere Güter, unsere Tiere sogar unser Leben hingegeben. Deshalb können wir nicht glauben, dass unser König uns unsere gute Gesinnung vergeltet, indem er uns befiehlt, unser Land zu verlassen. Unsere Indios, unsere Kinder, sprechen andauernd darüber und sie werden sehr böse. [...] Sie wollen die [beruhigenden] Worte von uns, dem *Corregidor* und *Cabildo*, nicht mehr hören. [...] Du kennst sehr gut das Wesen der Indios, wenn es zu viel wird und sie eine schwere Last bedrückt. [...] Herr, du sollst auch die wahren Worte dieser unserer Kinder hören, so wie diese zu uns sprechen. Sie sagen: „Vor langer Zeit bald nach seiner Ankunft unterrichtete uns unser heiliger Vater [der Jesuit] Roque González de Santa Cruz von Gott und lehrte uns, Christ zu sein. Nicht ein einziger Spanier kam in dieses Land. Durch unseren eigenen freien Willen beschlossen wir, Gott über alles zu stellen und danach den König, damit er immer unser Beschützer sein sollte. Nur aus diesem Grund unterwarfen und erniedrigten wir uns. Und *wir* entschieden, dies zu tun. Der König gab unseren Großeltern sein Wort, uns gut zu behandeln. Und er hat dieses Versprechen uns gegenüber immer wiederholt. Warum sollte er dann plötzlich sein Wort brechen wollen?“

„Dieses Land“, sagen unsere Kinder, „wurde uns nur von Gott allein gegeben. In diesem Land starb uns heiliger Lehrer Roque González und viele [jesuitische] Pater unter uns, sie zogen uns auf und sie arbeiteten nur für uns. Warum sind dann die Portugiesen so begierig darauf? Es gehört ihnen doch nicht. Weder die Portugiesen noch die Spanier haben uns irgendetwas gegeben. Die schöne Kirche, das gute Dorf, die Ställe für unsere Tiere, die Mate- und Baumwollplantage, das

Weideland und alles, was man braucht, um es zu bearbeiten, das ist alles unser eigenes großes Werk." [...]

Martin Lienhard (Hrsg.), Testimonios, cartas y manifiestos indígenas: Desde la conquista hasta comienzos del siglo XX, Caracas 1992, S. 332-335.

5.4 Feindschaft zwischen Kreolen und Europaspaniern (1749)

In ihrem Geheimbericht schilderten Jorge Juan und Antonio de Ulloa auch die Gegensätze zwischen Kreolen und Europaspaniern, die im 18. Jahrhundert allerorten zunahmen:

Nirgends beobachtet man soviel Feindschaft, Groll und Haß wie in Peru, wo die Städte und großen Ortschaften ein Schauplatz von Zwietracht und ständigem Gegensatz zwischen Spaniern und Kreolen sind. [...] Es genügt, Europäer oder *Chapetón*, wie man ihn in Peru nennt, zu sein, um sofort zum Gegner der Kreolen erklärt zu werden, und es genügt, in Amerika geboren zu sein, um die Europäer zu verabscheuen. Diese Abneigung erreicht einen solchen Grad, daß in mancher Hinsicht sie die entzügelte Wut übertrifft, mit der sich zwei im Krieg befindliche Völker tadeln und beschimpfen, denn wenn bei diesen es damit ein Ende zu haben pflegt, tritt dies niemals unter den Spaniern Perus ein. [...]

Nicht selten hört man Kinder der Europäer sagen, daß, wenn sie aus ihren Adern das Blut der Spanier herausbekommen könnten, das sie väterlicherseits erwarben, sie es tun würden, damit es nicht mit dem Blut ihrer Mütter gemischt wäre. [...] Obgleich die Parteilichkeiten zwischen Europäern und Kreolen verschiedene Ursachen haben können, erkennt man zwei, welche die wesentlichen zu sein scheinen. Dieses sind die allzu große Einbildung und der Eigendünkel unter den Kreolen und die elende und erbärmliche Lage, in der sich in der Regel die aus Spanien einwandernden Europäer befinden. Diese verbessern ihr Los mit Hilfe von Verwandten oder Freunden oder aufgrund ihrer Arbeit und ihres Fleißes, wodurch sie in wenigen Jahren imstande sind, eine Ehefrau aus den angesehensten Familien der Stadt zu suchen. Da aber aus der Erinnerung noch nicht die bedürftige Lage des Spaniers bei seiner Einwanderung verschwunden ist, wird bei der ersten Gelegenheit eines Streites dieser Umstand von den Verwandten der Ehefrau bedenkenlos hervorgeholt, und die Gemüter sind auf immer erhitzt. Die übrigen Europäer nehmen Partei für ihren beleidigten Landsmann und die Kreolen für ihre Landsleute.[...] Ihre Eitelkeit hält die Kreolen von der Arbeit und der Betätigung im Handel zurück, die in Amerika die einzige Beschäftigung ist, um die Vermögen vor ihrem Verfall zu bewahren, und verleitet sie zu den Lastern, die einem ausschweifenden und untätigen Leben natürlich sind. Daraus folgt, daß in sehr kurzer Zeit sie vertan haben, was sie von ihren Eltern erbten, indem sie Gelder verloren und ihre Landgüter herunterwirtschafteten. Die Europäer, die die Sorglosigkeit der Kreolen ausnutzen, ergreifen die günstige Gelegenheit und kommen schnell zu Vermögen. Indem sie sich dem Handel widmen, schaffen sie sich in kurzer Zeit eine gute finanzielle Basis, gewinnen Kredit und Reichtum und werden für beste Heiraten begehrt, denn die Kreolinnen selbst, die die Verschwendung und den Müßiggang ihrer Landsleute erkennen, schätzen die Europäer höher und ziehen vor, sich mit ihnen zu verheiraten.

Richard Konetzke, Lateinamerika seit 1492, Stuttgart 1971, S. 38-39.

5.5 Die Einschätzung der Kreolen durch die Europäer (1782)

Die negative Bewertung der Kreolen wurde durch Berichte von hohen Beamten vor Ort verstärkt. So schrieb der Generalinspektor für Peru José Antonio de Areche am 11. Mai 1782 aus Lima:

Der Untertan dieses Teiles von Amerika ist nicht wie der in anderen Teilen. Er hat in allem einen sehr besonderen Charakter. Seit Jahrhunderten sieht man nur Übeltaten, Falschheiten, Schmuggeleien, Ausschweifungen, mit einem Wort Laster überall. Aus dieser Sicht erscheint ihnen alles, was die Regierung tut, als neue Unterdrückung und neue Steuerauflage. Um unter diesen Bewohnern die rechte Methode und Lebensordnung eines Untertans und Christen einzuführen, genügt ein gerechter und geschickter königlicher Vertreter, der sie versteht und zum Schweigen bringt (was sehr leicht ist) und in seinem Handeln Beispiele der Gerechtigkeit gibt. [...] In Ländern, die fern vom Herzen oder Zentrum der Monarchie liegen, verursacht jede Volksbewegung große Übel und ist nur langsam und schwierig beizulegen. Es ist notwendig, ihr vorzubeugen oder besser sie zu vermeiden. Irgendein Feuer, das sich entzündet, bringt Wirkungen hervor, die von deren ersten Anfang sehr verschieden sind

Richard Konetzke, Lateinamerika seit 1492, Stuttgart 1971, S. 35.

5.6 Klagen über die politische Benachteiligung der Kreolen (1771)

Der Rat der Stadt Mexiko protestierte am 2. Mai 1771 in einem Schreiben an König Karl III. gegen die Benachteiligung der Einheimischen bei der Ämterbesetzung in Amerika:

Die Stadt Mexiko berichtet Eurer Majestät als dem Oberhaupt von Amerika demütig über das Unrecht, das den in Amerika geborenen Spaniern angetan wird, indem man sie bei der Besetzung von Ämtern nicht berücksichtigt. [...] Es ist nicht das erste Mal, daß Übelwollen und Vorurteil das Ansehen der Amerikaner angefochten haben und sie hinstellen wollen, als seien sie unwürdig für die Erlangung jeder Art von Ehrungen. Man führt diesen Krieg gegen uns, seit der Entdeckung Amerikas. Bei den eingeborenen Indios stellte man sogar ihre Vernunft in Frage. Mit nicht geringerer Ungerechtigkeit gibt man vor, daß wir, die wir von europäischen Eltern in diesem Land geboren sind, kaum genügend Verstand besitzen, um Menschen zu sein. [...] Man schloß uns von den Bischofssitzen und anderen hohen geistlichen Würden und auf weltlichem Gebiet von den erstrangigen Ämtern in Heer, Verwaltung und Justiz aus. Das heißt das Recht der Völker umstürzen. Es ist der Weg nicht nur zum Verlust Amerikas, sondern auch zum Ruin des Staates. [...] Wir werden die Aufmerksamkeit Eurer Majestät nicht allzu sehr in Anspruch nehmen müssen, wenn wir Ihr die Rechte vergegenwärtigen, die für die Anstellung der Einheimischen in allen ehrenvollen Ämtern ihres Landes sprechen, und zwar nicht nur unter Bevorzugung gegenüber den Landfremden, sondern unter deren Ausschluß. Die Vergabe der Ämter an Einheimische unter Ausschluß der Fremden ist ein Grundsatz, den die Gesetze aller Reiche vertreten, der von allen Staaten angenommen und von der natürlichen Vernunft eingegeben wird und der in die Herzen und Wünsche der Menschen eingeprägt ist. Es ist ein Recht, das, wenn wir es nicht als ursprünglich naturgegeben bezeichnen können, ohne Zweifel doch allen Menschen gemeinsam ist. Man beschönigt wohl die Verletzung dieses Rechtes damit, daß die Europäer nicht eigentlich Ausländer in Amerika seien, welches die Herrschaft Eurer Majestät glücklicherweise anerkennt. Denn diese neue Welt wurde den Reichen Kastilien-León angegliedert. In der gemeinsamen Herrscherperson bildeten wir, die europäischen (Spanier) und die amerikanischen Spanier, einen einzigen politischen Körper, und so könnten jene nicht als Ausländer in Amerika betrachtet werden.

Das ist wahr, so weit es sich darauf bezieht, daß die Untertanen beider Spanien denselben Herrscher anerkennen. Aber hinsichtlich der Vergabe ehrenvoller Ämter müssen die europäischen Spanier hier in Amerika als Ausländer betrachtet werden [...]. Die Europaspanier sind Ausländer (Fremde) im Amerika der Natur nach, obwohl nicht nach dem Zivilrecht. Da die Staatsgewalt nicht in die Sphäre der natürlichen Rechte hineinreicht, müssen wir die Europäer als Söhne des alten Spaniens betrachten, die im zivilrechtlichen Sinn nicht als Ausländer im neuen Spanien aufzufassen sind. Zu dem natürlichen Bereich rechnet man mit gutem Grund die Liebe, welche die Menschen zu dem Boden (Land) empfinden, auf dem sie geboren sind, und die Abneigung gegen jeden anderen. Dies sind die festesten Prinzipien, welche die Anstellung des Einheimischen (im Lande Geborenen) in den Ämtern anraten und die des Landfremden bestreiten. Mehr und besser muß derjenige dem Gemeinwohl einer Stadt, einer Provinz oder eines Reiches dienen, der, weil er dort geboren ist, sie natürlicherweise mehr liebt als derjenige, der sein Vaterland in 2000 Meilen Entfernung hat, sich in seinem Amt wie ein Verbannter vorkommt und darum Abneigung gegen das Land seiner Tätigkeit empfinden muß.

Richard Konetzke, Lateinamerika seit 1492, Stuttgart 1971, S. 37-38.

5.7 Amerika stillt spanische Adelsbuben (ca. 1770)

Das Gemälde eines unbekannten Malers aus Peru entstand um 1770. Die Inschrift am unteren Bildrand lautet: „Wo auf der Welt hat man gesehen, was man hier sieht? [...] Ihre eigenen Söhne liegen seufzend am Boden, während sie Fremde stillt“ (Abb. 58).

6. Widerstand

Reformpolitik und Bewusstseinswandel waren ein explosives Gemisch. Nirgends wurde die Problematik so deutlich wie in den zahlreichen Aufständen des 18. Jahrhunderts. Bereits im 17. Jahrhundert hatte es immer wieder soziale und ethnische Unruhen gegeben, wie das Beispiel der Hungerunruhen in Mexiko 1692 (s. III.B.6.10) zeigt. Im 18. Jahrhundert stieg, bedingt durch die bourbonischen Reformen, die Abgabenlast für die Unterschichten, und es sanken die Chancen für sozialen Aufstieg für die kreolischen Mittel- und Oberschichten. Damit wuchs auch die Zahl der Erhebungen, doch blieben die meisten weiterhin lokal begrenzt. Einige erreichten allerdings eine Bedeutung, die weit über den lokalen Rahmen hinausging, und wurden zu Vorläufern der Unabhängigkeitsbewegungen zu Beginn des 19. Jahrhunderts.

6.1 Die Vertreibung der Jesuiten und die Unruhen in Mexiko (1767)

Eine Institution, die aus Sicht des Herrschers den Reformzielen im Wege stand, da sie sich der Idee des Gottesgnadentums widersetzte, waren die Jesuiten. 1759 wurden sie aus Portugal und

Abb. 58: Amerika stillt spanische Adelsbuben, aus: Kenneth Mills und William B. Taylor (Hrsg.), Colonial Spanish America: A Documentary History, Wilmington 1998, S. 340.

Brasilien, 1767 aus Spanien und Amerika ausgewiesen. In Neu-Spanien überwachte der Generalinspektor Gálvez persönlich die Ausweisung. In einem ausführlichen Bericht vom 25. Dezember 1767 an den Vizekönig in Mexiko begründete er die Härte, mit der er gegen Protestierende vorging:

Die Gerichtsurteile, die gefällt wurden, und die Schnelligkeit, mit der sie ausgeführt wurden, waren unabdingbar angesichts der kritischen Verfassung, in der sich das Reich aufgrund der Art und Schwere der Delikte befand. Die Reihenfolge und Umstände [der Vergehen] konnte ich in diesem Bericht der Kürze wegen nur sehr grob erklären, aber dieselben Ursachen [...] bestätigen hinlänglich die großen Gefahren, die uns drohten. Es war eine große Vorsehung vom Allmächtigen, zu verfügen, dass unser erlauchter Souverän seine gerechte Entschlossenheit beschleunigt, die Angehörigen des Jesuitenordens aus seinen Herrschaftsgebieten zu verbannen, denn aus diesem Anlass entdeckte man das geheime Feuer rebellischer Unabhängigkeit, das sich entzündet und von einer Provinz zur anderen verbreitet hatte. [Dies war zurückzuführen] auf schlechte Vorbilder, auf [...] Straflosigkeit und vielleicht auf die Einflüsterungen einer Lehre, die umso gefährlicher ist, wenn [...] sie mit dem Anschein des Glaubenseifers und dem überzeugten Ton des Lehramts verbreitet wird.

Es ist unleugbar, hochverehrter Herr, dass bis auf diejenigen, die die Gerechtigkeit verabscheuen, weil sie hartnäckig versteift in ihre Gemeinheit leben und sterben wollen, alle wissen und zugeben, dass die Expedition, auf die eure Exzellenz mich geschickt haben, das Reich vor dem endgültigen Untergang bewahrt hat. Zumindest wäre es für lange Zeit in Blut gebadet worden, um es wieder in den Zustand der angemessenen Untertänigkeit zu bringen, die man an vielen Orten bereits begonnen hatte abzulegen. [...] Die Herstellung der Ruhe und des Gehorsams auf den soliden Fundamenten der Strafe für die Rebellen und der Belohnung für die Getreuen hat nur das Opfer von 80 Delinquenten gekostet, die, wären sie nicht auf dem Schafott gestorben, aufgrund der enormen Fülle an Ausartungen und Straftaten, in die sie [...] sich verstrickt hatten, ihre ewige Seligkeit aufs Spiel gesetzt hätten. Außerdem hat man noch nie gesehen, dass man das Krebsgeschwür mit Rosenwasser oder mit Linderungsmitteln kuriert.

José de Gálvez, Informe sobre las rebeliones populares de 1767, hrsg. von Felipe Castro Gutiérrez, Mexiko 1990, S. 77-78.

Ein anonymer Zeitzeuge in der nordmexikanischen Stadt San Luis Potosí, der seine Beobachtungen in einer Schrift mit dem Titel „Providencias de Gálvez en su visita" niederschrieb, urteilte darüber:

Diese Strafaktionen erschreckten das gesamte Reich, das daran gewöhnt war, nur verurteilte Straftäter nach dem Geständnis in Übereinstimmung mit den gerechten Gesetzen auf dem Schafott zu sehen. Als Ausgleich zu dieser brutalen Prozedur nahm Gálvez eine vorgetäuschte Frömmigkeit an und ließ einen großen Scheiterhaufen mit Begräbnisrede und mit einer Zeremonie ansetzen, mit der die größten Helden geehrt werden könnten. Er fügte ein Element hinzu, von dem es wohl kaum viele Beispiele gibt: dieses war, selbst zum Schafott hinaufzusteigen und unter Tränen, mit einem weißen Taschentuch und ausgesuchten Ausdrücken eine langatmige Rede ans Volk zu halten. Dann zog er sich in sein Haus zurück und veranstaltete großzügige Bankette und Bälle zur folgenden Szene, zu der er alle wichtigen Personen beiderlei Geschlechts und alle Beamten lud.

Herbert I. Priestley, José de Gálvez: Visitor-General of New Spain (1765-1771), 2. Aufl., Millwood 1974, S. 223.

6.2 Der „Aufstand der Comuneros" von Neu-Granada (1781)

Die Unzufriedenheit über die bourbonischen Reformen und v.a. die Steuerlast führte 1781 zum so genannten „Aufstand der Comuneros", der „einfachen Leute", in Neu-Granada, der in der Bildung eines Freiwilligenheeres zur Verteidigung der Region gipfelte. Durch die Vereinbarungen von Zipaquirá wurde der Aufstand beigelegt. Die Forderungen der Aufständischen wurden am 5. Juni 1781 niedergeschrieben, aber nur teilweise verwirklicht:

16. [...] Das unkluge Verhalten der Regenten bzw. Visitadoren ist die Ursache für den allgemeinen Aufruhr in diesem Neuen Reich [von Granada] und in Peru gewesen, weil diese Beamten, „Saft aus Trockenem" pressen wollten und mit ihrer despotischen Autorität die Bevölkerung bis zum Äußersten brachten. [...] [Es] sollen von nun an und für nie und nimmer Regenten oder Visitadoren geschickt werden und keine Personen, die uns mit abschreckender Härte und Unklugheit befehlen und mißhandeln; denn, wenn man uns aber doch in der Weise behandelt, dann werden wir, das ganze Reich geschlossen und verbündet, alles daran setzen, jedwede Unterdrückung zu unterbinden, mit der man uns unter welchem Rechtsanspruch auch immer gefügig machen will. [...]
22. Bei allen Stellen erster, zweiter und dritter Rangstufe sollen die Einheimischen [*nacionales*] aus Amerika den Europaspaniern vorgezogen werden, da diese täglich ihre Antipathie gegenüber den Leuten von hier bekunden, ohne dass es gelänge, sie in ihrer Abneigung versöhnlich zu stimmen, weil sie unvernünftigerweise der Meinung sind, sie seien die Herren [*amos*] und die Amerikaner alle, ohne Unterschied, ihre niedrigen Knechte [*inferiores criados*]. Damit sich diese blinde Betrachtungsweise nicht weiter fortsetze, sollen nur in einer besonderen Notsituation Europaspanier, allerdings unter der Voraussetzung, dass sie Zuneigung zu den Amerikanern besitzen und sich mit ihnen verbunden fühlen, entsprechend ihrer Fähigkeit gleichermaßen ein Amt erhalten können; sind wir doch alle Untertanen desselben Königs und Herrn und müssen wie Brüder miteinander leben. Falls einer von diesen aber versuchen sollte, sich zum Herrn aufzuschwingen und die anderen mehr, als die Gleichheit verträgt, übertreffen zu wollen, dann soll er aus unserer Gemeinschaft [*sociabilidad*] ausgestoßen werden.

Pablo E. Cárdenas Acosta, El Movimiento Comunal de 1781 en el Nuevo Reino de Granada, Bd. 2, Bogotá 1960, S. 24-26, Übersetzung HJK.

6.3 Túpac Amaru I. und die Rückkehr des Inka (18. Jh.)

Im andinen Hochland des heutigen Peru und Bolivien gewannen die zahlreichen indigenen Aufstände seit 1739, an denen sich auch andere ethnische Gruppen beteiligten, einen bedrohlichen Charakter. Wichtig waren u.a. die messianischen Hoffnungen auf die Rückkehr des Inka, die sich damit verbanden. Dieses Porträt (Museo Nacional de Bellas Artes, Buenos Aires) von der Hand eines unbekannten Künstlers aus dem Andenraum ist im 18. Jahrhundert entstanden. Es zeigt den letzten Inka Túpac Amaru I., der 1572 auf Befehl von Vizekönig Francisco de Toledo hingerichtet wurde (Abb. 59, S. 278).

6.4 Túpac Amaru II. verkündet seinen Herrschaftsanspruch (1780)

Höhepunkt der Unruhen in der Andenregion war die Welle von Aufständen 1780-1782, die mit der Person des José Gabriel Condorcanqui, eines Kaziken und Transportunternehmers in der Region südlich von Cuzco zusammenhing. Condorcanqui behauptete, ein Nachfahre der Inka zu sein, und hatte sich in den 1770er Jahren erfolglos um einen spanischen Adelstitel bemüht. 1780 wurde er zum Rebellen und ließ einen Corregidor hinrichten, der den ausbeuterischen Zwangshandel mit den Indios besonders intensiv betrieben hatte. In seinem Edikt für die Provinz Chichas von 1780 meldete Condorcanqui als Túpac Amaru II. seinen Herrschaftsanspruch an:

Don José Gabriel Túpac Amaru, Indio von königlichem Blut und fürstlichem Geschlecht: Ich lasse die kreolischen Landsleute, Bewohner der Provinz von Chichas und Umgebung, wissen, daß ich angesichts des harten Jochs, das uns mit soviel Tribut niederdrückt und der Tyrannei derer, die dafür Verantwortung tragen, ohne unsere miserable Verfassung in Erwägung zu ziehen, die mich ebenso verzweifeln läßt wie die Ruchlosigkeit dieser Leute, beschlossen habe, dieses unerträgliche Joch abzuschütteln und die schlechte Regierung zu zügeln, die wir durch die Befehlshaber dieser Korps erleiden. Das ist der Grund, weshalb der Richter dieser Provinz Tinta den Tod auf öffentlichem Schafott gefunden hat, zu deren Verteidigung eine Menge von *Chapetones* aus Cuzco gekommen sind, meine geliebten Kreolen mitschleifend, welche ihre Kühnheit und ihren Wagemut mit ihrem Leben bezahlten. Ich fühle nur mit den kreolischen Landsleuten, denen ich wünschte, es möge ihnen kein Schaden zustoßen, vielmehr sollten wir wie Brüder zusammenstehen und vereint die Europäer vernichten.

All das hat, bei reiflicher Überlegung betrachtet, es als angebracht erscheinen lassen, den besagten kreolischen Landsleuten mitzuteilen, es werde ihnen weder an Leib noch an Gütern Schaden entstehen, wenn sie diese Verordnung annehmen – hierzu sind Maßnahmen ergriffen worden, hilfreich für die Verteidigung, den Schutz, die Bewahrung und Ruhe der kreolischen Spanier, der Mestizen, Zambos und Indios, die doch alle Landsleute sind, hier geboren und von demselben Ursprung wie die Ureinwohner, und alle gleichermaßen die besagten Unterdrückungen und Tyranneien der Europäer erlitten haben. Und dies verstößt nicht im mindesten gegen unsere heilige katholische Religion, sondern dient lediglich der Beseitigung einer so großen Unordnung. Wenn sie aber achtlos meiner Ermahnung zuwiderhandeln, werden sie ihren Ruin erleben, indem meine Sanftmut in Zorn und Ungestüm umschlagen wird und ich diese Provinz in Schutt und Asche sinken lasse; und dies sage ich, weil ich über die Streitkräfte und Druckmittel sowie über die angrenzenden Provinzen verfüge, in eins Kreolen und Ureinwohner, nicht zu reden von den anderen Provinzen, die ich ebenfalls unter Befehl halte. Unterschätzt also meine Warnung nicht, die aus meiner Liebe und Milde geboren ist, aufs Gemeinwohl unseres Reiches gerichtet, in dem schließlich alle spanischen und eingeborenen Landsleute aus der ungerechten Sklaverei herausgeführt werden, unter der sie gelitten haben.

Mariano Delgado (Hrsg.), Gott in Lateinamerika. Texte aus fünf Jahrhunderten, Düsseldorf 1991, S. 312-313.

6.5 Die Ursachen des Aufstands (1781)

Im Januar 1781 belagerten die Aufständischen kurzzeitig und erfolglos Cuzco und wandten sich dann Richtung Süden. Die Truppen hinterließen eine Spur der Zerstörung, so dass Túpac Amaru II. bald keine Unterstützung seitens der Kreolen mehr fand. In diesem Zeitraum veröffentlichte er dieses Dokument. Doch nicht nur die Kreolen, auch die Indios standen keineswegs geschlossen hinter ihm. Im Mai wurde Túpac Amaru gefangen genommen und hingerichtet. Der Aufstand wurde erst 1782 endgültig unterdrückt:

Ein demütiger Jüngling mit Stock und Schleuder und ein bäuerlicher Hirte haben mit der göttlichen Vorsehung das unglückselige Israel aus der Gewalt Goliats und Pharaos befreit. Die Tränen dieser armen Gefangenen schrien so sehr nach Mitleid und Gerechtigkeit zum Himmel,

*Abb. 59:
Túpac Amaru I., Andenraum, 18. Jh., aus: Kenneth Mills und William B. Taylor (Hrsg.), Colonial Spanish America: A Documentary History, Wilmington 1998, S. 336.*

daß sie nach wenigen Jahren aus ihrem qualvollen Martyrium zum verheißenen Land aufbrachen. Ach! Sie erreichten schließlich, wenn auch unter Weinen und Klagen, das von ihnen Ersehnte. Wir hingegen, unglückliche Indios, haben unter größerem Stöhnen und mit mehr Tränen in so vielen Jahrhunderten keine Erleichterung gefunden; und obwohl die königliche Größe und Erhabenheit unseres Monarchen sich herabließ, uns durch die königliche Verordnung zu befreien, geriet uns die Gunst dieser Erleichterung zu noch größerer Zerrüttung, zu zeitlichem und geistlichem Ruin: Der Grund dafür mag darin liegen, daß der Pharao, der uns verfolgt, peinigt und anfeindet, nicht ein einzelner ist, sondern viele es sind, die so ruchlos und von so verderbtem Herzen sind wie diese Richter, ihre Stellvertreter, Eintreiber und Häscher; zweifellos teuflische und verderbte Menschen, von denen ich glaube, daß sie dem grausigen Höllenchaos entstiegen sind. [...] Von ihren Höllentaten anzufangen hieße in höchstem Maße die Neros und Attilas heilig zu sprechen, von deren Gräueltaten die Geschichte zu erzählen weiß und die zu hören allein die Glieder zittern und die Herzen weinen macht. Diese können noch entschuldigt werden, weil sie letzten Endes Ungläubige waren; jene Richter aber, allemal getauft, verleugnen in ihren Werken das Christentum und erscheinen eher als Atheisten, Calvinisten und Lutheraner, weil sie Feinde Gottes und der Menschen sind und an Gold und Silber Götzendienst verrichten. Für dieses Vergehen kann ich keinen anderen Grund finden, als daß die meisten von ihnen wohl arm und von sehr niederer Herkunft sind. [...]

Die Richter bedrängen uns mit ihren Zuteilungen [Handelsmonopol der Landrichter für bestimmte Waren] [...]; es scheint, sie steigern ihr Vermögen um die Wette und übertreffen einander an Schlechtigkeit dabei. [...] Wenn man also ihre schwierige Pflichterfüllung betrachtet, sieht man, wie sie uns durch mühselige Arbeit in Werkstätten, bei der Aussaat und in den Zuckerrohrpflanzungen, den Cocakulturen und Minen sowie in den Gefängnissen unserer Dörfer unterjochen [...]: sie holen uns ab wie Vieh und übergeben uns aneinandergereiht zu den Arbeiten auf den Haciendas, nur auf unsere eigenen mitgebrachten Nahrungsvorräte gestützt, oft ohne alles.

Bei den *Hacenderos* gelten wir weniger als Sklaven; sie lassen uns von zwei Uhr morgens an arbeiten bis zum Sternenaufgang, für nur zwei Reales [eine Kleinigkeit] pro Tag. [...] Viele Jahre war ich Kazike und habe Tausende verloren, denn sie haben mich so schlecht und oftmals gar nicht bezahlt, weil sie sich über alles stellen. Um dieser Quälerei zu entkommen, unter der wir Provinzbewohner alle leiden, ohne Ausnahme der Person, [...] traten wir oftmals für unsere Privilegien, Vorzugsrechte und Sonderregelungen ein, die jene im Zaum halten sollten. Setzten sie sich über die königlichen Gnadenerweise hinweg, oder besser gesagt, sie achten die höchsten Anweisungen gering, so geblendet sind sie von ihren Interessen, was zu dem landläufigen Ausspruch geführt hat: „Die königlichen Verordnungen, Vorschriften und Verfügungen sind in Schubladen und Schreibtischen gut aufgehoben.“ [...]

Um mit der Hetze gegen die Provinzen fortzufahren, haben sie verbreitet, wir wollten uns vom Glauben lossagen, unserem Monarchen den Gehorsam verweigern und zum Götzendienst zurückkehren: wenn die Richter für diese drei Behauptungen glaubhafte Beweise erbringen könnten, sollte mich das von Herzen freuen. Ich hingegen werde meine Behauptung aufrechterhalten, daß sie die Leugner des Glaubens sind. [...]

Mariano Delgado (Hrsg.), Gott in Lateinamerika. Texte aus fünf Jahrhunderten, Düsseldorf 1991, S. 313f.

6.6 Der Aufstand in Bolivien (1781)

Der Aufstand blieb nicht auf Peru beschränkt, auch in Bolivien kam es zu Unruhen. Bekannte Anführer waren Tomás Catari und sein Nachfolger Túpac Catari. Der Hilferuf einer Indio-Gemeinde vom Februar 1781 zeigt die Bedeutung kleiner Gemeinden als Orte der politischen Mobilisierung, die nicht immer von einer Zentrale oder einem bekannten Anführer aus erfolgte:

An den *Cabildo* von Colpacaba. Dem Herrn Principal.[7]
Ich habe genaue Informationen über die Nachrichten, die der Bote bringt. Er sagt, dass mehr als 2500 Soldaten großen Schaden angerichtet haben und alle [Einwohner] von Peñas und Hurmires erniedrigt haben. Ebenso viele, so sagen sie, kommen über Chichas. Wir werden schon heute Nacht umzingelt sein. Ohne Zweifel werden sie kommen und uns völlig vernichten und keiner von uns wird in dieser Provinz übrigbleiben. Daher, um Gottes Willen, kommt, sobald ihr dies seht und bringt allen die Nachricht in alle kleinsten Dörfer bis nach Culta, Cahuayo und Lagunillas. Kommt mit allem Ungestüm in größter Eile, so wie Soldaten es tun, ohne eine Stunde Verzug. Ich bitte euch im Namen der heiligsten Maria zu kommen, egal was immer auch sei, alle Gemeinden wie ein Mann. Gott, unser Herr, wird uns helfen. Challapata. Changara.

S. Elizabeth Penry, Letters of Insurrection: The Rebellion of the Communities, in: Richard Boyer und Geoffrey Spalding (Hrsg.), Colonial Lives: Documents on Latin American History, New York 2000, S. 206.

6.7 Der Verrat von Minas Gerais (1789)

Auch in Brasilien stieg im Lauf des 18. Jahrhunderts der Unmut gegen die Reformen, die die Erhöhung der Abgaben mit sich brachten. Als in der Provinz Minas Gerais auch noch die Goldförderung zurückging, tat sich eine Gruppe mit unterschiedlichem sozialen Hintergrund in der Stadt Vila Rica (Ouro Preto) zusammen und formulierte ein politisches Projekt für eine unabhängige Republik, das 1789 in einem Aufstand durchgesetzt werden sollte. Der Plan wurde jedoch verraten. 1792 wurde das Urteil gegen die Verschwörer verkündet. Allerdings wurde nur ein Todesurteil vollstreckt, am „Sündenbock" Joaquim José da Silva Xavier, genannt „Tiradentes" (Zahnzieher – wegen seines Nebenberufs). Der geistliche Beistand der Verurteilten, Pater Raimundo da Anunciação, berichtet über das Urteil und seine Verkündung:

Aus dem Urteil geht hervor, daß die infamen Köpfe der Revolution eine freie unabhängige Republik Minas errichten wollten, deren Hauptstadt Vila de São João del Rei sein sollte; die Fahne sollte als Wappen drei Dreiecke tragen, in Anspielung auf die Heilige Dreifaltigkeit, deren Mysterium Tiradentes auf das Innigste verehrte, wie wir (noch) erklären werden, wenngleich ein Indio, der seine Fesseln zerreißt, [...] dem Angeklagten Alvarenga angemessener erschien.

Die grundlegenden Gesetze sollten von dem Angeklagten und unglücklichen Selbstmörder Dr. Cláudio Manuel da Costa verfaßt werden. [...] Mitten in der Nacht sollte in ganz Vila Rica „Freiheit" gerufen werden, woraufhin Francisco de Paula aufwachen und sich an die Spitze seines Regimentes – das ihn verehrte – stellen und dieses listenreich führen würde, während Tiradentes die Zeit genutzt hätte, dem General den Kopf abzuschlagen. Und immer „Freiheit" rufend würde der ruchlose Paula dessen Kopf an den Haaren herbeitragend sich von einem vermeintlichen Beschwichtiger dieses Aufstandes in dessen Beschützer und Verteidiger verwandeln. Alle Gefangenen sollten, um die Revolution noch zu vergrößern, freigelassen werden. Alvarenga, Oliveira und Toledo sollten an der Spitze ihrer Sklaven und anderer Abenteurer [...] die Flamme der revolutionären Freiheit in die Cidade de Mariana, die Städte Vila de São João del Rei und Vila de São José tragen, und so sollte die Republik ausgerufen werden.

Emir Rodríguez Monegal (Hrsg.), Die Neue Welt: Chroniken Lateinamerikas von Kolumbus bis zu den Unabhängigkeitskriegen, Frankfurt a.M. 1982, S. 419-420.

Anmerkungen

1 Charles R. Boxer, The Golden Age of Brazil, 1695-1750: Growing Pains of a Colonial Society, Berkeley 1962.
2 Anthony McFarlane, Hispanoamerika, in: Handbuch der Geschichte Lateinamerikas, Mittel-, Südamerika und die Karibik bis 1760, Stuttgart 1994, S. 751-788.
3 Pedro Pérez Herrero, El crecimiento económico novohispano durante el siglo XVIII: Una revisión, in: Revista de Historia Económica 7 (1/1989), S. 69-110.
4 Eric Van Young, A modo de conclusión: el siglo paradójico, in: Arij Ouweneel und Cristina Torales Pacheco (Hrsg.), Empresarios, indios y estado: Perfil de la economía mexicana (siglo XVIII), Amsterdam 1988, S. 206-231.
5 Marqués de la Ensenada, von 1743-54 führender Minister Spaniens.
6 Das heutige Binnenland Kolumbiens sowie Ekuador.
7 Die im Text erwähnten Orte sind Ortschaften in der bolivianischen Provinz Paria nahe der Reduktionsstadt Condocondo. Principal: Kazike/Curaca.

D. Literaturhinweise

Als deutschsprachige *Einführung* in die Geschichte der iberischen Reiche im 17. und 18. Jahrhundert bietet sich das Handbuch der Geschichte Lateinamerikas, Bde. 1 und 2, Stuttgart 1992 und 1994, an. In zahlreichen Einzelbeiträgen werden in diesem Werk Wirtschaft, Politik, Gesellschaft und Kultur dargestellt. Eine fundierte Darstellung findet man jetzt auch bei Hans-Joachim König, Kleine Geschichte Lateinamerikas, Stuttgart 2006. Der Bd. 2 von Wolfgang Reinhards Geschichte der europäischen Expansion, Stuttgart 1983, behandelt die Neue Welt. Eine Darstellung der europäischen Kolonialherrschaft in Amerika findet man in der auf acht Bände angelegten Quellensammlung von Eberhard Schmitt, Dokumente zur Geschichte der europäischen Expansion, München und Wiesbaden 1984ff. Knappe Überblicke leisten Tulio Halperin Donghi im ersten Teil seiner Geschichte Lateinamerikas, Frankfurt 1991, sowie vergleichend aus europäischer Perspektive Claudia Schnurmann, Europa trifft Amerika: Atlantische Wirtschaft in der Frühen Neuzeit, 1492-1783, Frankfurt 1998. Die Beiträge in den beiden Bänden von Friedrich Edelmayer u.a. (Hrsg.), Die beiden Amerikas: Die Neue Welt unter kolonialer Herrschaft, Wien 1996, und Die Neue Welt: Süd- und Nordamerika in ihrer kolonialen Epoche, Wien 2001, bieten einen Einstieg. Weitere einbändige Einführungen sind James Lockhart und Stuart B. Schwartz, Early Latin America, Cambridge 1983, Mark A. Burkholder und Lyman L. Johnson, Colonial Latin America, Oxford 1990, und Peter Bakewell, A History of Latin America, Oxford 1997.

Einen historischen Überblick über *bestimmte Aspekte der Kolonialzeit* in deutscher Sprache bieten ferner Hans-Jürgen Prien, Die Geschichte des Christentums in Lateinamerika, Göttingen 1978, Albert Wirz, Sklaverei im kapitalistischen Weltsystem, Frankfurt 1984, Günter Kahle, Lateinamerika in der Politik der europäischen Mächte, 1492-1810, Köln 1993, Hans Pohl, Die Wirtschaft Hispanoamerikas in der Kolonialzeit (1500-1800), Stuttgart 1996, Walther L. Bernecker u.a., Eine kleine Geschichte Brasiliens, Frankfurt 2000, Iris Gareis, Die Geschichte der Anderen. Zur Ethnohistorie am Beispiel Perus (1532-1700), Berlin 2003, Barbara Potthast, Von Müttern und Machos: Eine Geschichte der Frauen in Lateinamerika, Wuppertal 2003, Robert Bohn, Die Piraten, München 2003, sowie Michael Zeuske, Schwarze Karibik: Sklaven, Sklavereikultur und Emanzipation, Zürich 2004. Die Spezialliteratur zu den im Quellenteil behandelten Einzelaspekten ist reichhaltig und lässt sich u.a. über die Bibliographien im Handbuch zur Geschichte Lateinamerikas erschließen.

Überblicksdarstellungen zur Kolonialgeschichte des *17. Jahrhunderts* in deutscher Sprache sind selten. Zu nennen ist Bernd Hausberger, Hispanoamerika im „langen" 17. Jahrhundert, in: Friedrich Edelmayer u.a. (Hrsg.), Die Neue Welt: Süd- und Nordamerika in ihrer kolonialen Epoche, Wien 2001, S. 83-104. Neben den im Quellenteil bereits zitierten Werken bietet auch der Aufsatz von Antonio Annino, The Long Seventeenth Century in Latin America, in: Itinerario 21 (1997), S. 20-32, einen Einstieg in die Diskussion. Für die Amerikapolitik aus der Sicht des spanischen Mutterlands vgl. Bartolomé Bennassar und Bernard Vincent, Spanien: 16. und 17. Jahrhundert, Stuttgart 1999.

Auch für das *18. Jahrhundert* fehlt eine deutschsprachige Synthese. Einen Überblick zu den bourbonischen Reformen liefert Hans-Joachim König, Der Zerfall des spanischen Weltreichs in Amerika, in: Richard Lorenz (Hrsg.), Das Verdämmern der Macht, Frankfurt 2000, 126-152, sowie ausführlicher in seiner Studie Auf dem Wege zur Nation: Nationalismus im Prozeß der Staats- und Nationbildung Neu-Granadas, Stuttgart 1988. Vgl. dazu auch Peer Schmidt, Hispanoamerika von den bourbonischen Reformen bis zur Unabhängigkeit, in: Friedrich Edelmayer u.a. (Hrsg.), Die Neue Welt: Süd- und Nordamerika in ihrer kolonialen Epoche, Wien 2001, S. 105-126. Aus der spanischen Perspektive siehe John Lynch, Bourbon Spain, 1700-1808, Oxford 1989.

Zu den Autoren

Dr. Hans-Joachim König, geb. 1941, Professor em. für Geschichte Lateinamerikas.

Dr. Michael Riekenberg, geb. 1956, Professor für Vergleichende Geschichtswissenschaft/ Ibero-Amerikanische Geschichte, Universität Leipzig

Prof. Dr. Stefan Rinke, geb. 1965, ist Professor für Geschichte Lateinamerikas und Direktor des Lateinamerika-Instituts der Freien Universität Berlin

Glossar

Alcabala	Steuer
Adelantado	Titel für Entdecker und Eroberer
Almiranta	Vizeadmiralsschiff
Asiento	Vertrag, Lizenz
Audiencia	Appellationsgerichtshof und Verwaltungsbehörde der Kolonialzeit in wichtigen Städten. Der Begriff bezieht sich auch auf den Amtsbezirk, diente also auch der territorialen Gliederung.
Auto de Fe/Autodafé	„Akt des Glaubens“: Form der öffentlichen Bestrafung durch die Inquisition
Ayllu	indigener Klan; Gruppe von Familien im andinen Amerika
Bandeira	Expedition in das Landesinnere Brasiliens
Caballeros	spanische Edelleute
Cabildo	Stadtrat
Capitana	Admiralsschiff
Capitulación	Vertrag der Krone mit Entdeckern und Eroberern
Casa de la Contratación	Königliches Handelshaus; spanische Behörde für den gesamten Schiffsverkehr mit Amerika
Casta	Hilfsbegriff, mit dem man in Hispanoamerika alle diejenigen bezeichnete, die nicht zu den „Spaniern“ (Kreolen und Europaspanier) oder „reinen“ Indios gezählt wurden.
Cédula	Bedeutet eigentlich Zettel, häufigste Form der (königlichen) Verordnungen für Spanisch-Amerika.
Chapetón	Schimpfname für Europa-Spanier.
Chasqui	indianischer Kurier
Chicha	alkoholisches Getränk
Chichas	Kolonialzeitliche Provinz im Süden des Landes an der Grenze zum heutigen Argentinien.
Chino	Angehöriger der Castas
Cholo	Mestize
Churrigueresco	mexikanische Spielart des Barock
Conquista	Eroberung
Conquistador	Eroberer
Contador	oberster spanischer Rechnungsbeamter
Corregidor	ein von der Krone ernannter Gouverneur eines Amtsbezirks mit exekutiven und richterlichen Vollmachten
Corregimiento	Amt und Amtsbezirk des Corregidors

Coya	Hauptfrau des Inkaherrschers
Donatário	Titel für Kolonisationsunternehmer in Brasilien, von der portugiesischen Krone mit Rechten und Pflichten in seinem Kolonisationsstreifen „beschenkt".
Ejido	Weide und Erholungflur, Allmende
Encomendero	Inhaber einer Encomienda
Encomienda	Einrichtung der „Anvertrauung" von Indios an einzelne Siedler, zunächst mit dem Recht auf Arbeitsnutzung und der Pflicht zur Erziehung/Christianisierung; später Privileg bzw. Abtretung von eigentlich dem König zustehenden Tribut an den Encomendero
Engenho	Zuckerplantage mit Mühle in Brasilien
Entrada	Eroberungsexpedition und Beutezug
Gachupines	Schimpfwort für Spamier
Hacendado	Großgrundbesitzer
Hacienda	Ländlicher Großgrundbesitz
Hamaca	Hängematte
Hidalgo	Titel des niederen spanischen Adels
Huaca	Idol, Heiligtum, übernatürliches Wesen der indigenen Bevölkerung im andinen Amerika
Huitilopochtli	Aztekischer Schutzgott, auch Sonnen- und Kriegsgott, der verschiedene Funktionen vereinte.
Indienrat	kgl. Zentralbehörde für die Amerikaangelegenheiten in Spanien
Ingenio	Bezeichnung für Verarbeitungsanlage (Mühle) von Zucker auf Plantagen und Silber in den Bergwerken
Kazike	erbliches Oberhaupt einer indigenen Gemeinschaft unter spanischer Herrschaft
Koschenille	eine Lausart, aus der der rote Farbstoff Karmin gewonnen wurde
Kreole	in Amerika geborener Spanier
Kuraka/Curaca	erblicher indigener Amtsvorsteher in den Anden
Legua	spanische Meile (1 Legua ist knapp 6 km)
Lobo	Angehöriger der Castas
Maravedí	kleinste spanische Kupfermünze
Mestizaje	typisch amerikanische Form der ethnischen Vermischung
Mestize	Mischling aus Indianer und Weißem
Minga	Indigenes Aussaatfest im Raum des ehemaligen Inkareichs
Mita	Form der periodischen Zwangsarbeit für Indios im Raum des ehemaligen Inkareichs

Mocambo	s. *Quilombo*
Mulatten	Mischbevölkerung mit afrikanischer Herkunft
Obsidian	dunkles, hartes Gesteinsglas
Oidor	Richter an einer Audiencia
Ordenanzas	Bezeichnung für die umfassende Regelung oder Teilkodifikation einer besonderen Materie
Orejón	Vornehmer, Adliger der Inkagesellschaft
Pacarina	mythischer Ursprungsort der Ahnen bzw. Aufbewahrungsstätte für mumifizierte Leichname der Vorfahren im andinen Raum
Palenque	Gemeinwesen entlaufener Sklaven in Spanisch-Amerika
Pantheon	Ursprünglich den Göttern geweihter Kultbau
Plaza Mayor	zentraler städtischer Marktplatz
Pueblo de indios	Siedlung für die indigene Bevölkerung, zu der außer bestimmten Geistlichen und Beamten keine Spanier oder Castas Zutritt haben sollten
Pulque	Agaven-Wein
Quilombo/Mocambo	Gemeinwesen entlaufener Sklaven in Brasilien
Quipu	Knotenschnüre, die in erster Linie Mengenangaben verzeichneten
Real	Währungseinheit: ein Achtel eines Silberpesos
Reconquista	Vorgang der Rückeroberung der von den Arabern besetzten iberischen Halbinsel durch Portugal und Spanien
Reduktion	s. *Pueblo de indios*; auch die von Jesuiten eingerichteten Missionssiedlungen für indigene Völker
Repartimiento	Zuteilung von Indios an Siedler; vgl. Encomienda
Requerimiento	Aufforderung, Mahnung: offizielle Rechtfertigung der Spanier für ihr Vorgehen gegen indigene Völker
Santiaguinos	Bewohner eines Indioviertels in Mexiko-Stadt
Tabardillo	Ärmelloser Umhang. Bezeichnung für eine Form des Hautausschlags bei Typhus.
Tambo	Raststelle an den Inkastraßen
Tierra Firme	Bezeichnung für das südamerikanische Festland
Tlaxcalteken	mit Cortés verbündeter Indianerstamm
Vecino	Spanischer Stadtbürger (nur Familienoberhäupter)
Vellón	Kupfermünze mit geringem Silberzusatz
Visitador	Inspekteur
Zambo/Zambaigos	Bezeichnung für einen Mischling aus Indios und Schwarzen
Zaramullo	Schimpfname für Spanier der Unterschichten in Mexiko